當世界席捲而來

在自由與民主的困局中，中國如何想像世界？

當代西方思想編年考

Liu Qing
劉擎——著

CONTENTS

CONTENTS

CONTENTS

推薦序

中西對峙局面中的思想對話

錢永祥（《思想》總編輯、中央研究院人社中心兼任研究員）

劉擎教授在每年年關前後撰寫當年的「西方知識界回顧」，至今十八年，在中國大陸享有盛譽，儼然成為各方期待的年度盛事。西方的思想與學術一向是中國讀書人的重要資源與參考，但是西方知識界的範圍遼闊，生態複雜，學派林立，所關注的議題也一直跟西方社會的變動結合緊密，局外人所能掌握的往往很有限。劉擎的「回顧」梳理一年之中的事件與趨勢，摘其精華，提供脈絡，幫助讀者瞭解當年的西方學術思想大勢。如今他把十八年來的回顧集為一冊出版，等於是幫讀者綜觀本世紀至今的西方思想界景觀，值得有心人參考。

今年是二〇二一年，進入新世紀不過二十年，但是物換星移，十九世紀到二十世紀之間開創「宏大論述」的經典思想家逐一退場，上個世紀的思想典範已經過時，西方思想界顯得混亂而動盪。二戰後形成的國際秩序也告解體，西方思想傳統自然難以維繫昔日的霸權地位。另一方面，中國崛起加上西方社會屢次出現危機，此長彼消之間，中國的思想界難免有人顧盼自雄，立志「自信」，「平視」西方，有意識地挑戰西方的話語權以及西方現代性所標舉的價值觀。在這個時刻，中國人對西方思想界的認識是不是深入、持平，能不能得體地回應西方學界對中國的詮釋與誤解，顯然都是格外嚴肅、要緊的工作。

劉擎先生這本書，必須放在這個脈絡裡閱讀，才能掌握它的真正價值。如他所言，他要從西方的內部瞭解西方，但又要保持批判性的遠觀距離。他也希望把西方知識界、思想界關於中國的討論帶入中國讀者的視野，用「外部的眼光」來豐富中國人的自我認識。確實，在新世紀的中西衝突漩渦中，必須帶著這種清醒的自覺執筆寫作，方足以因應當前局面的嚴峻要求。

我認識劉擎兄多年，對他的學術著作與公共論述一向關注，他也數度在我所負責的《思想》上發表文章。在我心目中，他的學問紮實，思考敏銳，文筆犀利但親人，重要的是他能化知識為公共討論的資源，願意承擔現代社會與現代生活所必需尊重、維繫的一些基本價值，用他學者與公共知識人的雙重身分，闡釋、發揚這些價值。從而這本書中的各章本意固然是當年思想的年鑑，但積累二十年後已經可以作為編年的西方公共論述史來翻查，讀者在閱讀時也可以形成自己的意見與判斷。

在中國與西方之間，台灣的位置與角色愈來愈模糊。對這個說法，兩岸都有人不喜歡，劉擎教授本人也未必同意我的判斷，但我覺得只要維持開放的關注，這種曖昧反而有利於思想的摸索。劉擎這本書在台灣的出版，提供了一個至為難得的機會，幫助台灣讀者深入認識西方思想與中國學界的對話。相信台灣的讀者會善用這個機會。

推薦序

在亂世，給自己找一位思考教練

張潔平（Matters 創辦人）

經過了二〇二〇年，沒人會否認，我們正走入一個「回不去了」的新世界。超過一億人染病的大疫之年，給高歌猛進幾十年的全球化進程，潑下一盆冰水。急煞之下，沉痾浮現。無論是在微觀層面，個人早已被掏空的在地生活，還是在宏觀層面，被全球化利益所左右的國家治理危機——原本由少數人承擔的尖銳矛盾，隨著一場驟變，在多數人的生活、多數國家的治理中蔓延、爆發開來。

新世界什麼模樣，還沒人看得清楚。但站在新舊之交的隘口，人人都感受到，命運的動蕩不安。連過往不需要爭論、引為常識的價值，也面臨挑戰、衝擊甚至重組。

每個人都要開始回答一些，許久不曾被問的問題。抽象如言論自由與政治正確，如民主與專制之辯，民族主義與身分政治，資本主義之危機；具體如人有沒有不戴口罩的權利，以暴制暴是否合理，專制之下自我審查是妥協還是延長反抗，我們願意為了安全放棄多少自由……

這些問題困難而且古老。在不同的歷史時期，人們圍繞這些問題進行過大規模的辯論，爭執，甚至革命與戰爭。常常是在付出巨大代價之後，沉澱出共識，或稱之為意識形態，或稱之為治理體制，維持一段歷史時期。我有幸成長在這樣一度被認為「歷史終結了」的和平時期，在青春年代，可以不假思索地辨別是非，做出許多選擇。後來才意識到，這種不假思索，本就是穩定共識的年代才有的餘裕，而當新舊變動，共識瓦解，秩序裂變，便不再有這種理所當然。若繼續「不假思索」，反而會掉入或者任人宰割，或者犬儒與虛無的境地。

而若想要誠實地回答這些問題，不是去別人口中抄一個答案，或者抱起頭來假裝問題不存在，除了嚴肅地思考，不懈地思考，幾乎別無他途。

思考就像健身，是一個日常的練習。每個人有自己精進的方法。我的讀書速度追不上議題湧現的速度，也做不到每天獨自一人修行打卡，於是，一定會給自己找可靠的教練和夥伴。

滿心困惑時，我常會想到三、四個名字。

他們都不是已被捧上神壇的大師，但於我而言，是可信任、可託付的良師益友。我並不一定真的會跟他們對話，但總會想到他們曾寫過的文章，其中展現的視野，會重讀他們在自己的知識脈絡中，如何抵達這樣的視野。

劉擎就是這樣一位我私心引為教練的老師。他做的兩項基礎梳理工作：基於開授多年的經典課程所整理的《西方現代思想講義》和大家手中正讀的這本《當世界席捲而來》，正是我在面對許多經典問題時，常常回去重讀、獲得啟發與線索的藍本。

前者是梳理西方思想史中的經典思潮，後者則更貼近當下地，整理從二〇〇三年直至二〇二〇年西方思想界的重要討論議題，以年為單位做綜述。劉擎老師的這一系列西方思想界年度綜述，每到年底，就成為華文世界知識圈翹首以待的文章，包括我在內的許多人都是每年讀過來的，梳理功底和思想史史料價值不用贅述。

於我而言，劉擎老師的梳理，令人覺得珍貴之處，更在於以下兩方面：

一、他所介紹的素材，視野廣闊，跨學科、跨領域、跨地域、橫跨大眾媒體到學術期刊。

二、他以自身的問題意識與這些素材對話，「西方現在奠定的自由主義民主體制以及市場經濟這樣的基本社會結構，在多大程度上是可持續的？」「它們的局限和困境在哪裡？」這是由中國知識分子的立場出發，但同樣與世界高度相關。在這問題意識下，他仍可以保持開放、逼近中立性。如他所說，「中立性或者說客觀性的獲得，是通過不斷地對主觀性進行反思，並且設想站在異己的立場上如何面對問題，由此逐漸逼近中立性，這是一個無盡的過程。」他與他所梳理的材料的這一對話過程本身，甚至比材料本身，更讓人受益匪淺。

我也問自己，為什麼覺得劉擎老師可引為教練甚至夥伴？什麼才算是「可信任」、「可託付」？仔細想來，可信任，是在思想工作中已建立起的可見的紮實功底，透過他們的學術與思想寫作、授課、演說可以讀出。可託付，似乎更微妙，對我來說，是他們對思想這件事、這種生活方式（王汎森語）要有真誠的熱愛。只有在這種原動力下，知識的多寡才不會構成歧視鏈，學科的邊界才不會成為利益或者防禦的門檻，價值立場才不會變作政治正確的教條，普通人日常的困惑則會被珍惜和尊重。

健身的時候，你會希望自己的教練或夥伴比自己有經驗，但仍然一起探索，而不是每天都洋洋得意跟你炫耀他的六塊腹肌，並嘲笑你的體脂水平。思考的時候也是一樣，一個好教練。雖然比你走得遠一點，但會跟你站在一起，面對未知的變化，無解的難題，展開思維的情節，享受思想的樂趣。

這是劉擎老師帶給我的激盪，希望你也能感受到。

導讀

以思想把握時代

周保松（香港中文大學政治與行政學系副教授）

在過去十多年，每逢元旦過後，中國知識界就會翹首以待，等著劉擎教授的「西方思想年度述評」。文章一面世，總是迅即傳遍網絡，人人爭相閱讀，成為知識界的共同話題。出版社現在將文章結集成書，一次完整呈現這個述評系列，實在是讀者之福。

劉擎這個工作，堅持不懈做了十八年。通過他的哲學之眼，讀者得以瞭解歐美最新的公共議題和思想辯論，見到不一樣的知識風景，並藉此反思中國現況，實在是了不起的成就。我和劉擎相識多年，既佩服其學問，更敬重其為人，很高興在此分享我的一點閱讀心得。

讀者初讀此書，或會以為它是一冊當代西方思想大事編年史，實際並非如此。本書報導及評論的題目，皆是劉擎每年閱讀千百計文獻後，經審慎篩選而成，背後有他的學術判斷和現實關懷。本書的價值，並不限於讓我們知道歷史上曾經發生了甚麼，更在於這些思想議題為甚麼值得我們關注，以及對我們有什麼意義。歷史會過去，思想家會逝世，但留下來的問題和觀念，卻值得我們認真對待。事實上，書中探討的眾多議題，例如資本主義的危機、自由主義的困境、中美關係的走向、知識分子的責任等，到了今天不僅沒有過時，甚至有更強的現實迫切性。

本書討論的議題，前後涵蓋十八年。這些議題之間的關聯，及其背後的思想脈絡和前因後果，特別值得我們留意。例如二〇〇三年那一章，有一節是「施特勞斯學派與美國右翼勢力」，談到著名政治思想史家施特勞斯（Leo Strauss）及其弟子對美國現實政治的巨大影響。劉擎特別重視這個話題，我相信其中一個主要原因，是其時大陸也開始出現「中國施特勞斯學派」，鼓吹政治及文化上的保守主義，並對自由主義提出嚴重挑戰。有了這個背景，我們才能明白，為甚麼在二〇〇六年，劉擎會再次討論「反擊對施特勞斯的妖魔化」，以及在「歐美學人訪談錄」部分，施特勞斯會成為對話馬克・里拉（Mark Lila）時的一個重要話題。類似例子還有不少，例如對自由民主制在理論和實踐上的反思，就是貫穿全書的另一個主題。這一方面說明許多思想議題其實有密切的內在聯繫，另一方面也反映劉擎本人持續的知識關懷。

劉擎下筆時，當然無法預計後來世界的發展，但當我們將十八年的思想述評一塊一塊拼在一起時，卻會見到一幅極為豐富的思想圖像，包括左翼與右翼之爭、民粹主義與民族主義、全球化與認同政治的張力、美國民主與中國模式、科學與人文的關係、宗教與政治的矛盾，以至知識分子的社會角色與道德責任等。在描畫這幅圖像時，劉擎既不隨便站邊，也不輕易給出答案，而是盡可能讓讀者意識到問題的重要與複雜，以及不同思想家對這些問題的嚴肅思考。努力把握和呈現時代困惑，同時保持知識上的謙遜與節制，是本書的基本格調。

本書按年逐章讀下來，讀者也將能見到劉擎本人思想逐步發展和成熟的過程。劉擎今天已是中國很有影響力的政治哲學學者和公共知識人，但當他在〇三年著手這項寫作計劃時，才剛從美國取得博士並回到上海開始他的事業。當時的劉擎，大概不曾想過這個計劃會貫穿他的學術生涯並為之投入巨大心力。或因此故，最初幾年的文章，無論在選材、篇幅、問題意識和寫作風格上，都相對較為「輕盈」。

大約從二〇〇九年起，劉擎不再滿足於只是報導某些思想界的特定事件，而是有意識地設定一些他認為重要的議題，並就此展開深入分析評論。單從當年的幾個選題，例如「柏林圍牆：二十年後的紀念與思考」、「新資本主義還是新世界？」、「備受矚目的中國模式」、「達爾文進化論：在爭議與誤解中傳播普及」，我們已可見其用心。到最近幾年，劉擎文章的風格和內容又有進一步轉變。如果用一句話來形容，就是我們愈來愈見到作為思想家的劉擎對世界的思考。

劉擎的野心確實不小，他要善用這樣的機會，和讀者談他認為最重要最值得關注的政治和思想議題，並且要用人人能懂的語言深入淺出地談，還要談出見解和趣味。我相信劉擎清楚意識到，他正在做一件中國思想界從來沒有人做過的事，因此必須用心將它做好。劉擎不止一次告訴過我，每年十二月，他都將自己關在書房，不眠不休閱讀海量資訊，內心充滿各種焦慮，為的就是要寫好一篇萬眾期待的思想述評。

劉擎的努力沒有白費。對許多讀者來說，劉擎的文章，是他們瞭解西方思想最新發展的重要窗口。我便聽過不少知識界同仁說，中國非常需要這樣的文章，而劉擎是最合適的人選。他們所指，大抵是作者豐厚的思想學養，文理兼具的學術背景，以及出色的整理和消化外文文獻的能力等。這些都對。但還有兩方面，卻往往為人忽略，於我卻感受甚深。

第一是劉擎的世界視野和價值關懷。我們都知道，現在是所謂「中國崛起」的時代。民族主義、愛國主義、中國模式、中國道路是中國社會的主旋律，而在旋律背後，往往伴隨著對現代社會基本價值和西方文化的質疑。劉擎相當警惕這種趨向，並發表過不少文章表達他的憂慮。他重視自由、民主、人權、憲政等現代價值，並認為應基於這些價值去建構一個全球新秩序來回應今天的各種挑戰。劉擎這本書談的是西方，面對的卻是中國，其念茲在茲且終身為之努力的，始終是希望借鑒西方的歷史經驗和知識資源，為中國進步尋出路。

第二是劉擎漂亮的學術文字。以中文作為學術語言談西方思想，牽涉許多概念翻譯和理論詮釋。要弄通弄懂這些概念和理論，然後用人人能懂的語言作明確精準的論述，我自己作為行內人，深明箇中不易。這不僅要有深厚的文字功力，還要有清晰的思想頭腦，以及一份願意與讀者平等溝通的耐心與善意。在這方面，劉擎是我們許多人的榜樣。

我初識劉擎，正好是他開始寫第一篇思想述評那一年。那個時候，我們都在香港中文大學工作，我們都熱愛政治哲學，我們也都年輕。這些年來，我們一起出席會議，一起做講座，一起為中港台年青人辦思想夏令營，我們也一起旅行，一起抽煙喝酒。每年他的述評出來，我總是第一時間暢讀。劉擎的新書出版，我由衷為他高興，也由衷為讀者高興。好的思想和好的文字，值得我們好好珍惜。

代序

我們如何想像世界

在知識的意義上，西方也是中國的一部分

問：您編寫的年度「西方知識界回顧」系列已經是國人瞭解西方知識界動態的必讀篇目。當時寫該系列的契機和由來是什麼？

答：編寫這個系列源自一個偶然的契機。二〇〇三年上海《社會科學報》的一位編輯想在報紙上做國內學術界和西方學術界熱點的年度回顧，他邀請我寫西方部分，我就答應了。當時未曾想到，後來連續寫了十三年。我覺得，這並不是因為文章本身有多好，而是這樣的文章回應了某種智識需求，瞭解西方思想狀況的需求。在世紀之交，中國思想界出現了相當熱烈的辯論，特別是所謂自由主義與新左派之間的辯論，主題非常開闊，主要是針對中國社會在轉型過程中涉及的思想、政治、經濟、社會、正義等方面的問題，而這些辯論多少都有一個知識背景或參照，就是西方的學術思想。

當然，這個參照背景的來由我們可以追溯到更早。晚清以來，與西方世界相遇後，中國真正開始發現外部世界，在此過程中發生了深刻的參照背景轉換。在中國傳統的話語、概念、認知或規範體系之外，我們遇到了一個陌生的參照體系。此後中國社會的現代轉型和思想討論，多少都會參照西方學術思想的背景。從這個意義上說，西方思想不是外在於中國的，而是中國思想構成性的一部分。所以，報紙（或知識性的媒體）有這樣的需求，反映了我們期望對自己一直在有意或無意識地沿用的西方知識背景獲得更清晰的瞭解和更自覺的把握。

中國跟西方接觸的歷史很糾結，有沉重的歷史記憶。近幾年，國內有相當多的爭論，比如對美國的態度就有許多分歧，極端地說，有所謂「親美派」和「反美派」的分野。但無論持何種立場，我們可能首先需要更深入地瞭解西方。曾有日本學者說，對於中國首先要做「知華派」。這種態度對我們理解西方也有啟發。西方思想內部具有多樣性和複雜性，而且包括了各種自我批判的思想傳統。這就需要我們採取一種「內部視角」去認識和理解，並在這個基礎上以我們的立場來借鑑、反思和批評。這也是我寫這個系列綜述的主要動機之一，我們要盡可能深入地從內部瞭解西方，但同時又不盲從，保持一種批判性距離來遠觀它。我不敢說自己做得多好，但努力尋求一個比較平衡的認識是我的初衷。

我也想特別強調一點，聽到有人說這是「年度必讀」文本，讓我惶恐不安。這當然是一種過譽之辭。在二〇〇三年開始寫的時候，網路訊息資源還沒有這麼發達，而現在，讀者的訊息資源很豐富，外語水平也越來越高，我就覺得這個寫作越來越困難，也一直懷疑自己還要不要繼續寫下去。

問：我們注意到，您的參考資料來源十分廣泛，從學術界專著、前沿期刊，到《經濟學人》、《大西洋月刊》等報刊都有涉及。另外還包括類似「前沿」（edge）這樣的網站，以及與知識界相關的電影和影評（像《華氏九一一》和紀念海德格的《多瑙河》）。在這個資訊爆炸的時代，您是如何保持這麼大的閱讀量，同時又能選擇到高質量的訊息，為撰文做準備的呢？

答：當時媒體邀請我，大概是考慮到我能讀英文文獻，關注的學科領域比較廣。我雖然受的是政治學專業的訓練，但關注哲學、歷史和其他社會科學，也曾愛好文學藝術，還有過理工科的專業學習經歷。所以對這個選題，大概是比較「平衡」的作者人選。但我相信，現在一定有更優秀的年輕人能勝任類似的工作，而且會做得出色。只不過這個寫作很辛苦，我說過這像是「學術民工」，首先是個「力氣活兒」，要讀大量的文獻，並從中做出得當的篩選。

剛開始幾年中國網路的學術資源還不充分。我有一點優勢，就是因為在香港中文大學工作過三年，離職的時候被聘為榮譽研究員，保留了我的圖書館系統權限，能夠查閱中文大學圖書館訂閱的大量電子版英文學術期刊。但實際上，一個人不可能讀那麼多文獻。除了自己因為專業研究經常關注的幾個刊物，我依賴一些線索，比如Arts And Letters Daily網站。這是紐西蘭的一位哲學教授丹尼斯．達頓（Denis Dutton）創辦的網路文摘（目前被《高等教育紀事報》〔*The Chronicle of Higher Education*〕收購了），每天更新，匯集了許多知識分子刊物和網站甚至專業學術刊物的文章。在內容上，注重文學藝術和文化，也包括政治、社會、經濟，尤其注重科學，這給了我很多線索。此外我平時讀得多的一些，比如《高等教育紀事報》、《大西洋月刊》和《新共和》等，這些構成了我的資訊源。

問題不在於資訊多少，現在我們完全不缺資訊，而是如何從大量的資訊和閱讀中進行篩選，這是一個非常大的挑戰。以前我每個月都做一點筆記，把將來可能作為綜述的題材記下來。後來資訊越來越豐富，發現需要讀的文獻越來越多，根本來不及讀，就收藏起來，但積累到年底，工作量就非常可怕。每年大概從十二月初開始，我會淹沒在文獻的海洋裡，閱讀和整理收藏的資料。這個過程既愉快又痛苦，因為會讀到很多有意思的文章，雖然大多數文章是用不上的。我盡可能做到相對客觀、全面地對訊息、材料、事件和線索進行評估和取捨。由於截稿時間的壓力和篇幅限制，我每次都會陷入緊張焦慮的情緒，特別困難的是在時間壓力下做出判斷：確定哪些議題要納入、哪些要排除；哪些文章要介紹得詳盡些、哪些只是點到為止。取捨的標準主要有兩點：一方面盡可能保持客觀，照顧到重要的事件或線索，警覺自己的個人興趣和偏見的影響；另一方面，因為篇幅限制，又要避免為了客觀而包含過多的內容，陷入漫無邊際而雜亂無章。總之，儘量在簡約性和包容性之間尋找平衡。我不認為自己成功解決了這兩者之間的緊張。文章發出來後，也會有朋友提到可能遺漏了某些重要的事件或線索。我想，每個人都依賴自己特定的視角，這個系列的寫作當然達不到一種「年鑑」的水平，總是受到個人學識和閱讀範圍的局限。希望將來有年輕的學人來做這個工作。

問：如您所說，資訊量大小不是關鍵，如何篩選資訊才是關鍵。在如此海量的資訊中進行選擇，不可避免要涉及選擇時的理論標準和方法。能具體談談您在寫這個系列時，是如何在錯綜複雜的西方知識界選擇重要事件的？

答：關於選擇標準，我想每個人做這樣的工作都會不可避免地帶入個人特定的視角和框架。我在做這項工作時，一直在問自己一個問題，能否不受自己太多的偏見的約束和影響，有時候非常掙扎。

馬克斯．韋伯談所謂社會科學的中立性，大家知道純粹的中立性是做不到的，但韋伯的意思也不是做到完全中立，而是把中立性作為一個可追求的明確目標。這意味著中立性或者說客觀性的獲得，是通過不斷地對主觀性進行反思，並且設想站在異己的立場上如何面對問題，由此逐漸逼近中立性，這是一個無盡的過程。

這個寫作當然隱含著自己的問題意識。我對西方思想史、現代性的問題特別關注，雖然處理的材料是西方思想界的文獻，但我會反覆追問：對當今中國的公共討論而言，哪些事情是重要的和相關的？這是我進行篩選的一個標準。我會尤其注意那些對社會政治和文化發展具有深遠影響的線索。因為當代思想的有些東西可能是曇花一現，但有些東西會有長程的影響。當然這裡永遠會有判斷的風險。

在我看來，對中國未來的發展和公共討論而言，西方現在奠定的自由主義民主體制以及市場經濟這樣的基本社會結構，在多大程度上是可持續的？在多大程度上可以被非西方國家借鑑？它們的局限和困境在哪裡？這對於西方本身是重要的問題，對中國的發展也具有相關性。所以每年的年度綜述，都會涉及對自由主義民主和市場經濟體制的辯論，對其社會政治後果的反思。西方內部對這個主題始終存在豐富的討論，這個辯論也和中國相關，這是我關注的一個焦點。

主題選擇的另一個重要方面，是技術文明帶來的文化改變。社會科學家和人文知識分子可能不太關注這一點，但從長程的歷史來看，人類的技術進步，改變的不僅僅是技術本身，也不僅僅是在物質層面影響人類的生活。實際上，技術文明在很深的意義上改變了我們的生存方式以及對自我存在的理解。所以我會特別關注技術文明對文化變遷的影響，這也是一條主線。

我持續關注的第三個方面，是身分或認同問題。我認為這對中國的公共討論也有參考價值，包括社群和族裔的認同問題。在文化上和政治上，我是誰？我屬誰？我要成為什麼樣的人？我對哪個共同體是忠實的？以及多重身分引起的分裂和自我矛盾。在寬泛意義上，這涉及「身分政治」和「政治文化」，這也是一個持續出現的焦點。

這三方面大致構成了這個系列的主線。當然，每年會有不同的重大突發事件，會出現重要的著作，以及重要思想家的誕辰與辭世紀念等，這些在西方思想界可能會引起比較多的討論，自然也會在文章中有所反映。特別是如果對某個思想家的討論對現代性的反思具有重要啟發，我也會盡力去彰顯它的思想史意義。以上大致是我做篩選的標準，抽象的泛泛而談是容易的，但具體到每年的寫作，取捨和詳略的處理總會有很多糾葛，我處理得未必恰當，也接受大家的檢驗和批評。

問：我們注意到在二〇〇三年至二〇〇八年，該系列的題目均為「西方知識界重要事件綜述」，但從二〇〇九年開始，標題成了「西方知識界回顧」，這種變化的原因是什麼？

答：題目是個技術性問題，但實際上涉及更為實質的問題：我到底想要寫什麼？在《學海》發表的系列裡，我一直沿用「西方知識界重要事件綜述」這個題目。但這個題目太學究氣了，似乎也不太確切，所以在媒體版上，就用了「知識界回顧」這樣一個更含混、包容性更大的題目。在此「知識界」是用來對應「intelligentsia」這個詞，但這個英文單詞的意思要狹窄一些，主要指受到良好教育而且關注公共思想、文化和政治問題的群體。就範圍而言，我著眼於「intelligentsia」這個領域的活動和狀況，所以不是所有的「知識」都與這個寫作相關，而是那些具有公共影響的知識或思想。另一個問題是怎麼理解「事件」。有些比較容易確定，例如，在二〇〇三年關於美國入侵伊拉克的辯論中，哈伯瑪斯（Jurgen Habermas）和德希達等著名學人發起簽名反戰，這是狹隘意義上的event（「事件」），這比較清楚。但我還包括了一些eventful（「事件性的」或「重大的」）的現象，它不是單一的事件，而可能是圍繞一個共同議題（比如，當代民主制度的困境、伊斯蘭世界現代化等議題）的討論。這些討論在思想邏輯上是關聯的，但在具體發生的時空意義上並不直接相關，並沒有形成一個明確的「事件」，我會把這些線索匯集起來，作為寬泛意義的「事件」來處理。

總體來說，我既想反映狹義的event，又想把那些eventful的線索和趨勢關聯起來，形成一個主題。所以，對這一系列文章的標題我一直不太滿意（如果有好心的、更聰明的朋友能夠提供更好的標題，我特別願意採納）。不過，這可能也不是多大的問題。大家如果碰巧讀了這個系列中的幾篇文章，就會發現其明顯的訴求就是關注公共思想討論。

技術文明的發展對人類意味著什麼

問：您提到對技術的關注。的確，在歷年的西方知識界回顧中，您都非常關注最新的自然科學與社會人文學科交叉的訊息。比如，在二〇一五年的回顧中，您重點提到了「如何思考會思考的機器」和「人工智能在倫理上的悖論」。對這些話題的興趣與您個人的學科背景有關嗎？在回顧中涉及科學與人文的博弈點，您的用意是什麼？

答：我算是曾經的「理工男」吧。十五歲進入大學讀化學工程，在東華大學一直讀到碩士，對科學技術問題有一定的敏感。但現在我關注科學技術發展不只是由於個人經歷，而是科學和技術維度對現代思想甚至人類文明的形態有非常重要的影響。

在二十世紀五、六〇年代，人文和科學的分化日益嚴重，史諾（C. P. Snow）曾提出「兩種文化」的問題，引發關注。後來一些學者致力於彌合自然科學和人文學這兩種文化之間的分裂，提出第三種文化的概念，試圖把人文與自然科學融合起來，像「前沿」網站，有一批像哲學家丹尼爾・丹尼特（Daniel Dennett）這樣的思想家，特別注重把人文社會科學與自然科學的視野結合起來，我認為這很重要。大家知道，學科的分野是現代教育體系的產物。在古典時代，比如希臘傳統裡面，科學本來就是哲學的一部分，叫作自然哲學，近代早期仍然如此。啟蒙時代的那些思想家，比如伏爾泰等，他們都是所謂「百科全書式」的思想家。我覺得恢復一種綜合的視野是有意義的。我們需要把被現代學院體制割裂得越來越細的學科交叉融匯起來，這不僅能幫我們獲得更開闊的眼界，而且可能帶來一個全新的研究方法，甚至形成新的範式。

在哲學領域，心靈哲學中的許多經典問題，道德意識的發生機制、自由意志和決定論是否兼容等，在純粹思辨的層面上幾乎很難再推進，雖然不斷有專業學者的論文發表，但我個人覺得傳統哲學的方式慢慢耗盡了自己的潛力。而現在，這些問題與神經科學、認知心理學等方面的研究成果結合起來，這些屬自然科學的研究，與古老的哲學問題在另一個層面上發生了緊密的關聯，出現了新的綜合。西方學術界近年來有所謂「實驗哲學」的運動，在不同的高校和研究機構，把神經科學和認知心理學的實驗與傳統的心靈哲學、道德哲學關聯起來做研究，非常引人注目。

對於人工智能（artificial intelligence）問題的研究，可能有更大的意義和前景。我們可以由此進一步討論在存在論意義上人類的意識活動和思想到底是什麼，甚至人的存在究竟意味著什麼。我們是智性的存在，但是我們並沒有搞清楚什麼是智能。我最近一次的綜述中專門寫了edge網站關於人工智能的一次大討論，內容非常豐富，也有許多分歧和爭論。大家可以到網站上去瞭解一百九十多位學者和科學家的觀點。我每年寫的綜述報告有兩個版本，一個是簡約版，發表在《東方早報．上海書評》上，澎湃的網站會轉載。還有一個更完整的版本，發表在《學海》上，這包括注釋。一篇文章大概有五十個注釋。其實注釋很重要，因為許多問題在有限的篇幅裡無法展開，只能給出些線索。有興趣的讀者可以透過注釋去追蹤原始文獻。

在對「人工智能」的討論中，還出現了所謂「超級智能」（superintelligence）的概念，就是推測機器人的智能不僅能模仿人的智能，而且可能將會超越人的智能，甚至機器人可能反過來控制人類，這對人類前景意味著什麼？這些辯論都特別有意思，對未來發展的預測也是眾說紛紜。

就目前機器人的智能水準來看，與人類智能有很大落差，就是說有些方面機器人特別聰明，而在另一些方面特別笨拙。加州大學（柏克萊）的教授高普尼克（Alison Gopnik）對比了這種差異。他說原先人們以為，下棋和定理論證對於計算機而言最為困難，但後來證明在這兩個方面計算機都比人要聰明得多。但在另一些領域，比如辨認水杯和拿起水杯這類簡單動作，或者普通幼兒都具備的學習能力，計算機卻很難模仿，更不要說孩子對人們是否可信和可靠的辨別能力。他說，因為我們至今還沒搞清楚孩子所體現的這些智能的原委，在明白這些問題之前，世界上最高級的計算機也無法勝過人類三歲的孩子。

有些人的觀點更為複雜，比如牛津大學「人類未來研究所」的所長伯斯特隆姆（Nick Bostrom）教授。在他看來，除了在某些特定的狹隘領域，目前機器思維的總體水平相當低，但將來有可能超過人類，正如機器現在已經比任何生物體更為「強壯」和「迅速」。至於「超級智能」何時出現，我們並沒有把握。但他估計，人工智能要從目前的水準到達人類智能水準可能需要很長時間，但一旦到達這個水準，出現超級智能就相對更快。

在這些辯論背後確實還有一個更深的哲學問題：人到底是不是機器？也就是說人的一切行動，包括意識、情感等「神祕」的靈性活動，說到底能不能被轉換為物理的、神經的、粒子的運動？持有「物理主義」立場的學者，相信人沒有什麼神祕的部分，一切都是物理性的，只不過更為複雜而已。這個觀點由來已久，十八世紀中葉，法國思想家拉美特利的名著《人是機器》（*L'Homme-Machine*），就認為所有可見的生命與非生命的存在形式，都是源自粒子和力，在物理的生命力量之外沒有其他空間。而另一些學者，我們姑且稱之為「靈性主義者」，他們相信，人在根本意義上不是簡單的生物或物理存在，總有一個部分是「靈性」（spiritual），並不能轉換為物理過程，因此，人和機器之間有永遠不可逾越的鴻溝，機器再發達也不可能成為人。最近討論的趨勢是，持有物理主義觀點的人似乎越來越多了。英國皇家學會前主席、劍橋大學天體物理學家芮斯（Martin Rees）甚至認為，從長程演化論的觀點看，人的出現似乎只不過是為了發明出更卓越的超級智能的存在。他說無論我們如何界定「思維」，人類的有機體思維（organic thinking）只是超大尺度的演化進程中的一個階段，其思維的速度與強度終將被機器智能所淘汰，尤其在量子計算機誕生之後。生物大腦的抽象思維奠定了所有文化與科學的基礎，但這只是一個短暫的歷史前奏，是通向「非有機體的後人類時代更強有力的智慧」。

馬克斯．韋伯曾說，現代化是一個「祛除魅力」的過程。現在看來，人類本身最後的神祕性似乎也要被除魅了。很難說這到底令人欣喜還是沮喪。

無論如何，技術文明對人類存在的方式和自我理解有著深遠的影響，讓我重新思考，人作為道德的、文化的、精神的和政治的存在究竟意味著什麼。比如網路的誕生就出現了「網民」（netizen），這與原來以國家界定的「公民」（citizen）是什麼關係？一個學生曾經給我看過一張「線上共同體」的世界地圖。我們傳統的地圖，包括幾大洲和幾大洋，還有俄羅斯、美國、中國、加拿大等國。但這個「線上共同體地圖」顯示的是「Facebook國」、「Youtube國」、「Twitter國」，還有「QQ國」（被一個GreatFire Wall圍住）等。這張地圖很有衝擊力，就是說我們可以用完全不同的方式想像世界，也可以用另一種完全不同的方式獲得身分認同。說不定在未來的某個世代，你是哪個國家的公民可能沒那麼重要了，而你是哪個「網路共同體」的成員可能更重要。我相信，人類正處在新的技術文明大突破的前夜，可能會改變我們的世界圖景，改變自我理解的方式和存在方式。這對我們傳統的社會、文化和政治安排，都有難以估量的影響。

我們如何想像世界

問：您說瞭解西方知識界動態不僅是為了更加瞭解別人，也是為了更加反觀中國、瞭解自己。您的系列綜述在二〇〇三年到二〇〇八年間，「中國」一詞時有提及，但未單獨展開。從二〇〇九年起，「中國」開始成為重要的組成部分，「中國模式」、「中國特刊」、「中國的世紀」等成專題出現。這種變化的原因是什麼？

答：我越來越把中國的議題放在這個系列中，有很多原因。一個直接的原因是：關於中國的討論已經越來越占據西方媒體，特別是知識媒體的版面，這是二〇〇七年之後特別突出的現象。世界是彼此相連的，現在中國在世界上占據著越來越重要的位置，而且它對世界未來的格局會有深遠影響。我想，這對西方知識界本身是重要的。它的重要意義在於，他們發現了一個「他者」，這個「他者」目前是生機勃勃的、有進取力的，某種意義上說是一個具有影響力的、強硬的崛起，這是一個非比尋常的現象。

對西方而言，現在的中國已經不只是其中國問題專家關注的對象，也正在成為他們知識思想發展的一個參照，不容忽視的，這對西方本身的思考是有意義的。所以，將西方知識界、思想界對於中國的討論帶入中國讀者的視野，也是非常重要的，這幫助我們內在地理解西方。尤其是在今天全球化的時代，沒有一樁純粹的「地域性」的事務。如果不把西方對中國的感知和理解納入我們的視野，我們沒有辦法充分地理解今天西方思想圖景的全貌。

另一方面，西方對中國的討論，對我們中國人自己也有參考意義。有一種固執的偏見認為，只有自己才最瞭解自己。但學過心理學、社會學的人知道，這種看法是非常片面的。古人說「不識廬山真面目，只緣身在此山中」。恰當的自我理解，恰恰需要把自己和所謂「關係性」的自我聯繫起來，與外部對自己的認識結合起來，完全孤獨的自我是無法理解自己的。因此，將西方對中國的理解納入中國自己的視野，這是一種本來就存在的，也許正是我們在不自覺地沿用的認知方式。我希望介紹如《經濟學人》這樣嚴肅和具有學術公信力的媒體的觀點，這能幫助我們更自覺地發現「外部的眼光」，來豐富我們的自我認識。

最後，我個人相信，中國的發展，無論大家抱有非常樂觀的期許，還是有比較謹慎甚至悲觀的預估，都在很大程度上進入了全球秩序，它會對世界有越來越大的影響。這是一個非常重要的議題，我覺得應該受到重視。所以我會每年尋找關於中國的討論話題，收入這個系列綜述。

問：在社會科學領域，使用西方社科理論框架或模型分析中國問題或政策方案的時候，有哪些需要格外注意或小心的地方？

答：這是做社會科學研究的人都會關注的問題，也是爭議最多的一個問題。在運用西方社會科學框架或分析模型討論中國問題時需要小心，不能生搬硬套一種理論來分析中國的具體事件。在原則上，大概沒有人會反對這個觀點，我當然也同意。但我以前也發表過文章，指出這個觀點本身也需要反思。有些學者走向極端，認為西方社會科學的理論和成果是源自他們的特殊語境，而中國的語境完全不同，因此完全無法運用，這種看法本身就包含認識上的盲點。

首先，人類存在的所有社會都有某種「共通性」。當你在強調「特殊性」的時候，如果忘記了「共通性」，那麼任何一種理論都將變得不可能。所以我在《中國有多特殊》那本書中說過一句話：「每一片樹葉都是獨一無二的，但樹葉仍然是樹葉。」除非我們把中國社會想像成「非人類的社會」，我們才有理由相信「西方的研究完全無法運用於中國」。其次，有人認為強調中國的獨特性才能理解中國的國情，但是誇大中國的獨特性恰恰沒有嚴肅地對待中國的國情。因為今天的中國早已不再是與外界隔絕的純粹的傳統中國，看不到這個古今之變與中外交融的歷史變遷，就無法理解中國的國情。源自西方的很多思想觀念和生活方式，不僅進入了中國，而且構成了當代中國文化的一部分。所以，我在幾篇文章中反覆強調，沒有所謂「純粹的中國人」，沒有所謂「中華性」神話。

現代中國處在一種「縱橫交錯」的文化背景之下，我們既有「中國傳統文化」這個時間縱軸上的文化傳承，又有橫向地跟外部世界文化遭遇和交融的情景。在這個意義上，中國存在於世界的文化背景之中。所以，當我們談論「西方的社會科學的理論不能運用於中國具體情況」的時候，我們要分辨的是西方的哪一種社會科學理論？這個模型或框架在多大程度上受制於其發源地的特定語境？這種特定性能不能得到修改或調整而應用於中國的語境？在根本上這些問題不能泛泛而論，需要特定而嚴肅的辨析和分析。

另外，強調語境特定性的制約以及理論的跨語境應用，關涉到「一般」和「特定」的問題。在此，需要謹慎對待的問題，不僅是西方社會科學的框架和模型是否適於中國某個特定問題的分析，而且即使是中國人自己提出的理論和框架，也未必適合於中國的某個特定問題。比如中國古代一些傳統概念或框架，比如用「君臣父子」的這個概念來討論當代中國的政治結構，會是恰當的嗎？可能會有些啟發，但它完全適應中國目前的處境嗎？它真正契合中國生存環境的特定性嗎？這些都是問題。

總的來說，我想強調兩個要點。一個是理論的「一般性」和具體語境的「特定性」之間的張力。這是真實的問題，也構成真實的挑戰，但這個挑戰不僅僅存在於西方與中國之間，也存在於中國內部的不同地域之間和不同歷史時期之間。第二，中國語境的特殊性並不意味著它跟其他文化包括西方文化的語境沒有關聯。比如，對於「權利」意識在中國人政治身分和政治行為中的作用，在哈佛大學裴宜理（Elizabeth J. Perry）教授和中國于建嶸教授之間就出現了分歧。裴宜理認為，中國人在維權活動中主要依據的是中國傳統的「民本」觀念，即政府要為老百姓著想。而于建嶸則認為中國人已經形成了現代的「權利」意識。我覺得這兩種因素可能都在起作用，判斷哪一種因素是主導性的，需要確切的實證研究。

問：您所提出的「新世界主義」強調，汲取古代天下思想中的求同存異等積極特徵，同時強調以儒學中的「關係性」思想作為建構民族國家體系的全球認同的源泉。但是這種基於文化間的相互理解的「關係性認同」，倘若是在一個政治權力／權利分配問題上存在矛盾的背景下進行，其所推動建立的「後霸權」的世界秩序有多大功效？

新世界主義溝通世界跨文明間的認同的使命與世界秩序建立存在怎樣的關係？跨文明認同是否有助於解決政治權力的「相互依賴」關係中的國際矛盾與衝突？即使在同一文明中，文明的趨同仍難以確保合理秩序的達成，例如中華文明的趨同似乎無助於解決中國自古以來所謂的「央地關係矛盾」，國際關係呢？

答：首先聲明一點，對於「新世界主義」這個提法，以及我們希望最終發展出一個學派的目標而言，我們只是剛剛起步，這可能需要非常漫長的學術努力。我們有一系列相關的研究，而我的那篇文章只是一個提綱性的理論表述，也仍然是非常初步的表述。

我們完全清醒地認識到，在概念層面的清理以及提出新的概念，這是必要的理論工作的環節，但遠遠不足以改變現存的世界秩序的霸權屬性。我對自己的文章以及我們學術團體對自身理論努力的局限性，有相當清醒的自覺。但我想澄清一點，你的問題好像是在權力／權利分配的政治現實與一種關係性的自我理解或關係性的全球想像之間做了截然二分，這是有問題的。我們以什麼樣的方式來想像世界，跟現存的政治權力和權利分配這種結構性的、硬的東西並不是無關的。我恰恰是要對這種觀念與現實的二元對立方式提出質疑。

我們如何運用政治權力？權力的構成中是有「理念」參與的。我們如何想像世界？我們想像世界和闡釋世界的觀念、方法和表述，都是政治權力的一個構成性的部分，這個在政治學中有非常悠久的傳統。我們往往把權力想像成一個自在的、堅硬的、固定不變的東西，但這是錯誤的。實際上每種權力的起源和使用及其正當化，都一直涉及理論的闡釋和辯護。比如說現在的民族國家主權，這個西伐利亞體系後面的世界格局，它是有一套論述的，它是以對世界的特定的想像或者說世界圖景為基礎的。為什麼國家不論大小一律平等、彼此不干涉內政等，這個似乎理所當然的原則，依賴於在歷史中形成的一種特定的世界想像。如果這種世界想像發生了重大改變，目前世界的權力結構和分布就可能出現變化。當然，我在強調文化觀念對現實權力影響的同時，也非常清醒地認識到，觀念變遷推動現實變化的進程是複雜的，也往往不是直接的。也就是說，新的全球想像和文化觀念，一定要透過實踐中的政治力量去改變。但觀念的變遷是動力機制中必要的環節。幾乎所有重大的歷史巨變都是如此。

西伐利亞體系前的歐洲，是封建王國各自為政的割據狀態，後來出現了絕對主義國家，到後來民族國家的興起，這個歷史演變背後既有政治文化觀念的變化，又是透過現實的政治經濟權力去落實的，這才能夠實現真正的歷史性轉變。民族國家的想像和現實，從來不是天然的或「現成的」，它是做成的。以民族國家為基礎的世界秩序，它有歷史的起源和發展，也可能有自己壽命的期限。但改變這個秩序，當然不是僅僅靠新概念的提出和新的想像的形成就能夠完成。這可能是一個非常漫長、錯綜複雜的理論和實踐互動的過程。

我們從歐盟的經驗清楚地看到了這一演變的過程。歐洲是最早出現民族國家的地區。但現在歐盟出現了。二戰之後就有了相對完整的歐洲共同體的理念，但直到冷戰結束之後，才獲得了現實可行的實施條件。這意味著文化觀念的改變，要在特定的條件下才能轉化為政治經濟的實踐力量，最終改變一個區域的秩序。雖然目前歐盟出現了很多問題，比如英國可能要退出歐盟，比如這些年持續的債務危機，所以有「疑歐派」的質疑和憂慮，這當然是嚴重的挑戰。但從長程歷史的視野來看，歐盟從具體的理念醞釀到基本完成建設，僅僅用了半個世紀，我認為這是驚人的、極為卓越的人類成就。

歐盟的問題再嚴重，只要不徹底解體，這個成就無論如何都不能被低估。這顯示了人類的政治努力能夠實現某種近乎烏托邦的目標。歐洲人通過自覺反思自己的歷史遺產，包括歷史上的災難和痛苦，有意識地構建一個新的政治共同體，超越了以前被認為完全無法改變的民族國家結構，這是一個非凡的成就。雖然發展是曲折的，但歐盟的歷史還很短暫，需要經過許多曲折發展才能慢慢成熟。

關於如何理解跨文明之間的認同跟相互依賴的秩序之間的緊張關係，我需要提醒一點，所謂「秩序」不是靜止不變的局面，也不是完全和諧的局面。秩序本身是針對混亂的，沒有衝突就取消了秩序本身要針對的問題。秩序不意味著消滅衝突，而是一種應對衝突和解決衝突的能力與機制。比如你剛才說到央地關係的矛盾，它一直在那兒，但當它沒有到不可收拾的時候，比如沒有引發戰爭，我們就認為它仍然處於一種秩序中。

未來的世界秩序格局也是如此。在不同文明之間建立跨文明的相互理解和認知，並不意味著這個世界沒有衝突。世界永遠會有衝突。衝突是生生不息、永遠在那裡的。我們學過辯證唯物主義和歷史唯物主義，知道「矛盾」是推動世界發展的一個動力，它永遠在那兒。但是秩序的形成意味著我們有越來越多的更有效的方式，來把衝突限制在一定範圍和程度之內，或者能夠透過一定的機制來解決它，而不必採用大規模的戰爭和暴力來處理。所謂「秩序」是指能夠以恰當的、適度的方式來應對和化解衝突。

＊本文為作者在「政見」網站主辦的第一期「政見線上沙龍」所接受的訪談（二〇一六年二月二十七日）。美國萊斯大學人類學博士王菁採訪，後由主辦方整理、作者審閱成文，此次收錄再修訂。

第一部分——西方思想年度述評

2003

2004 2005 2006 2007

2008 2009 2010 2011

2012 2013 2014 2015 2016

2017 2018 2019 2020

國際著名學者發出反戰呼籲

今年西方知識界最為重要的事件，是針對由美英主導的伊拉克戰爭所發起的反戰運動。其中德國思想家哈伯瑪斯和法國哲學家德希達（Jacques Derrida）的連署聲明尤為引人注目。兩位大師級的學者在知識論和思想傾向上有著長期而深刻的分歧與爭議，這為學界所共知，但他們在反戰問題上卻達成了高度共識，並共同擬寫了聯合聲明——〈戰爭之後：歐洲的重生〉，於五月三十一日同時發表在德國的《法蘭克福匯報》和法國的《解放報》上。在這篇聯合聲明中，哈伯瑪斯和德希達強調，應當在歐盟（首先在以德法聯盟為主軸的「核心歐洲」）形成新的認同與共同的價值理念，使歐洲能夠在國際事務中發揮重要影響，以抗衡美國的單邊主義霸權政策。

這個聲明顯然是事先策劃的知識界聯合行動的一部分。在同一天，歐洲主要報刊《新蘇黎世報》（瑞士）、《共和報》（義大利）、《國家報》（西班牙）、《南德意志報》（德國）以及《斯塔姆帕報》（義大利）分別發表了阿道夫·穆希格（Adolf Muschg）、安伯托·艾可（Umberto Eco）、薩巴特（F. Savater）、瓦蒂莫（Gianni Vattimo）以及理查·羅蒂（Richard Rorty）等五位著名學者與作家的文章，一致呼籲加強歐洲與聯合國的作用，反對美國的霸權政治，在尊重多元文化的基礎上尋求世界和平與發展的理念與政策。

實際上，西方知識界的反戰運動早在年初已經揭開帷幕。今年二月，薩依德（Edward Said）在《異見者之聲》上發表文章〈偽善的紀念碑〉，德國《時代》（*Die Zeit*）週刊更以大量篇幅發表羅蒂、茱蒂斯·巴特勒（Judith Butler）、德沃金（Ronald Dworkin）、馬格利特（Avishai Margalit）和魏吉伍德（Ruth Wedgwood）等著名學者的文章，對隨時可能爆發的戰爭就其道義和法理的正當性提出強烈質疑，對美國的全球霸權戰略做出尖銳的批判。而在五月三十一日之後，包括齊澤克（Slavoj Žižek）在內的歐洲著名知識分子，繼續對伊拉克戰爭所引發的政治與道德、國際秩序與歐洲前途等問題發表論述。當然，也有來自左翼和右翼知識分子對這場反戰運動的理念、話語方式和實踐效果提出了各種異議和批評。但毫無疑問，有如此眾多的來自不同國家和不同學科領域的著名知識分子參與，這場討論就其影響力而言，是近十年來國際知識界對公共政治問題的一次最重要的介入。

施特勞斯學派與美國右翼勢力

美國政府在九一一事件之後的先發制人戰略，以及後來的伊拉克戰爭，遭到知識界越來越多的批評，而且公共輿論對政界的右翼保守勢力的質疑也越來越強烈。而當媒體追根溯源以查詢華盛頓前政要的思想譜系時，卻發現許多強硬派政客原來都師承已故的政治哲學家施特勞斯（Leo Strauss）。話題肇始於《紐約客》資深記者赫許（Seymour Hersh）在五月六日發表的一篇文章，其中特別指出，現任國防部副部長伍佛維茲（Paul Wolfowitz）等布希當局的政要，在制定外交與國防戰略中深受施特勞斯派思想的影響，形成了以菁英主義、反民主以及單邊主義政策為特徵的新保守主義政治。這篇文章被發表後，《波士頓環球報》和《國際先驅論壇報》等報刊緊隨其後，引起了一系列的後續報導與評論，使施特勞斯派與美國保守主義的關聯問題成為知識界爭論的一個焦點。

此前鮮為人知的加拿大政治理論教授德魯里（Shadia Drury），在這場討論中成為熱門人物，頻頻接受媒體的訪談。她曾出版了三本涉及施特勞斯的著作，其中一九九七年出版的《施特勞斯與美國右派》（*Leo Strauss and the American Right*），著重分析了施特勞斯在思想淵源和師承脈絡方面是如何經由智囊組織向政府機構滲透，從而促成了美國新保守主義政治的興起，並在近年獲得了支配性地位。許多學者贊成並附和德魯里的看法，更有少數學者進一步認為，新保守主義是一次有預謀、有組織且經過精心策劃以改變美國民主政治的思想與政治運動。但也有學者認為，應當將施特勞斯本人的思想與學術研究和新保守主義政治區分開來，兩者的關聯完全是杜撰的，至少是猜測性的。哈佛大學政治哲學教授哈維．曼斯菲爾德（Harvey Mansfield）在國家公共電臺（NPR）組織的討論中，就與德魯里存在嚴重分歧，批評德魯里的觀點完全建立在對施特勞斯思想的膚淺闡釋與誤讀曲解之上。目前這場爭論還在公共知識界持續，同時，也在政治哲學領域推動了對施特勞斯理論的專業研究。專家一般認為，施特勞斯對民主政治、現代性以及國際秩序的看法，遠比公共傳媒所介紹的流行意見更為複雜和深刻。

「華盛頓共識」引發新的辯論

二〇〇三年，經濟與知識界的許多報刊相繼發表文章，對「華盛頓共識」（Washington Consensus）提出挑戰與批判。「華盛頓共識」是以自由貿易、財經紀律和私有化為基礎的經濟發展模式。首先由威廉森（John Williamson）在一九八九年美國國會的一個聽證會上提出，於同年十一月在國際經濟學會會議討論時得到世界銀行支持。這份共識主要包括實行緊縮政策防止通貨膨脹、削減公共福利開支、金融和貿易自由化、統一匯率、消除外資自由流動的各種障礙，以及國有企業私有化、取消政府對企業的管制等。

哥倫比亞大學經濟學教授史迪格里茲（Joseph Stiglitz）是二〇〇一年諾貝爾經濟學獎得主，曾擔任柯林頓經濟顧問委員會主席以及一九九七至二〇〇〇年世界銀行首席經濟學家。他在年初接受《世界事務》採訪時，公開提出要挑戰「華盛頓共識」，對國際貨幣基金組織、世界銀行及世界貿易組織固守新自由主義政策的陳規提出批評，發出了對這一經濟模式的批評新聲。《財經與發展》雜誌九月號發表「超越華盛頓共識」的專題討論，許多學者認為，這一術語實際上是「市場原教旨主義」的代名詞，如今已經成為經濟全球化和新自由主義政策幻滅的同義詞。墨西哥央行行長歐提茲（Guillermo Ortiz）的文章持較為溫和的立場，他分析了拉美國家二十年來的經濟改革狀況，指出「華盛頓共識」並沒有為改革實踐提供良好的處方和一致的政策，拉美國家需要第二輪改革，必須超越「華盛頓共識」的簡單綱領而採用更為複雜和多樣的措施，包括建立有效的監管體制、加強政府機構的職能以及發展就業服務等。

托派組織「第四國際」召開第十五次世界大會

由托洛斯基等人於一九三八年創立的「第四國際」，是一個世界性的革命社會主義組織，其基本綱領是主張世界工人階級的聯合，為社會平等而鬥爭，堅持工人民主與社會主義的立場，在與資本主義和帝國主義持續鬥爭的同時，也反對史達林式的官僚專制。今年二月八日至十四日，「第四國際」在比利時召開了第十五次世界大會，有四十個國家的兩百多名代表參加，就世界形勢、全球化運動、資本主義復辟、生態運動以及同性戀解放運動等問題，發表了一系列文件和聲明。

在對世界形勢的分析中，「第四國際」指出，自第十四次世界大會以來，世界政治形勢發生了顯著變化。當時世界各地的資本主義全面復辟，社會主義運動在全球範圍內受到挫折。而目前反全球化運動和各個國家內部的社會抵抗運動的興起帶來了新的政治理念與機遇。會議重申，「第四國際」堅持抵抗資本主義全球化的各種形式，堅持反對由官僚階層主導、盜用社會主義名義的資本主義復辟，這實際上意味著對工人階級的剝削，同時使新資產階級致富。這是「第四國際」自一九九五年以來的第一次世界大會，在左翼學者當中引發了一些評論與回響，但在整個知識界並沒有獲得太多關注。

美國著名知識分子雜誌《黨派評論》停刊

美國著名的左翼知識分子雜誌《黨派評論》（*Partisan Review*）於四月中旬宣布停刊。這份雜誌由菲利普斯（William Phillips）和拉夫（Philip Rahv）於一九三四年創辦，政治傾向具有「托派」色彩，長期致力於從左翼立場批判史達林主義。在六十八年的出版歷史上，其年發行量從未超過一萬五千份，目前只有三千份左右。但在二十世紀三〇年代到六〇年代的鼎盛時期，它是美國公共知識分子的重要論壇，撰稿人中有聲名卓著的政治哲學家鄂蘭，作家歐威爾、鮑德溫（James Baldwin）、桑塔格，批評家麥卡錫（Mary McCarthy）、威爾遜（Edmund Wilson）、特里林（Lionel Trilling）、豪（Irving Howe），詩人艾略特、羅威爾（Robert Lowell），以及小說家貝婁（Saul Bellow）、諾曼·梅勒（Norman Mailer）等。

《黨派評論》編輯迪克斯坦（Morris Dickstein）認為，這樣一份著名雜誌的停刊主要有兩個原因。首先是蘇聯解體之後，反史達林主義的論題失去了原有的意義，雜誌也難有焦點定位；其次是其他左翼刊物——如《紐約書評》和《壁壘》（*Ramparts*）等——在影響力與聲譽方面已經超過了

《黨派評論》。迪克斯坦在其「憑弔」文章中寫道，《黨派評論》起初並不引人注目，作者群主要是紐約區的猶太知識分子，他們沒有學院文憑，但最終都成為美國歷史上最傑出的知識分子，因此《黨派評論》是美國最優秀的幾本刊物之一。

《高達美傳記》引起爭論

海德格與納粹政權的關係曾在知識界引起熱烈的爭論。而最近，海德格的弟子、去年辭世的大哲學家高達美也被質疑與納粹有曖昧關係。今年七月，《高達美傳記》（*Hans-Georg Gadamer: A Biography*）的英譯本由耶魯大學出版，立即引發了尖銳的爭議，這實際上是美英知識界對一九九九年德國討論的延續（當時這本傳記的德文版剛剛發表），其焦點問題是高達美在納粹當政時期究竟做了什麼？應該如何評價？

傳記的作者格羅丁（Jean Grondin）教授以史料檔案為依據，紀錄了二十世紀三〇年代和四十年代的高達美，描述了他如何在納粹統治的黑暗時期圓滑行事和提升自己的學術地位。他雖然沒有正式加入納粹黨，但他在發現有利於自己晉升的時候，參加了一個納粹教導營，從而不失時機地填補了遭到清洗的猶太教授所留下的位置。而在一九四五年蘇聯紅軍占領德國後，高達美卻又常常在課堂上為「無產階級專政」熱烈辯護。不過，格羅丁也在書中為高達美辯護，認為他是那種不過問政治的老一代大學教授，只是機智地採用了實用主義的生存策略。高達美曾驕傲地宣稱，「從不閱讀歷史短於二〇〇〇年的書」。格羅丁甚至認為，海德格對納粹的熱情也只是「羞恥」而不是「罪行」。但許多學者持不同的看法，其中包括高達美的學生沃林（Richard Wolin）教授，他在多篇文章中尖銳地批判了自己的老師在第三帝國時期的作為，認為德國學術界所謂的「內心流亡」的觀念是華而不實的託詞，高達美從來沒有對自己面對艱難問題時的行為作出反省。因此，他認為格羅丁的「生存策略」的說法並沒有理解哲學家作為一種職業的特質，即以原則而不是自我利益來行事。

2004

2003 2005 2006 2007

2008 2009 2010 2011

2012 2013 2014 2015 2016

2017 2018 2019 2020

電影《華氏九一一》的政治風暴

電影紀錄片《華氏九一一》（*Fahrenheit 9/11*）可能是二〇〇四年度西方公共思想界最為引人注目的事件。導演麥可・摩爾（Michael Moore）試圖在電影中驚爆內幕——布希家族與沙烏地阿拉伯王室及賓拉登有密切的生意往來。而在九一一事件發生後，布希當局先是玩忽職守，使美國陷入恐慌，爾後出兵伊拉克，轉移民眾的注意力。整個影片以辛辣的諷刺手法，激烈抨擊了布希的反恐戰略。今年五月，《華氏九一一》在法國坎城電影節獲得金棕櫚獎，關於美國政府曾試圖禁止影片發行的消息廣為流傳，反而成為該影片最佳的促銷廣告。電影在美國上映的最初幾週場場爆滿，創下了電影紀錄片票房的歷史紀錄。摩爾本人立即出版了兩本新書，並在歐美各大媒體頻頻亮相，還成為《時代》雜誌的封面人物。他毫不掩飾自己的政治動機——藉此影響年底的總統大選，把布希趕出白宮！在愈演愈烈的反布希浪潮中，《華氏九一一》成為知識界與大眾媒體熱烈討論的話題。

在激起大眾興奮情緒的同時，輿論也出現了越來越多的針對《華氏九一一》的批評甚至攻擊。許多評論指出，整個電影完全拋棄了紀錄片慣常的審慎與客觀的姿態，通過誘導性與煽動性的敘事剪接策略，大量使用陰謀理論與「情狀證據」（circumstantial evidence），以達到譴責與嘲弄的效果。一個名為「華氏九一一」的網站應運而生，專門蒐集對摩爾歪曲事實的批評、投訴以及各種負面報導。這部電影無疑是非常「解氣」和「解恨」的，但其立場的客觀性與證據的可靠性卻非常可疑，因此以這種憤怒的方式介入政治討論是否正當，便成為公共爭論的一個焦點。有評論家坦言：「是的，電影是不公平的，是蠻橫的，但那又怎麼樣呢？對不起，美國人已經沒有耐心了！」摩爾本人也說：「《華氏九一一》就是自由的燃點。」而另一方面，許多評論指出，摩爾的話語策略與布希如出一轍，是「煽動性的政治宣傳」，是好萊塢式的娛樂。目前已經有一部名為《摩爾憎恨美國》（*Michael Moove Hates America*）的新紀錄片面世，導演威爾遜（Michael Wilson）檢討了摩爾的紀錄片製作方式，批評他的不正當操作手段，同時也有揭露「摩爾真相」的新書出版。整個論戰透露出美國公共輿論在政治意識和文化態度上的嚴重分歧。

德希達去世的風波

法國著名哲學家雅克・德希達於十月八日去世，享年七十四歲。十月十日《紐約時報》發表坎德爾（Jonathan Kandell）撰寫的訃告，這篇訃告以輕佻的筆法描述了德希達的生平與學術生涯，對解構主義僅以「晦澀難懂」一言蔽之，並引稱說，「許多並無惡意的人僅僅為了能減免理解解構主義的負擔而期望它死去」。這篇訃告引起一場軒然大波，德希達的朋友與傾慕者們被深深地激怒了——在他們看來這篇訃告是「不公平的、無禮的、懷有偏見的」。十幾位著名教授和學者分別致函抗議，認為《紐約時報》的這篇訃告是侮辱性的，而將訃告的寫作交給一名不學無術且心存惡意的作者，標誌著《紐約時報》專業倫理的墮落。加州大學歐文分校的部分教授建立了「紀念德希達」的網站，在網上發起簽名活動，目前已有來自世界各地的近四千兩百名學人參加，形成了一場捍衛德希達的運動。

在輿論壓力下，《紐約時報》做出了及時的應對，除了刊登一些言辭激烈的抗議信函之外，還在十月十四日發表了泰勒（Mark C. Taylor）教授的正面評論文章〈德希達究竟想說什麼？〉，稱德希達將（與維根斯坦和海德格一起）作為二十世紀最重要的三位哲學家之一被人紀念。英國《衛報》在十月十一日發表的長篇訃告中，對德希達做了較為全面和客觀的介紹，也透露了學術界對他的非議與排斥。一九九二年五月，當劍橋大學決定授予德希達榮譽哲學博士學位的時候，以貝瑞·史密斯（Barry Smith）教授為首的十八位著名哲學家聯名致書劍橋大學表示反對。他們認為，德希達的寫作雖然具有原創性，或許在電影或文學等領域也有一定的意義，但作為「哲學家」，他的作品沒有達到專業學術所要求的基本的「清晰與嚴謹」。為此，劍橋大學最後不得不啟動特殊的投票表決程序來解決這場爭端，結果以三三六票對二〇四票通過了榮譽學位的授予。著名文學理論家伊格頓（Terry Eagleton）隨後在十月十五日的《衛報》發表〈不要嘲弄德希達〉，批評英國知識界的保守人士對德希達的嘲弄，並認為多半是出於無知與誤解。

德希達注定是個充滿爭議的人物，身前死後都是如此。除去意識形態的原因，德希達的訃告風波或許也反映出歐洲大陸與英美的學術傳統，以及所謂「後現代」與「正統」學派之間的爭議和衝突仍在繼續。

反對「弱智化」的文化戰爭

對當代文化「平庸化、粗俗化和弱智化」傾向的抨擊，是保守主義者的老生常談，在公共知識界也不是一個新鮮話題。但今年九月英國出版的一部新書——《知識分子都到哪裡去了？對抗二十一世紀的庸俗主義》（*Where Have All the Intellectuals Gone?: Confronting 21st Century Philistinism*）——仍然引起了熱烈回響。作者法蘭克·福瑞迪（Frank Furedi）是英國肯特大學的社會學家，多少令人意外的是，福瑞迪本人屬「激進的左派」陣營，曾在一九八一年參加創立英國

「革命共產黨」。這本著作的基本論題是，那些以追求真理和介入公共事務為使命的知識分子正在英國慢慢消失，結果是日益增長的庸俗主義（philistinism）彌漫於社會生活（從學術、藝術到文化等）的各個領域。但福瑞迪攻擊的目標並不是平庸的大眾，而是所謂「文化菁英」及其主導的文化體制。他認為，在一種時尚而膚淺的文化多元主義以及後現代主義的影響下，文化菁英越來越倡導「容納」精神和政策，一方面使得大學向那些曾被排斥的邊緣和弱勢群體開放；另一方面，對學生的「迎合」代替了嚴謹的知識要求，導致整個教育自上而下變得平庸化。當今大學（甚至包括牛津和劍橋這樣的英才重鎮）的教育標準嚴重下滑，「為知識而知識」或「為藝術而藝術」的純粹追求已經成為一種恥辱，淺薄的工具主義和實用主義政策使整個年輕一代陷入「弱智化」（dumbing down）的文化氛圍之中。

著作出版後，左翼理論家伊格頓在《新政治家》上發表書評，稱這是一部「極為重要的著作」。保守派哲學家史庫頓（Roger Scruton）在《泰晤士報》發表的文章也支持福瑞迪的觀點，雖然他對「知識分子」一詞的含義有所保留。《衛報》、《觀察家》、《高等教育紀事報》以及許多網路雜誌也都紛紛評論，參與了這場所謂的反「弱智化」的文化辯論。有批評者指出，福瑞迪具有反民主的菁英主義傾向。對此，福瑞迪在接受採訪中申辯說：「民主不僅僅是包容多數，而是為了包容在有價值的目標之中；『弱智化』的文化將使我們都被包容在一種共同的庸俗之中。」

圍剿喬姆斯基

麻省理工學院語言學教授喬姆斯基（Noam Chomsky）是美國最為激進和著名的「反對派」知識

分子。他矢志不移地指控美國公共輿論受到權力與資本高度壟斷，而他本人由於在公共輿論界極為活躍而名聲大噪。許多人因此認為喬姆斯基的批評顯得有些故作矯情，甚至有著名學者稱他為「知識騙子」。而且，右翼人士對他更懷著意識形態的敵視。這種積蓄的不滿情緒終於爆發，形成了對喬姆斯基的圍剿行動——《反喬姆斯基讀本》（*The Anti-Chomsky Reader*）的出版。

這部文集由柯利爾（Peter Collier）和霍洛維茲（David Horowitz）編輯，匯集九篇文章，著重分析了喬姆斯基的知識生涯和反美思想的演進，論及他和大屠殺之間奇異的關聯、對紅色高棉獨裁者波布的辯護、對以色列的仇恨以及對九一一事件沾沾自喜的評判，並指責他長期、大量地「捏造事實」與「篡改數據」。文集的結論可以用一句話概括——喬姆斯基是不可信的！但攻擊的領域還不只是這些。在西方知識界，很多學人會將喬姆斯基的學術貢獻與他的政治寫作區別開來，前者是里程碑而後者則多半是義憤。這部文集中最令人不安的一章出自語言學家波斯特（Paul Postal）和勒范恩（Robert Levine），他們重新評估了喬姆斯基的語言學研究，發現其品質與他的政治言論相當一致：「對真相的嚴重輕視、掩蓋內在矛盾以及對不同意見的辱罵。」與此同時，一個名為「反喬姆斯基日誌」的網站蒐集了大量「黑材料」，宣稱喬姆斯基的面具已被一勞永逸地揭穿了。在當今美國保守主義復興的局勢下，對喬姆斯基的圍剿也許並不出人意料。

法國知識界討論民族的認同危機

今年夏季，法國主要媒體《費加洛報》（*Le Figaro*）發起了題為「成為法國人意味著什麼」的大討論，從六月到八月，有四十多位哲學家、政治家、學者和作家陸續發表文章。在此之前，已經有幾本反思當前法國危機的著作（如巴斐雷〔Nicolas Baverez〕的暢銷書《失速下墜的法國》〔*La Frnace qui tombe*〕）在讀書界引起關注，成為觸發這場討論的一個契機。許多文章彌漫著一種悲觀的基調，透露出知識界對民族現狀和前途的深重憂慮，並討論列舉了法國衰落的症狀：在全球勢力中失去了原有的地位、在歐盟中角色的削弱、衰敗的經濟和高失業率，以及難以整合的移民族群等。其中，哲學家德爾索（Chantal Delsol）的一句話被許多媒體廣為摘引：「一個如此輝煌的民族怎麼會變得如此平庸、如此沉悶、如此禁錮於自己的偏見……在今天做法國人就是去悼念我們不再擁有的品質。」她還表示，某些菁英人士企圖掩蓋這種衰落，使人民得以生活在虛幻的自得之中，她對此感到羞恥。語言學家哈傑吉（Claude Hagège）認為法語正在走向衰落，而這與法國民族的衰落是不可分的。

這場討論充滿了對往昔偉大時代的懷舊情緒，對當前民族認同的危機感，以及深切的自我懷疑與批判精神。討論的發起者《費加洛報》編輯主任在總結中寫道，過去二十年的歐盟計畫被看作法國走向復興與繁榮的獨特道路，但這一承諾並沒有兌現——「二〇〇四年的法國是一個處在疑問中的民族」。

一些歐美報刊對這場討論做了報導。有評論認為，這是法國人過於內省和自戀的徵兆，「法國是處於危機之中，但從來都是如此」。也有評論讚賞這種自我反思的精神，指出歐洲的許多國家實際上都出現了衰落，但唯有法國人能夠這樣坦白地討論，而也只有在法國，這樣的文章才會擁有廣泛的讀者。

杭亭頓新作引發爭論

今年五月，哈佛大學著名政治學家杭亭頓（Samuel P. Huntington）出版了一部新作——《「誰是美國人？」：族群融合的問題與國家認同的危機》（*Who Are We? - The Challenges to America's National Identity*），可以看作「文明衝突論」的國內演繹版：來自南美的大量西班牙裔移民與其他外來人口不同，他們與故國具有很強的文化聯繫，難以融入美國的「大熔爐」，使美國日益分化為兩種文化、兩種語言和兩個民族，這對美國的民族認同構成了嚴峻的挑戰。在杭亭頓看來，美國文化的核心就是英國新教徒的價值觀念，這種文化包括職業道德規範和個人主義、英國的語言、法律制度、社會制度和習俗。他在接受《紐約時報》採訪時坦率地表示，如果最初在美國定居下來的人不是英國人，而是法國、西班牙和葡萄牙的新教徒，美國將不會是這樣一個國家，而可能是魁北克、墨西哥或者巴西。

杭亭頓的新論點受到了廣泛的關注與評論。有人讚賞他不顧「政治正確」教條的威脅，公然討論商界和政界出於自身利益而不敢觸及的問題。有人指出他將盎格魯－新教主義（Anglo-Protestantism）作為美國正統文化的代表，有偏頗與狹隘之處。也有評論認為，杭亭頓的觀點表明了他自己對美國文化固有的包容與寬容能力缺乏信心。還有一些更為激烈的批評，認為這是一種「戴著面具的種族主義」論調。對於這本書的爭論，目前還在持續展開。

沃爾夫對卜倫的指控

今年二月的一起「性騷擾指控」由於涉及兩位文化名人，一時成為美國知識界的熱門話題。指控者沃爾夫（Naomi Wolf）曾出版《美貌的神話》（*The Beauty Myth*）一書，揭露資本和男權如何在瘦身美容工業中合謀，製造出美麗的流行標準，然後反過來統治女性自身。該書成為女性主義批評的暢銷著作，沃爾夫也因此聲名鵲起。而被指控者卜倫（Harold Bloom）是美國經典文學理論的泰斗和耶魯大學的明星教授，著有《西方正典》（*The Western Canon*）等二十多部學術專著。沃爾夫在《紐約》雜誌發表文章，聲稱在一九八三年就讀耶魯大學期間，卜倫教授有一次在她的住處與她共進晚餐，曾把手放在她的大腿內側，這對她造成了精神創傷。但她同時言明，重提二十年前的舊事並不是要提出法律訴訟，也不是針對卜倫本人，而是出於道義來敦促耶魯大學確立嚴格的投訴保護機制。而卜倫回絕了所有傳媒的採訪，一直保持沉默，對這項指控不予置評。

然而，沃爾夫並沒有贏得輿論的多少同情。許多報導和評論對她指控的動機與可信性提出質疑。更重要的是，一些學者藉此批評了美國女性主義的走火入魔。英國著名女性主義者佐伊．威廉斯（Zoe Williams）在評論中寫道：「男女同工同酬的問題永遠不會過時。但是，將每一個曖昧的身體姿態都加以政治化，還好像我們都在肩並肩地反對心懷惡意的男人——這絕不是女性主義。」

電影紀錄片《多瑙河》追憶海德格

繼二〇〇二年迪克（Kirby Dick）製作的關於德希達的紀錄片獲得成功後，今年兩位澳洲電影人羅斯（Daniel Ross）與巴里松（David Barison）合作完成了一部新的「思想家紀錄片」——*The Ister*。「Ister」是多瑙河的古羅馬名稱，也是著名詩人荷爾德林一首詩的標題。影片取材於海德格一九四二年的「荷爾德林系列課程」。海德格極為推崇荷爾德林，稱他是「詩人中的詩人」，課程不僅包括對荷爾德林的哲學闡釋，同時貫穿著對時空、存在、藝術、技術和政治等主題的廣闊思考。《多瑙河》長達三個小時，以海德格對荷爾德林的解讀為主線，伴隨著多瑙河從黑海直至其源頭黑森林的影像畫面，其中穿插了對三位哲學家的深度採訪，他們分別講述了海德格思想與生涯的不同面向。

今年一月，這部影片在鹿特丹國際電影節上首映便獲得如潮好評，此後該片在世界十多個城市參加影展，並在法國和加拿大等多個電影節中獲獎。雖然這類「極小眾電影」不可能獲取「大片」的高額票房收入，但贏得了許多知識界人士濃厚的興趣，也獲得了電影批評家的高度讚賞，有評論稱之為「奇蹟」和「里程碑式的電影紀錄片」。

二〇〇四年西方的思想圖景似乎沒有露出新世紀的晨曦。紛亂的言說仍在延續著二十世紀的基本紛爭，保守主義的頑強勃興，伴隨著激進話語的日趨昂揚。這種兩極化的衝突又同時在雙重軸線上展開：一面是意識形態譜系中左右兩翼的衝突，一面是知識立場中「前衛派」與「傳統派」的對峙，彼此糾結纏繞，難解難分。那麼，自由主義在哪裡？著名史學家約翰．盧卡斯（John Lukacs）在十二月發表文章指出，今天大多數美國人已經明確地將「自由主義」用作一個貶義詞。還記得福山的「歷史終結論」嗎？他宣告自由主義的最終勝利還不到十五年，但自由主義的柔聲細語已經被激進主義的昂揚嘶鳴與保守主義的「神聖」吶喊所淹沒。或許，自由主義的根本困局在於其自反性：它借助對傳統的反叛而興起，卻又不得不依傍某種傳統來維繫。如果說政治哲人施特勞斯當年被「威瑪的幽靈」所困擾，最後對納粹政權的起源做出了完全不同於流行見解的判斷，那麼類似的幽靈在當代又再度顯現，這個幽靈就是可以被多樣闡釋的九一一事件。對於美國，甚至對於整個西方，這個陰魂不散的幽靈正在向思想界敲詐勒索一個極端的方案，一個非此即彼的最終解決之道：要麼以獨斷的神聖真理統治全球、擺平世界，要麼解放全人類，讓每一個人獲得徹底的平等與自由。而自由主義不可能給出如此決斷的解決方法，也正因如此，所謂自由主義的勝利可能只是一種幻覺，不過是另外兩種極端勢力此起彼伏之間的一個短暫假期。

2005

2003 2004 2006 2007

2008 2009 2010 2011

2012 2013 2014 2015 2016

2017 2018 2019 2020

沙特百年誕辰紀念

今年六月二十一日是尚—保羅．沙特的百年誕辰，法國國立圖書館舉辦了大型紀念展覽，歐美各地也為此舉行了許多討論會，出版了關於沙特的新書或特輯，報刊媒體也紛紛發表文章，紀念這位二十世紀影響卓著的哲學家、作家和公共知識分子。英國《獨立報》（*The Independent*）稱，沙特在去世二十五年之後迎來了影響力的「第二波」，因為他的著作與政治生涯對於當代仍然具有高度的相關性，他的思想也仍然會引發爭論和新的理解。美國學術紀念討論會的主席史考特．麥克雷米（Scott Mclemee）指出，如果說沙特的思想遺產曾一度被視為因冷戰而衰落，那麼，現在它顯得與我們所生活的世界越來越相關。沙特的著作中對於系統性的暴力、尋求解放的鬥爭以及恐怖主義的論述現在重新回到了人們的視野之中。當然，沙特的思想總是具有爭議。美國著名作家諾曼．梅勒認為，沙特倡導的政治理想由於缺乏道德或宗教的指南而陷入了永無根基的虛無病症之中，最終將會走向危險的死胡同。《國際先驅論壇報》的文章指出，法國在沙特去世之後出現的幾位重要的思想家似乎早已取代了沙特的地位，今天人們之所以仍然懷著極大的熱忱紀念沙特，是因為他的著作涉獵的領域極為廣泛，今天的年輕人總是可以從中找到與自己相關的思想線索，而更為重要的是，沙特思想所處理的一個重要問題——我們的生活是自己選擇的結果，還是被我們不可控制的環境所決定的？這仍然是當代人類精神中一個最令人困擾卻又最富有感召力的問題。

安德森批評「自由左翼」的國際政治理論

新左派首席理論家培里．安德森（Perry Anderson）在他主編的《新左派評論》（二〇〇五年第一期）上發表了長達一萬五千字的論文，題為「武器與權力——戰爭年代的羅爾斯、哈伯瑪斯和波比歐」。這篇文章明確針對當代西方三位最重要的自由左派理論大師——美國的羅爾斯、德國的哈伯瑪斯和義大利的波比歐（Norberto Bobbio），討論他們在冷戰之後的十年中對國際秩序和正義問題的論述，對他們試圖繼承康德的「永久和平」理想而重建當代國際秩序的理論學說做出了尖銳的批評。安德森的文章主要在政治哲學的理論層面（比如康德的理想與當今世界權力結構之間的矛盾）展開，同時也分析了三位理論家各自的成長歷史對其世界觀形成的影響，認為他們的理論建構工作不僅無法實現永久和平與國際正義秩序的理想，反而掩蓋了美國以及國際強權對地域衝突和非正義行為的干涉，因此，他們的努力在無意之中可能會淪為國際霸權的理論工具。安德森的這篇文章可能顯示了新左派理論發展的一個動向，表明批判的對象不只限於右翼的保守派和自由派思想，而且也要揭露那些被稱為具有左翼傾向的自由主義論述。我們至今還未讀到哈伯瑪斯對此做出的任何直接回應（羅爾斯和波比歐已經去世），而且這篇文章發表之後也沒有引起廣泛的討論。英國政治哲學教授貝特朗（Chris Bertram）在網路上撰文對此文提出批評，並引述具體文本指出安德森對羅爾斯的誤讀與曲解，認為這篇文章是傲慢而充滿偏見的，妨礙了他對三位重要的哲學家做出任何內在的具有同情性的解讀。

新教宗對理性與宗教的看法引起爭議

《邏各斯》（*Logos*）期刊今年春季號發表了新教宗本篤十六世的一篇文章。這篇文章為紀念二戰盟軍諾曼第登陸六十週年而作，在「尋求自由」的標題下抨擊了「墮入病態的理性」與「被濫用的宗教」。他在論及西方民主與伊斯蘭恐怖主義的衝突時指出，重要的問題是重建理性與宗教的關係。啟蒙理性反對原教旨主義的狂熱宗教信念，但目前理性與宗教兩方面都出現了病症，一方面是伊斯蘭世界對宗教的濫用威脅著世界和平，另一方面是西方的病態的理性瓦解了信仰。在此，教宗明確批評了德希達的「解構主義」思想，認為德希達解構「好客」（hospitality）、民主和國家，最終也解構了恐怖主義的概念，剩下的只有理性的消散，使所有確定的有效價值和所有堅持理性真理的立場都變成了原教旨主義。

在教宗看來，理性和宗教的兩種病症都妨礙了我們尋求和平與自由。《邏各斯》在同期刊登美國政治學家布朗納（Stephen Eric Bronner）教授的反駁回應文章，他認為教宗的論點表達了重新肯定歐洲「基督教之根」的願望，這反映了許多保守主義者和原教旨主義者的觀點。而教宗所期望的「重建理性與宗教之間的平衡」實際上是在提議：要在東方世界多一些世俗理性，在西方世界多一些宗教信仰。布朗納指出，妨礙自由與和平的原因並不是所謂的「文明的衝突」，真正的衝突也不在西方與非西方之間，而是發生在那些世俗自由國家以及多元公共領域的支持者與那些意欲將自己的宗教信條強加於他人的原教旨主義者之間。

西方公共知識分子評選

今年，美國《外交政策》與英國《前景》（*Prospect*）聯合發起了「當今世界最重要的公共知識分子」的讀者評選活動，具體辦法是讀者透過網路投票，最終在一百位候選人中選出五位。候選名單中有多位華人上榜，包括經濟學家樊綱、外交政策分析專家王緝思和政治學家鄭必堅等。評選活動收到兩萬多張選票，於今年十月公布了評選結果。當選知識分子是語言學家喬姆斯基（四八二七票）、學者兼作家安伯托·艾可（二四六四票）、生物學家道金斯（Richard Dawkins，二一八八票）、捷克前總統、作家哈維爾（Vaclav Havel，一九九〇票）和英國作家希鈞斯（Christopher Hitchens，一八四四票）。希鈞斯曾是左翼的托洛斯基主義者，而近十年來轉向攻擊西方左派在巴爾幹半島、阿富汗和伊拉克問題的立場，並強烈支持布希的「反恐戰爭」。在前二十位的名單中，思想大師哈伯瑪斯以一六三九票名列第七，經濟學家阿馬蒂亞·沈恩（Amartya Sen）以一五九〇票名列第八，歷史學家霍布斯邦以一〇三七票名列第十八。評選結果公布之後，歐美許多報紙發表評論，認為評選在一定程度上代表了知識大眾的選擇，但有頗多偏差，特別是非英語世界的人物被嚴重低估，比如法國就只有布希亞（Jean Baudrillard，名列第二十二）進入了前四十位的名單之中。

女性主義風潮再起

二〇〇五年初，美國哈佛大學校長薩默斯（Lawrence H. Summers）在一次經濟學會議上發表演講，其中提到了一個「科學假說」：性別之間的先天性差別妨礙了女性在數學方面獲得傑出的成就。這番言論立即引起軒然大波，來自麻省理工學院的南希·霍普金斯（Nancy Hopkins）當場退席，隨即美國各大報紙紛紛發表評論，指責這是性別歧視的言論，甚至有人要求薩默斯引咎辭職。薩默斯起初接受採訪時仍堅持自己的觀點，即男女之間存在先天性差異，這是可能的，可是人們寧願相信男女表現不同是社會因素造成的。但他也承認，他的這一觀點需要進行更深入的研究。在輿論壓力下，他發表了道歉聲明，保住了校長的職位。但也有評論持不同看法，哈佛著名政治哲學家哈維·曼斯菲爾德撰文指出，這場風波完全沒有涉及任何科學證據和理性的爭論，而只有女性主義的「政治正確」主導了一切，使得女性主義者絲毫不願意考慮是否存在某種可能——女性在數學方面有先天性的弱勢，對此，任何要求證據的人已經被看作對女性構成了傷害。曼斯菲爾德認為，我們需要女性主義，但不是這樣脆弱和具有虛假獨立性的女性主義，而是一種更愛好自由的新的女性主義。類似地，南加州大學著名法學與政治學教授蘇珊·艾斯翠克（Susan Estrich）發動五十名婦女連署簽名，抗議《洛杉磯時報》發表的〈女性思想家到哪裡去了〉一文，並在電子郵件中以威脅性的口氣，要求評論版主編麥克·金斯利（Michael Kinsley）發表這份抗議書，在金斯利以不接受訛詐（blackmail）為由拒絕之後，艾斯翠克投書其他報刊，隨後報刊公布了艾斯翠克與金斯利之間有關的全部電郵通信內容，其中艾斯翠克咄咄逼人的言辭令人驚訝。《洛杉磯時報》的一位女性專欄評論家發表文章，稱這是美國「女性主義的歇斯底里」。

言論自由與「政治正確」

與言論自由問題相關的另一風波，涉及美國科羅拉多大學種族研究系主任沃德·邱吉爾（Ward

Churchill）教授。他在三年前發表的一篇文章對九一一事件做出評論，其中將紐約世貿中心的遇難者與納粹戰犯艾希曼（Adolf Eichmann）相提並論，稱他們是「小艾希曼」，並認為他們是美國政策的一部分，而正是這種政策導致了仇恨以及恐怖分子的報復。而且，他說這些「小艾希曼」自願地服務於這個政體，但沒有對它的行動及其後果擔負責任，因而他們並不是無辜的。這篇文章本來並不引人注目，但今年一月他受到紐約州漢米爾頓學院的演講邀請，遭到數百名九一一事件遇難者親屬和消防隊員的抗議。一月三十一日，他辭去了種族研究系主任的職務。他在辭呈中寫道，目前的政治氛圍讓他無法代表種族系、文理學院和科羅拉多大學。校方接受了他的辭職並表示，依照憲法，邱吉爾教授擁有表達政治觀念的權利，但他的文章「讓我們和公眾都感到震驚」。媒體在此風波中又披露了他的某些更為偏激的論調，他曾在去年接受一家雜誌採訪中說，美國可能需要更多的九一一事件。科羅拉多大學是公立學校，在許多市民要求下，州長歐文斯要求科羅拉多大學考慮解僱這名教授。許多知識分子就此展開發表文章，辯論自由權利及其限度的問題。

美國主流報刊開展階級問題討論

今年夏季，《紐約時報》和《華爾街日報》就美國當代的階級問題和社會流動問題發表了一系列討論文章。討論圍繞教育、醫療、社會保障、移民、宗教、婚姻和文學等方面展開，使「階級意識」重新成為熱門話題。有作者在討論中指出，社會階層的自由流動一直是美國的一個神話，而舊的階級界限似乎也已經被消費生活的表象所抹去，美國的階級意識和階級語言開始消退，但階級的差別沒有消失。實際上，近三十年來美國社會的階層流動不是更自由而是更困難了，美國人正生活在一個不平等性急速加劇的時代。也有論者指出，財富與階級是事關權力的問題，階級與其說是關於生活方式或消費時尚，不如說是關於「誰有權做決定」的問題，這包括決定大多數無權者的生活。富有者使用自己的各種權力維護他們的特權生活，讓社會為此付出代價。軟弱的民主反對派所鼓吹的「自我成就」的神話只能使普通百姓吞嚥右翼的苦果。因此，階級是重要的，階級意識也同樣重要，必須認識到社會的、政治的和經濟的權力是階級問題的關鍵。

英國歷史學家大衛．歐文在奧地利被捕

大衛．歐文（David Irving）畢業於倫敦大學，是英國最受質疑的歷史學家，其著作與譯作多達三十多種，主要集中於納粹德國與二戰歷史研究的領域。歐文自己以及少數新納粹主義者將他標榜為「我們時代最為勇敢的」的反潮流歷史學家，而大多數人認為他的所謂研究著作充斥著對歷史事實的蓄意歪曲。他長期以來否認納粹大屠殺的暴行，聲稱奧斯維辛集中營的毒氣室完全是虛構的。在《希特勒的戰爭》（*Hitler's War*）一書中，他認為希特勒直到二戰後期都不知道對猶太人的大規模迫害，也沒有證據顯示曾施行過所謂的「終極解決」方案。所有針對猶太人的迫害行為都是下屬所為，而且其規模遠比現在的主流看法要小得多。一九九四年，歐文曾起訴控告美國歷史學教授黛博拉．利普斯塔特（Deborah Lipstadt）和企鵝出版社，因為利普斯塔特在其《否認大屠殺——對真相與記憶的挑釁》（*Denying the Holocaust: The Growing Assault on Truth and Memory*）一書中稱歐文是「否認大屠殺的最危險的代言人」，詆毀了他的學術聲譽，也損害了他的職業生涯。經過長達六年的司法訴訟和審理，倫敦高等法院在二〇〇〇年四月判決歐文敗訴，認定他出於某種目的對歷史

進行了歪曲。歐文於一九八九年在維也納等地公開演講，法庭曾為此簽發逮捕令，但直到今年十一月再次訪問奧地利時，他才落入法網。與英國的情況不同，在奧地利（以及法國和德國）有相關法律將否認納粹罪行視為非法，刑期最高可達二十年。據ＢＢＣ報導，歷史學界對歐文有很大的爭議，一些史學家認為他在挖掘和蒐集歷史檔案的工作中有很強的鑽研精神，但他從中作出的闡釋和結論是非常可疑甚至是荒謬的。

2006

2003 2004 2005 2007

2008 2009 2010 2011

2012 2013 2014 2015 2016

2017 2018 2019 2020

拉美政局與左翼思潮的復興

對左翼知識分子來說，振奮人心的激勵來自中南美洲的政局變化：近年來具有鮮明左派或中左翼傾向的政治領袖在大選中獲勝或連任，包括巴西的魯拉、厄瓜多的柯利亞、智利的芭契莉、玻利維亞的莫拉萊斯、尼加拉瓜的奧德嘉以及委內瑞拉的查維茲。雖然美國的主流輿論對拉美的這場「紅色革命」持懷疑和批評態度，認為這是「政治強人」煽動民粹主義所導演的選舉鬧劇，會將拉美的經濟發展引向災難。但左翼力量終於突出重圍，開始在主流媒體中發出自己的聲音。去年十一月，《時代》週刊和《洛杉磯時報》等就曾發表文章，嚴厲批評布希當局在拉美國家推行的政策。今年四月，《國家》雜誌發表文章，更為激烈地抨擊主流輿論對拉美局勢的妖魔化，指出拉美的「左轉」宣告了「華盛頓共識」的破產，標誌著過去二十年「新自由主義」模式在拉美的失敗。著名「世界體系」理論家華勒斯坦（Immanual Wallerstein）在《新左派評論》（二〇〇六年七─八月號）上發表文章，分析了世界格局的現狀與發展趨勢，認為美國霸權在二〇〇一─二〇二五年進入了不斷衰落的時期，而布希的國際政策加速了這一衰落。托派社會主義同盟「第四國際」主辦的「世界社會主義網站」（WSWS）於今年一月在澳洲召開「國際編委會」會議，編委會主席大衛．諾斯（David North）在開幕發言中指出，雖然資本主義在二十世紀九〇年代獲得了全球性的擴張，但其危機在不斷地加深。美國最大的左翼知識分子聯盟會議「社會主義學者大會」（SSC）在歷經了二〇〇四年的分裂之後，似乎在今年復甦。分裂出的一支「左翼論壇」（The Left Forum）於今年三月在紐約舉行主題為「全球抵抗與帝國的衰落」的大會，從開幕式的「挑戰帝國」到閉幕式的「前進」主題，顯示出高歌猛進的勢頭。冷戰結束之後，西方左翼思潮與社會運動曾面臨嚴峻考驗，也一直在探索中尋求突破的契機。二〇〇六年，左翼力量似乎聚集了新的能量，出現了某種復興的轉機。但是，「新自由主義」遭遇的挫敗並不天然地意味著社會主義的勝利。對於西方社會主義的復興而言，當下的轉機仍然還是朦朧的曙光。

紀念鄂蘭百年誕辰

今年十月十四日是漢娜．鄂蘭的百年誕辰紀念日。當天，柏林的「鄂蘭的思想空間」現代藝術展開幕，美國國家公共廣播電臺（NPR）播出了對鄂蘭的學生、傳記作者和研究者揚．布魯爾（Elisabeth Young-Bruehl）的訪談。而世界各地的紀念活動早在年初已經開始，學術界重要的演講與國際會議迄今有三十多次。歌德學院預告了明年一月召開的研討會日程，表明相關的活動還在持續……這樣廣泛而隆重的紀念並不是心血來潮的儀式，而是最近二十年以來鄂蘭的思想影響持續增長的結果。正如揚．布魯爾新著的書名《為何鄂蘭如此重要》（*Why Arendt Matters*）所提示的那樣，鄂蘭對於我們的時代仍然至關重要。作為二十世紀極為獨特而複雜的思想家，鄂蘭的作品蘊含著多重闡釋的可能。比如對極權主義問題的研究，鄂蘭在《極權主義的起源》（一九五一年）一書中認為，狂熱極端的意識形態俘獲了處於孤獨焦慮之中的病理性「大眾社會」，從而導致了極權主義的興起。而後來在《艾希曼耶路撒冷大審紀實》（一九六三年）中，她所揭示的極權主義的祕密在於艾希曼的那種「惡之平庸」（the banality of evil）。於是，面對今天的世界風雲，許多人借用鄂蘭的思想對當下極權主義的可能做出不同的診斷。有人在談論所謂的「伊斯蘭極權主義」，比如德國前外交部長（哈伯瑪斯的弟子）費雪（Joschka Fischer）將此稱作（納粹主義和史達林主義之後的）「第三種極權主義」，而另有作者比如羅賓（Corey Robin）最近在《倫敦書評》上發表的文章卻認為，當今美國的帝國主義政策具有極權主義的危險，這恰恰源自鄂蘭所說的那種「仕途主義」（careerism）的平庸之惡。羅賓還提醒我們要注意鄂蘭對於極端猶太復國主義的憂慮。她在一九六〇年就指出，猶太人從幾個世紀「不惜代價求生存」轉向了「不惜代價維護尊嚴」，但「在這種虛假的樂觀主義背後潛伏著對一切的絕望而準備自殺的心態」，她看到了許多猶太人寧願與敵人同歸於盡，也不願妥協，因為生怕妥協會將他們帶回那些在歐洲沉默受難的屈辱日子。鄂蘭的許多洞見（比如她對「阿拉伯問題」的關切）還有待於我們深入的探討。的確，鄂蘭之於我們的時代仍然重要，她的思想遺產也將繼續在爭議性的闡釋中給予我們啟迪。

福山再度成為焦點人物

一九八九年以「歷史終結論」聞名世界的日裔美籍學者法蘭西斯・福山（Francis Fukuyama）在二〇〇六年再次成為公共知識界關注的焦點人物。他為今年再版的《歷史之終結與最後一人》（*The End of History and the Last Man*）新寫了後記〈「歷史終結」之後〉，試圖澄清人們對「歷史終結論」的誤解，並回應十七年來有關這一論題的爭論。但這篇「再版後記」又引發出新一輪的爭論，批評的重點仍然在於質疑「歷史終結論」是否成立，以及福山自己的立場是否前後一致等。今年八月「開放民主」網站滙集了十多篇相關文章，組織了一次（網路）專題研討會，福山為此撰寫了〈對批評者的回應〉，試圖再次澄清自己的觀點，並解釋自己觀點的變化。而更受人關注的是福山在三月出版的新著《美國處在十字路口》（*America at the Crossroads*），其中嚴厲批評了美國對伊拉克的戰爭，宣告了與「布希主義」的決裂。由於福山當年曾支持布希當局對伊拉克開戰，並長期與被稱為「新保守主義」的高層官員與智囊人物交往甚密，這本著作被看作福山政治立場的「戲劇性轉向」，在輿論界引起強烈的回響。但是，從福山自己的論述邏輯來看，他的變化與其說是告別了「新保守主義」，還不如說是「布希主義」背叛了「新保守主義」。福山自己所主張的基本論點並沒有改變：他仍然堅持「自由市場經濟與民主政治制度」是（黑格爾、柯傑夫意義上的）「歷史終結」的現代性形態，認為這個終結已經在全球範圍內展開，並將最終獲得普世性的勝利。他所做的修正只是「時間表」意義上的，他認為自由民主需要更長的時間才能在「邊緣地區」（特別是阿拉伯世界）實現，而實現的方式也可能不同於迅速而和平的「東歐模式」。福山與「布希主義」的根本分歧在於，他不相信一個國家的民主轉型可以透過使用外部武力來強迫完成。在福山看來，這是一種激進的「社會改造工程」。而新保守主義的傳統（在其對史達林主義的批判中）留下的一個重要思想遺產就是反對這類「社會改造工程」。實際上，福山是主張以經濟發展和漸進改革為前提，促成對於民主的內在需要，從而實現走向民主的「和平演變」。而與此相比，布希推行的單邊主義、先發制人以及武力變更政權的政策恰恰是一種激進的霸權主義。不幸的是，「新保守主義」這個名稱已經被濫用了，福山也就不再願意以此自稱。

漫畫引發的文化戰爭

二〇〇五年九月，丹麥《日德蘭郵報》刊登了幾幅將穆罕默德描繪成恐怖分子的漫畫，從而引起一場風波。這場「漫畫風波」在今年愈演愈烈。一到二月，法國、德國、義大利、西班牙的多份報紙相繼選登了部分漫畫，這一行為加劇了穆斯林的不滿，示威遊行、暴力衝突不斷發生。《日德蘭郵報》編輯的回應是，丹麥有著自由表達的傳統，對於任何宗教都一視同仁。而轉載漫畫的相關歐洲報紙編輯則表示，他們只是在捍衛言論自由。雖然丹麥首相在半島電視臺發表演講，就漫畫引起的冒犯向穆斯林致歉，但他同時強調，政府無權干涉報社的言論自由。歐洲境內的穆斯林的抗議示威不斷升級，英國政府擔心此事將引發一場「新聖戰」。二月八日法新社報導，一名塔利班高級指揮官宣稱，塔利班將懸賞一百公斤黃金追殺那個把先知畫成「炸彈客」的漫畫家；對於任何殺害丹麥人、挪威人或德國士兵的人，塔利班也會獎賞五公斤黃金。這一消息促使美國首次對「漫畫風波」公開表態，布希表示，美國主張新聞自由，反對因強烈不滿而採取的暴力活動。國務卿萊斯（Condoleezza Rice）則直接指責敘利亞和伊朗藉漫畫事件煽動穆斯林對西方的仇視。在公共知識界中，有評論者指出，西方「自由社會」可以容忍或接受類似於「炸彈客穆罕默德」的自由表達，而穆斯林的暴力抗議暴露出他們守舊專制的宗教理念。另一些評論則認為，西方的言論自由從來就有其限制與邊界，許多國家都有禁止種族歧視與「仇恨言論」的相關法律，漫畫以言論自由為名冒犯了宗教情感，是一種西方霸權的體現。

國際知識界聲援賈漢貝格魯

伊朗著名哲學家、作家賈漢貝格魯（Ramin Jehanbegloo）在四月二十七日從印度講學回國時，在德黑蘭機場遭到逮捕，隨後被關入德黑蘭埃溫監獄。賈漢貝格魯在巴黎索邦大學獲得博士學位，曾在哈佛大學做過博士後研究，目前擔任德黑蘭文化研究局當代研究部主任。他曾擔任加拿大多倫多大學政治學系兼職教授，擁有加拿大和伊朗的雙重國籍。賈漢貝格魯出版過二十多部著作（其中《柏林談話錄》〔*Conversation with Isaiah Berlin*〕有中譯本出版），論及黑格爾與法國大革命以及甘地、泰高爾、柏林、薩依德等。他對西方哲學和現代性的研究致力於探索不同文化之間進行建設性對話的可能。五月六日伊朗情報部長對外確認了賈漢貝格魯被捕的事實，暗示原因在於「他與外國人的接觸」。在學術同行看來，賈漢貝格魯是「政治上極為溫和」的學者，他的被捕令人感到意外，也引起了國際社會的強烈反應。五月十五日歐盟委員會發表新聞，表示對此事件的「嚴重關注」。五月二十四日世界各地四百三十二名學者與作家聯合簽署一封「致伊朗總統內賈德的公開信」，公開信中高度評價賈漢貝格魯的學術貢獻及其國際影響，指出對他的關押未經過任何司法程序，違背了伊朗共和國的法律和相關國際公約，敦促內賈德總統親自干預此事，儘快釋放賈漢貝格魯。公開信的簽署名單幾乎囊括了所有當今最為著名的學者和知識分子，包括二〇〇三年諾貝爾和平獎得主伊巴迪和文學獎得主柯慈，以及不同專業領域和持不同政治立場的學者，如喬姆斯基、華勒斯坦、奈格里、拉克勞、慕孚、齊澤克、哈伯瑪斯、查爾斯·泰勒、普特南、羅納德·德沃金、理查·羅蒂、包曼、安伯托·艾可、科拉科夫斯基、沃爾澤、理查·伯恩斯坦等。另有「國際伊朗研究協會」等學術團體也為此發表了公開聲明。八月三十日賈漢貝格魯被釋放。他隨後在接受「伊朗學生通訊社」的採訪中解釋說，他在國外講學期間，有來自「敵對國家」的情報人員參加了他的研討會，試圖將他的學術研究（特別是他對東歐與伊朗市民社會發展的比較研究計畫）用作顛覆伊朗政權。他對此感到遺憾，並建議伊朗學者應該在國內舉辦學術活動，以免在出國訪問的活動中學術成果遭到濫用。他還表示，自己在監獄中得到了完全人道的待遇。目前，賈漢貝格魯的個人網站已經關閉。

反擊對施特勞斯的妖魔化

近年來，西方報刊（包括在知識界聲譽良好的《衛報》、《紐約時報》、《紐約書評》、《國家》、《紐約客》、《波士頓環球報》和《國際先驅論壇報》等）發表了許多文章，「發掘」政治哲人施特勞斯的思想與美國極右政治勢力之間錯綜複雜的關係。其結果是施特勞斯已被公眾看作「美國新保守派的教父」，是反自由民主的菁英，並鼓勵政客用謊言來欺騙大眾。在許多嚴肅的學者看來，這完全是對施特勞斯「妄想狂」式的妖魔化。的確，施特勞斯的不少弟子（或隔代弟子）在布希當局的高層或智庫擔任要職，但政界「施特勞斯派」的立場並不等於施特勞斯本人的立場，也並不為學院中的施特勞斯派所認同。今年，施特勞斯學院派的弟子們相繼推出三部著作：史密斯（Steven B. Smith）的《解讀施特勞斯》（*Reading Leo Strauss*）、潘格爾（Thomas L. Pangle）的《施特勞斯導論》（*Leo Strauss: An Introdution to His Thought and Intellectual Legacy*），以及扎科特夫婦（Catherine and Michael Zuckert）的《施特勞斯的真相》（*The Truth of Leo Strauss*）。這些著作透過對施特勞斯作品的嚴肅解讀和闡釋，致力於探索施特勞斯真正的思想遺產。這三部著作的一個共同的看法是施特勞斯是自由民主的朋友而不是敵人。史密斯教授解釋說，「朋友」意味著施特勞斯本人並不是自由民主主義者，但他的思想對現代自由民主最有益處，因為他「理解政治的方式不是出於左的或右的立場，而是來自俯瞰的上方」。如果說有什麼「施特勞斯的政治」，那麼這種政治更接近於他同代的以撒·柏林（Isaiah Berlin）和雷蒙·阿隆（Raymond Aron）等自由主義者，而不是當時任何一個保守主義的主將。扎科特夫婦認為，施特勞斯對現代性的危機有著深刻洞察，正因為如此，他才是自由民主清醒冷靜的辯護者，能夠同時意識到它的力量與弱點。而潘格爾的著作探索了施特勞斯的哲學思考對民主公民的復興以及對我們文化批判性的自我理解所做出的貢獻。這三部著作的出版已經受到知識界的關注，在客觀上反擊了對施特勞斯的妖魔化解釋。

英國「思想戰役」開闢新的公共空間

二〇〇六年十月的最後一個週末，來自世界不同國家的政界、商界、學界和傳媒的近兩百名「重量級人物」匯聚於倫敦的皇家音樂學院，就當代「緊迫而重大的思想問題」，面對近千名聽眾展開公開和激烈的交鋒。這個名為「思想戰役」（The Battle of Ideas）的年度活動是一種新穎而特殊的跨行業、跨學科的文化節，由英國獨立的「思想研究所」（Institute of Ideas）於二〇〇五年創辦。今年第二屆「思想戰役」更為引人注目，發言者爭論之尖銳激烈，現場聽眾參與之熱烈踴躍達到令人驚歎的程度。活動的形式也精彩多樣（從正式的「主題爭辯」，到半正式的「沙龍辯論」和自由隨意的「咖啡對話」，以及影視展映等），涉及的主題包括文明衝突與西方文化危機、二十一世紀的認同、環境保護與反環保話語、心理治療工業與教育問題，以及藝術創造自由與大眾消費等。活動受到參與者與觀察家的極高讚譽，被認為是一次絕對令人難忘的、罕見的「思想盛宴」。

也許更值得關注的是「思想戰役」的訴求與潛力。三位召集人當中，有的以社會評論家為職業，有的是牛津大學的青年教師，但都是活躍於公共領域的年輕一代知識分子。他們共同感到，在傳媒機制和學院規訓的制約下，當代的文化氛圍變得越來越因循守舊。這種「遵從主義」壓抑了真正的民主討論，封閉了政治想象與文化創造的空間。由此，他們致力於「打破一切思想禁忌」（包括所謂「政治正確」以及「顧忌直接的現實後果」所造成的限制），提倡「無限制的自由討論」。

正如「思想研究所」在其創建宗旨中明確告白的那樣，他們繼承的是康德式的「大膽而公開地使用理性」的啟蒙主義精神傳統。他們聲稱，在「思想戰役」中每個人都具有「完全自由表達的權利，但沒有免於被冒犯和批評的權利」。他們的訴求不是要以「達成共識的名義」來尋求時代的「鎮痛劑」，而是要以開放而強勁的思想交鋒來反思時代的大問題，為創造真正民主的公共空間開闢新的道路。同樣引人注目的是英國這些新一代知識分子的創新與活動能力，他們往往兼備作家、學者、編輯家和活動家的品質，具有罕見的跨行業、跨學科的知識和交流才能。這使二〇〇六年「思想戰役」得以籌集足夠的民間資金，匯集具有公共影響力的著名人物，並獲得ＢＢＣ、《泰晤士報》、《衛報》和著名網路雜誌*Spiked*的全程報導。活動之後，「思想戰役」及時出版多種文集，同時在學院刊物中發表討論專輯。他們遠大的抱負和卓越的才能，蘊含著重新塑造歐洲公共文化的巨大潛能。

葛拉斯遲到的自白

小說《錫鼓》使德國作家鈞特・葛拉斯（Gunter Grass）成為一九九九年諾貝爾文學獎得主。瑞典文學院給他的評語是「嬉戲般的黑色寓言揭露了歷史被遺忘的面孔」。然而，今年八月十二日，葛拉斯公開自己曾是納粹黨衛軍人的身分，由此引發了一場席捲德國、歐洲乃至全球的黑色風暴。德國聯邦議員要求收回葛拉斯的一切榮譽獎賞，包括諾貝爾文學獎。總理梅克爾委婉地指責葛拉斯坦白得太晚。許多批評者認為，葛拉斯年輕時的選擇可以原諒，而不可饒恕的錯誤在於其「長達六十一年之久的緘默」。最激烈的抨擊來自葛拉斯的出生地，現屬波蘭的格但斯克（原名但澤）。

格但斯克市議會決定要求葛拉斯放棄「但澤榮譽市民」的稱號。此外，《紐約時報》也刊登評論，題為「葛拉斯：一個非常的德國恥辱」。與此同時，葛拉斯的作家同行們則紛紛為其辯護。美國作家約翰・艾文（John Irving）在《衛報》上刊文讚揚葛拉斯的勇氣與道德。葡萄牙作家、諾貝爾文學獎得主薩拉馬戈（José Saramago）懷疑那些批評者在沒有捫心自問的前提下表達了「偽善」的想法。《法蘭克福彙報》則提供了事實證據——二戰一結束，葛拉斯在戰俘營中就向美軍方承認自己是納粹黨衛軍人，相關材料現存於柏林國防軍問訊處。更有力的辯護在於葛拉斯的作品本身，合稱為「但澤三部曲」的《錫鼓》、《狗年月》及《貓與鼠》都充滿了歷史的厚重感，深刻反映了納粹時期社會的扭曲與荒謬，其中也蘊含了對自身經歷的反思與懺悔。另外，葛拉斯的自傳體新作《剝洋蔥》於八月十六日出版。

2007

2003 2004 2005 2006

2008 2009 2010 2011

2012 2013 2014 2015 2016

2017 2018 2019 2020

歐盟五十年：紀念與沉思

一八四九年八月，法國作家雨果在巴黎和平大會的開幕詞中，想像了未來歐洲「將會來臨的那一天」：「到那時……所有歐洲的民族，在保持各自獨特品質和光榮個性的同時，將會緊密地融合在一個更高的整體之中，將形成一個歐洲的兄弟同盟……到那時，僅有的戰場是展開貿易的市場以及開發思想的心靈。到那時，子彈和炸彈將被選票所取代、被各民族人民的普選投票所取代、被一個偉大主權議會的莊嚴裁判所取代。」在歷經了二十世紀更為慘痛的戰爭創傷之後，歐洲的發展似乎走向了雨果所夢想的前景。一九五七年三月二十五日《建立歐洲經濟共同體條約》在羅馬簽署，這一年也被視為歐盟的誕生之年。今年是歐盟成立五十週年，歐洲各國舉辦了難以計數的紀念活動與學術討論。

五月九日是「歐洲日」，當天十多位歐洲的諾貝爾獎得主聚集在布魯塞爾的歐洲議會大廳，在歐盟議會主席波特林（Hans-Gert Pöttering）的主持下，對歐盟的過去、當下和未來展開討論。他們普遍讚賞歐盟是人類解決衝突與和平合作之文明成就的典範，但同時分別指出了歐盟在未來發展中需要認真對待的問題，包括歐洲內部的語言壁壘、歐洲精神世界受到物質主義的衝擊，以及歐盟與世界其他地區的關係。

三月十四日，英國倫敦政治經濟學院（LSE）與《金融時報．商業》（*FTB*）等聯合舉辦了主題為「歐盟：未來五十年」的大型討論會，邀請了歐盟二十七個成員國的五十位著名政治家、學者、教育家、藝術家和商業領袖，就歐盟的未來展開辯論，會後出版了文集《歐盟：未來五十年》，由德國總理、現任歐洲理事會主席梅克爾和歐洲委員會主席巴洛索作序，倫敦政治經濟學院院長戴維斯爵士（Sir Howard Davies）撰寫導言，收錄的文章大多極其富有洞見和啟發性。

三月二十三日，哲學家哈伯瑪斯接受德新社記者的訪問，在這篇題為「歐洲現在需要什麼」的訪談中，哈伯瑪斯對歐盟發展的現狀進行了審慎的分析，認為當務之急並不是確立更為雄心勃勃的目標，而是在歐盟內部完善治理和發展政治行動的能力。他指出，《歐盟憲法條約》被法國和荷蘭這兩個歐盟創始成員國的全民公投所否決，但這並不意味著歐盟深化發展的阻力來自人民。實際上，在大部分成員國中存在著支持鞏固歐盟的「沉默的大多數」，因此，哈伯瑪斯建議，在二〇〇九年的歐洲選舉中，應該以全民公投的方式讓公民來決定：歐盟是否要有直選的總統？是否要有歐盟自己的外交部長和金融基地？與此同時，這種全民公投應該只對那些國內多數公民已經投票支持歐盟改革的成員國具有約束力。如果全民公投獲得通過，那將會打破目前那種由最保守遲緩的國家來限定整個歐盟發展步伐的僵局。

宗教與政治：神學靈光的再現

馬克．里拉（Mark Lilla）的〈上帝的政治〉一文發表在八月十九日的《紐約時報雜誌》，當期的封面以大號字體摘錄了文章的要義：「神學的思想仍在燃燒著人們的心靈，鼓動起能將社會置於毀滅的救世之激情——這在我們西方人看來是不可思議的。我們已經認定這不再成為可能，認定人類已經學會了將宗教問題與政治問題相分離，認定政治神學在十六世紀的歐洲已經死亡。但是，我們錯了。我們才屬於那種脆弱的例外。」這篇文章選自里拉九月份出版的新著《夭折的上帝》（*The Stillborn God*），其核心命題可以稱為「西方例外論」，認為在人類文明的大部分歷史和大部分地域中，神學是政治秩序的基礎。而以政教分離和立憲為基礎的西方現代政治是一種歷史的偶然和例外，始於歐洲在歷經慘痛的宗教戰爭之後的一種應對抉擇，即所謂政治與神學的「大分離」（the Great Separation），其基本理念源自霍布斯的政治哲學，《利維坦》將變換政治的主題，著眼於「心理學」而放棄政治神學。但政治哲學從來沒有馴服政治神學。政教分離的共識不僅是脆弱和不穩定的，而且是一個特例。西方人如果以為自己的現代世俗政治具有普世性的效力，並向非西方文明推廣，將是災難性的錯誤。文章和著作發表之後立即引起熱烈的爭論，里拉本人也在報刊與廣播媒體上頻繁接受訪問。馬克・里拉在芝加哥大學社會思想委員會任教八年之後，今年開始在哥倫比亞大學擔任人文與宗教學教授，重返作為美國思想文化中心的紐約（他曾在紐約大學政治學系執教十年），再度活躍於公共思想界。

幾乎同時出版的還有哲學家查爾斯・泰勒（Charles Tayler）近九百頁的新著《世俗時代》（*A Secular Age*），透過浩瀚而複雜的思想史考察，探討「世俗化」（信仰上帝不再是唯一的生活方式）作為一種新的「社會想像」是如何在歷史中形成的，其中也以大量的篇幅處理了政治世俗化的問題。今年年初，拉青格（Joseph Ratzinger）與哈伯瑪斯合著的《世俗化的辯證法：論理性與宗教》（*The Dialectics of Secularization: On Reason and Religion*）英文版出版，與其說這是哲學與宗教之間的爭論，不如說是兩者的合作。哈伯瑪斯呼籲「世俗社會要獲得對宗教信念的新的理解」已經不再讓人驚訝。早在三年前他在與拉辛格大主教（如今已是教宗本篤十六世）對話之後所寫的文章中就語出驚人：「基督教（而不是別的什麼）才是自由、良心、人權和民主的最終基礎，是西方文明的基準。」隨著九一一事件之後世界格局的變幻，歐美公共討論中宗教話語日漸活躍與強勁，政治與宗教的關係也成為當今西方思想界最為關注的主題之一。

委內瑞拉政局引發的討論

拉美持續幾年的「紅色風暴」今年遭遇新的挑戰。查維茲的修憲提案在委內瑞拉國內引起巨大爭議，甚至導致了以青年學生為主體的十多萬人的示威抗議。十二月二日，全民公投否決了查維茲的提案，委內瑞拉的局勢與未來變得撲朔迷離。十一月三十日，耶魯大學「拉美與伊比利亞研究會」舉辦「委內瑞拉的玻利維亞革命」國際研討會，會議由耶魯大學和紐約大學的兩位著名歷史學家發起並組織，邀請了來自不同國家的學者、政治家（包括委內瑞拉駐美大使）和社會活動家，旨在對委內瑞拉問題展開獨立的學術性討論。有學者高度肯定了草根性社會運動在確立玻利維亞革命的道路中所發揮的重要作用。也有學者指出，委內瑞拉的經濟過度依賴國際市場的石油價格，使這場社會主義運動陷入了與資本主義生產和消費模式的緊密糾葛之中，暗含著巨大的風險。這次會議展示了真正具有思想性的辯論，揭示出玻利維亞革命所包含的可能與局限，與主流媒體的危言聳聽形成了明顯的反差。

西方左翼學者對委內瑞拉的局勢更為關注。齊澤克在十一月十五日《倫敦書評》上發表文章，批評當今「後現代左翼」的所謂抵抗策略傾向於放棄爭奪國家權力，實際上是一種「投降」。他高度讚賞查維茲奪取國家權力的革命運動，認為這雖然具有風險，卻開啟了一種新形式的政治可能。英國新左派領袖人物阿里（Tariq Ali）在委內瑞拉全民公投之後立即撰寫文章，指出當下對修憲的辯論過多地集中在取消總統連任限制的爭議上，而沒有足夠重視修憲提案中「走向社會主義國家」的問題，特別是沒有在草根層面上對此展開辯論，公民沒有充分參與討論來界定什麼是一個社會主義國家，如何界定社會主義經濟和社會主義民主，這恰恰是修憲流產的經驗教訓。但阿里堅信，查維茲是一個真正的戰鬥者，只要總結經驗把握時機，在他任期結束的二〇一三年之前一定會有新的轉機。顯然，對西方左翼來說，查維茲革命代表了一種希望——在冷戰之後第一次誕生一個新的社會主義國家的希望，因而對此寄予了熱忱的期許。

「大屠殺工業」與學術自由

芬克斯坦（Norman Finkelstein）於一九八八年在普林斯頓大學獲得政治學博士學位，其二十年來的學術生涯一直處於爭論的漩渦之中，因為他的研究著述對大屠殺歷史的主流論述提出了尖銳的挑戰。芬克斯坦並不像少數右翼人士（如英國的大衛．歐文）那樣否認歷史上發生過納粹對猶太人的大屠殺（他本人是猶太裔，其父母就是大屠殺的倖存者），但他認為大屠殺的真實歷史在主流媒體的敘事中已經被篡改和編造，成為他所謂的「大屠殺工業」（the Holocaust Industry），被猶太菁英權力集團所利用，服務於以色列的猶太復國主義意識形態和美國的中東政策。芬克斯坦透過大量著述和公開演講長期致力於揭露批判「大屠殺工業」的騙局，其主要論敵是哈佛大學法學院資深教授兼律師德肖維茲（Alan Dershowitz）等作者，而著名學者和異議知識分子喬姆斯基一直是芬克斯坦最強勁的支持者。

芬克斯坦曾在幾所大學任教，今年已經五十四歲卻仍未獲得終身教職（tenure）。今年初他在任教已六年之久的帝博大學（DePaul University）提出終身教職申請，雖然獲得院系一級的多數支持，卻遭到大學「晉升與終身教職委員會」的否決，其主要理由是芬克斯坦的著述對其他學者進行了言辭激烈的個人攻擊，將學術問題變成簡單的立場對立，不符合專業的學術標準。芬克斯坦堅持認為校方受到了外界壓力的干涉，是對學術自由的嚴重侵犯，表示要以「公民不服從」的方式予以抗議，校方則取消了他原本在下一學期開設的課程。這立刻引發了學術界激烈的反應與辯論，成為所謂的「芬克斯坦事件」。在經過兩個多月的爭論與談判之後，帝博大學與芬克斯坦達成協議。在一項聯合聲明中，雙方表述了各自的立場，協議以芬克斯坦的辭職而告終，但未公布學校給予他的賠償。芬克斯坦事件究竟意味著什麼？在喬姆斯基等人看來，這無疑是美國菁英勢力打壓異端思想、踐踏學術自由的又一例證。十月十二日芬克斯坦與喬姆斯基和英國新左派主要代表阿里等一起參加了在芝加哥大學召開的「保衛學術自由」會議，繼續反思在保守派菁英集團的壓制下如何維護學術自由的問題。而另有一些學者對芬克斯坦著述的學術品質有相當的保留。早在《大屠殺工業》一書剛剛出版的七年之前，布朗大學著名歐洲史家白德甫（Omer Bartov）就在《紐約時報書評》發表文章，批評芬克斯坦恰恰與他所指控的「大屠殺工業」的媒體製造者一樣，同樣在論述中充滿了刺激性的修辭、自鳴得意的道德和知識優越感，同樣是對歷史事實的漠視以及混亂與可疑的闡釋。白德甫最後指出：「現在可以說，芬克斯坦已經創建了他自己的大屠殺工業。」

《齊澤克研究國際學刊》創刊

齊澤克如今無疑是國際學術界最耀眼的明星之一。兩年前，名為「齊澤克」的紀錄片在文化知識界引起相當的關注。今年一月由英國里茲大學傳媒學院主辦的《齊澤克研究國際學刊》（*International Journal of Žižek Studies*）正式創刊。為一位仍然在世的學者創建一份專業性的研究刊物，這在學術界雖然不是首創（布希亞曾享有此殊榮）卻也是極為罕見的。

這份刊物由保羅・泰勒（Paul A.Taylor）擔任主編，編委會中包括著名學者詹姆遜（Fredric Jameson）等，而齊澤克本人也名列其中。編委會的構成在地域分布和專業分布上體現出高度國際化與跨學科的特徵。學刊沿用學術界常規的公開投稿和同行評審的編輯方針，但發布方式卻是新穎的網路線上期刊，內容完全對讀者開放。線上期刊的方式更適合齊澤克的作品特徵，也創造出一種學術討論空間來避免主流媒體對其批判鋒芒的收編。該刊目前已經出版了第一卷的四期，包括「齊澤克與巴迪烏」、「齊澤克與電影」、「齊澤克與黑格爾」等專題討論，少部分文章已翻譯為多種語言文本（雖然中文譯稿的質量似乎有待改進）。在第一期中的開篇文章〈為什麼是齊澤克？為什麼是現在？〉中，保羅・泰勒指出，從事這樣一份刊物的編輯既是機會又有風險，因為它所研究的是這樣一個思想家的作品：他不僅是健在的，而且他向世人保證他自己不是所謂的「齊澤克派」。因此要堅持完整公正地對待齊澤克的不可複製之獨特性總是要面對艱巨的壓力。但作者認為值得承擔這個風險，以進一步增強齊澤克作品對現有建制的學科所提出的挑戰。文章還借用佛家「以指示月，愚人觀指不觀月」的類比，形容「齊澤克的理論努力在於頑強地審問那些執迷於觀指而不觀月的學者的剛愎自用」，這就是為什麼人們被齊澤克吸引並繼續保持對他的興趣。

2008

2003 2004 2005 2006 2007

2009 2010 2011

2012 2013 2014 2015 2016

2017 2018 2019 2020

金融危機下的新「終結論」

二〇〇八年的金融危機如海嘯般從美國波及全球，對西方思想界產生了強烈的衝擊，各種新的「終結論」席捲而來，如新自由主義的破產、「美國世紀」與全球化的終結、資本主義體系正在走向滅亡……由此，一場思想爭論的風暴正在興起。無論是備感興奮還是心懷憂慮，許多歐美知識分子都試圖探討這場危機更深層的意義：它是否暴露出資本主義社會內在的根本矛盾？是否預示著某種歷史巨變的來臨？

諾貝爾經濟學獎得主史迪格里茲在七月發表的〈新自由主義的終結？〉❶一文被廣泛轉載，他批評指出「市場原教旨主義的辯護者力圖將對市場失靈的譴責轉向政府的失誤」，但新自由主義在經濟與政治上造成的危害是明確無疑的。史迪格里茲斷言，「新自由主義的市場原教旨主義一直是為特定利益服務的一種政治教條，它從未受到經濟學理論的支持，也沒有獲得歷史經驗的支持」。美國《新聞週刊》在十月發表威斯伯格（Jacob Weisberg，著名網站Slate主編）的文章，宣告「自由放任主義的終結」。❷作者指出，自由放任主義的辯解者給出了種種複雜的解釋，卻迴避了一個更簡潔、更有說服力的解釋，那就是金融崩潰證明了其意識形態的失敗。自由放任主義者在思想上是幼稚的，他們難以接受市場可能是非理性的、可能會誤判風險、可能會錯置資源。他們看不到金融體系如果沒有強勁的政府看管和實際干預，那就是在製作「災難的處方」。威斯伯格聲稱，自由放任主義「破產了，而這一次將不會有救」。然而，著名學者、芝加哥大學法學教授艾普斯坦（Richard A. Epstein）持有不同觀點，他在《富比士》網站發表回應文章，❸認為威斯伯格對自由放任主義的批評是粗糙的，完全無視其精微之處。他試圖澄清，堅持「有限政府」的自由放任主義者並不是無政府主義者，他們不僅強調市場競爭的好處，也深知非對稱訊息、公共財以及囚徒困境所造成的挑戰。困難的問題不是要不要政府管制，而是什麼樣的管制才是適當的。艾普斯坦認為，威斯伯格的指控過分強調了市場失靈，卻低估了政府失靈。

對於資本主義未來前景的判斷，哥倫比亞大學資本主義與社會研究中心主任、諾貝爾經濟學獎得主菲爾普斯（Edmund S. Phelps）顯得更為謹慎。他在〈資本主義會有前途嗎？〉❹一文中分析指出，人們在談論「資本主義的終結」時，似乎忘記了它曾經歷過的歷史危機，在二十世紀八〇年代少數國家才開始復甦。對許多歐洲人來說，資本主義被簡單地看作放任的「自由市場」，但資本主義也意味著開放與徹底創新。的確，「資本主義造成了破壞和不確定性。但我們不應該忽視這枚硬幣的另一面」。資本主義在激發企業家創新和消費者熱情的方面是獨一無二的，而其最大的成就在於將工作轉變為挑戰、解決問題、探索和發現。儘管二〇〇八年世界經濟充滿挑戰，菲爾普斯相信「對那些重視創新的國家，明智的建議是保持資本主義」。新的「終結論」熱潮究竟意味著什麼？或許是把握了深刻的歷史動向，或許（如二十年前的「歷史終結論」一樣）不過是過眼雲煙的喧譁。在過去一個半世紀中，資本主義滅亡的喪鐘曾幾度敲響，這一次會不同於以往嗎？也許，一切宣告「終結」的論斷現在仍然為時尚早而失之草率。但無論如何，金融危機再度發出了強有力的警告：「自由市場經濟」必須考慮自由的限度及其政治與社會後果。正如哈伯瑪斯在十一月接受德國《時代》週報記者採訪時所指出的那樣：「我的希望是，新自由主義議程不再因其表面價值被接受，而是會被懸置起來。讓生活的世界聽命於市場指令的整個方案要接受嚴密的審查。」❺

歐巴馬的意義

歐巴馬（Barack Obama）角逐二〇〇八年美國總統大選並最終獲勝，成為當年媒體關注的一個焦點，也引起了知識界的熱烈回響。《紐約時報》發表評論文章指出，這場大選更深層的意義在於恢復美國人民的自尊。八年以來，美國理想的崇高語詞被拙劣無能的政治掏空了意義，這導致了恐懼與失落，也剝奪了美國人的自尊。而歐巴馬自始至終都在努力喚起美國人的信心和希望。歐巴馬的勝利來自「理念的力量」——美國能夠比過去更好，美國能夠超越九一一事件之後的憤怒與恐懼。只要相信美國人民基本的正派、文明和判斷力，那麼就能夠鑄造新的政治並且獲勝。❻著名左翼學者艾倫．沃夫（Alan Wolfe，波士頓學院政治學教授）在《新共和》上發表文章，認為歐巴馬的勝選開啟了「美國政治歷史的新篇章」——不僅標誌著爭取種族平等的鬥爭走向勝利，而且終結了某些共和黨政客煽動的「兩極化政治」和文化戰爭。❼美國作家瑪麗．艾拉娜（Marie Arana）在《華盛頓郵報》撰文指出，媒體大肆渲染「歐巴馬是美國第一位黑人總統」，這不僅是不確切的說法而且是誤導性的。在她看來，歐巴馬是第一位「雙種族的」和「二元文化的」（biracial and bicultural）總統，而這具有更重要的意義：他是種族之間的橋梁，是寬容的象徵，是必須拋棄「嚴格種族分類」的信號。❽哈佛大學法學教授勞倫斯．崔柏（Laurence Tribe）曾是歐巴馬的老師。他自己在二十世紀六〇年代經歷了對民主政治的激情與幻滅，而四十年之後又在歐巴馬身上看到了民主政治的新希望。❾左翼刊物《異議》（*Dissent*）在大選結束不久組織專題討論，十多位學者發表評論。❿著名哲學家查爾斯．泰勒分享著人們的歡慶喜悅，因為「我們避免了民主之精華被民主手段所掏空的那種恐怖局面」。但他同時告誡人們，每當不可想像的新事物要成為現實，其反對力量將會更為猖獗。因此我們必須提防「鬆懈」的誘惑——這也是歐巴馬在勝選當晚的演講之深意所在。在沃爾澤（Michael Walzer，《異議》主編）看來，歐巴馬無疑是「魅力型」人物，但要實現其政治抱負僅有魅力是不夠的。沃爾澤認為，歐巴馬的政治訴求具有內在的緊張：一方面他反對黨派分裂、倡導團結，另一方面他主張的政策具有激進左翼的傾向。這可能迫使他不得不變得更為激進，或許需要透過（二十世紀三〇年代和六〇年代的）社會運動模式來尋求廣泛的支持。他相信，在這個潛在的政治轉型時刻，左翼知識分子是大有可為的。

自由市場與道德腐敗

在過去十多年中，市場經濟及其對人們的習慣、信仰與制度的全球性影響已經受到廣泛關注，而最近的金融危機使這一問題變得更為迫切。以雄厚資金贊助科學與宗教問題研究而聞名的坦伯頓（John Templeton）基金會，今年將其「大問題」（The Big Questions）系列論壇聚焦於市場與道德的關係問題，邀請十三位著名學者和公共人物就「自由市場會侵蝕道德品格嗎？」這一問題各抒己見，彙編為一部三十頁的文集在秋季發布。⓫隨後，該基金會又在倫敦舉辦了相關的研討會，引起熱烈的回響。就基本傾向而言，絕大多數作者為自由市場作了道德上的或者有所保留的辯護。當然，重要的不是他們的立場，而是各自的論述。

法國哲學家、著名公共知識分子李維（Bernard-Henri Lévy）以他慣用的曲折筆法做出回應。他首先指出，那種以金錢和物質主義作為衡量萬物的標準、免除了所有規則而只是被貪婪所支配的自由市場，當然會敗壞我們的靈魂。歷史上許多哲學家和宗教思想家都表達過類似的觀點。但他轉而指出，需要警覺的是，這也是每個時代的法西斯主義和其他極權主義的一個核心論題。因此，這個問題實際上要比表面上看起來複雜得多。我們不能（絕不能）將「市場就是並只能是腐敗的」看作是一個確定的真理。首先，如果市場是腐敗的，那麼各種對市場的否定也絕對是腐敗的。其次，如果這些腐敗必須被劃分等級，那麼透過否定市場而生成的法西斯主義、極權主義的腐敗則明顯更為深重和致命、更加無可挽回。最後，自由市場仍然保有一種促進社會化和相互承認的因素，這也是與腐敗對立的因素。他的結論是，自由市場並不侵蝕道德，相反會強化人們的道德防衛，但前提條件是必須服從規則和拒絕那種不受馴服的資本主義的誘惑。

哥倫比亞大學經濟學與法學教授賈格迪西·巴格瓦蒂（Jagdish Bhagwati）是經濟全球化的堅定辯護者，他認為全球化的自由經濟不僅創造了財富的擴展蔓延，而且在倫理上具有積極意義，增進了人們的道德品格。首先，改變貧困本身就具有倫理意義。其次，全球化在男女平等、兒童就學方面具有正面的效果。最後，他用世界各地對中國汶川大地震的強烈反應表明，全球化在原本遙遠而陌生的人們之間建立了感情紐帶，人們因此更傾向於彼此關懷和同情。

倫敦政治經濟學院榮譽教授約翰·格雷（John Gray）認為，自由市場一方面侵蝕了某些傳統美德，但在另一些方面增進了新的道德（尤其是個人的自由選擇）。在總體上的利弊判斷與文化相關，取決於一個人對「良善生活」的想像。格雷指出，沒有任何一種經濟體系能夠促進所有類別的道德，因此不能以理想模式作為評價標準，而要比較各種現實可行的經濟體系，它們各自所張揚的道德品格各有不同。自由市場存在道德風險，這一事實並不意味著其他經濟體系能做得更好。實踐中的計畫經濟更嚴重地瓦解了道德。因此，真正的選擇並不是在自由市場和中央計畫這兩種抽象的模式之間抉擇，也不是選擇市場與管制的某種特定的混合，而是在不同的歷史狀況下，選擇不同的混合。但無論如何，現代市場經濟不能置道德問題於不顧。

旅美中國學者何清漣認為，計畫經濟的系統性失敗不只是經濟上的災難，也是道德和政治上的災難。自由市場不是完美的體系，但其道德缺陷來自市場參與者的行動與動機，而不是其制度設計本身。因為價值與商業倫理影響著經濟行動者的行為。我們不應將社會經濟活動的道德評判混同於對市場規則的道德評判。如果要分析市場與道德的因果關係，必須使用一個狹義的市場概念。明顯的事實是，在不同文化環境下市場經濟表現出不同的道德水平。

政治哲學家、普林斯頓高等研究院終身研究員沃爾澤指出，民主政治與自由市場都會產生巨大的競爭壓力，人們在這種壓力下都可能無視行為規則並為此辯解，從而侵蝕道德品格（從「水門案」到「安隆醜聞案」都證實了這一點）。但競爭也會促進合作、友誼、尊重和團結等美德。政治競爭和經濟競爭一樣，都無法完全排除道德上的風險。但在西方國家，這兩種競爭表現出相當不同的道德狀況。目前公共生活最嚴重的腐敗不是發生在政治領域，而是經濟領域。立憲民主成功地制止了最惡性的政治腐敗，因為公眾對政治菁英具有高度的警覺，並能依靠制度化的機制不斷地與政治違規行為鬥爭。但是，在目前的經濟生活中，市場行為沒有受到類似的憲法制約。最近幾十年來，經濟菁英的傲慢達到了驚人的地步，幾乎可以為所欲為。這樣一種不受約束的經濟權力（正如艾克頓所指出的）當然會導致極度的腐敗。

一九六八年激進運動：四十週年的紀念與反思

二十世紀六〇年代是激進政治與文化反叛的狂飆時代，新左翼運動在一九六八年達到高潮，隨後開始走向衰落。在四十年之後，歐美知識界與媒體對一九六八年的紀念活動再度活躍。BBC第四臺推出系列紀錄片，從多個角度討論一九六八年激進運動。⓬其中四月三十日播出的《一九六八：哲學家走上街頭》（*1968: Philosophy in the Streets*）採訪了阿蘭．巴迪烏（Alain Badiou）、巴里巴爾（Étienne Balibar）、克里奇利（Simon Critchley）和齊澤克等著名左翼學者，回顧「五月風暴」期間哲學家如何走出象牙塔參與運動，思想革命的風潮從巴黎傳向世界。六月十九日至二十二日在芝加哥召開的「二〇〇八社會主義大會」（Socialism 2008）上，來自世界各地的左翼活動家熱烈討論如何繼承一九六八年的革命傳統，在當下的資本主義危機中復興社會主義的政治運動。⓭

二〇〇八年春季號的《異議》推出「一九六八專題討論」，邀請十位著名左翼作家和知識分子探討一九六八年的遺產。⓮《新左派評論》前主編、紐約社會研究新學院教授布瑞克伯恩（Robin Blackburn）指出，當時的運動雖然遭到挫敗，但表面上獲勝的反動勢力（戴高樂、尼克森和布里茲涅夫）已經成為行屍走肉，「變革精神的覺醒」作為一九六八年的重要遺產留存下來。今天與四十年前的不同之處在於，當年高喊的「革命」實際上意味著「變革」，而今天呼籲「變革」的力量可能會讓正義立於世界之巔。喬治城大學教授米卡辛（Michael Kazin）認為，在美國一九六八年後的左翼力量基本掌控了好萊塢和大學這兩大堡壘，透過傳媒和教育界，對公共文化產生了巨大衝擊，最近的美國總統大選反映了這種影響。《異議》共同主編科恩（Mitchell Cohen）透過對運動歷史的反思，主張當代左翼要學著同時成為「六八年一代」和「妥協的社會民主派」，這意味著結合抗議性的社會運動和制度性的民主參與，來推動進步的政治事業。沃爾澤指出，左派在今天與四十年前面對一個同樣的挑戰，那就是如何「堅持反潮流的觀點且同時與人民大眾保持聯繫」。他認為正確的戰略是著眼於日常政策問題。而德國綠黨前主席福克斯（Ralf Fuecks）也認為，在日常實踐中發現政治，從內部和底層著手切實改善社會，也是一九六八年的重要遺產。

「一九六八年的意義」之所以一言難盡，是因為這場運動從來不是統一同質的現象，而具有多樣複雜的面向，在世界範圍也存在地域的差異。一九六八年的教訓和成就同樣明顯。一方面，這場革命並沒有如其所願地從根本上改變資本主義世界的政治和經濟制度，甚至在一九六八年之後出現了保守主義勢力的強勁回潮，主導了近四十年來的西方政治和經濟生活。另一方面，「六八年一代」在文化變革方面獲得了巨大成就，始終在公共領域的民主辯論中發出「批判性的異見」，在種族、人權、社會正義與平等、女權、同性戀和身分認同等問題上改寫了主流價值觀念。

數位時代的文化愚昧

最新一輪的技術革命（電腦、網路以及各種多媒體數位通訊技術）與人類歷史上曾有過的科技突破一樣，正在改變我們的文化。但是，知識界對這場「文化範式轉換」造成的文化衰落卻一直存在憂慮。二〇〇八年出版的幾部著作則發出更為迫切的警告：「E時代」的青年可能正在走向新的文化愚昧。這些著作引起廣泛而熱烈的討論。

美利堅大學語言學教授巴倫（Naomi S. Baron）的《總是開著：線上與移動世界中的語言》，以長達十年的研究，揭示了網路和簡訊文體對書寫語言的衝擊。⓯數位時代強化了年輕人對語言規範「無所謂」的態度，削弱了學生寫作正規文本的能力。而且，越來越多的人以「虛擬關係」代替直接交往，使人變得隔絕、專注於自我。而最有危害的是，由於「總是開著」（各種設備）而同時分心忙於多種事情，這種「一心多用」習慣降低了思維、反省和表達的品質。作者的告誡是要學會「關掉」，而不要總是「開著」。知名作家卡爾（Nicholas Carr）的《大轉變》[16]是今年《華爾街日報》評選的暢銷書，《大西洋》月刊以「封面故事」推薦了他的相關文章——〈谷歌正在讓我們變得愚蠢嗎？〉。[17]卡爾的著作具有一種歷史視野，闡述每一次技術革命都對既有的文化方式產生了衝擊。他認為，網路正在給我們的大腦「重新布線」，讓我們適於「快速瀏覽」而不是持續的專注（認真閱讀、聽講或寫作長文）。我們在「谷歌」中喪失了專注和沉思，甚至沒有耐心讀完網路上的長文章，更不用說書籍。埃默里大學英語教授鮑爾萊恩（Mark Bauerlein）的著作有一個駭人聽聞的書名，即《最愚蠢的一代：數位世代如何麻痺了年輕的美國人並危及我們的未來（或，不要相信任何三十歲以下的人）》。[18]作者以統計數據表明，目前美國大學生的整體素質下降：語言能力減弱、專注力喪失，學業規範意識淡薄而且知識貧乏。美國的年輕一代變得執迷於同伴的娛樂和時尚。他們愚笨而無知，但自尊心卻很強，因此無法接受批評。作者認為，這是整個大眾文化與數位技術合謀造成的結果。著名作家雅各比（Susan Jacoby）的《美國的無理性時代》[19]成為今年《紐約時報》評選的暢銷書，其主題延續了霍夫士達特（Richard Hofstadter）在一九六三年出版的經典著作《美國的反智傳統》（*Anti-Intellectualism in American Life*）。雅各比認為，當今美國的反智主義達到了史無前例的高峰，突出體現在對無知毫無羞恥感，並完全漠視理性和客觀真理。她的分析批判涉及廣泛的政治與流行文化（包括庸俗化的大眾科學、追逐明星的媒體、「政治正確」的觀念、大學教學水準的衰落、原教旨主義以及道德相對主義等），其中也指出了新技術對反智主義文化起到的推波助瀾作用。針對這些討論，美國《高等教育紀事報》連續兩期發表長篇評論文章〈論愚蠢〉。[20]作者指出，每一次技術革命都會有所喪失，年輕一代的「數位原住民」正在適應新的「文化範式轉換」，這個過程會產生許多困擾，必須以有效的新教育方式（包括合理利用新技術和媒體）來對抗文化的衰敗。

關於《猶大福音》的爭論

近兩年來，關於《猶大福音》（*the Gospel of Judas*）的翻譯和闡釋工作在西方學界、宗教界和公眾當中引起廣泛關注，也激發了熱烈的爭論。二〇〇八年五月《高等教育紀事報》發表長篇採訪報導，詳細披露了關於《猶大福音》爭論的來龍去脈。[21]

《猶大福音》是一部失傳已久的古經，目前這個抄本以古埃及的科普特文（Coptic）寫在莎草紙上，於二十世紀七〇年代末在埃及的洞穴中被一位農夫發現，後經多種方法測定，被證實為公元二八〇年（誤差±五十年）的抄本。經過多年的輾轉周折，最終被美國國家地理學會以及兩家基金會購買，獲得共同保存以及鑑定和研究的使用權（研究結束之後要歸還埃及的博物館收藏）。美國國家地理學會組織了以梅爾（Marvin Meyer）教授為首的專家研究團隊，在二〇〇六年初完成了二十六頁（原文共有六十六頁）的修復、重組和翻譯工作，並在四月六日召開發表會，報告了他們的翻譯研究成果，其令人震驚之處在於完全改寫了以往的猶大形象以及他與耶穌的關係。根據他們對《猶大福音》的研究，猶大不是教會正統教義所描述的那個出賣耶穌的叛徒，而是耶穌忠實的門徒、親密的心腹和朋友。所謂「出賣」耶穌其實是耶穌授意所為。發表會立刻引起轟動，世界各大報刊傳媒競相報導，國家地理電影片道還於四月九日播出了一部長達兩小時的紀錄片，收看的觀眾多達四百萬人，隨後研究小組成員出版的相關書籍也極為暢銷，由此引發了為猶大「平反昭雪」的熱潮。與此同時，許多教會人士紛紛出面告誡，《猶大福音》是「異端」的經文，不足為信。

然而，平反熱潮和警告反駁似乎都過於匆忙了。因為那些所謂「異端」的內容可能並非《猶大福音》的文本原意，而是來自那個（被稱為「夢幻團隊」）專家小組在研究中的失誤和過度闡釋。一些宗教學家和聖經學者開始質疑梅爾等人對文本翻譯和闡釋的權威性，其中萊斯大學的聖經學研究教授德科南（April DeConick）提出了嚴厲的批評，指出在耶穌對猶大評價的關鍵段落中，梅爾等人的譯文甚至與文本原意完全相反。她在《紐約時報》上公開了她的鑑定和批評，引起同行之間的爭論。多數學者認為目前的譯文存在錯誤，但對於錯誤的性質和嚴重性尚有分歧。梅爾仍然在為自己辯護，但他的團隊內部也出現了批評的聲音。無論如何，目前專業學者（包括梅爾本人和他的團隊成員）都不再支持或者熱衷於所謂「英雄猶大的新發現」。《猶大福音》所引發的熱烈喧譁可能會慢慢平息。

2009

2003 2004 2005 2006 2007

2008 2010 2011

2012 2013 2014 2015 2016

2017 2018 2019 2020

柏林圍牆：二十年後的紀念與思考

柏林圍牆不只是一幢建築，它是分割東西德國的鐵幕，也是冷戰兩大陣營對壘的超級象徵物。它並沒有自行「倒塌」而是被人們「拆毀」，是德國人民意志行動的結果。於是，一九八九年被銘記為一個歷史時刻，柏林圍牆的拆毀被視作一場革命的標誌。二十年過去了，那個歷史時刻再一次成為舉世矚目的中心。從今年年初開始，相關的紀念活動、學術研討會、書籍、文章以及影像作品紛至沓來。十一月九日德國在柏林圍牆原址舉行了一場盛大的慶典，當一千塊巨型的「多米諾骨牌」相繼倒下，歡呼的聲浪掠過柏林的夜空。兩週以後，歐盟二十七國通過了《里斯本條約》。但是，「完整而自由的歐洲」只是故事的一部分。東歐的劇變既帶給人欣悅與希望，也帶給人不安、疑慮甚至幻滅。因此，「二十年之後的思考」比慶典更值得關注。

牛津大學歐洲史專家賈頓艾許（Timothy Garton Ash）以研究「東歐劇變」而蜚聲學界。他在今年發表多篇文章，對最新的相關研究做出分析評論，並提出自己的見解。一九八九年劇變的一個重要特徵是突發性，當時幾乎無人預料。但事後卻有不少人做出一種「後知之明」的判斷，認為這是注定要發生的革命。賈頓艾許反對這種決定論式的解釋，指出當時的局勢實際上存在多種可能的走向，而各種力量的交匯互動，以及某些偶然性的因素（甚至包括媒體的錯誤報導），使形勢急轉直下，直到不可逆轉的時刻。在對劇變成因的探究中，目前的研究各有側重，有些注重領導人（戈巴契夫、雷根、布希以及教宗若望．保祿二世等）的作用，有些則強調「公民運動」（波蘭的團結工會、捷克的公民論壇以及各種民間抗議活動）的力量。賈頓艾許堅持主張，各地人民的集體行動是一九八九年革命的主導力量。他反對所謂的「西方陰謀論」。的確，西方或明或暗地捲入其中，但在任何一場當地的抗議運動中西方勢力都沒有決定性的影響。實際上，「宣稱『西方陰謀論』本身就是當地政治鬥爭的組成部分，力圖在反西方的公共輿論中剝奪反對派領袖的資格，以叛國的理由封鎖他們」。❶賈頓艾許認為，整個東歐的劇變當然具有國際背景，但在一九八九年的最後幾個月中，美蘇兩國領導人對時局的反應是消極被動的，而他們謹慎克制的主要原因是出於對形勢的誤判——他們不相信會有重大的變局，他們「低估了小國寡民之作為的意義」。大國由於誤判而做出了正確的決定，「透過無所作為『創造』了歷史」。❷

在賈頓艾許看來，這場劇變的第二個特徵是以和平方式完成的，即所謂「二月事件」。「如果一七八九年的革命圖騰是斷頭臺，那麼一九八九年革命的標誌是圓桌。」它的行動主體不是階級聯盟，而是廣泛的社會大聯合；運動的高潮不是恐怖暴力，而是妥協談判。❸抗議運動所追求的目標不是全新的烏托邦，而是在世界其他地方已經存在的政治法律制度和社會經濟安排，甚至是指向當地曾經的傳統（所謂「重返歐洲」）。賈頓艾許相信，「二月事件」作為一種範式具有深刻的啟示，但它並不普遍適用。其適用性取決於每個國家的具體國情，也取決於國際關係的形態。

究竟應當如何看待一九八九年的遺產？捷克前總統哈維爾在最近的一次訪談中總結說：「當時的基本理想實現了，這包括自由選舉、民主程序、言論自由等。我們沒有放棄或背離這條道路。但是，一切都比我們當初設想的要困難得多，一切都需要更長的時間」。❹也許，值得探討的還不只是「道路有多麼曲折」，更重要的問題是「前途是否光明」或者「方向是否正確」，這正是左翼明星學者齊澤克關注的主題。❺他撰文指出：「當『二月事件』的崇高迷霧被民主資本主義的現實所驅散，人們報以不可避免的失望，這種失望體現在不同的情緒中——懷舊的、民族主義的和民粹主義的情緒，以及復興的反共偏執狂。」在他的描述中，前社會主義國家的很多人如今生活在不滿與怨恨之中。在劇變之初，當抗議運動的英雄還沉浸在對一個正義、誠實和團結的新社會的夢想之中，前政府的黨員幹部早就急迫地投身於新資本主義的市場遊戲之中。他們無所顧忌地玩弄骯髒腐敗的伎倆，遠比那些異議人士更適合經營新的資本主義經濟。於是，那個「新社會的夢想」化為泡影。人們不禁要問，「如果資本主義確實比社會主義要好得多，那為什麼我們的生活仍然如此悲慘」？

許多人或許相信，劇變之後沒有真正的民主，是因為他們還沒有生活在真正的資本主義之中。但齊澤克認為這是一種幻覺。人們所譴責的並不是「變態的偽資本主義」，而是資本主義的現實。他分析指出，某些威權國家實施的資本主義比起西方自由資本主義還更加「資本主義」。人們總是以為資本主義不可避免地要與民主發生關聯，「但是，如果威權資本主義的變體能證明自己比我們的自由資本主義更為有效、更有利可圖，那會如何？如果民主不再是經濟發展必然和自然的同伴而是其障礙，那又會如何？」齊澤克的意思很清楚，我們應該放棄對資本主義的幻想，它與當初對新社會的夢想無關。他相信，在二十年前東歐的抗議者當中，「大多數人並不是在要求資本主義。他們要的是過自己生活的自由，不在國家的控制之下，可以隨心所欲地相聚交談；他們要過一種簡單而真誠的生活，擺脫粗糙的意識形態灌輸和普遍的犬儒虛偽」。他們追求的理想可以被最恰當地界定為「具有人性面目的社會主義」（Socialism with a human face）。而在今天，這種理想和態度應當被賦予第二次機會。

新資本主義還是新世界？

距離「二月事件」不到二十年，世界經濟出現了嚴重的危機。「華爾街的潰敗之於市場原教旨主義，就相當於柏林圍牆的崩塌之於共產主義」——這是諾貝爾經濟學獎得主史迪格里茲一篇訪談文章的標題，如今已成為被廣泛引用的名句。今年五月，著名法律經濟學家波斯納（Richard Posner）出版了新著，其書名點出了他對這場經濟危機的診斷：這是「資本主義的一場失敗」（中譯本將書名做了更為聳動的修飾，譯作「資本主義的失敗」）。❻反諷的是，一九八九年的幻滅感似乎在二十年後再度出現，卻是以「命運逆轉」（reversal of fortune）的方式指向「資本主義」——這個許多人曾天真而熱烈地寄予的希望。在歷經了雙重幻滅之後，未來的希望何在？人們是否會像二十年前「擁抱資本主義」那樣熱切地投身於對社會主義的期望？

二〇〇九年的西方思想界，既有對「復興社會主義」的呼籲，也有對「改造資本主義」的訴求。但是，無論是「復興」還是「改造」，都必須面對曾經的歷史教訓。左翼（托派）理論家伍茲（Alan Woods）認為，當前的危機顯示，人民需要的不是資本主義而是社會主義，但不是過去那種官僚集權式的社會主義——這種「歪曲版的社會主義」導致了一九八九年的劇變，最後演變為一場「反革命運動」。我們需要返回「真正的民主社會主義——馬克思、恩格斯、李卜克內西和盧森堡的社會主義」。❼同樣，許多資本主義的辯護者，也訴諸「理想的」而非「現實存在的」（也是陷入危機的）資本主義。在新的思想辯論中，每一方都將現實中的失敗歸咎於（社會主義或資本主義的）不良「變種」，而其「純正的」版本似乎永遠立於不敗之地。「冷戰思維」作為一種認知模式與政治想像，並沒有隨著柏林圍牆的崩塌而消失，甚至深藏在許多冷戰思維指控者自身的批判意識中。但我們仍然需要這類標籤嗎？或者，我們應當給舊的標籤賦予新的意義？

二〇〇九年一月，巴黎舉辦題為「新資本主義、新世界」高峰論壇。歐洲許多政要（包括法國總統薩科奇、英國前首相布萊爾和德國總理梅克爾）以及一些國際著名學者參加了這次論壇。政要們競相發表改良資本主義的各種見解，但與會的阿馬蒂亞・沈恩提出了更切中要害的問題：「我們應當尋求一種『新資本主義』還是一個『新世界』。」在他看來，「資本主義這一理念在歷史上確實具有重要的作用，但到了今天，其有效性很可能基本耗盡了」。他透過對亞當・斯密的重新解讀發現，斯密等早期思想家所主張的市場觀念與當代流行的資本主義模式具有兩個重要的區別：他們「沒有將純粹的市場機制當作一種獨立的最優運行者，也沒有將利潤驅動當作所需的一切。」沈恩主張，我們必須同時把握斯密的兩個思想要義：一是對市場運作有限度的肯定，一是對市場自足性和唯利潤主義的批判。這意味著我們所尋求的不是一種新的資本主義，甚至不是經過凱因斯主義平衡的資本主義。因為凱因斯主要關注的仍然是穩定市場波動，很少論及公共服務和社會公正。我們必須基於對市場、社會和國家各種機制的清醒認識，來尋求一種新的更正派的經濟世界。❽沈恩的言下之意是，如果仍然信奉市場自足性與利潤最大化是資本主義的核心要旨，那麼資本主義的任何改良版本都不是我們所尋求的「新世界」。

備受矚目的中國模式

在柏林圍牆紀念活動的「多米諾骨牌」表演中出現了意味深長的一幕：相繼倒下的九九九塊骨牌，最後停在一塊沒有倒下的漢字石碑上（上面刻著陸游的〈釵頭鳳〉）。這或許暗示或象徵了中國是社會主義最後的中流砥柱，屹立不倒。中國三十年來的持續高速發展也許是冷戰後最出乎西方預料的一個現象。中國似乎擺脫了非此即彼的選擇：它是社會主義的，又是市場經濟的，它是全球化的，又是中國特色的，超出了二元對立的視野。在二〇〇九年，西方知識界對中國崛起的討論更趨熱烈。

二月下旬，Glasshouse論壇在巴黎郊外舉辦了一個學術高峰會議，邀請十多位中外著名學者討論「存在一個中國模式嗎？」。有學者認為，以中國所處的發展階段以及目前存在的各種問題而論，現在就宣布存在所謂「中國模式」為時過早。而大多數學者都承認，無論是否稱得上「模式」，中國獨特的發展經驗值得高度重視，而且具有全球性的影響。許多與會者對中國經驗的示範意義以及未來的前景仍然存在分歧。❾

美國《國家利益》（*The National Interest*）雜誌今年兩次刊登有關中國崛起的辯論。在「龍來了」的標題下，范亞倫（Aaron L. Friedberg）與陸伯彬（Robert S. Ross）就「中國是一種軍事威脅嗎？」展開辯論。文章的引言如是寫道：「一種威脅在東方隱約迫近。中國的軍事力量正在前所未有地增長，或許不久就會使我們失去太平洋霸主的地位。但北京真的懷有統治世界的幻想嗎？」陸伯彬認為，美國的創新和同盟關係將阻止中國的進展，而范亞倫則相信，華盛頓在二十一世紀的這場軍備競賽中危險地落後了。整個討論透露出「中國威脅論」的氣氛，雙方關切的焦點在於中國是否會在軍事上領先美國，而很少考慮中國軍事的強盛對促進世界和平與發展的可能。❿在另一次題為「中國的顏色」的討論中，裴敏欣和安德森（Jonathan Anderson）就中國經濟的前景展開激烈辯論。裴敏欣持較為悲觀的態度，他認為環境的惡化、民眾的難以掌控、大規模基礎建設的隱患、發展的社會成本過高以及發展失衡等因素，會帶來嚴重的負面效應，對此不可低估。他的基本判斷是「如果中國不做必要的變革，將會面對遠比低速增長要嚴重得多的後果」。而安德森則相信，中國GDP勢不可擋的增長力量會繼續走強，甚至會打破世界紀錄。在未來十到二十年內，中國出現經濟滑坡的可能性要比大多數人預計的低得多。他在回應中寫道：「要想證明中國的崛起終將失敗，僅僅含糊地指出發展的失衡或斷言其經濟不能完全維持原先的增長是遠遠不夠的。這需要發生一場能將中國推出發展軌道很長時間的、明確的、根本性的危機，而且危機還要即時發生，在五到十年之內。」安德森確信，雖然裴敏欣指出了中國經濟在長程發展中面臨的種種挑戰，但完全沒能證明存在那個正在迫近的危機。[11]

日本《中央公論》今年九月號刊登日裔美籍學者福山關於中國問題的演講和訪談。福山指出，中國的政治文明具有獨特的傳統，並對亞洲地區的現代化發展產生了深遠的影響，「這是支撐了第二次世界大戰後的東亞經濟奇蹟的寶貴傳統」。他相當重視中國三十年來的發展經驗，認為其長程的結果是檢測「歷史終結論」的重要案例。同時，他也強調指出：「真正的現代政治制度除了強大的有能力的國家機構外，還需要同時具備法治和問責。」建立這種現代政治秩序會經歷挫折，過程也會是漫長的。但從長遠看來，這個過程是必需的。[12]

馬丁．賈克（Martin Jacques）今年的新著《當中國統治世界》格外引人注目。英國版在六月發行後，十一月又推出美國版（書名的副題略有改動）。[13]著名史學家霍布斯邦為其背書，重要的西方報刊紛紛發表了書評和討論。作者本人受邀在世界各地的許多機構演講，頻頻接受媒體（包括CCTV）訪談。有評論注意到書名的用詞：使用「當」而非「如果」，意味著「中國統治世界」已經不是「會不會」的問題，而是遲早要來臨的現實，其結果將是（副標題中的）「西方世界的終結」。賈克承認，之所以使用有些「聳動」的書名，是針對流行的觀念發出告誡與警醒之聲：西方人久已習慣用自己的認知框架來理解中國，而且想當然地將自身的歷史發展看作普遍必然的現代性模式，但這完全是誤解和幻覺。他指出，中國不是西方所熟悉的「民族國家」，而是一個「文明國家」。中國獨特的傳統歷久彌新，隨著目前難以阻擋的迅猛發展態勢，將在二〇五〇年成為主導世界的最強大的國家。他預言，如果說英國曾是海上霸主，美國是空中霸主和經濟霸主，那麼中國將成為文化霸主，會開創一種不同於西方的現代性模式，並根本地改變目前的世界格局。到那個時候，「人民幣將取代美元成為世界的儲備貨幣；上海作為金融中心的光彩將使紐約和倫敦黯然失色；歐洲國家成為昔日輝煌的遺跡，與今天的雅典和羅馬類似；全球公民將使用普通話會多於（至少等於）使用英語；孔子的思想將變得和柏拉圖的思想一樣為人熟知」。那麼，所謂「中國統治世界」或者「西方世界的終結」究竟意味著什麼呢？賈克的論述似乎在「中國主宰」與「世界多元化」這兩種景象之間搖擺不定。一方面，「時間不會使中國更西方化，而會使西方以及世界更中國化」；另一方面，彼此競爭的多種現代性模式仍然共存，西方人可能會看更多的中國電影、學習漢語、閱讀更多的「孔夫子」，而中國人會更多地學習莎士比亞。⓮

賈克的著作也遭到許多尖銳的批評。英國評論家賀頓（Will Hutton）⓯在《衛報》發表書評，題為「中國處於危機而不是在上升」。與賈克的觀點完全相左，賀頓認為，由於認同的不確定性以及經濟中隱含的脆弱性，中國無論在硬實力還是在軟實力方面都不可能獲得霸權地位。「中國同時是巨大而貧窮的、強有力而弱小的……」⓰

美國政治學家黎安友（Andrew J. Nathan）在評論中指出，賈克的著作是一部危言聳聽之作，其中充滿猶豫不定的論述。作者說「中國最終注定要成為首要的全球性強國」，又說中國形成的挑戰「是文化的」而不是政治或軍事的，「在未來二十年中，中國實質上仍然是維持現狀的力量」。但最終，「中國將以它自己的形象重新塑造世界」。黎安友認為，賈克論述混亂的根本原因在於他企圖傳達某種實際上不存在的東西——中國所特有的「中國性」。黎安友反對這種誇張的特殊主義立場，指出在討論政治與外交事務的抽象層面上，中國文化與俄羅斯、法國或美國沒有多少根本的差異——「所有這些國家都為自身歷史感到驕傲、都注重家庭的價值、都偏愛社會秩序和尋求國家安全。」而中國傳統也不是鐵板一塊，其文化內部並不比其他文化更為統一。與其他社會的民眾一樣，中國人之間也存在對根本價值的分歧和爭議。[17]在另一篇題為「當中國成為第一」的文章中，黎安友指出：「就歷史意義而言，中國將成為一種新類型的首領（第一）。中國的支配地位既不是基於技術上的優勢，也不是基於殖民其他國家的能力，而主要是基於其人口狀況：中國成為最大的經濟體只是因為它有最多的人口。就人均水平而言，中國在可預知的未來仍然是相對貧窮的國家。」[18]

達爾文進化論：在爭議與誤解中傳播普及

在近代科學歷史上，查爾斯．達爾文的貢獻幾乎無可匹敵。進化論具有世界性的、經久不衰的深遠影響，它不僅是關於整個生物界生存演化的自然科學，而且對社會科學、宗教和文化領域以及公眾的世界觀，都產生了難以估量的衝擊和啟示。今年，適逢達爾文兩百週年誕辰（二月十二日）與《物種起源》發表一百五十週年（十一月二十四日），世界各地紛紛舉辦紀念活動。英國自然歷史博物館、《自然》雜誌、劍橋大學、BBC等機構聯合開辦了「達爾文二〇〇」網站。劍橋大學以「達爾文節」為名，組織多場有關《物種起源》的辯論與研討活動。進化論與神創論（Creationism）之間的長久辯論今年再度活躍，而梵蒂岡教廷開始拋出新的「調和論」，聲稱進化論與神創論是相互兼容的。[19]難以計數的展覽會、主題演講和研討會、著作與文章以及影視作品，令人目不暇接。

進化論，這個一百五十年前的革命性「異端思想」，如今已經深入人心。但是，進化論的傳播史也是一部受爭議、被誤解的歷史。特別是在社會文化領域中，對達爾文思想的普及運用，也一直交織著危險的甚至災難性的誤用和濫用。借助紀念活動掀起的達爾文熱潮，許多學者致力於澄清對進化論的誤解。

科學史學者薛莫（Michael Shermer）在《科學人》上發表的文章中指出，對於「自然選擇」與「適者生存」這兩個流行短語，至今仍然存在很深的誤解，成為「大眾的迷思」。首先，「自然選擇」（「天擇」）常被理解為「自然」似乎具有（如人類一般）的選擇意向，使「進化」按照既定的方向展開。但實際上，進化是一種過程而不是推動這一過程的力量，也沒有誰在「選擇」適合生存的生物——無論是溫和的（如養鴿人的優選品種）還是殘暴的（像納粹在集中營挑選犧牲品）。自然選擇沒有既定方向，也無法預期怎樣的變化會對未來的生存有益。其次，更危險的濫用是「適者生存」的口號，它常常被解釋為「生存完全由你死我活的競爭優勢所決定」。實際上，所謂「適者」並非指由力量大小來界定的「強者」。流行的「迷思」以為「更高大強壯、更敏捷迅速、更能殘酷競爭的有機體才會更成功地繁衍後代」，或許如此，但同樣可能的是「更小、更弱、更慢而更善於社會合作的有機體同樣也能成功地繁衍」。俄國無政府主義者克魯泡特金在一九〇二年發表的《論互助》（*Mutual Aid*）中寫道：「如果我們問大自然，『誰是最適合的生存者？是那些不斷彼此爭鬥廝殺的，還是那些互相支持幫助的？』我們馬上就明白，那些習得了互助習性的動物無疑是最適合的生存者。」因此，薛莫認為，進化論的正確理解應當同時包括兩個論題：自私與無私，競爭與合作。[20]

如果把握這種雙重性，我們甚至會在達爾文的洞見中發現對理解當下經濟危機的啟示。康乃爾大學經濟學教授法蘭克（Robert H. Frank）撰文指出，亞當．斯密著名的理論「看不見的手」與進化論中的競爭論題相兼容，但這只是整個進化論學說的一種特例。斯密認為，出於自私動機的競爭常常會提升群體的利益，但在達爾文看來，這種競爭依照個體成功的原則展開，未必能提高物種或群體層面上的生存適應性，有時對群體甚至是有害的。在經濟活動中，我們會發現競爭增進整體利益的例子（比如企業之間的競爭會有利於整個消費群體），但也可以找到相反的案例。比如，父母都想讓子女就讀好的學校，紛紛購買好學校附近的住宅，於是導致優質學校周邊的房價飛漲。父母們為此更加辛苦地工作掙錢，來提高自己家庭的購買力。但是，當眾多家庭都捲入這場競爭，最終付出的努力會相互抵消，仍然只是少數人能進入優質的學校，而整個群體卻付出了高昂的代價。類似地，運動員為爭奪獎牌而服用興奮劑，或者國家之間展開軍備競賽，都屬兩敗俱傷的惡性競爭。對於這類個案，達爾文（關於性別選擇）的學說比斯密（「看不見的手」）的理論提供了更好的解釋：如果競爭是導向獎賞個體的相對表現優勢，那麼往往會與群體利益相衝突。法蘭克指出：「透過關注個體利益與群體利益之間的衝突，達爾文已經為現代社會我們所熟知的許多規則確定了基本原理，這些規則包括：在體育比賽中禁用類固醇、在工作場所制定安全和工時規範、產品的安全標準以及施加於金融界的諸多限制。」今天的經濟學家通常會將亞當．斯密看作這個學科的奠基人，但法蘭克預言，在一百年之後這個位置會被達爾文取代。㉑

片面強調「自私」與「競爭」是對進化論的誤解與濫用。但這種迷思不應歸咎於大眾的蒙昧無知。進化論的一些著名捍衛者都傾向於將「適者生存」解讀為「弱肉強食」和「優勝劣汰」，其中包括達爾文的親戚高爾頓（Francis Galton），以及赫胥黎（Thomas Henry Huxley）和史賓塞（Herbert Spencer）等人。甚至達爾文本人的另一部著作，一八七一年出版的《人類的由來》，也存在多種解讀的可能。在歷史上，從令人憂慮的「優生學」、粗俗版本的「社會達爾文主義」，到納粹德國駭人聽聞的「種族淨化論」，以及當今世界盛行的極端自利、無情競爭的「生存鐵律」迷思，這一切都意味著，進化論在社會和道德意義上的影響是毀譽參半的。因此，我們仍然有必要繼續研究和全面理解達爾文的思想，特別是他對道德生活與意義世界的洞見。㉒

「氣候門」事件與懷疑派的聲音

「抑制全球氣候暖化」已經成為人類的共同關切和努力——從一九八八年聯合國建立「政府間氣候變遷專門委員會」（IPCC），到一九九七年《京都議定書》（*Kyoto Protocol*）問世，從二〇〇七年IPCC與美國前副總統高爾（Albert Gore）分享諾貝爾和平獎，到今年年底的哥本哈根氣候峰會。「拯救地球」行動的必要性和緊迫性，據說是依據科學界的三項共識：（一）全球氣候正在暖化；（二）這在很大的程度上是人為因素造成的「異常」趨勢；（三）這會給人類生存環境帶來災難性的後果。但在科學家當中，也一直存在著對「主流共識」的批評者與反對者，他們形成了少數「懷疑派」（其中包括一些聲譽卓著的專家學者）。他們的支持者致力於揭露「被壓制的真相」——氣候異常暖化造成環境危機的說法，完全是一種誤解或編造的神話。但懷疑派的聲音在媒體輿論中非常微弱，公眾甚至聞所未聞。

然而，在哥本哈根峰會召開期間，一個突發事件使局面出現了戲劇性的變化。十一月二十日，有駭客攻入英國東安格利亞大學氣候研究中心（CRU）的伺服器，盜走了六十多兆的數據（包括一千多封電子郵件和三千多份文件），並在網上陸續公布。其中有跡象表明，氣候研究領域的一些著名學者涉嫌偽造和操縱數據，誇大全球暖化的證據，黨同伐異，可能誤導政府和公眾。CRU是氣候研究方面的權威機構，並在IPCC第四次評估報告中承擔了重要工作，而這份報告成為目前全球制定應對氣候變遷政策的重要依據。消息傳出後，西方各大媒體競相報導，公眾譁然，這一事件被稱為「氣候門」（climate gate）事件。CRU的負責人瓊斯（Phil Jones）教授堅決否認存在造假行為，卻很快在輿論壓力下宣布辭職。事件還暴露出許多相關機構阻礙氣候資訊數據的公開化。㉓

「氣候門」事件的爆發變成了懷疑派及其支持者的節日。歐美許多電視和報刊媒體邀請主流派和懷疑派科學家展開辯論，懷疑論的聲音第一次得到如此廣泛的傳播，其影響力已經在最新的民意調查中有所顯示。英國《每日電訊報》專欄作家布克（Christopher Booker）等人聲稱，「氣候暖化論」是「我們時代最大的科學醜聞」，「氣候門」事件將「給暖化派的棺材釘上最後一枚釘子」。㉔但實際上，所謂的懷疑派並不是意見一致的群體。其中，有人認為IPCC氣候方案的準確性是可質疑的；有人相信氣候的異常暖化沒有發生或已經停止；有人主張全球暖化的確在發生，但主要是自然因素而不是人為因素所致，或者原因不明；還有人堅持全球暖化並不會造成環境危機。多種懷疑論的觀點或許有不同的證據支持，但任何一種觀點都沒有被科學界普遍接受。而且，個別懷疑派「推手」的歷史並不清白，有人曾受到石油公司巨頭等特殊利益集團的操縱而捲入醜聞。科學界權威刊物《自然》發表社論，敏銳地警覺到「氣候門」事件可能帶來的政治後果，指出在明年美國國會的辯論中它可能會被某些議員所利用，來抵制《潔淨能源工作及美國能源法》（*Clean Energy Jobs and American Power Act*）的通過。社論指出，「氣候門」事件的真相還有待調查，但目前並沒有偽造數據的確鑿證據；即使發現個別科學家有「不規範」的行為，也不足以改變科學界根據大量數據和多種機構廣泛研究而達成的結論性共識。㉕這也是目前許多官方機構和主流派科學家在回應「氣候門」事件中的基本立場。很難想像「氣候門」事件會使懷疑派獲得主導地位，但這是一次天賜良機，使得他們的聲音獲得公眾的關注。

與此同時，一些政要和國際組織紛紛呼籲對事件展開調查，許多科學家和公共輿論都要求對「氣候異常暖化」理論做出更為公開和嚴格的評估考察。更為重要的問題是，當代科學研究對公共事業甚至人類命運正在發生越來越深刻的影響，但科學證據與結論卻只能由少數專業人士支配掌握，公眾對此基本無從判斷。因此，公眾完全有正當的理由督促政府、科學機構和科學家更嚴格地遵守公開透明的問責規範，承擔起重大的倫理責任。

海德格與納粹主義：舊問題新爭論

海德格與納粹的關係是歐美學界反覆爭論的一個問題。有些人主張，這種膚淺的「政治正確」問題根本不值一提。更多的學者（出於不同的理由）傾向於將海德格的學術與政治區分開來：充分肯定他的哲學貢獻和影響，而對其親納粹的政治立場或做出批判清理或置之不顧。但這種「分離論」並沒能平息爭論，因為分離論本身的依據和含義都有些含混不清。首先，將一種具有內在倫理維度和政治含義的哲學思想與政治分離究竟是什麼意思？根本理據何在？深究起來，「政治正確」的譏諷者未見得比其標榜者更為清醒、更有說服力。其次，就海德格的具體個案而言，在何種意義上做如是分離才是可能的和正當的？這或許取決於他的政治理念在多大程度上與他的哲學思想互為貫通。有論者（比如漢娜．鄂蘭）似乎相信，投身納粹不過是海德格的偶然失誤，與他的哲學思想基本無關；另有論者（比如海德格曾經的學生卡爾．洛維特〔Karl Löwith〕）則主張，海德格對納粹國家社會主義的支持內在於他的思想理路。[26]兩派之間的爭議與糾葛並沒有了結，也繼續成為一些學者的研究課題。

今年十一月，耶魯大學出版社推出一部英譯新著——《海德格：將納粹主義引入哲學》，[27]被視作一枚「重磅炸彈」。作者是巴黎大學哲學副教授費耶（Emmanuel Faye），他根據大量的檔案和文本材料（包括此前未曾公開的一九三三—一九三五年研討班講稿），並對文本和事件與歷史背景作出細緻的語境化分析，試圖表明海德格的納粹主義「遠比至今為人所知的情況惡劣得多」：他的所謂「政治失誤」完全不是那種書呆子式的天真或一時糊塗，而是動機明確的自覺擔當——自命為納粹主義的「精神嚮導」。與慣常的見解相反，海德格在一九三四年四月辭去弗萊堡大學校長一職之後，他的納粹主義傾向並未收斂而是更為激進，甚至在二戰之後仍未放棄。他的思想發展既從納粹主義中吸取靈感，又自覺地為其提供哲學基礎，主旨是高揚國家和民族（Volk）的絕對至上性，以「血與土地」的神聖名義要求個體的忠誠與犧牲，以此訴求一個「新開端」以及重歸「德國民族的命運」。由此，費耶提出了相當極端的結論——納粹主義和種族主義的理念如此之深地交織在海德格理論的整個機體之中，以至於他的理論具有毀滅人道與倫理的可能，「不配再被稱作哲學」，他的著作應當從圖書館的「哲學類」編目轉到「納粹史」的類別。[28]

這部著作的法文原版早在二〇〇五年出版，曾在法國學術界引發熱烈爭議。而此次英譯本在正式面世之前就捲入了激烈論辯的漩渦。十月，《高等教育紀事報》發表了賓夕法尼亞大學哲學教授、著名批評家羅曼諾（Carlin Romano）對此書的介紹評論（題為「哈哎，海德格！」）。[29]該評論以譏諷的文體抨擊海德格，將他稱作「黑森林的聒噪者」、「高估自己的崇高性」、「至今還被其信徒離奇崇敬」的騙子。文章的網路版發表後引發一百七十多條「線上回應」，許多海德格的擁戴者被這篇文章所激怒。《紐約時報》、《新共和》等報刊和網路也紛紛發表文章介入爭論。但所有這些公共討論或許都不及荷蘭哲學家菲利普斯（Herman Philipse）的分析來得細緻、中肯和富有洞見。他早在二〇〇八年就對此書的法文版發表一篇書評，認為費耶的研究是獨特而卓越的，對海德格「將納粹主義引入哲學」的論證也是確鑿有力的。但由於費耶沒能真正成功地把握「納粹論題在海德格整個哲學中占有多麼核心的位置」，因而得出了過於極端的結論。這遭到了法國海德格派的激烈攻擊，這種情緒化的爭吵令人遺憾地轉移了重點，錯失了作者原本提出的真正值得深思的問題。[30] 英語世界中的這場爭論似乎正在重蹈法國學術界的覆轍。

保守主義的衰落與思想多樣性的危機

加州大學柏克萊分校，這個昔日的激進文化運動重鎮，在今年三月宣告成立一個「右翼運動比較研究中心」（Center for the Comparative Study of Right-Wing Movements），這多少有些出人意料。[31] 哥倫比亞大學教授馬克．里拉借題發揮，撰文呼籲「認真對待右翼」，引起多位學者的熱烈回應，主要論及如何理解保守主義在當今學術界遭到的冷落及其對思想多樣性的影響。

里拉早年曾在著名保守派刊物《公共利益》擔任編輯，後來從保守主義轉向親自由派的立場，但他警覺到當下美國學術界對保守派的排擠與打壓日益嚴重，為此深感憂慮。他指出，明星大學的課程幾乎被左派所支配，從「身分政治」到「後殖民主義」等不一而足，甚至細緻到討論男同性戀與女同性戀之間的差別，但幾乎沒有多少以保守主義思想為主題的課程。保守派的教師在校園處於少數，也相當孤立，而持保守主義立場的博士生如果不掩藏自己的政治傾向就很難找到教職，以後也難以獲得終身職位（tenure）。這種「自由派壓制學術自由」的氛圍，正威脅著大學的思想多樣性。里拉強調，保守主義是嚴肅的思想流派和重要的政治傳統，而不是一種「病灶」（pathology）。「將二十世紀的美國保守主義簡約化為冷戰政治，這是方便宜人的左派伎倆。」實際上，在二十世紀三〇年代，美國保守派更「糾結」於羅斯福的國內新政而不是史達林。所謂反共事業首先也是由冷戰自由派而不是保守派所構想發起的。柏克萊的這個研究中心，如果要像自我期許的那樣，展開「對二十世紀和二十一世紀美國與海外右翼運動的學術比較研究」，那麼首先要認清一個重要的事實：美國的保守派與歐洲右翼不同，他們接受憲制自治政府的合法性。主流的美國保守主義（基本上也就是所謂「美國右派」）完全不同於海外那些親法西斯主義的右翼分子——比如法國的勒龐（Jean-Marie Le Pen）和現居於奧地利的杜克（David Duke）。里拉強調指出，保守主義是一種獨特的看待人類生活的方式，是一種值得研究的傳統。但現在年輕人並不真正理解保守主義傳統，許多年輕的保守派也只是輕信並依賴從福斯電視節目中聽來的隻言片語。因此，在學術界認真對待並重新展開對保守主義思想的教學和研究，將有助於抵制反智主義，推動真正自由和開放的辯論和思考，這對左右兩派都有重要意義。㉜

艾倫．沃夫教授認為，美國大學的思想多樣性要比里拉所說的狀況充分些，但仍然相當不足。學術界沒有賦予其高度的優先性，結果使思想生活遭受損害。但排斥多樣性的傾向既存在於自由派和左派，也存在於少數保守派。當保守派匯聚在校園，他們就把自己看作被圍困的少數派，由此造成一種保守主義的宗派性和受害感，很難形成多元化的政治，也導致了保守派的封閉性——他們在自己的刊物上發文章，召開自己的學術會議，引用其他保守派的作品，使用自己的術語發言。的確，對自由主義而言，如果能更多地介入與保守主義的對話會強化自己，但反過來對保守派也是如此。史密斯（Bruce Smith）教授指出，美國大學面臨的問題不僅僅是保守派的觀點受到壓制，而是缺乏任何嚴肅的政治討論。教授們不喜歡發生衝突，也認為這種辯論沒有多少學術價值。但他希望在課堂內外能認真地辯論有關政治理論和憲制秩序的經典問題，並認為「核心課程」能相當好地發揮這個作用。在其他的回應中，有學者指出，保守派的學生菁英大多奔向金融界、商界和企業界謀職，這才導致了他們在校園中的頹勢；也有人認為，真正的分歧不是政治立場的左右之爭，而是發生在那些認真思考與寫作的人與那些對學術敷衍輕慢者之間；還有論者指出，保守主義既嚮往那種有序而神聖的自由，又屈從於那種瓦解自由教育的資本主義激流，保守派的失敗在於無法調和這兩者，這是嚴肅的保守主義研究需要充分重視的問題。㉝

美國著名大學的開放課程

今年秋季，哈佛大學開始啟動系列課程公開化計畫，首先推出的是其名牌通識課程——桑德爾（Michael Sander）主講的「正義」。桑德爾是美國著名的政治哲學家，他從一九八〇年起為本科生講授這一課程，一直深受學生的歡迎，連續多年名列課程註冊人數榜首（二〇〇七年秋季選課學生達到一一一五人，創下了哈佛的歷史紀錄），二十多年來，已經有一萬四千多名學生修讀了這門被稱作「傳奇」（legendary）的課程。哈佛大學與波士頓公共電視臺合作，將原來的二十四節課透過多機位拍攝和精心編輯，製作為十二集（每集片長一小時的）教學片，在全美多個公共電視臺同步播出，並在網路上開放影片和輔助材料，獲得熱烈的回響。㉞（日前已有中國網友將整套教學影片上傳到「土豆網」。）

這門課程的巨大吸引力，固然來自桑德爾作為教師的非凡魅力及其精湛的教學藝術，但同樣重要的是他致力於「公民教育」的通識課理念。他深信民主社會的健康發展需要一種強勁和善於思考的公民精神，而不只是一套程序和制度。而哈佛大學培養的所謂「菁英」首先應當成為優秀的公民。桑德爾的教學將經典思想家（亞里斯多德、洛克、康德、邊沁、彌爾以及羅爾斯等）的理論學說引入對現實問題的關切與思考：如何面對生活中的道德困境？何種制度設計與政策安排才是「在道德上正當的」？我們道德直覺中的「正義」究竟包含著哪些前提，又會面對怎樣的挑戰？諸如此類的問題以「蘇格拉底的方式」——不斷地詰問、應答、反駁和再追問——在課堂上呈現出來，使學生透過對具體個案的辨析和爭論，來培養批評思考以及推理論說（reasoning）的能力。這門課使抽象的理論學說變成回應現實問題的思想資源，同時激發學生在對公共問題的思考中理解經典思想的卓越之處及其與當代世界的相關性。目前，哈佛大學每年有大約六分之一的本科生會聚集到古老而莊重的Sanders劇場（授課場所），與桑德爾一起探討「正義」的理想與實踐。[35]

近年來，美國多所著名的私立大學紛紛向社會大眾開放教學資源。二〇〇一年，麻省理工學院（MIT）率先啟動「開放式課程網頁」計畫（OCW），在網路上推出各種學科的授課檔案（包括部分教學影片），至今已累積多達一千九百二十五門課程，可供自由訪問瀏覽，並相繼製作了多個語種（包括中文）的版本，被視為具有里程碑意義的教育創新舉措。隨後，耶魯大學和史丹佛大學等高校也陸續推出類似的開放課程。在這個據說是公益精神日漸退化的時代，私立大學積極承擔公共教育的責任是一個值得讚許和關注的動向。

2010

2003 2004 2005 2006 2007

2008 2009 2011

2012 2013 2014 2015 2016

2017 2018 2019 2020

維基解密：喧譁中的辯論

在二〇一〇年，「維基解密」猶如一匹彪悍的黑馬闖入政治的敏感地帶。這個年僅四歲的網站此前已初露鋒芒，而從今年四月開始，一系列更為「猖狂」的洩密舉措，使其成為國際媒體關注的中心，六月《紐約客》還發表了長篇特寫報導「維基解密」的創辦人阿桑奇（Julian Assange）。❶這名曾經的「駭客」一舉成為舉世矚目的人物。一切突如其來，匆忙的評論者使用各種標籤來為之定性——民主、透明性、知情權或者無政府主義以及恐怖主義式的超限戰，卻未必能完全把握「維基解密」背後的含義與後果。但可以肯定，只有短視的目光才會視其為一場「惡作劇」而低估它所蘊含的政治與文化力量，也只有遲鈍的頭腦才會被它的「反美面目」所迷惑而暗自慶幸。

無論在政府層面還是在思想界，對「維基解密」的反應是多樣的，也並不完全符合慣常的政治分界線。大多數國家還在觀望，而急於表態的政府可能會失之草率。俄羅斯政府總統辦公室在十二月發布一項聲明，呼籲非政府組織考慮，提名阿桑奇為諾貝爾和平獎候選人。俄羅斯駐北約特使羅戈津（Dmitry Rogozin）甚至將阿桑奇在瑞典受到性侵犯指控的事件看作「西方沒有新聞自由」的證據。但阿桑奇卻對莫斯科一家報紙提出忠告「請克里姆林宮最好能穩住自己，準備迎接『維基解密』下一波針對俄羅斯的揭露」。美國和伊朗竟奇異地處在同一條批評陣線。美國國務卿希拉蕊譴責其對美國外交電文的洩露「不僅是對美國外交政策利益的攻擊，也是對國際共同體的攻擊」，眾議院國土安全委員會主席彼得・金（Peter King）主張將「維基解密」列入「外國恐怖組織」名單。而伊朗總統內賈德也指責，「維基解密」的行動是一場毫無價值的惡作劇，所公布的文件是「美國政府有計畫準備和公布的」，為的是敗壞伊朗政府的名譽，挑撥伊朗與周邊地區國家的關係。❷

西方知識界的相關辯論已經開始，自由派（左派）內部也出現了分歧。左翼鬥士喬姆斯基不出所料地站在阿桑奇一邊。在接受「即刻民主」網站的訪談中，喬姆斯基回顧了他在一九七一年幫助艾斯伯格（Dan Ellsberg）解密五角大廈文件的經歷，指出此事件與「維基解密」的共同性——「有些事情，美國人應當知曉，而政府不讓他們知道」。❸在支持澳洲民眾為捍衛「維基解密」所發起的抗議示威的一份聲明中，他還指出，「阿桑奇是在履行他的公民義務，勇敢而光榮」，反抗當權者的壓制「應當成為珍視自由與民主的人們的首要關切」。❹著名電影人（《華氏九一一》的導演）摩爾在倫敦法院為保釋阿桑奇捐資兩萬美元，並發表一項聲明。他認為，若是在二〇〇二年就有「維基解密」來曝光內幕，那麼基於謊言而發動的伊拉克戰爭就未必能開始，因為開戰的條件是「謊言能被保密」。而正是因為「暴露和羞辱了那些想要掩蓋真相的人」，「維基解密」才會遭受如此惡毒的攻擊。「維基解密」之所以存在，部分原因是主流媒體在履行責任中的失職。但下一次戰爭也許就沒那麼容易發動了，因為局面翻轉過來——「老大哥」正在受到我們的監視！開放性、透明性是公民僅有的保護自己對抗權勢與腐敗的武器。摩爾承認，「維基解密」可能會對外交談判以及美國的利益造成意外的傷害，但他辯護說，這是一個用謊言將我們帶入戰爭的政府所支付的代價。❺

聰明而博學的義大利作家安伯托·艾可在法國《解放報》發表評論，以他擅長的迂迴筆法指出，「維基解密」所揭露的祕密實際上都在人們的意料之中，因此洩密最終變成了一個「假冒的醜聞」（bogus scandal）。也就是說，只有你假裝對主導著國家、公民與新聞界之間的關係的那種偽善一無所知，才會被洩密所震驚，才會感到這是一樁醜聞。但是，公開洩密仍然是對這種偽善責任的一種破壞。美國外交的力量依靠那種煞有介事的祕密，如果祕密被發現是空洞的，那就等於剝奪了這種力量。無論這篇文章多麼曲折，狡黠的艾可與憤怒的摩爾同樣看到關鍵的一點，一種翻轉的歐威爾寓言——「老大哥」也正在被公民們監視！❻

英國自由左派網路雜誌 *Spiked* 刊登一組文章對「維基解密」提出批評，其中著名知識分子、肯特大學社會學家法蘭克・福瑞迪的文章最為犀利。他在標題中就點明了自己的批判觀點：「這不是新聞業，這是窺視癖。」福瑞迪認為，無論是一戰期間布爾什維克黨人公布沙俄與外國勢力的祕密通訊，還是一九七一年艾斯伯格向《紐約時報》透露五角大廈文件，都顯示了清晰的社會或政治目標。而「維基解密」所提供的資訊並不是致力於這種高貴的目標，它只是「為了羞辱和播種混亂」。表面上，它對公眾知情權的主張肯認了民主精神，但在這一事件中「『知情權』這一觀念實際上關涉的是對人們的想像所做的諷刺性操縱，那些支離破碎、易於消費的窺視癖式的流言蜚語，被重新鑄造為提供公共服務的真相的重大部分。但公眾需要政治問責和嚴肅的辯論，而不需要那樣一種權利，去聞政府官員髒衣服的味道」。福瑞迪批評某些高水準的報紙對「維基解密」的讚譽，認為這是「一種犬儒式的企圖，將窺視癖變為一種美德」，透露出「當代公共生活的道德與文化規範」的危機。❼

美國知識界的重要刊物《新共和》在其網站上對這一事件發表了大量評論，❽其中哥倫比亞大學新聞學教授、二十世紀六〇年代左翼學生運動領袖季特林（Todd Gitlin）最為活躍。他在一封致美國總統和司法部長的連署公開信上簽名，抗議司法部依據《反間諜法》對阿桑奇展開調查和起訴的動議。但季特林也對外交電文的洩密事件提出批評，指責其極端的無政府主義傾向。他認為，只要國家存在就會有外交，而有外交就會有機密。阿桑奇的方式「不是主張應該向國家施壓去改進它做得很差的地方，而是主張國家就不應該存在」。❾季特林的文章遭到格林華德（Glenn Greenwald）

的反駁，彼此發生了多回合的交鋒。格林華德是美國的憲法律師、政論作家以及著名網路雜誌《沙龍》（*Salon*）的主要作者，也在公共討論中成為「維基解密」最強勁的辯護者之一。他特別反駁了那種最流行的批評：「維基解密」不加區別地將海量機密資訊「傾倒」在網路上，只是追求暴露的轟動效應，實際上對改變強權與腐敗的政治無所作為。格林華德引用事實指出，所謂「不加區別的洩密」完全是誤傳，「維基解密」至今只是有選擇地發布了所掌握的文件中極其微小的一部分，而且已經與歐美五大報刊（英國《衛報》、美國《紐約時報》、德國《明鏡》、法國《世界報》和西班牙《國家報》）形成合作夥伴關係，專業人員介入了篩選和編輯的過程，包括為保護個人隱私而做的必要刪節。就反抗密謀政治的目標而論，阿桑奇的確只是做了自己該做的事情，他並不具有制止戰爭的職責和能力。的確，「維基解密」僅僅做了一部分而不是所有重要的事情，但這能構成指責它的理由嗎？⑩

新技術時代正在展開其超出人們想像的可能性：一種非國家的、個人的組織能夠形成以弱制強的政治與文化力量。這可以表現為恐怖主義的攻擊，也可以表現為民主性的力量。「維基解密」無論有多少值得商榷與改進之處，都代表了對權力和資訊壟斷的顛覆，對密謀政治的挑釁。這不只是對美國的威脅，它挑戰的目標甚至不只是國家，而是針對一切有權勢的機構（「美洲銀行」已經成為下一個解密目標）。阿桑奇所訴求的那種沒有祕密的權力，那種極端民主、完全開放、全然透明的政治，終將是一個烏托邦式的幻想，但這種政治介入方式已經開始改變傳統的「權力地形圖」。也許，在一個新技術與民主化的時代，強勢者不得不嚴肅地對待來自公民的新生力量。

《經濟學人》刊登中國特別報導

英國著名《經濟學人》雜誌（十二月四日紙本版）以罕見的醒目方式，刊登一篇長達十四頁的關於中國的特別報導，並在十二月二日的網路版上全文發布，引起廣泛關注，《富比士》等媒體網站迅速作出評論與回應。這篇報導的導引文章以「正在崛起之中國的危險」為題，作為「封面故事」推出。⓫但整個報導無意宣揚「中國威脅論」，而是力圖深度分析「中國在世界中的位置」（原題為A Special Report on China's Place in the World）。

在整個世界歷史進程中，大國的崛起幾乎總是伴隨著暴力衝突與戰爭，中國是否真的會如其承諾的那樣「和平崛起」——這是國際社會普遍關切的問題。導引文章舉出例證來刻畫中國形象的兩面性，一方面中國致力於讓「焦慮的世界」安心；另一方面「通情達理的中國時而會讓位於好鬥的中國」。歷史經驗顯示，兩個大國之間的關係往往決定了世界是否和平（有英國與美國這樣的正面例子，也有英國與德國這樣的反面例子），因此今天中國和美國的關係對世界局勢至關重要。雖然迄今為止情況還相當不錯，因為中國全心投入經濟發展，而美國著眼於反恐戰爭，但兩國之間仍然互相猜疑，「中國將美國視為一個終將會阻礙自己崛起的衰退中的強國，而美國則擔心中國的民族主義在重振的經濟與軍事力量的推動下會伸張自己」。作者指出，對中美必將發生衝突的悲觀主義看法或許不無理由，但「中國未必成為一個敵人」，因為許多證據表明，一個穩定的世界對兩國都更為有利。而「最會讓中國變成敵人的作法就是將它當作一個敵人來對待」。歷史表明，「如果興起中的強國相信它能不受阻礙地崛起，而當道的強國也相信它對世界的運作不會受到根本的威脅，那麼超級大國就可以和平共處」。因此，實現世界和平與發展的關鍵在於增強大國之間的彼此信任。較之歷史上的強國，中美兩國具有一種後知之明的優勢：「它們都見證了二十世紀災難性的錯誤，而確保二十一世紀不再重蹈覆轍也將取決於它們。」

報導的主題分為六篇文章。⓬首篇〈臥薪嘗膽〉（Brushwood and Gall）以著名的中國典故「越王勾踐臥薪嘗膽」開始，暗示中國人的隱忍之心與雪恥情結，但作者隨即援引哈佛大學科恩（Paul Cohen）教授對這一典故的新闡釋——當今中國將勾踐精神理解為「自我改進與奉獻，而不是復仇」。中國反覆宣稱其崛起不會對世界構成威脅，而其他國家（尤其是美國）對此仍心有餘悸，未來的前景包含著危險的不確定性。〈第四個現代化〉（The Fourth Modernisation）一文著眼於分析中國軍事現代化的進程及其困難，以及對中美軍事力量對比的意義。〈懸而未決〉（In the Balance）討論中國日益增長的影響力在日本與印度等亞洲國家所引起的複雜反應。〈朋友，或其他〉（Friends, or Else）探討美國對中外交政策及其內在矛盾——美國希望與中國發展經貿合作，也希望中國在處理國際問題中發揮更為積極的作用，但同時又擔憂自己的地位會受到中國增長的經濟與軍事力量的威脅。這種夥伴與對手的雙重關係困擾著美國。但美國不可能以冷戰時代圍堵蘇聯的方式來應對中國，因為這會付出過高的代價，而結局會是兩敗俱傷。因此，「承受中國的崛起，是對美國外交前所未有的考驗」。〈更少韜光養晦〉（Less Biding and Hiding）探討了中國在維護其核心利益方面表現出的決絕傾向，但文章指出，民族主義的高漲也正困擾著中國的外交事務。如果一切妥協都被看作軟弱或投降，那麼大國外交就很少有迴旋餘地，而過於強硬的立場又會使周邊國家感受到威脅，使「和平崛起」的承諾遭到懷疑。

報導以〈戰略信心保障〉（Strategic Reassurance）一文收尾。作者認為，中美之間分享著許多重要目標（國際穩定、防止核擴散以及經濟發展等），而和平共存最有利於實現這些共同目標。文章繼而對消除兩國之間猜疑的方式提出十點建議，包括美國應自願放棄在核攻擊方面的優勢，維持在西太平洋地區的常規軍事優勢；中美兩國應當在軍事準則方面加強對話合作；亞洲需要形成預防海洋爭端升級的規則；美國必須更為一致地遵守自己信奉的國際規則；中國應該防止惡性民族主義的流布；中美都應當致力於運用多邊外交；亞洲國家需要清理盤根錯節的區域安全組織，也需要在非傳統安全領域付諸更多的努力。報導以首尾呼應的方式回到越王勾踐的故事——贏得勝利後的勾踐在得意忘形中淪為一個暴君。但這並不意味著中國的崛起注定會造成與世界其他地區的對抗或衝突。作者再次強調，勾踐的故事有多重闡釋，「而未來，一如這個故事，是我們造就的」。

這篇報導由資深記者愛德華．卡爾（Edward Carr）經過精心採訪和大量引證撰寫而成。在其「來源與致謝」中，他給出了一份來自不同國家、持有各種立場與觀點的二十六位學者專家的名單（其中有四位海內外華人）。報導有大量的實例分析與名家觀點相呼應，鮮有簡單武斷的判斷而多見平衡審慎的分析。顯然，中國在世界中的位置已經越來越重要，任何簡單化的褒貶都無濟於事。這篇報導是為深入洞悉中國問題的多重維度和複雜性而做出的一次有益嘗試。

道德與理性：跨學科的對話

坦伯頓基金會以贊助科學與宗教問題研究而聞名，其「大問題對話」系列，每年邀請十多位著名學者與公共人物，就「經久不衰而備受爭議的」重大問題做出書面回應，在知識界越來越引人注目。二〇一〇年第六屆大問題對話的主題是「道德行動依賴於理性推論嗎？」。十三位來自不同的學科領域（神經科學、心理學、哲學、文化研究和神學）的作者，就這一問題各抒己見，彙編為一部五十多頁的文集在春季發布。[13]《大西洋月刊》、《探索》、《新科學家》、《紐約書評》與《紐約客》等英美報刊媒體予以報導。

哈佛大學哲學教授柯恩嘉（Christine Korsgaard）相信，在大多數日常情景中，我們的思想與行動主要是意識的結果。普林斯頓大學政治與法學理論家喬治（Robert George）認為，在道德行動中我們常常追求那些表面上「沒有好處」的目標，它們的「內在價值」必定來自我們基於理性的理解。他們都堅持理性思考對道德行為的重要作用。而加州大學心智研究中心主任葛詹尼加（Michael Gazzaniga）持有不同看法。他指出，最近腦科學研究的進展顯示，道德決定的過程發生在大腦有意識的自覺之前。著名哲學家和作家戈德斯坦（Rebecca Goldstein）認為，道德情感是人類進化的產物，但需要理性才得以充分發展為完整的道德感。因此「沒有道德情感的理性是空洞的，而沒有理性的道德情感是盲目的」。大多數作者承認理性對道德行動的影響，但認為這種影響是有限的。英國猶太教首席拉比薩克斯（Jonathan Sacks）寫道：「啟蒙思想的重大錯誤之一就是低估了非理性力量的威力，這種力量是我們基因遺傳的一部分。」人們道德直覺的起源與本質是什麼？我們在多大程度上有意識地控制我們的道德行為？這是古老的哲學問題，同時具有重大的現實意義。而腦科學、神經科學與認知心理學的新近發展，正在為這個問題打開新的視野，這也要求哲學家和神學家重新思考他們長期堅持的許多假設。

重新思考社會主義

美國左翼雜誌《異議》在其五十多年的歷史中一直致力於促進社會主義的民主理想。今年夏季號的《異議》雜誌發表論社會主義的專題討論，[14]引起思想界的關注，英國《獨立報》等媒體予以報導和評論。

在專題的導言中，雜誌共同主編卡辛（Michael Kazin）指出，二十世紀的歷史使「社會主義在全球勝利」的信心受到挫折，但我們仍然相信，社會主義的民主遠景值得被重新認識並付諸實踐。專題討論包括四篇文章，從不同的角度討論了社會主義在今天的意義，並對其未來應有的形態闡發了各自的看法。政治學家柏曼（Sheri Berman）指出，社會民主派曾在二十世紀的歐洲有過輝煌的歲月，他們如果能將市場的動力機制與促進跨民族的團結和平等權利相結合，就有可能再創輝煌。著名左翼歷史學家、《新左派評論》前主編布瑞克伯恩認為，當前的財政危機可能會導致經濟民主的復興，但條件是社會民主派能夠推動各種可靠的矯正措施，這些措施並不單純依賴民族國家，而是能提升與地方社群共享的權力。政治活動家克拉克（Jack Clark）曾擔任美國「民主社會主義者組織委員會」書記，他在文章中提出了各種革新的實踐方式，尋求提供體面的、對環境負責的住房與就業，以及對華爾街勢力的嚴格控制。政治哲學家沃爾澤在文章中辨析了社會主義的三個主要特徵——政治民主、國家對市場的調控，以及提供福利和公共服務。他同時指出，應當將社會主義理解為「總是在造就中」的事業遠景，而不是一種有待建成的體制。即便這種遠景永遠無法完全變成現實，它仍然是一種「最為人道、最令人振奮的道路」，我們由此不斷邁向「我們所夢想的社會」。[15]

《流浪者》引發文化爭論

阿亞安・希爾希・阿里（Ayaan Hirsi Ali）大概是當今西方最有影響、也最富有爭議的伊斯蘭流亡者。今年五月，自由出版社推出了阿里的自傳新作《流浪者——從伊斯蘭到美國：一段歷經文明衝突的個人旅程》（以下簡稱《流浪者》），⓰使她再度成為焦點人物，也激發了關於文化多元主義的爭論。

阿里一九六九年出生在索馬利亞，兒時隨家人在多個非洲國家流亡。她曾是穆斯林教徒，按照習俗接受女性「割禮」。一九九二年為了抗拒父親安排的與陌生男子的婚事，阿里從肯亞逃往荷蘭，改換姓名，編造履歷，獲准以難民身分定居。她後來進入萊頓大學攻讀政治學，獲得碩士學位，取得了荷蘭國籍。大約在二〇〇二年，阿里放棄了對伊斯蘭教的信仰，成為一個無神論的女性主義活動家，並在二〇〇三年當選為荷蘭國會議員，曾多次入選全球最有影響的百大公共知識分子。她曾與荷蘭電影人梵谷（Theo van Gogh，著名印象派畫家梵谷的曾侄孫）合作製作一部短片《屈從》（*Submission*），揭示伊斯蘭社會中女性的悲慘遭遇，引起強烈回響。二〇〇四年十一月，梵谷遭到伊斯蘭極端分子的暗殺，屍體的匕首上留有一份死亡威脅名單，阿里的名字也在其中。這一事件當時激起了荷蘭的反移民浪潮。二〇〇六年，阿里在申請難民時作假的問題被曝光，她在爭議中辭去了議員的職務，從荷蘭移民美國。

在《流浪者》一書中，阿里一如既往地以親身經歷對伊斯蘭文化中的黑暗面予以公開而尖銳的抨擊，引人注目的同時也備受爭議。西方的自由派與左派知識分子對她持有猶疑不決的評價。《紐約時報》刊登著名專欄作家（兩次普立茲獎得主）紀思道（Nicholas D. Kristof）的書評文章。作者讚揚她的勇氣，又批評她對伊斯蘭文化以偏概全的過激之辭。⓱但是，所有文化究竟是不是一律平等？這個問題始終會困擾那些既堅持普遍人道標準，又反對西方文化霸權的自由派人士。而阿里的立場要鮮明得多，《流浪者》中有這樣一段告白：「所有的人都是平等的，但並非所有的文化和宗教都是平等的。一種讚揚女性氣質、認為女人是她們自己生活的主人的文化，要好過那種對女孩實施生殖器割禮、將她們禁閉於圍牆或面紗之後或因為她們陷入愛情而予以鞭撻和投石的文化……西方啟蒙的文化是更好的。」著名作家雅各比（Susan Jacoby）在一篇評論中引用了這個段落，並坦言她自己是「費盡艱難才懂得這段話中的一些道理，但這是許多西方的好心人難以接受的」。[18]

新視野下的羅爾斯研究

今年十二月，由義大利羅馬國際社會科學自由大學（Luiss University）和約翰．卡伯特大學（John Cabot University）聯合主辦的為期三天的國際學術研討會在羅馬召開，吸引了來自歐美各地的三十多位著名學者參加。會議的主題是「在羅爾斯與宗教之間：後世俗時代的自由主義」（Between Rawls and Religion: Liberalism in a Postsecular World）。[19] 這標誌著羅爾斯「宗教文稿」出版之後在學術界引發的新的研究動向。[20]

理性與啟示的關係是西方思想傳統的核心問題之一，而在現代社會中，如何處理政治自由主義與宗教信仰之間的緊張也成為公共哲學的主題。約翰．羅爾斯是二十世紀政治自由主義的主要思想家，但他是否恰當地處理了宗教經驗在民主社會中的位置，是爭議的焦點之一。羅爾斯生前很少談論自己的宗教觀點，但在他二〇〇二年去世後不久，普林斯頓大學的一位宗教學教授發現了羅爾斯在一九四二年寫下的一篇關於基督教倫理的論文，題目是「對原罪與信仰之意義的簡要探尋」。羅爾（Thomas Angel）斯當時甚至計畫在戰後從事神學研究。在羅爾斯的遺稿中還發現了一篇從未公開的短文〈關於我的宗教〉。哈佛大學出版社在去年將兩篇文章合起來出版。[21] 科恩（Joshua Cohen）

和湯瑪斯・內格爾（Thomas Nagel）在序言中指出，羅爾斯不同於許多對宗教漠視或知之甚少的自由主義者，他的自由主義理論強調宗教信仰的重要性。

羅爾斯在早期「宗教文稿」中體現出對社群的高度重視，對孤立的個人主義以及對傳統契約論思想的嚴厲批判。這表明曾經指責他「忽視了人們根本的社會屬性」的批評意見是多麼輕率。新視角下的羅爾斯研究，關注宗教在民主社會中的位置、宗教教義與「公共理性」之間的關係，以及宗教與公共生活的界限等問題。這也是這次羅馬國際會議的主要議題。

2011

2003 2004 2005 2006 2007

2008 2009 2010

2012 2013 2014 2015 2016

2017 2018 2019 2020

第四波民主化？

突尼西亞騷亂之初，幾乎無人預見這會在周邊地區引發連鎖反應。畢竟，突尼西亞社會太過「西方化」，缺乏阿拉伯國家的典型特徵。歐美的中東問題專家們謹慎告誡「埃及不是突尼西亞」，然後「利比亞不是埃及」。這一切都似曾相識。一九八九年討論東歐變局問題，也有專家適時提醒「X不是Y」。而到了一九九〇年，「蘇聯絕對不是東歐」的觀點仍然相當流行。森林中沒有兩片相同的樹葉，但所有的樹葉仍然是樹葉，更為困難的判斷是哪些樹葉在何種條件下可以被歸為同類。每一個舊制度的解體都有其自身的歷史與社會原因，影響著政治轉變的進程，也可能導致相當不同的結局。但普遍論者或許把握了另一半真理：任何專制政體遲早都會遭遇民主化的壓力，都會面臨解體崩潰的危機。

杭亭頓曾描述了一個長達二十年之久的世界性民主化浪潮——從二十世紀七〇年代的南歐到一九八九—一九九一年的東歐劇變。在此期間「民主政體」從四十多個增加到一百多個，他稱之為民主化的「第三波」。隨著北非與中東地區民眾抗議的蔓延與升級，「阿拉伯之春」開始作為一個總體趨勢被人討論，關於「第四波」（The Fourth Wave）的想像不再令人匪夷所思。

福山再度成為引人注目的評論者。早在柯林頓和小布希執政時期，他就向當局告誡，民主化浪潮將會波及中東地區。當時他的預言似乎是無稽之談，直到二〇一一年。❶在多篇文章與訪談中，福山批評了單純從文化特殊性或經濟發展水平來把握政治變化的理論，強調民眾「政治意識」的重要性。他指出，中東地區完全沒有受到第三波民主化的衝擊，這一事實使很多人相信「文化特殊論」——認為阿拉伯文化的某種特性與民主相牴觸。但目前的局勢表明，「渴望生活在一個尊重你、賦予你基本政治權利的國家的根本衝動（impulse）事實上是普世的」，這挑戰了「文化特殊論」的可信度。同樣，社會經濟的發展也無法完全化解民主訴求的壓力。就發展水平而言，突尼西亞和埃及的表現相當出色（聯合國彙編的資料表明，在過去二十年間這兩個國家的「人類發展指數」增長了三〇%左右），但民眾抗議仍然爆發了。福山認為，杭亭頓在《變動社會的政治秩序》（而不是他的《文明衝突與世界秩序的重建》）中提出的理論更有解釋力。抗議運動的主要力量不是來自最窮苦的階層，而是來自受到教育的中產階級，覺醒的政治意識使他們無法繼續忍受「缺乏政治和經濟機會所造成的挫折感」，在他們的政治參與要求與體制所壓制的政治機會之間出現了嚴重的裂痕。正是這種裂痕促發抗議運動。在他看來，突尼西亞和埃及的趨勢再次應驗了杭亭頓的「現代化的邏輯」。❷但與此同時，他對「阿拉伯之春」前景的判斷比熱衷鼓吹「第四波」的媒體人士更為謹慎。他在訪談中指出，「體制建設不會在一夜之間完成」。在有些國家中，舊制度的崩潰可能會導致部落戰爭。福山表示，「我不認為在短期內這會導向穩定的民主制」。❸

學者戴雅門（Lary Diamond）教授對此也有類似的看法。五月他在《外交事務》的網站上發表了一篇文章，討論「『阿拉伯之春』以後的民主」（副標題），而標題卻是疑問式的「第四波？或虛假的開端？」。❹文章著重分析抗議運動與民主轉型之間的多種可能關係，指出「阿拉伯之春」可能會在「凍結」與「融化」之間反覆交替，因此「這個動盪時期不會短暫，也不會乾淨簡潔地劃定其範圍邊界」。在今後數年中會有曲折而綿延的鬥爭，從而最終確定阿拉伯世界未來的政治圖景。

許多西方左翼學者（包括喬姆斯基、齊澤克、薩米爾·阿敏和培里·安德森等）高度重視北非與中東地區的動盪局勢。但與保守派和自由派的學者不同，他們更為關注民主化進程對抵抗西方帝國主義的作用。左翼的政治目標是雙重的，即反獨裁與反殖民。只有當民主事業與民族獨立緊密結合，阿拉伯世界才有真正獨立和自由的政治前景。因此，他們更為關注目前的民眾抗議是否會按照左翼所期望的方向發展。在左翼學者看來，阿拉伯地區的獨裁統治是西方霸權所扶植、支持或默許的。對於這個地區的國家政權，美國及其西方盟友首先考慮的問題不是民主或獨裁，而是這個政權是否會和西方合作。西方菁英集團對外國民主運動的支持是有先決條件的——要服從於其全球戰略利益。喬姆斯基說，華盛頓及其盟友的原則是「民主只有在遵從其戰略與經濟的目標時才是可以接受的：在敵人的領地（搞民主）很不錯，不過請別在我們家的後院搞，除非它能被適當地馴服」。❺

那麼，如何解釋利比亞呢？格達費曾經是西方的敵人，但近年來已經向西方低頭示好（他在寫信給歐巴馬時甚至親密地稱後者為「我的孩子」）。為什麼歐美要以實質性的軍事干涉來支持前途未卜的利比亞反對派？保留格達費這個獨裁的盟友不是更有利於西方的經濟與戰略利益嗎？可以想像，假如西方國家在利比亞的動盪中支持格達費，西方左派同樣會給出有力的（可能更有力的）解釋。或許正是因為這個弔詭的問題，才會出現法國兩位著名左翼理論家的分歧。當《解放報》刊登了尚—路克．南希（Jean-Luc Nancy）支持西方干涉利比亞的文章，❻阿蘭．巴迪烏公開表示「震驚與遺憾」並強調，「我們必須揭示，西方轟炸者和士兵的真正攻擊目標絕對不是卑鄙的格達費，他原本是那些人的代理人，那些人現在要除掉他，因為他妨礙了他們的更高利益」。❼

目前的反政府抗議雖然表現出明確的民主訴求，但反帝反殖民的聲音仍然微弱而含混，這正是左翼學者的憂慮所在。阿敏在分析埃及局勢的文章中指出，有三種活躍力量構成了民眾運動，即「重新政治化」的青年、激進左派和民主中產階級。前兩種力量呼喚反帝的、社會的民主革命，中產階級以民主為唯一目的，並不反對資本主義「市場」機制和埃及對美國的依附關係。然而伊斯蘭勢力的政治代表「穆斯林兄弟會」在阿敏看來是反動的力量，他們是反民主的，並支持以市場為基礎、完全依賴外部的經濟體制，並與帝國主義相勾結。而且，「穆斯林兄弟會」正是美國所支持的力量和希望尋求的代理人。阿敏認為，目前的「阿拉伯之春」處於各種力量紛爭的複雜格局中，具有多種可能的走向，但仍然有希望「載入社會主義的發展藍圖」。❽

安德森在《新左派評論》上發表的文章表現出更為精到的見解。他分析指出，中東和北非地區一方面受到西方帝國主義的長期控制，另一方面在去殖民化進程中未能發展出民主政治，反而形成了強人獨裁的暴政。這兩個特徵是有關聯的，但彼此並非簡單的相互衍生。美國及其盟友在這個地區具有重要的利益（石油資源和保護以色列），需要形成有效的控制。在原則上，西方更願意與其他國家的民主派而不是獨裁者打交道，只要民主派能同樣遵從西方的霸權地位。西方可以既支持民主勢力又保持控制，這在許多新興的民主國家並不困難，但這一方式在中東和北非地區卻行不通，因為這些地區長期受到帝國主義的欺凌，民主的勝利最終會生成強勁的反帝力量。眼下反政府示威抗議主要的訴求是在政治上剷除暴政。「起義的動力已經是清晰明確的，他們的目標在最經典的意義上是純粹政治性的：自由。」但社會平等的訴求還不夠清晰，民族獨立自主的要求仍然沉寂。安德森認為，這是專制造成的「意識形態退化」的結果。但政治自由應當與社會平等結合起來，否則動亂很容易演變成舊秩序的「議會化」。而他也不相信，在這個帝國主義最明顯的地區，反帝的聲音會一直沉寂。這反映出安德森的期望，社會主義和反帝民族主義最終應當在阿拉伯世界再度復興。❾

占領運動：另一種民主化浪潮

民主抗爭的目標不僅僅限於反對獨裁專制政權，而是針對一切壓制與排斥的社會政治機制。

「阿拉伯之春」的風暴在秋天波及紐約。從二〇一一年九月開始，「占領華爾街」的抗議運動以燎原之勢席捲全球。而在此前，法國和西班牙已經開始了類似的占領抗議，英國倫敦發生了街頭騷亂。在發達資本主義國家，經濟危機與貧富懸殊的現實使一大批年輕人感到前途黯淡，充滿挫折與不滿。共同的憤怒終於透過新傳播手段找到了集結的契機，匯成抗議的洪流，矛頭首先指向貪婪的金融寡頭。

許多著名學者和知識分子紛紛伸出援手，或親臨抗議現場發表演講，或在公共媒體上撰寫文章。⑩他們分享的一個共同看法是，金融腐敗不只關涉經濟政策，在根本上更是一個政治問題，標誌著西方民主制度的困境甚至危機。普林斯頓大學威斯特（Cornel West）教授在演講中呼籲：「不可能將解決華爾街的貪婪問題轉換為提出一兩個具體要求。我們現在要談的是一種民主的覺醒。」⑪

兩位曾獲諾貝爾獎的經濟學家在占領運動中相當活躍。史迪格里茲教授說：「在我們這個民主國家中，一%的人拿走了四分之一的國民收入——這甚至是富有者也終將會後悔的不平等。」他將林肯的名句「民有、民治、民享」（Of the people, by the people, for the people）改成「一%所有、一%治理、一%享用」（Of the 1%, by the 1%, for the 1%）並將其用作文章的標題，犀利地揭示出當下的現實何等嚴重地背離了美國的民主理想。⑫他在十月的現場演講中指出，在目前的金融體制中「損失是社會化的，而收益是私有化的。這不是資本主義，這不是市場經濟，這是一種扭曲的經濟。如果我們繼續如此，我們不會實現經濟增長，也不會創造出一個公正的社會」。⑬克魯曼（Paul Krugman）在《紐約時報》的專欄中連續發表兩篇文章，反駁極端保守勢力對占領運動的攻擊。他以經濟數據為證表明，抗議者的憤怒是正當的，針對的目標是正確的。金融寡頭沒有為他們貪婪與欺詐的後果承擔責任，反而利用他們的特權將金融危機的代價轉嫁給普通納稅人。歐巴馬提出的監管方案已經過於溫和，卻仍然遭到華爾街巨頭的抱怨。現在民主黨有了第二次機會重新來過。許多人批評抗議者缺乏具體的政策目標，他們同意這方面需要改善，但認為抗議者的基本訴求是明確的，填充細節的工作應該由政治家和政策專家來承擔。⑭

左翼學者在占領運動中看到更為激進的變革可能。哈特（Michael Hardt）和奈格里（Antonio Negri）發表文章，指出「針對公司貪婪和經濟不平等的憤怒是真實而深刻的。但同樣重要的是，這場抗議是針對政治代表制的缺乏或失敗」。「如果民主（那種我們一直被賦予的民主）在經濟危機的衝擊下步履蹣跚，無力主張大眾的意願和利益，那麼現在可能就到了這樣的時刻——認定這種形式的民主已經老舊過時了」，他們在抗議運動中看到一種新穎的民主鬥爭可能。⑮

齊澤克的演講犀利而雄辯，又是非常適宜的：他沒有宣稱自己是一個列寧主義者，而是真正的民主派，但他所訴諸的民主不是資本主義的民主。他宣告，這個世界上最強勁的資本主義發生在一個沒有民主的國家。

「這意味著當你們批判資本主義的時候，不要讓自己被人訛詐說你們反對民主。民主與資本主義之間的聯姻已經過去了。變革是可能的。」以民主來反對資本主義是一個吸引人的原則，但齊澤克承認，真正的困難在於「我們知道自己不要什麼」，卻並不清楚「我們想要什麼」以及「什麼樣的社會組織能取代資本主義」。他不可能充分回答這些問題，但他告誡抗議者們不要只盯住腐敗本身，而要著眼於批判造成腐敗的體制；呼籲人們不要陶醉於狂歡節般的反抗儀式，而要嚴肅地思考另一種不同的生活方式，並致力於實現自己渴望的理想。⑯

二〇一一年：覺醒的時刻與開放的未來

如果將「阿拉伯之春」與「紐約之秋」以及歐洲各國的抗議運動繪入一個整體圖景，那麼二〇一一年可能會呈現為一個重要的歷史時刻：《時代》週刊將「抗議者」作為年度人物，《金融時報》看到了「全球憤怒」的徵兆，[17]而歷史學家霍布斯邦將二〇一一年與一八四八年的歐洲革命相提並論……。[18]也許，這是一個政治覺醒的時刻。民眾的不滿從未如此迅疾而有力地轉換為政治表達與行動。很明顯，民眾越來越嚴苛地要求正當的統治與有效的治理，這對任何墨守成規的政權都是一個噩耗，無論是獨裁專制政府，還是發達的自由民主政體。

但新的覺醒也伴隨著新的迷茫。一九六八年，西方左翼將民主的希望投射給想像中的蘇聯社會主義。一九八九年，東歐與蘇聯的「異議運動」在西方的自由民主政體中尋求未來的希望。而到了二〇一一年，「阿拉伯之春」與「紐約之秋」的理想彼岸已經模糊不清。覺醒的民眾不再接受任何獨裁專制，但同時沒有現存的政治模式可以完全寄託希望。如果說霍布斯邦所謂「短暫的二十世紀」在一九九一年結束了，那麼二十年之後的今天，我們或許正在見證阿瑞基（Giovanni Arrighi）所謂的「漫長的二十世紀」走向終結。

這或許是遠比人們目前所預計的更為深刻且影響更為久遠的歷史轉折點。托克維爾在一八四八年寫道：「社會正在改變面貌，人類正在改變處境，新的際遇即將到來」，而新的際遇正是重新思考未來的時刻。

雷席格（Lawrence Lessig）在二〇一一年出版了新著《失落的共和》，副標題是「金錢如何腐化了國會，以及一個停止它的方案」。[19]五十歲的雷席格並非等閒之輩，他在二十八歲前在歐美名校完成了四個學位，此後兩年在最高法院擔任大法官助理，然後在芝加哥大學、史丹佛大學和哈佛大學的法學院擔任講座教授，也是哈佛大學薩夫拉基金會的倫理中心主任。他同時是一名活躍的政治活動家。雷席格認為，美國的金權政治問題越來越嚴重，無法靠政策層面的改革來解決，必須發起實質性的立憲改革。近年來他和一群學者與活動家提出「美國的第二次立憲」建議，要求「重開全國制憲會議」來修改憲法。由於美國憲法第五條的苛刻限制，實施修憲動議非常困難。九月二十四日，雷席格在哈佛大學法學院主持召開了「制憲會議」學術討論會，來自各種政治派別的學者和活動家探討這一動議的必要性與可能性。雷席格的計畫或許帶有烏托邦的色彩，但這表明對美國政治進程的不滿已經蔓延到全國範圍，實質性立憲改革的要求開始受到人們（包括一些議員）的重視。[20]

福山是一位具有歷史哲學意識的政治科學家，他從來注重經驗事實對理論的檢測與修正。他在最新一期《外交事務》發表文章〈歷史的未來〉，再次展現出他的思想抱負。[21]這是對二十年前「歷史終結論」的反思，也是對「未來意識形態」輪廓的新構想。的確，福山從未（如某些傳言所說的那樣）完全放棄「歷史終結論」的理論構想，他仍然堅持「現代化邏輯」是強有力的：經濟與技術的發展，催生現代政治意識的覺醒，導致普遍的民主化要求，這個進程的力量是任何特定的文化傳統遲早都難以抗拒的（所謂的「阿拉伯之春」似乎再度確認這個邏輯）。福山認為自由主義民主仍然是當今世界的默認意識形態（default ideology），但他現在強調，民主化的訴求並不能直接生成健康穩定的自由民主政體，這必須依賴某些具有歷史偶然性的條件。如果這些條件改變了，自由民主制將面臨新的挑戰。

福山分析指出，在一八四八年之後，對工業化國家民主運動的領導權在兩種思潮之間的競爭中展開，一是致力於實質性民主的共產主義，一是信奉在法治保障個人權利的前提下擴大政治參與的自由主義。早期馬克思主義者相信他們能贏得這場競爭，因為新興工人階級將在社會人口的數量上占據優勢，最終會危及保守派和傳統自由派。當工人階級的興起遭到非民主勢力的激烈壓制，共產主義和許多社會主義者放棄了形式民主而轉向直接奪權。整個二十世紀上半葉，進步左翼陣營有一個很強的共識，為了確保財富的平等分配，由政府控制經濟制高點，對所有已開發國家來說是不可避免的。社會主義被認為是代表了現代社會大多數人的意願與利益。

但是，兩種意識形態競爭出現了戲劇性的逆轉。關鍵的變化是在服務業壓倒製造業的所謂「後工業經濟」時代中，工人階級不僅在人口規模上停止增長，而且生活水準不斷上升，他們進入了「中產階級」的行列，最終轉變為另一種國內的利益集團，可以利用工會來保護他們早年的辛苦所得。馬克思相信中產階級（資產階級）在現代社會中只會是擁有特權的少數人，但實際發生的歷史進程是，資產階級和中產階級最終構成了人口的大多數。社會主義的感召力衰落了，只有在高度不平等的地區（如拉丁美洲），左翼激進主義才持續成為一種有生力量。

由此可見，經濟發展與自由民主政體的結盟要求一個中介環節——相對平等的中產階級成為社會成員的主導力量。自由民主體制被廣泛接受，是因為已開發國家的物質繁榮足以讓大多數公民將自己視為中產階級。這解釋了高度發展與穩定民主之間存在的相關關係。這個見解並不新穎，巴林頓·摩爾（Barrington Moore）早有名言：「沒有中產階級就沒有民主。」但福山的洞見是，這個中介環節的生成具有偶然性，是工業化時代資本主義的歷史產物。而在知識經濟時代，技術創新的收益往往傾向於有才能和教育良好的社會成員，這也造成了不平等的巨大擴張。在一九七四年，美國最富有的一％家庭的收入占GDP的九％，而到了二〇〇七年這個比例是二三．五％。作為才能與個性的自然差異的結果，社會不平等總是存在。但今天的技術會極大地放大這種自然差異。在十九世紀，一個數學高手很難將自己的才能轉換為資本。但在今天，他們可能成為金融操盤手或軟體工程師，獲取更高比例的國民財富。與此同時，在全球化的時代，以前已開發國家由中產階級從事的工作，現在完全可以在其他地方以更便宜的方式完成。這兩種趨勢都導致中產階級的衰落。如果技術與全球化的進程使得發達社會的大多數成員不能企及中產階級的地位，就會威脅自由民主的穩定性，也會廢黜民主意識形態的支配地位。而福山警告說，這種趨勢已經出現了。

那麼出路何在？福山認為，當代左翼思想是貧乏的，沒有對經濟變化中的發達社會結構給出任何完整一致的理論分析，也沒有闡明一種具有現實可行性的政治議程。社會民主的模式已經被耗盡了，福利國家在財政上是不可持續的。現有的左翼社會民主黨當政，他們的願望不過是要做幾十年前創造的福利國家的監護人，沒有任何新的鼓舞人心的議程能夠讓民眾重整旗鼓。

福山自己構想了「未來的意識形態」的輪廓。在政治上，新的意識形態需要重申民主政治對經濟的優勢，重申政府的正當性是公共利益的體現，支持更多的再分配，有效終止利益集團對政治的支配。在經濟上，新的意識形態不能單單譴責資本主義，資本主義的多樣性才是重要的，政府應當幫助社會適應變遷。全球化不應當被視為無情的生活現實，而是要被理解為一種必須在政治上細心控制的挑戰和機遇。不能將市場看作目的本身，而是要衡量全球貿易與投資在什麼程度上對繁榮中產階級有所貢獻。新的意識形態也必須批判現代的新古典經濟學及其哲學基礎（包括個人偏好至上以及用總體收入來度量國民福祉）。這種批判必須注意，人們的收入未必能反映他們對社會的真實貢獻。同時也要進一步承認，即便勞動力市場是有效的，才能的自然分配也未必是公平的。他相信，這些理念已經零散出現了，但需要整合為一套融貫的理論，這將是一個左右兩翼的思想綜合。

但這種構想多半是信念，而不是現實的寫照。過去三十年，經驗事實指向了相反的方向，我們有理由擔憂不平等將繼續惡化。在美國財富的集中已經成為自激性的機制，金融部門利用其遊說影響力來避免監管規約。如果缺乏民主動員的反向力量來矯正這種狀況，所有社會中的菁英都會利用政治系統的優勢通道來保護自身的利益，美國菁英也不例外。但如果已開發國家的中產階級仍然迷信過去一代的敘事——認為更加自由的市場和更小的國家最能服務於他們的利益，那這種民主動員就不會發生。「替代性的敘事是存在的，等待著被降生。」

歐盟危機與哈伯瑪斯的方案

歐元區的債務危機不只是經濟問題，而且已經危及歐盟的治理機制甚至歐盟本身的存在。哈伯瑪斯被公認為當今歐洲最重要的思想家，他以八十二歲的高齡挺身而出，執意捍衛歐盟的政治與文化理想。

二〇一一年六月，他聯合十八位著名學者（包括包曼、貝克、赫爾德和李維等）與政治家發表一封公開信，對歐盟政治的現狀及其造成的長程危害深感憂慮，敦促各國政府官員擔當政治領導的責任。「長期以來，歐洲領導人只是簡單地應對眼前的事件，而不是直接面對危機的根源。這種就事論事的政治方式已經瓦解了歐洲的團結，在歐洲公民中造成了困惑和不信任。」公開信指出，僅僅重複「撙節」政策是無效的，歐洲領導人應當重返政治議程，提出南北歐地區人民都能接受的經濟改革方案。只有新的政治才能恢復對歐洲一體化進程的信心。[22]

十一月，哈伯瑪斯在巴黎第五大學和歌德學院發表演講。據德國《明鏡》週刊報導，哈伯瑪斯當時難以抑制激憤的情緒，抨擊歐洲政客和技術官僚「毫無信念」，只是擔心失去自己的權勢，不惜犧牲歐洲一體化的目標，而歐洲的公民們變成了無力的旁觀者。他大聲呼籲「歐洲規劃不能再以這種菁英模式繼續下去」。他在新近出版的《論歐洲憲政》㉓一書中指出，權力從人民手中滑落，技術官僚早就在籌劃一場「悄然的政變」（a quiet coup d'état）。在歐盟的三個主要機構中，歐盟議會幾乎沒有影響，歐盟委員會擱置立場而無所作為，而真正在《里斯本條約》中起主導作用的歐盟理事會，是一個「從事政治卻未被授權的政府性機構」。㉔他擔心，歐盟的擴張、一體化和民主化的進程有可能發生逆轉，戰後一代知識分子追求與熱愛的歐洲理想可能被葬送。

那麼，哈伯瑪斯的解決方案是什麼？他在《論歐洲憲政》中提出，應該為作為整體的歐洲制定一部憲法，為所有歐洲人建立公民資格和投票權。如果歐洲人既是自己國家的公民，同時又是作為整體歐洲的公民，歐盟官員將會更有效地被歐洲公民問責，而不是只對各自國家的政府負責。他主張只有同舟共濟，以更為緊密的一體化方案，才能克服當前危機中各自為政的分離趨勢。哈伯瑪斯的立憲方案並不意味著要以單一的「歐洲國家」來替代歐洲各個國家的政治。對於真正的民主而言，公共領域比傳統的民主代表制度更為重要，因為後者更容易被利益集團操縱。他提議的新歐洲憲法和公民資格是一個推進步驟——邁向一個擴大和改進的公共領域，而不是一個超級的歐洲國家。他清楚地表明，各個民族國家在可預見的未來仍然應該保留政治實體，這有助於充分繁榮的理性審議的公共領域。無論他的立憲方案是否可行，他相信回到過去那個相互競爭、彼此猜疑的民族國家的歐洲是不可思議的，也是不可接受的。㉕

蘇聯解體的道德根源

蘇聯解體二十週年之際，許多專家學者重新思考這一重大歷史事件的緣由。美國俄羅斯研究學者阿隆（Leon Aron）另闢蹊徑，不是以慣常的角度（經濟衰落、冷戰的外部壓力、不堪重負的軍備競賽與阿富汗戰爭、民族衝突，以及戈巴契夫個人的作用等）進行分析，而是從道德意識的層面入手，對蘇聯解體的根源做出解釋。他在《外交政策》上發表文章，用了一個很長而且聳人聽聞的標題「你認為你知道的關於蘇聯崩潰的一切都是錯誤的」。[26]

蘇聯解體當然有經濟、政治、社會等方面的結構性原因，但阿隆指出，在一九八五年至一九八九年，這些結構性條件並沒有發生任何突然的惡化，以至於當時很少有人預見幾年之後蘇聯的解體。他認為，蘇聯社會真正的變化始於二十世紀八〇年代中期，來自人們內心的一種道德意識的覺醒：對虛假與敗壞的精神生活狀態的厭倦、憎惡甚至憤怒，使得現存的制度與生活方式「突然成為可恥的、不合法的和不可忍受的」。

一九八七年一月，戈巴契夫在中央委員會的會議上說：「一種新的道德氛圍正在這個國家形成。」然而對總理雷茲科夫（Nikolai Ryzhkov）來說，一九八五年最可怕的社會特徵是其「道德狀況」——「（我們）行賄和受賄，在報告中、在新聞裡、在高高的講臺上撒謊，陷落在自己的謊言中，彼此頒發勳章。自上而下，自下而上，都是如此。」外交部長謝瓦納茲（Eduard Shevardnadze）曾在一九八四年冬大對戈巴契夫說：「一切都腐壞了，這一切必須被改變。」戈巴契夫後來在一次訪談中回憶說：「蘇聯模式的失敗並不僅僅在經濟和社會層面，它在文化層面上被挫敗了。我們的社會、我們的人民，那些教育程度最高、最有思想的人，都在文化層面上拒絕這個模式，因為它不尊重人，在精神上和政治上壓迫人。」

阿隆認為，在蘇聯解體二十年之後的今天，莫斯科發生的抗議同樣具有深刻的道德含義。雖然經濟復甦獲得了相當的進展，「但統治菁英的腐敗、新式的輿論審查，以及對公眾意見的公然藐視，已經滋生出疏離感和犬儒主義，開始接近（如果還未超過）二〇世紀八〇年代早期的水平」。於是，二十多年前的口號「我們不能再像這樣生活下去了」重新成為人們的信念與訴求。他將突尼西亞和埃及的政治變遷與俄羅斯聯繫起來，告誡「在現代世界，經濟進步不能代替公民的自豪與自我尊重。除非我們牢記這一點，否則我們會不斷感到吃驚——對後蘇聯時代的『顏色革命』，對『阿拉伯之春』以及對其他國家不可避免的民主劇變，一如當年對蘇聯的解體一樣」。

哈維爾的遺產

捷克前總統哈維爾於二〇一一年十二月十八日去世，享年七十五歲。西方知識界的主要報刊相繼刊登訃告與悼文，紀念這位經歷非凡的劇作家、異議人士和政治家。他被稱作「二月事件的象徵」，因對東歐劇變的貢獻以及推動捷克重返歐洲的努力而名垂青史。然而，如果僅僅從冷戰權力格局的轉變來評價哈維爾，可能就錯失了他最重要的精神遺產。哈維爾在《無權者的權力》（*The Power of the Powerless*）中指出，「布拉格之春」一般被視作維護現存體制的力量與改革這個體制的力量之間的衝突，但人們常常忘記的是，這種衝突只是一齣漫長戲劇的最後一幕及其不可避免的結局，而這齣長劇源於「社會的精神與良知的劇場」。在這齣戲劇的開端，「存在著一些個體，他們要活在真相之中」，「這些人沒有通達實際權力的途徑，他們也不渴求權力」。

一九九〇年二月，剛剛擔任總統的哈維爾在美國國會上演講，他告誡急於要挫敗蘇聯的美國人「眼光要放遠些」。「如果在人類意識的領域中沒有一場全球性的革命，那麼在我們作為人之存在的領域中也沒有什麼會變得更好，世界走向災難也將不可避免。」在一九九一年出版的《夏日沉思》（*Summer Meditations*）中他寫道：「這是我的責任，去反覆強調所有真正的政治的道德根源，無論這在當前聽上去多麼滑稽或虛妄。」

在他看來，「生活在真相之中」是人的自由與尊嚴的條件，這在根本上是一種精神和道德的訴求，也是民主政治的基礎。而他所理解的民主是「基於一種完整的人性責任——對共同體的命運做出個人的回答」。他以一生的非凡經歷寫下自己個人的回答。他將作為當代歐洲的一位偉大公民被後人銘記。

帕菲特的哲學巨著問世

二〇一一年二月，牛津大學出版社推出了德瑞克·帕菲特（Derek Parfit）的《論重要之事》。[27] 這是長達一千四百四十頁的兩卷本哲學巨著。著名倫理學家辛格稱這是「一個重要的哲學事件」；[28] 雷丁大學哲學教授胡克（Brad Hooker）認為這本書「可能是自一八七四年西季威克的《倫理學方法》出版以來最為重要的一部道德哲學著作」。[29]

英國哲學家帕菲特於一九四二年出生在中國成都。他目前是牛津大學萬靈學院的榮譽高級研究員。他此前只在一九八四年出版過一本著作《理與人》（*Reasons and Persons*），被萊恩（Alan Ryan）譽為「近乎天才之作」，由此奠定了他在英美哲學界的重要地位。《論重要之事》早已成稿，十多年來在哲學界廣為流傳和討論，為此專門舉辦過多次工作坊和學術會議。國際分析哲學學刊《理性》（*Ratio*）還在二〇〇九年發表過專題特刊。帕菲特徵集各種回應批評，反覆修改，直到這部令人期待已久的著作問世。

《論重要之事》處理道德哲學中的一個核心問題，即道德判斷是否有客觀的真假可言？帕菲特針對主觀主義與虛無主義的哲學潮流，為道德客觀主義做出了有力的辯護。他考察了三種主要的哲學傳統（康德、契約論和效益論），論證具有普遍可接受性的道德規則最終也是可以達成最好結果的規則，因此他所闡述的「規則後果主義」更能統合三種傳統。著作還收錄了其他四位當代哲學家的批評意見以及帕菲特的回應。這部著作可能會激發新一輪持久而深入的道德哲學探索。

明星學者弗格森引發爭議

尼爾・弗格森（Niall Ferguson）的新書《文明：西方與非西方》（以下簡稱《文明》）[30]和他以往的許多著作一樣引發爭議。二〇一一年十一月，印度裔英國左翼作家米什拉（Pankaj Mishra）在《倫敦書評》上發表長篇書評〈小心這個人〉，[31]尖銳批評弗格森的「白人文明優越論」。弗格森隨即投書抗議，言稱米什拉歪曲他的觀點並影射他為「種族主義者」，要求為這一誹謗道歉。《倫敦書評》在通信版面發表了雙方的兩次交鋒文字，仍不可開交。最後弗格森聲稱要訴諸法律。[32]

弗格森一九六四年出生於英國，在牛津大學畢業，先後在劍橋大學和牛津大學任教。二〇〇二年移居美國，前兩年在紐約大學商學院教授金融歷史，後在哈佛大學歷史系和商學院擔任講座教授。在過去十五年間，他發表了十四部著作，其中五部被製作為系列紀錄片在ＢＢＣ第四頻道等媒體播出。二〇〇四年他被《時代》週刊選為世界上最有影響的百大人物之一。此外，弗格森多年前就預言了美國會發生嚴重的金融危機，還發明了「中美國」（Chimerica）這一廣為流傳的新術語。

弗格森是高調而雄辯的新保守派史學家。他對帝國歷史的闡述常被左翼批評者認為是「為殖民主義招魂」和「宣揚西方文明優越論」。他對此幾乎直言不諱。他將《文明》一書題獻給新婚的第二任妻子阿亞安·阿里（出生在索馬利亞的荷蘭政治活動家，《流浪者》一書的作者），並在序言中寫到，阿里「比我認識的任何人都更理解西方文明的真實含義，以及西方文明仍然必須為這個世界提供什麼」。《文明》實際上是他更早的《帝國》與《巨人》的通俗版本，試圖解釋為什麼西方從一五〇〇年左右能夠統治世界，其核心論點是西方文明有六個「殺手鐧」，即競爭、科學、民主、醫學、消費主義和職業倫理。但他也推測西方對世界的統治可能會走向終結。

2012

2003 2004 2005 2006 2007

2008 2009 2010 2011

2013 2014 2015 2016

2017 2018 2019 2020

這是一個混沌的年代，也是一個充滿可能性的年代。當下西方知識界對於多種重要議題的紛爭，在相當大程度上表現出不確定性的思想特徵。此前固有的知識與信念遭到懷疑，而未來的前景似乎於迷霧之中若隱若現。

新利維坦：國家資本主義的崛起

「國家資本主義」並不是一個新概念，至少可以追溯到十九世紀末德國社會民主黨人李卜克內西（Wilhelm Liebknecht）的寫作。在此後的一個多世紀中，這個術語出現在不同立場和學派的論述中，其含義不盡相同，但大致用來指稱由國家主導或積極介入的市場經濟實踐。一月二十一日的英國《經濟學人》以「特別報告」的醒目方式（包括社論和七篇文章）討論「國家資本主義的崛起」，引起學界廣泛關注。❶

國家資本主義有多種變體。在寬泛的意義上，「看得見的手」一直伴隨著資本主義經濟的發展，英國的巨型國家企業東印度公司，以及美國立國時期的關稅保護政策都是如此。「在現實中，每一個新興的政權都依賴國家去啟動經濟成長，或至少保護脆弱的工業。」在整個二十世紀，國家與市場在經濟發展中的作用以及各自的相對優勢，一直是西方思想界激烈爭論的主題。在前七十年，國家主義的支持者引領風向，政府著手編織社會保障網絡，最終將經濟中的巨型部分國有化。而在二十世紀的後三十年，自由市場論者獲得了復興。在雷根和柴契爾的時代，風靡整個西方的潮流是將國家運營的企業私有化，削弱福利國家。蘇聯陣營的解體似乎標誌著市場自由化潮流的完勝。在新自由主義盛行時期的主流思維中，國家資本主義不是真正的「自由市場經濟」，而只是

「過渡性的」或「異常的」特例，要麼不可持續，要麼不可普遍化。

但新世紀以來的風潮又發生了轉變。尤其是在二〇〇七年金融危機之後，從老牌公司「雷曼兄弟」的覆滅，到希臘的財政危機，以及近年來美國失業率的攀升與工人收入的遞減……這些嚴峻的現實都在動搖自由市場必勝的信念。而與此同時，在新興經濟體中，一種試圖混合國家力量與資本主義的經濟實踐正在釋放巨大的能量。正如《經濟學人》編輯伍爾德禮奇（Adrian Wooldridge）所言：「伴隨著西方自由資本主義的危機，國家資本主義已經在新興市場中以一種強有力的新形式崛起。」正是在這個特定的背景下，重新開啟的這場討論有其緊迫的現實感，也包含著對「自由市場神話」的反思維度，並由此引發出新的構想：「國家資本主義是自由資本主義的一個可存活的另類方案」——這是《經濟學人》在今年達沃斯論壇組織的一場辯論的主題。

這篇特別報導的著眼點不是西方老式的國家資本主義，而是「聚焦於中國、俄羅斯和巴西等地新興的國家資本主義，因為它反映的是未來而不是過去」。新型的國家資本主義可以宣稱世界上最成功的大經濟體屬自己的陣營（中國三十年來的經濟奇蹟無疑是最為有力的證據），也可以認領世界上一些最強的公司。全球十三個最大的石油公司（擁有四分之三的世界原油儲備）都是國家支持的，而國有企業的成功並不局限於能源領域（中國移動公司、沙烏地阿拉伯基本工業公司以及俄羅斯聯邦儲備銀行等都是例證）。中國的國有企業占上市企業市值的八〇％，這個比例在俄羅斯和巴西分別為六二％和三八％。在二〇〇三至二〇一〇年，有政府背景的企業獲得了全部外國直接投資的三分之一。在進入「《財星》五〇〇強」之列的新興市場企業中，有三分之二為國有企業。政府向它們提供進入全球市場所需的資源，也可以透過主導兼併來打造全球性的巨型企業。

雖然在經濟崛起的先例（如十九世紀七〇年代的德國和二十世紀五〇年代的日本）中，我們都可以發現國家資本主義的要素，但此前的運作「從未達到如此巨大的規模，也從未有過如此精到成熟的手段」。因此，有人用（霍布斯名著中的巨獸）「利維坦」的「升級版」來比喻最近一輪國家資本主義的崛起。

「新利維坦」較之老式的國家資本主義具有明顯的優勢。首先，它依附的現代國家比傳統國家具有更強大的權力；其次，各國的國家資本主義可以在全球化經濟中更迅速地聯合，形成更大的規模優勢；最後，其手段更為多樣，不只限於國有企業，還包括政府對「國家優勝」的私有企業予以特殊保護和支持，以及新發明的「主權財富基金」等。另外，「新利維坦」已經學會了使用高度專業化的人才（許多是畢業於國際名校的MBA和EMBA）擔任經營管理職務，而不再依賴官僚與親信來施加控制。

新的國家資本主義能夠成功嗎？對此，爭議還在持續。在達沃斯論壇的辯論中，哈佛大學商學院的教授穆薩基奧（Aldo Musacchio）力挺他所謂的「利維坦二·〇版」。首先，具有強大國家資本主義的國家在最近的金融危機中表現得更有彈性和恢復力，避免了嚴重的經濟不景氣。其次，在「新利維坦」的體制中，國有企業不僅實現了盈利，而且在全球競爭中獲得優勢，而政府也意識到可盈利的國有企業會使國家更為強大。最後，「新利維坦」通常的角色是擔當國有企業的少數股份持有者，而不是其所有者和管理者，這緩解了原先國有制常見的「代理人難題」（agency problems）。穆薩基奧論證指出，二十一世紀的國家資本主義是資本主義的一種雜交形式，能夠有力地將企業推向「《財星》五〇〇強」的行列。而在另一方，歐亞集團（Eurasia Group）的創始人兼總裁、哥倫比亞大學教授布雷默（Ian Bremmer）對此予以反駁。他指出，自由資本主義在歷史上遭遇過多次危機，但終究都透過自我糾錯和調整而存活下來。國家資本主義不過是其最新的一個「挑戰者」，而且這個「挑戰者」自身也有著嚴重的缺陷。首先，「這個體制的主要目的不是為了生產財富，而是為了確保財富創造不會威脅統治菁英的政治權力」，每當國家被迫在公共繁榮與自身安全之間做出抉擇，國家都會選擇後者並加強控制。其次，國家資本主義不具有自由資本主義的那種「創造性毀滅」（creative destruction）的自我再生動力，而正是這種機制支持著不斷擴張的經濟生態系統。最後，這個體制很難激勵創新，因而難以在全球的產業鏈競爭中持續升級。❷

早在二十年前，《經濟學人》曾在社論（一九九二年十二月二十六日）中過於草率地宣告了一種「普遍共識」：「作為組織經濟生活的方式而言，不存在嚴肅地對自由市場資本主義的另類替代方案。」對於當下的相關辯論，這篇特別報告表現出一種審慎而猶豫的態度。一方面，它承認國家資本主義正在強勁崛起，並可能成為一個被發展中國家仿效的模式，甚至迫使西方國家以更為積極的國家干預措施來面對新的競爭和挑戰。但在另一方面，這篇報告明確質疑了國家資本主義的長程發展前景，並列舉出這種模式的弊端——強於基礎建設而弱於自主創新，生產效率低下，自我改革的空間較小。此外，國有企業都有尋租行為的傾向，往往會滋生腐敗現象。根據「國際透明組織」（Transparency International）的全球腐敗指數排名，二〇一一年巴西位列第七三位，而俄羅斯則排在第一四三位。總的來說，國家資本主義或許適用於現代化的早期起步階段，但不適用於後期發達階段，因此並不是未來發展的潮流。

尼爾·弗格森隨後在《外交政策》網站發表評論文章，題為「我們現在都是國家資本主義」。❸他分析指出，中國的成長對美國形成挑戰，但這並不是國家資本主義與市場資本主義這兩種模式的競爭。他反駁那種流行的見解——將世界分為「市場資本主義」與「國家資本主義」兩大陣營，認為這終究是一種無所助益的過分簡單化的劃分方式。現實情況是，大多數國家都處在兩極之間，只是國家干預經濟的意願、程度與方式有所不同而已。他用多種數據表明，就政府的花費與支出占GDP的比重而言，歐美國家比中國在經濟中扮演了更重要的角色，只是就政府在基礎建設的投資比例而言，中國遠高於西方國家。因此，「我們現在都是國家資本主義者」，但其形態千差萬別：從新加坡的開明專制，到辛巴威功能紊亂的暴政，以及丹麥平等主義的「保母」國家。因此，今天真正的問題不在於究竟是要由市場還是由國家來「掛帥」，而是什麼樣的法律和體制是最佳的，其衡量標準不僅是快速的經濟成長，而且同等重要的是，以一種公民視為正當的方式來分配增長的成果。「我們時代的真正競爭不是發生在中國與美國之間，以及處於兩者之間的歐洲。相反，是要爭取達成正確的平衡——在生成財富的經濟制度和規則與分配財富的政治體制之間的平衡。」

美國衰落論的迷思

金融危機爆發之後，關於美國正在（或已經）走向衰落的言論甚囂塵上。最近兩年間至少有六部有關「衰落論」（declinism）的著作問世。❹《外交政策》雜誌主編葛拉瑟（Susan Glasser）曾說過，「衰落論」如今是「美國最大的增長性行業」。❺而在美國歷史上，「這個國家最好的日子已經過去了」之類的論調源遠流長，甚至可以追溯到立國時期約翰·亞當斯的言論中。按照約瑟夫·喬飛（Josef Joffe）的分析，最近半個世紀以來，已經出現過五波「美國衰落論」的浪潮。❻第一波源自一九五七年蘇聯衛星上天所引發的震撼，美國人感到被蘇聯甩在後面的危險。第二波發生在二十世紀六〇年代至二十世紀七〇年代，當時美國陷入越戰的泥淖，學生運動風起雲湧。第三波出現在卡特執政時期，急遽的通貨膨脹和美元貶值導致了嚴重的憂慮。而「衰落論」的第四波始於日本的強勁崛起，一直延續到二十世紀九〇年代初期。如果我們重讀傅高義（Ezra Vogel）的暢銷書《日本第一》（*Japan as Number One*），而將其中的「日本」替換為「中國」，那麼「衰落論」就「穿越」到了二〇一二年，出現了第五次回潮。

那麼，美國的衰落究竟是一個現實還是某種「迷思」（myth）？至少歐巴馬總統不以為然。他在一月二十六日的國情咨文演講中言之鑿鑿：「若是有任何人告訴你說，美國正處在衰落之中或我們的影響力已經衰退，他們並不明白自己在說什麼。」但歐巴馬知道自己在談論什麼嗎？據報導，他的這番言論並非信口開河，而是依據他所閱讀的一篇文章〈美國衰落論的迷思〉，而且歐巴馬在演講當天的下午還在一次非正式會議上對此文做了長時間的討論。[7]這篇文章出自著名的新保守主義思想家、美國布魯金斯研究所外交政策高級研究員羅伯特·卡根（Robert Kagan），摘自其新著《美國締造的世界》，最初發表於二月二日的《新共和》雜誌。[8]

在這篇八千五百多字的文章中，卡根嚴厲批駁了「美國衰落論」，認為這些說法是基於草率的分析與浮泛的印象，也源自對過去不真實的「懷舊幻覺」，完全禁不起嚴格的檢驗。他指出，衡量一個國家的相對實力變化並不容易，但還是有一些基本指標可循，也就是中國人所說的「綜合國力」：（一）相對於其他強國的經濟規模和影響力；（二）與潛在對手相比軍事實力的量級；（三）在國際體系中施加政治影響力的程度。以這三項指標來判斷，無論是與其他國家的橫向比較，還是與自身歷史的縱向比較，美國都沒有走向衰落。在經濟方面，美國占世界GDP的份額自二十世紀七〇年代以來就一直保持在大約二五%的水準，今天依然如此。在軍事上，目前美國的年度國防開支接近六千億美元，超過其餘強國之總和，而且美國軍隊擁有最先進的武器裝備，也具有最豐富的實戰經驗。在國際政治中，美國發動的伊拉克戰爭雖然飽受非議，但與越戰相比還是「成功」一些；在反核擴張與反恐方面，雖然仍然有許多隱患要解決，但與二十世紀九〇年代相比已經獲得了明顯的進展；在全球範圍內，美國與歐洲的盟友關係是牢固的，近幾年來在亞洲的聯盟已經發展壯大，並改善了與印度的關係。

評價國家的興衰還有一個時間跨度的要素。一個大國不會突然無疾而終（大英帝國的衰落發生在幾十年的時間尺度之中），用短短幾年的證據來判斷往往不足為信。在這方面許多「衰落論者」並沒有信譽良好的紀錄。保羅·甘迺迪（Paul Kennedy）在一九八七年的著作《霸權興衰史》（*The Rise and Fall of the Great Powers*）中言稱美國正在走向衰落，到了二〇〇二年他又宣稱，美國與其他國家之間的「力量懸殊」是史無前例的，而今天他又開始討論美國衰落是無可避免的。二〇〇四年，法理德·札卡瑞亞（Fareed Zakaria）宣稱美國正享有自羅馬帝國以來未曾見過的「全方位單極地位」優勢，但僅僅四年之後他就以「後美國世界」以及「其餘國家的崛起」為主題來著書立說。難道在短短幾年之內，美國相對國力的基礎就發生了如此戲劇性的轉變嗎？卡根的答案是斷然否定的。

在他看來，當下甚囂塵上的「衰落論」有幾方面的原因。首先是對於「過去的好時光」的懷舊幻覺。這種幻覺是二十世紀九〇年代特殊時期的產物，當時美國經濟狀況良好、蘇聯解體，而中國尚未表現出經濟繁榮的可持續性，美國儼然變成「唯一的超級大國」，似乎可以為所欲為。但這從來不是事實，卡根用大量證據表明，綜觀當代歷史，美國的確做出了非凡的成就（包括馬歇爾計畫、北約聯盟、聯合國以及布雷頓森林體系），這塑造了我們今天的世界。但美國也始終遭遇挫折、挑戰和失敗（從中國倒向蘇聯到韓戰到冷戰時代的核危機再到越戰），在所謂「軟實力」方面也是如此。在戰後幾十年的許多時刻，美國的道德形象並不令人稱道（種族歧視問題、馬丁·路德．金和羅伯特．甘迺迪被暗殺、肯特州立大學槍擊案，以及尼克森「水門案」等），而在冷戰時期許多國家嚮往蘇聯而非美國的政治制度。

「衰落論」盛行的第二個原因是中國的崛起。中國經濟總量將在未來某個時候超過美國，成為世界上最大的經濟體。這意味著美國的經濟地位或許會面臨嚴峻的挑戰。但是，單純的經濟規模本身並不是衡量國力的唯一標準，否則，中國在十九世紀初就應該是世界頭號強國（當時它已經是世界上最大的經濟體），而不會成為那些歐洲小國的受害者。即使中國的經濟總量再次達到這一高峰，但在人均GDP方面仍遠遠落後於美國和歐洲。今天和將來的中國與舊日的蘇聯相比無疑要富裕得多，但其地緣戰略地位更為困難。中國至少需要幾個盟國才有機會將美國逐出其在西太平洋地區的要塞，但目前是美國在這一地區擁有盟國。

就此而言，美國的歷史紀錄從來都是好壞參半。今天美國的影響力既不在其鼎盛期，也並非處於低谷。在過去兩個世紀中，美國發生過許多次嚴重危機，如廢奴運動、南北戰爭後的重建、十九世紀末工業化造成的無序混亂、大蕭條期間社會福利的困境，以及冷戰初期的困惑與偏執等，其間多次出現政治體制的功能失調，陷入無望的僵局，似乎無法找到解決方案。任何人如果誠實地回顧一下二十世紀七〇年代美國經歷的困境——當時的「水門案」、越戰、停滯性通膨和能源危機，都會明白目前的困難絕非史無前例。的確，美國當今處在艱難時期，但一次經濟衰退，哪怕是一場嚴重的經濟危機，並不一定意味著一個大國開始走向終結。在十九世紀九〇年代、二十世紀三〇年代和七〇年代，美國都承受了深重和持久的經濟危機。但每一次危機之後，美國都在隨後的十年之中出現強勁反彈，最終獲得了比危機之前更強有力的地位。二十世紀前十年、四〇年代和八〇年代都是美國全球實力和影響力的高峰。總之，美國得以安然度過多次危機，並在危機之後比其他國家更為強大和健康，而各個競爭對手則相繼出現問題。這種結局或許並不僅僅是偶然的好運氣，而是優越的制度使然。那麼，期待美國再次轉危為安也就並不是盲目的一廂情願。

哈佛大學著名政治學家約瑟夫・奈伊（Joseph Nye）在十一月號的《外交政策》雜誌發表文章，對所謂「衰落論」的專家提出質疑。❾他指出，「衰落」是一個隱喻，是用有機生命的週期來比附國家，但我們對國家的週期實際上知之甚少。西羅馬帝國用了三百年才從鼎盛期走向崩潰。而在美國剛剛獨立之後，就有人哀歎英國將會下降到薩拉丁的地位，但此時工業革命正將英國推向最強盛的國家的位置。簡單地說，我們並不知道美國現在處在其生命週期的什麼階段。再者，「衰落論」者們可能混淆了周而復始的「循環變化」與無可復返的「真正趨勢」，也混淆了「絕對衰落」和「相對衰落」。沒有可靠的證據表明美國出現了「絕對衰落」，而「相對衰落」是指領先國家與其餘國家之間的差距在縮小，但差距縮小並不意味著美國就失去了領先地位。在這方面，奈伊重視中國潛在的挑戰，但同時認為中國的發展前景還有許多未知的不確定因素。

科學與人文的再次交戰

歐洲核子研究組織（CERN）終於發現了希格斯玻色子（所謂「上帝粒子」）的存在證據，這是一個具有里程碑意義的事件，被《科學》雜誌列為二〇一二年度十大科學突破之首。歐洲核子研究組織主任霍伊爾（Rolf-Dieter Heuer）在六月《歐洲人》雜誌的一次訪談中指出，有必要尋求自然科學與人文之間的對話，並正在籌劃相關的學術會議。❿這讓人回想起一九五九年的那篇著名演講〈兩種文化〉。英國學者、作家史諾在演講中指出，許多科學家從未讀過莎士比亞的作品，而大多數人文學者甚至無法給出「質量」或「加速度」的確切定義。他哀歎科學與人文之間的分裂，認為這是英國教育的一個病症。幾年之後，史諾提出對「第三種文化」的期待，更為樂觀地展望兩種文化貫通的前景。⓫半個世紀過去了，科學研究的最新突破已經顯示出越來越深刻的人文社會相關性，也更為迫切地要求一種交匯融合的視野。然而，兩種文化對彼此的傲慢與偏見似乎並未完全消除。

近年來，科學前沿領域的發展提出了重要的哲學與宗教問題，在兩個方面尤為顯著。首先，量子力學與宇宙起源的最新研究，再次引發了「上帝是否存在」的古老爭論。其次，腦科學與神經科學的新進展，揭示出人類的意識、認知與決定的機制，引起了道德哲學、心理學和經濟學等領域的相關辯論。二〇一二年再度了出現「兩種文化」的熱烈爭議，其中有兩部新著的出版與評論尤為值得關注。

理論物理學家、科普作家克勞斯（Lawrence M. Krauss）的新著《無中生有的宇宙》⓬匯集了他近年來關於天體物理學的一系列講座內容，講述了現代宇宙學的發展——從大爆炸到微波背景輻射以及暗能量的發現。這些發展也將物理學帶入了此前被認為是專屬神學或哲學的爭論。他以量子場理論解釋整個宇宙如何可能「無中生有」，並加入了無神論對宗教創世論的新一輪批判。以「好鬥的無神論者」而著稱的牛津大學教授道金斯（Richard Dawkins）為此書撰寫後記，予以高度評價，甚至將它與《物種起源》相提並論。如果達爾文在人類起源問題上反駁了「神創論」，那麼這本書在宇宙學問題上反駁了「創世論」，並最終挫敗了「神學家的最後一張王牌」——關於「為什麼存在著某種事物而不是空無一物」的詰問。

這本書很快變成了暢銷書，獲得了報刊媒體相當大的關注。但《紐約時報》發表哥倫比亞大學物理哲學家艾伯特（David Albert）的書評，表達了尖銳的批評意見。他指出，根據相對論量子場理論的標準論述，基本物理粒子包含著相對論量子場，但無從解釋這些量子場來自何處（或者為什麼世界會由這些量子場組成），因此斷言克勞斯所謂的「無物」實際上是「某物」。⓭兩位都是擁有理論物理學博士學位的學者，卻持有如此相左的觀點，讓困於現代物理學之晦澀深奧的公眾無所適從。《大西洋月刊》網站以「物理學讓哲學與宗教都過時了嗎」為題，發表了對克勞斯的長篇訪談。⓮

克勞斯表現出堅定的「科學主義」立場。他認為物理學最初脫胎於「自然哲學」，此後一直在發展，而哲學兩千年來卻幾乎停滯不前。哲學感到了來自科學的威脅。這很自然，因為每一次物理學的進展，都侵蝕了哲學細心保留的領地。而處境最糟的是所謂「物理哲學」（philosophy of physics）。物理哲學家的作品只被另一些物理哲學家閱讀，對物理學完全沒有任何影響。他不加掩飾地將艾伯特之類的學者蔑稱為「低能哲學家」。克勞斯認為，我們正在抵達這樣的時刻——「科學可以開始回應古老的哲學或宗教問題」。在他看來，達爾文是比愛因斯坦更偉大的科學家，並坦言道金斯將他的著作與《物種起源》相提並論是故作驚人之語，但在某種意義上也有相似之處。在達爾文之前，生命是奇蹟所為，而達爾文表明，我們在原則上可以用一些簡單的法則來合理解釋生命的多樣性。雖然我們還不清楚生命的最終起源，但許多研究表明，化學的完全有可能轉變為生物的。類似地，現在看來，宇宙也是如此，它不再是充滿神蹟的設計之物，而是來自一個非常簡單的起始——空無一物（nothing）。

在訪談中，克勞斯還辨析了所謂「無物」的確切含義。他嘲諷某些神學家和哲學家開始熱衷於「量子真空」（quantum vacuum）之類的術語，他們根本不明白這是什麼意思，只是假裝他們好像知道自己在說什麼。「當我提到『空無的空間』（empty space），我是在指量子真空，但當我談論『無空間』的時候，就根本不能稱之為量子真空。」他並不認為物理學已經確切證明了「某物」可以源自「無物」，而只是表明引發「無中生有」的物理機制何以可能。「我們並不知道某物如何來自無物，但我們確實知道它可能發生的某些似乎合理的方式。」

另一部引起爭議的著作是《心靈和宇宙》，作者是當代西方最負盛名的哲學家之一湯瑪斯・內格爾（Thomas Nagel）。這本書的副標題透露了其核心論點——「為什麼唯物論的新達爾文自然觀念幾乎肯定是錯的」。[15]作者內格爾反對科學的化約論和自然主義哲學的傾向，否認人的「意識、意圖、意義、目的、思想與價值」最終都能依照（被各種科學所描述的）自然過程來解釋。在他看來，將生命的出現理解為一系列（遵從自然選擇機制的）偶然事件的結果，「公然違背了我們的常識」。進化論生物學的唯物論版本無法解釋心靈與意識的存在，至少是不完整的。心靈是自然的一個基本的不可化約的方面，而任何不能解釋心靈的自然主義哲學在根本上是存在誤導性的。雖然內格爾並不持有傾向宗教的立場（他坦承自己是無神論者），也並不同意神學的「智能設計」（intelligent design）理論，但他認為智能設計學派提出了值得關注的質疑。內格爾主張，應當在唯物論或機械論的視野之外「發展出競爭性的替代性觀念」，其取向是某種「新目的論」——世界是有目的的或有意圖的。他並沒有給出「新目的論」哲學的圖景，而將問題留給未來的「創造性的科學家」。

內格爾的觀點引發了一系列爭論。最為尖銳（甚至尖刻）的批評意見來自兩位中生代的哲學教授，任教於芝加哥大學的萊特（Brian Leiter）和賓夕法尼亞大學的威斯伯格（Michael Weisberg），這些意見發表於《國家》（*The Nation*）雜誌。[16]他們認為，內格爾的整個論證是不足為信的。

首先，內格爾對物理學化約論的攻擊是唐吉訶德式的批評，因為實際上沒有任何嚴肅的哲學與科學的工作試圖將一切都化約為物理學定律（心理學並不能化約為生物學，生物學也不能化約為化學，而化學也不能化約為物理學），而進化論生物學也並不依賴於化約主義的唯物論。其次，依據「常識」來反駁自然主義是站不住腳的。哥白尼的天文學革命似乎違背我們最顯而易見的常識觀念（「地球是平的」以及「太陽繞地球旋轉」），但這並不構成駁斥它的理由。再次，內格爾聲稱自然選擇理論無法解釋為什麼我們會接受「道德客觀真理」，但無論在哲學家還是普通民眾當中，道德實在論都是一個有爭議的觀點，而並非自明的「常識」。最後，內格爾相信，進化論無法解釋人類掌握邏輯與數學的能力，評論者認為這是一個更有力的質疑，但完全可能透過不同於內格爾的路徑來解釋。總體來說，他們認為《心靈和宇宙》是一部失敗之作。

威斯康辛大學資深的科學哲學家索伯（Elliott Sober）在《波士頓評論》上發表長篇書評，其中分享了萊特和韋斯伯格的某些批評，但對內格爾有更為同情的理解。⓱這些辯論仍然在持續，因為觸及西方文化久遠的爭論，以及宗教與無神論之爭這一敏感神經，幾乎沒有可能達成共識。

歐洲危機的政治根源

喬治．華盛頓曾在致拉法葉侯爵的一封信中寫道：「總有一天，依據美利堅合眾國的模式，一個歐洲合眾國將會出現。」兩百多年之後歐盟誕生了，但這並不是華盛頓所想像的「合眾國」。歐盟是一個「貨幣聯盟」而非「政治聯盟」，甚至不是一個「財政聯盟」（fiscal union）。最近，西方一些著名學者不約而同地開始探究歐盟危機的政治根源。

著名經濟學家阿馬蒂亞·沈恩在《新共和》上發表文章指出，統一的歐洲是個久遠的夢想，但在漫長的年代裡最重要的關切是和平與善意，並由此逐漸形成一個政治整合，甚至到二十世紀四〇年代初《米蘭宣言》發表時仍然如此。金融合作壓倒政治統一是晚近的發展趨勢，這個次序的顛倒對於理解目前歐洲的經濟危機至關重要。許多人主張，首先以歐洲貨幣的統一作為「起步」，再由此走向統一的歐洲。沈恩認為這種主張實際上將歐洲推向了不利於統一的方向。歐盟也沒有實現民主治理，緊縮政策如果只是透過法令來執行，就是對公眾的藐視。歐洲經濟強國與金融界領袖制定的某些政策完全不合時宜，即便政策是完全正確與適時的，也仍然需要透過民主程序獲得合法性。民主是「由討論來治理」，必須服從公共討論和說服的過程，也必須理解社會保障的必要性，避免造成嚴重的社會剝奪。但歐洲政治家缺乏敏銳的「政治實踐性」，他們不懂民眾的聲音可以被暫時壓制，但無法在各國的定期選舉中剝奪他們的選票。於是，各國在職政府在執行金融強國的指令時，會受到來自本國公民的壓力（備受歐盟領導人讚譽的義大利總理蒙蒂最近突然宣布辭職，這似乎印證了沈恩的看法）。在經濟政策方面，森認為目前的各種救助方案，即便成功，也只是著眼於歐元的短期生存，而沒有考慮長期的「可存活」問題，根源在於共同貨幣造成的兌換率固定。這個問題可以透過（如美國這樣的）政治性聯邦國家來解決，但歐盟目前不具備這個結構。他認為核心的問題是歐洲經濟政策的基本原則，歐洲應該立足於亞當·斯密的兩個目標，以經濟效率推進財富增長，以提供公共服務實現社會正義——這兩個目標需要兼顧平衡而不可偏廢一方。目前的緊縮方案並不是一個解決經濟危機的良好方案，也完全缺乏社會與政治的遠見。⓲

牛津大學著名歐洲歷史學家賈頓艾許表達了相近的看法。他在《外交事務》發表〈歐洲的危機〉一文，探討「歐盟當初如何結合在一起，如今又為何陷入分裂」。⓳歐洲一體化最重要的動力來自人們對世界大戰和冷戰威脅的記憶，以及「永遠不要再來」的心願。政治菁英與民眾都對此具有深刻的共識。德國是一體化最積極的推動者，「因為他們以前曾是最壞的歐洲人，現在他們要變成最好的」。當時的德國總理柯爾構想過一個更全面的歐洲共同體（類似於東西德國的統一），是一個財政聯盟和政治聯盟所支持的貨幣聯盟，由此可以控制公共開支，協調不同國家的經濟政策，以及獲得更直接的政治合法性。他在一九九一年的演講中還指出，歷史告訴我們「沒有政治的聯盟卻要期望能長期維持經濟與貨幣聯盟是荒謬的」。但法國的意圖與此不同，密特朗希望能對德國貨幣有所控制，但又不想讓德國有能力影響法國的預算。當時也的確討論過財政聯盟的問題，設定了所謂「趨同標準」（convergence criteria），要求公債低於GDP的六〇%，赤字低於三%。但這個標準從來沒有真正的約束力。這樣的「經濟與貨幣聯盟」雖然有統一市場，但因為歐洲各國的經濟差異，又缺乏美國各州之間那樣的勞動力流動和財政轉移水準，很容易受到經濟學家所說的「非對稱衝擊」（asymmetric shocks）。而歐洲的民主政治仍然局限在各個民族國家內部，沒有出現更大的歐洲公共領域。這就形成了歐洲政治的「羅生門」狀況：一個政策或事件會在二十七個會員國的領導人（以二十三種不同的語言）之間出現不同解釋，還有歐盟官方自己的解釋。以這種方式來治理一個有五億人口的歐洲大陸，是混亂而奇怪的。在各國政策、歐盟政策和全球市場的三角關係結構中，歐盟陷入了功能紊亂。賈頓艾許最後指出，歐洲的危機有各種可能的前景。最悲觀的情景是歐元區的徹底解體，但歐洲仍然存在，甚至歐盟仍然存在，可以從頭再來。第二種情況是繼續應付過去，但長程的隱患仍然揮之不去。最樂觀的可能是系統性地鞏固歐盟，形成真正的財政與政治聯盟。但這要求一個還未出現的「歐洲公民」的認同與支持。當下的危機正在檢驗歐洲一體化之父讓・莫內（Jean Monnet）的說法，「危機是最偉大的聯合者」——這被稱為「莫內方法」，即「一個激化歐洲各國之間差異的危機，是推進進一步聯合的最佳方式」。

歐盟進一步的政治聯合依賴於新的歐洲認同，但「歐洲公民」是一個神話嗎？最近哈伯瑪斯在接受福山的訪談中，堅持主張一種雙重性的歐洲公民身分——既忠實於各自所屬的國家，又認同作為整體的歐洲，而建立這種認同的關鍵在於歐盟的民主政治的發展。[20]《新左派評論》發表了三位學者的文章，對培里·安德森的近著《嶄新的舊世界》（*New Old World*）展開討論。安德森在回應中嚴厲指責哈伯瑪斯陶醉於自己的聲望而看不到歐盟危機的根源所在。他認為，目前的歐盟對其根本使命模糊不清也缺乏自信，它屈從於美國的意志，過於關注經濟，在地域上又急於擴張，實際上成為全球資本主義的一個大市場，這背離了歐盟最初的政治與道德構想。[21]

尼爾·弗格森撰文警告說，歐洲正在形成新的法西斯主義。德國人對國家統一的積極感受促使他們在二十年前為德國整合而犧牲奉獻，但這種感受在歐洲不同國家之間並不存在。缺乏政治聯盟和財政聯盟的配合支持，歐元區的經濟危機很容易延伸為政治分歧。憤怒與挫折感在歐元區不同國家之間造成了緊張，也促成了極端政治的生長。敵視移民的現象發生在歐洲許多國家，希臘的極右翼政黨「金色黎明」不只是排外，而且是仇恨歐洲的，但它有可能成為議會中的第三大黨。他認為民粹主義是對金融危機的一種常見的政治回應，在美國也出現了右翼的茶黨和左翼的占領運動，但歐洲的民粹主義採取了更為有害的形式。[22]

馬克思主義的再興起

資本主義世界的每一次危機都會激發左翼政治運動再度活躍。「馬克思主義的幽靈」又一次在歐洲徘徊。年初，左翼人士發起「共建參與性社會的國際組織」（IOPS），旨在建立全球性的網絡，為「一個新的更公正的世界」而推動積極的社會運動。喬姆斯基等四十多位著名左翼知識分子和活動家出任IOPS的「過渡諮詢委員會」成員，他們連署發表了一份〈給所有尋求一個新的更好的世界的人們的公開信〉，呼籲世界各地的人們加入這一組織。[23]據英國《衛報》報導，七月初，倫敦舉辦了歷時五天的「馬克思二〇一二」思想節，吸引了眾多的年輕人參與。組織者認為，馬克思主義提供了分析資本主義危機的工具，而當下我們正處在這樣的危機之中，這是人們恢復對馬克思的熱忱的原因。近年來，《資本論》和《共產黨宣言》等經典著作暢銷。當代左翼思想家的作品，如巴迪烏的《共產主義的假設》（*The Communist Hypothesis*）和伊格頓的《為什麼馬克思是對的》（*Why Marx was Right*，中譯本為《散步在華爾街的馬克思》）等著作也相當引人注目。巴迪烏認為共產主義思想有望重整旗鼓，進入第三次高潮。而伊格頓試圖藉此復興之際糾正各種流傳已久的對於馬克思主義的誤解和偏見。[24]

伊格頓在《牛津人評論》（*Oxonian Review*）發表的訪談中指出，馬克思欽佩資本主義的活力，它能迅速地積累如此多的物質、精神和文化的財富，但它無法在造就這一切的同時避免產生不平等的矛盾，希臘就是一個突出的例證。十年前幾乎不能想像，在資本主義之外還有什麼別的選擇。今天，更多現實政治的選項將會打開，「但這並不是透過左翼的任何英雄努力，而是（反諷地）通過資本主義自身的邏輯」造成的。

在談及未來的革命前景時，他指出「過度估計這個體制力量的衰敗總是草率的」。我們還不知道希臘的這種憤怒情緒是否會蔓延到整個歐洲。「在我看來，人們只有在認定目前的體制破敗到無可修復的時候，才會走向一種激進的替代方案。」他同時也提醒，在整個反資本主義的運動中，馬克思主義並不是多數（只是在左翼內部成為主流），這是因為史達林主義的毀譽所致，需要馬克思主義左派花費很長的時間來修復。[25]

寬泛意義上的左翼並不是一個同質化的政治陣營。也有左翼人士擔心在馬克思主義復興的潮流中會出現為史達林式極權主義招魂的危險。英國社會民主派的政治理論家阿蘭・強森（Alan Johnson）在《世界事務》（*World Affairs*）發表文章，題為「新共產主義：烏托邦妄想的復甦」，尖銳批評齊澤克和巴迪烏等激進左翼思想家，稱他們的主張是一種「新形式的左翼極權主義」。只有他們才堅持主張「當代自由資本主義社會的危機是系統性的、環環相扣的，無法順應立法改革，因此要求『革命性的』解決方案」。但他們拒絕探索過去的歷史性失敗的根源，也從不坦率承認他們對於如何著手未來幾乎毫無想法。拒絕面對作為一個社會體制之罪行的史達林主義，這表明了這類「新共產主義」仍然停留在左翼極權主義的軌道之中。在歐洲社會主義民主陷入困境的背景中，在自我厭惡的智識文化中，這種激進的論述有蠱惑人心的作用。[26]

當然，馬克思主義的復興未必導向古拉格的命運。剛剛去世的歷史學家霍布斯邦教授在《共產黨宣言》新英文版的導言中指出，如果出現一種「後資本主義社會」，幾乎不可能沿用社會主義的傳統模式，更不可能是蘇聯時代「那種實際存在的」社會主義模式，但它必須涉及在全球範圍內從私人占有向社會管理的轉變。至於它會採用什麼樣的形態，又在多大程度上能體現共產主義的人道主義價值，「將取決於導致這種變遷的政治行動」。[27]

探索國家失敗的新著引起回響

二〇一二年出版的一部政治經濟學著作獲得了不同尋常的回響。六位諾貝爾經濟學獎得主，從四十年前獲獎的肯尼斯・阿羅（Kenneth Arrow）到兩年前獲獎的彼得・戴蒙德（Peter Diamond）給予高度讚譽，尼爾・弗格森、福山等著名學者聯合推薦。出版兩個月之內就有幾十篇書評刊登於歐美報刊，最終進入《金融時報》、《華盛頓郵報》、《基督教科學箴言報》和《經濟學人》等評選的年度最佳書籍之列。這本書題為「國家為什麼會失敗：權力、富裕與貧困的根源」，[28]作者是麻省理工學院經濟學教授艾塞默魯（Daron Acemoglu）和哈佛大學政治學教授詹姆斯・羅賓森（James A. Robinson）。他們都是不到五十歲的「中生代」學者，但已經在專業領域中頗負盛名，尤其是祖籍為土耳其的艾塞默魯，被認為是「當今經濟學的天才型學者」。

這部著作探討發展領域的重大問題，即為什麼有些國家繁榮富足而另一些國家貧窮落後？作者反駁了地理資源決定論、文化決定論和「無知論」的假設，以大量歷史（從羅馬帝國以降）與現代國家為例，經由對比分析論證發現，首要原因是政治體制（institutions）的差異。但作者並不是在重彈「制度決定論」的老調，否則不可能引起如此熱烈的回響。他們的理論框架包括一對範疇，即「廣納型」體制和「榨取型」體制。「廣納型」（inclusive）體制促使廣泛的社會成員參與政治並分享經濟財富，而「榨取型」（extractive）體制導致統治菁英同時壟斷政治權力和經濟資本（這是人為「設計」的產物，也不會發生自然轉變）。兩種體制的差異會嚴重影響一個國家的興衰，尤其是其長程發展的命運。這部五百多頁的著作幾乎沒使用（作者格外擅長的）艱深的專業術語和理論，具有很強的可讀性，但同時保持了高度的學術嚴謹，其原創性貢獻和諸多洞見無法在有限的篇幅內被面面俱到地展開。

在獲得普遍讚譽的同時，這本書也受到少數質疑，其中著名學者福山和薩克斯（Jeffrey Sachs）的批評格外引人注目，但都遭到了作者強烈而有力的反駁與回應。福山在《美國利益》網站的部落格上發文，讚賞這本書新的論證支持體制以及政治行動者的重要作用，因而值得推薦，但他暗示作者的論點基本無異於諾思（Douglass North）等人多年前的研究。其次，他批評「廣納型」與「榨取型」的二分範疇過於簡單和極端，最後，他還認為這種理論難以解釋中國經濟的迅速發展。[29]兩位作者在回應中指出，他們的理論強調制度的政治首要性和人為設計要素，而諾思等人的工作側重於經濟與社會因素，這是最重要的區別。況且諾思等人在論及政治變遷時恰恰明確地援引了「我們過去的研究」。其次，極端的二分概念是作者有意為之，他們在書中言明，大多數國家都處於兩者之間的「灰色地帶」，但始於「黑白分明」的案例分析最有助益，後來的大多數篇幅都在處理從「榨取型」到「廣納型」逐步轉變的程度。最後，就中國的案例而言，他們在書中已經論述，中國的經濟起飛始於從「榨取型」體制向（雖不充分的）「廣納型」體制的轉變。而國家可以在「榨取型制度下增長」恰恰是「我們理論的一部分」，只是這種增長難以持續。如果中國基於既有制度能夠「達到西班牙或葡萄牙的人均收入水平，那麼才會否定我們理論的有效性」。[30]而對於薩克斯的長篇批評，[31]兩位作者逐條予以反駁，認為這些批評要麼失之空泛，要麼無的放矢，因而都是「輕率之言」。[32]

2013

2003 2004 2005 2006 2007

2008 2009 2010 2011

2012 2014 2015 2016

2017 2018 2019 2020

曼德拉未竟的理想

曼德拉（Nelson Mandela）於十二月五日與世長辭。他的悼念儀式成為各國政要匯集的峰會，也是全球媒體關注的焦點。作為一個政治人物，他不只是非凡的而且是舉世無雙的。在這個充滿紛爭的世界上，沒有第二個政治家能夠獲得如此廣泛的敬仰與讚譽（可以與之對比的是二〇一三年去世的委內瑞拉總統查維茲和英國前首相柴契爾夫人）。難以計數的文章緬懷他在獄中不懈鬥爭的光輝歲月，追憶他終結種族隔離和爭取民族和解的豐功偉績。然而，偉人的辭世不只是一個哀悼與紀念的時刻，也是一個反思的時刻。對許多知識分子來說，紀念曼德拉更恰當的方式，是清醒地認識他的道德與政治遺產，而不是將他送上神壇來頌揚和祭拜。

在曼德拉去世的第二天，《紐約時報》網站就刊出了齊澤克的文章，讚賞曼德拉的道德人格，但他將目前南非各種嚴重的社會問題判定為「曼德拉的社會主義失敗」。❶人們會記得老的「非洲民族議會」（ANC），「它承諾的不只是種族隔離的終結，而且也是更多的社會正義，甚至是某種社會主義」。而曼德拉在結束種族隔離制度之後卻放棄了社會主義。「但我們能就此批評他嗎？」齊澤克提出的問題非常尖銳，「他真有選擇嗎？走向社會主義是一個真實的選項嗎？」文章引述了右翼思想家艾茵・蘭德（Ayn Rand）的觀點——支配與剝削無法消除，區別僅在於直接還是間接。齊澤克請讀者注意蘭德的意識形態論述中暗含的一點「真理」：「國家社會主義（state socialism）的重大教訓實際上就是直接廢除私有財產與市場規制的交換，若生產過程缺乏社會規制的具體形式，必然會復活直接的奴役與支配關係。」因此，「如果我們僅僅廢除市場（連同市場剝削），而沒有代之以一種恰當的生產與交換的共產主義組織機構，那麼支配將會猛烈地捲土重來，並伴隨著直接的剝削」。於是，對於激進的解放政治而言，最大挑戰就是「如何在最初的熾熱階段過去之後進一步推進，如何不屈從於『極權主義』誘惑的大災難並走出下一步——簡單地說，如何從曼德拉開始繼續前行而不變成穆加比」。

在齊澤克看來，曼德拉的「社會主義失敗」情有可原，因為他被困於尚未開啟的未來（「恰當的共產主義組織機構」）與不可接受的現實之間。似乎在現存的世界中，除了「國家社會主義」的老路和資本主義的邪路之外就沒有任何選項。但是，以意識形態的「路線分野」來診斷南非的現實是不得要領的，因為無論以傳統社會主義（比如冷戰時期的東歐）的標準還是現存資本主義的標準來衡量，今天的南非都未達到一個治理良好的國家的水平，在某些方面甚至低於種族隔離時代。

《經濟學人》此前的一篇封面報導文章指出，在曼德拉卸任總統之後，南非在經濟和政治上都出現了滑坡。在種族隔離時期，南非雖然遭到西方國家的經貿制裁，卻仍然是非洲大陸唯一的已開發國家。近二十年來，南非經濟增長放緩（近幾年不到二%），失業率居高不下（官方公布的數字是二五%，而實際上可能接近四〇%），而「非洲民族議會」的無能與腐敗是主要的原因。❷《紐約客》發表文章認為，二十年以來，南非實際上變成了一黨執政的國家，腐敗猖獗，犯罪率居高不下，愛滋病威脅無處不在，貧富差距嚴重，是全世界最不平等的國家之一（吉尼係數高達〇．六）。種族隔離制度被廢除之後，少數黑人進入了菁英階層，但在很大程度上，財富、土地、教育和健康的資源分配仍然與膚色相重疊。❸《新共和》的文章指出，民眾對接替曼德拉的政治領導人感到極為深刻的幻滅。姆貝基曾公然否認愛滋病的流行，稱之為西方編造的謊言，導致了三十萬人的死亡。而祖瑪政府的執政能力與道德表現都令人失望。❹僅在曼德拉去世前幾個月，前任大主教屠圖（Desmond Tutu）發表文章表示，他很遺憾地不再投票支持「非洲民族議會」。「我們真的需

要改變。『非洲民族議會』善於領導我們為擺脫壓迫而鬥爭……但似乎難以轉變為一個政黨。」❺

那麼，在何種程度上，曼德拉要對他卸任之後的政治與社會亂象負責？在曼德拉去世之後，居圖讚頌他是「一顆鑽石，幾乎完美無瑕」，但他唯一的缺點就是對「非洲民族議會」過於忠誠。❻長期駐紮南非的著名記者貝瑞福德（David Beresford）在《衛報》發表長篇訃文，認為曼德拉沒有付諸努力來阻止裙帶關係和腐敗，在執政能力上乏善可陳，也從未運用他的影響力來馴服穆加比，抑制非洲大陸許多人為的災難。❼但也許，正如《時代》週刊的訃告所說的那樣，曼德拉已經完成了一個種族和解與和平民主轉型的奇蹟，若希望他為良好的政府和共同的繁榮再創造另一個奇蹟，可能是我們過分的奢求。❽一個種族平等、和睦團結與共同富裕的「彩虹國家」是曼德拉的理想，這仍然是南非未竟的事業。

史諾登風暴

愛德華．史諾登（Edward Joseph Snowden），一個名不見經傳的三十歲的電腦技術員，在二〇一三年成為舉世矚目的人物。他當選了《衛報》的年度人物，在《外交政策》評選的「二〇一三年引領性全球思想者」的榜單上位居榜首，在《時代》週刊年度人物評選中位列第二（僅次於方濟各教宗），並獲得了德國「檢舉者獎」等多個獎項。史諾登的「稜鏡」事件，接續了三年前「維基解密」（Wikileaks）造成的風暴效應，對美國內政外交政策造成了意想不到的衝擊，也引發了熱烈的公共討論。

在國際人權日（十二月十日），五六二位著名作家（包括五位諾貝爾文學獎得主）在全世界三十家媒體同步發表一份呼籲書，題為「為數位時代的民主建立準則」，就史諾登揭露的大規模政府監控問題，要求展開全球性的反監控運動，捍衛公民的自由權利：「我們呼籲所有國家和公司尊重這些權利，我們呼籲所有公民站出來捍衛這些權利，我們呼籲聯合國承認在數位時代保護公民權利的至關重要性、並制定數位權利的國際公約，我們呼籲各國政府簽署並遵守這項公約。」目前這份呼籲書已經徵集到兩萬個支持者的簽名。❾

這份呼籲書和大量的公共討論聚集的焦點議題是公民自由與國家安全的關係。兩者都是正當而重要的政治目標，但彼此之間存在著一定程度的緊張。在西方社會的政治傳統中，公民對自由與隱私權極為敏感，為國家安全而犧牲個人自由從來不是理所當然的事情。但九一一事件以及後續的一系列恐怖主義攻擊嚴重衝擊了西方社會的安全感，突出了安全問題的優先性。近十多年來，政府以反恐為由逐步擴張和強化了對公民的監控，公民也比以往做出了更多的讓步，接受了某些對公民自由的新限制。但這種「國進民退」趨勢是否已經走向極端，越過了適度平衡的界限，以至於威脅到立憲民主政體本身？史諾登事件再次觸及這個敏感的政治問題。

《經濟學人》八月三日發表一篇社論，題為「自由喪失的十年」，指出「反恐戰爭仍然籠罩著美國，但美國應當恢復其最為珍視的某些價值」。史諾登和曼寧（Bradley Manning）都不是爭取自由的完美代表，他們洩露了自己曾宣誓要保守的祕密而觸犯了法律。但他們的作為也表明，美國在安全與自由的權衡中仍然過多地傾向於前者。國家安全局（NSA）的行動照理說應受到「國家安全法庭」的審查，但這個法庭是祕密操作的，美國公眾無從知曉它如何裁決，也就完全無法提出質詢，而知曉祕密的政客也不能夠公開討論他們的關切。文章指出，除非這個法庭能對公開的質詢開放，否則司法功能就可能成為行政機構的附庸，無法發揮制衡的作用。情報機構的運作可能影響個人自由，但民主政體需要將這種影響置於制約之中。的確，「每個民主國家都需要保守自己的祕密。但要揭露不可避免的權力濫用，每個民主國家也都需要洩密」。[10]

安全與自由之間的緊張在原則上並非無可解決，公民可以透過民主秩序來決定兩者之間的平衡——願意犧牲多少自由來換取多大程度的安全，並透過立法和司法機構來監管行政機構的作為。但這裡的悖論是情報工作要求的機密性如何可能服從民主政治要求的透明性？英國《衛報》是最先披露「稜鏡事件」的媒體，其主編羅斯布瑞傑（Alan Rusbridger）在《紐約客》上發表長篇文章，回顧了事件的始末，也討論了媒體在事件中面臨的困境：「你怎麼可能將某種必須保密的事情與某種必須被公開討論的事情相調和？」《衛報》在此做出了艱難的選擇：他們頂住了來自安全部門的壓力，決議公開報導，因為他們獲得的證據顯示，「在過去十年間，美英兩國政府展開緊密合作，試圖將全體人口置於某種形式的監視之下」。羅斯布瑞傑認為，將這種境況的嚴重性告知公眾是媒體的責任。與此同時，《衛報》也兼顧安全考慮而精心選擇和編輯所披露的具體內容。文章還介紹了史諾登對自己洩密動機的解釋：「你認識到，這就是你幫助建造的世界，這個世界在下一代會變得更糟，下一代人將延伸這種壓制性體系的能力。」史諾登深切感到，對於諸如「稜鏡計畫」這樣的項目，法庭與國會的監管與制約功能已經失去了效力，所以他才鋌而走險訴諸媒體和公眾。[11]

許多知識分子和法學家都極度懷疑目前對情報系統的監管是否能夠奏效。英國上訴法院前法官瑟德勒爵士（Sir Stephen Sedley）在《倫敦書評》上發表文章，指出立憲民主的三權分立制正面臨嚴峻的考驗。如今許多民主國家的安全機構有能力越過其他國家的分支機構，來行使一種自主的權力：「獲得讓自身利益優先於個人權利的立法，支配行政的決策，將反對者封鎖在司法程序之外，免於公眾監督而自由行事。」[12]卡托研究所（Cato Institute）的一份政策報告認為，史諾登事件應當讓人們重新思考美國政體的基本原則。早在美國立國初期，麥迪遜（James Madison）在圍繞憲法的爭論中曾告誡人們，縮減人民自由的方式不只是透過暴烈而突然的篡奪，更是透過「那些掌權者逐漸而靜悄悄的侵蝕」。[13]正是在這個意義上，「叛國者」史諾登被許多人視為維護美國立國原則的英雄。

「史諾登事件」也顯示，資訊技術的迅速發展帶來了人們始料未及的政治後果。一方面，各國政府獲得了前所未有的蒐集、監控和分析情報的能力；另一方面，由於情報匯集的網路化，任何一個終端用戶都有可能越權進入更高層的機密，使得洩密成為防不勝防的隱患。《衛報》的主編帶著嘲諷描寫那些前來干預的政府人員（他們要求搗毀那些儲存史諾登資訊的電腦），他們根本沒有意識到遊戲已經變了，「那種讓他們獲得能監視千萬人生活的『全景』技術，實際上也是不可能控制或圍困的技術」。新技術賦予了國家巨大的新權力，而同樣的技術也增加了在其內部的個體抵制的能力。[14]也許，我們正在進入一個「個人沒有隱私，政府沒有祕密」的透明世界。

民主的真相：在必勝與失敗之間

在冷戰結束之後的最初幾年，西方社會普遍陶醉於「民主的勝利」。進入二十一世紀以來，在經歷恐怖主義攻擊和金融危機的重創之後，關於自由民主制度的悲觀論調逐漸壓倒了當初的樂觀自信。二〇一三年，反思民主的議題再次成為熱點，其中劍橋大學政治學教授朗西曼（David Runciman）的新著《信心的陷阱》十分引人注目。[15]作者先後在《高等教育紀事報》和《衛報》上發表兩篇文章，表達了他獨特的見解。

二〇一三年是民主國家的「不祥之年」，有史諾登事件的波瀾，也有美國政府「停擺」的恐慌。而在應對敘利亞化學武器危機的問題上，歐巴馬、卡麥隆和歐蘭德都束手無策，最後是普丁站出來解決問題。普丁在《紐約時報》刊文，談論「成熟的政治才能」優越於「民主的反覆無常」，這不只是在羞辱西方政客，而是在對民主制度進行嘲諷。隨之而來的是西方政客們難以抑制地對「獨裁者的羨慕」：不用顧忌太多選民的紛亂要求或者國會的壓力，「獨裁者」能夠當斷則斷，有效地行使領導權。西方的政客和民眾未必真的願意生活在非民主的體制下，但他們總希望民主制能有一些決斷力。以眼下的種種困境來看，自由民主制真的有所謂的優先性可言嗎？朗西曼的著作考察了「從第一次世界大戰到今天民主陷入危機的歷史」（著作的副標題），指出在西方現代政治思想史上，「民主失敗論」比「民主必勝論」更為普遍和流行。「羨慕獨裁」的論述反覆出現於二十世紀的歷史。一九一五年十月，當英國在土耳其戰敗，邱吉爾被視為平庸之才，遠不如專制政體選拔的「重量級選手」魯登道夫。到了一九一七年，英明果斷的列寧似乎也讓舉棋不定的威爾遜總統望塵莫及。在二十世紀三〇年代的「大蕭條」期間，史達林、希特勒和墨索里尼看上去都是具有決斷力的領袖，相形之下，民選的政治家是優柔寡斷的「可憐侏儒」。這種恐慌一直延續到冷戰時期，甚至在二十世紀八〇年代末雷根執政的白宮中，人人傳閱著一部出自法國知識分子的灰暗著作《民主何以衰亡》……然而，「羨慕獨裁論」的反諷在於它是反歷史的。在過去一個世紀中，民主顯示出比獨裁更強的優越性：「更好地應對了任何政治體制都必定會面對的最為嚴重的危機。」民主政體贏得了多次戰爭，並從歷次經濟災難中獲得復甦，適應了各種環境的挑戰。而獨裁者恰恰是因為能夠一意孤行地決斷行動，最終才會犯下災難性的錯誤。⑯

朗西曼論證民主的長程優勢並不是要為淺薄的「民主必勝論」背書。相反，他指出民主的困境在於「信心的陷阱」，即勝利時刻「無根據的自滿」，危機之中「無益的急躁」。如何走出在自滿與急躁之間反覆搖擺的困境？朗西曼邀請人們重溫幾位被嚴重誤解的思想家，包括托克維爾，以及二十世紀的肯楠、海耶克和福山。他們從來不是「民主必勝論」者，而是民主的警策論者。他們彼此不同卻共享著一個特徵：在失敗感蔓延的急躁中，他們提醒民主的長程優勢；在大眾普遍自滿的時候，他們發出「悲觀」的警告：「民主政體並沒有從其長程優勢中獲得正確的經驗，因為它們變得疏忽和傲慢，而不是更為強健和聰慧。」但這些思想家對於民主複雜的關切與焦慮往往被淹沒，並讓位於「民主最終勝利」的口號。大眾的口味偏愛「勝利的神話」或者「災難將至的寓言」，但民主的真相既不是注定成功、也不是注定失敗，不如說「民主的成功總是可能打開通向過度自信和自滿的失敗之門」。⑰《美國利益》十二月發表福山的文章〈美國政治制度的衰退〉，⑱這篇文章選自他即將出版的著作《政治秩序與政治衰敗》，似乎為朗西曼的論點提供了一些佐證。

重訪《艾希曼耶路撒冷大審紀實》

二〇一三年上映的傳記片《漢娜．鄂蘭》，由德國著名獨立製片人馮卓塔（Margarethe von Trotta）導演（也是一九八六年傳記電影《羅莎．盧森堡》的導演），以鄂蘭對艾希曼審判的報導風波為主線，在藝術院線獲得相當好的票房並受到許多評論者的讚譽，也激發了知識分子重新回顧半個世紀前的那場激烈爭論。焦點問題仍然是鄂蘭在《艾希曼耶路撒冷大審紀實》中的判斷正確嗎？以所謂「惡之平庸」（banality of evil）來把握這名納粹高級軍官的暴行恰當嗎？

哥倫比亞大學人文教授馬克．里拉在《紐約書評》上連續發表兩篇長文，評論了多部與「納粹大屠殺」相關的電影和書籍。[19]在〈鄂蘭與艾希曼：新的真相〉一文中，里拉對這部傳記片的某些藝術品質予以讚賞，但批評它的情感性敘事基調不適宜大屠殺這樣的主題，隨後他指出了影片「最嚴重的問題」——關於真相。表面上這部電影是關於尋求真相（真理），但它實際的主題並不是忠於真相本身，而是「忠於你自己」。如導演所言，鄂蘭是一個「對自己關於世界的獨特視野保持忠實」的典範。但里拉認為，這個故事讚頌了一個思想家為自己立場辯護的勇氣，但「我們現在知道，這個立場是完全站不住腳的——鄂蘭若還健在也會不得不承認」。里拉的批評很明確，鄂蘭當初的判斷是錯誤的。最近十多年以來的相關研究和文獻表明，艾希曼並不是一個罪惡機器上平凡的「齒輪」或者簡單服從、無力思考的官僚，而是主動、積極和自覺地參與並影響了納粹的種族滅絕戰略。

艾希曼在一九六〇年被捕之前藏匿於阿根廷，在這期間他寫了長達五百頁的回憶錄，並接受了一名納粹同情者的長篇採訪（原始的採訪錄音被挖掘出來，轉錄文本長達幾百頁）。艾希曼在大段的獨白中驕傲地談論自己「為了我的血液和我的人民」去消滅「這個世界上最狡詐的人群」，責備自己「應當做得更多」，並為「總體滅絕的想法未能全部實現」而感到遺憾。由此可見，艾希曼是一個「狂熱的納粹」，而「惡之平庸」只是外表和掩飾。里拉認為，鄂蘭寫作《艾希曼耶路撒冷大審紀實》有兩個不同的動機，一是公允地處理所有造成「終極解決」的因素和成分，並理解它們如何影響了施暴者和犧牲者。在這個主題上鄂蘭是一位先驅，當初她受到攻擊的許多觀點如今已成為學者的共識。另一個動機是她想要提出一個解釋模式，使那場暴行成為可理解的，並使判斷成為可能，但鄂蘭在這方面是失敗的。她被艾希曼的面具所欺騙，受制於自己的思想先見前提，加上海德格的影響（本真性、匿名的大眾、作為機器的社會以及被現代哲學拋棄的「思」），最終使她的判斷走向了一種「過度複雜化的簡單化」（overly complicated simplification）。[20]

伯科威茨（Roger Berkowitz）是巴德學院（Bard College）的政治學副教授，擔任鄂蘭研究中心的學術主任。他致書《紐約書評》，對里拉的文章提出兩點批評。首先，里拉像許多人一樣誤解了「惡之平庸」的概念，鄂蘭的要點是將可怕的暴行與艾希曼的無能力（從他人視角）思考相對照，「平庸」指的是艾希曼其人，是他「無言的淺薄」，而不是他犯下的惡。其次，鄂蘭當時已經掌握了部分（大約八十頁）艾希曼的回憶錄與訪談資料，而這些證據支持了她的判斷。我們應當擺脫人云亦云的流行誤解，重新認真對待鄂蘭的論證。里拉對此做出回應。他指出，闡釋「惡之平庸」的概念一直是個難題，但鄂蘭主要將艾希曼描述為一個「符碼」，一個資質平庸（未完成高中學業）的「無目標的人」，認為他「完全沒有動機」，也「從未認識到他的所作所為」，這是鄂蘭的著作留給大多數讀者的印象，這與新文獻證據所揭示的那個自覺自願的「狂熱納粹」形象相當不一致。鄂蘭當時掌握的只是相關文獻的極小一部分。如果認定鄂蘭掌握了充分的證據，而且認定她考慮了這些證據之後才得出艾希曼「從未認識到他的所作所為」的判斷，就會讓鄂蘭「顯得更為愚蠢，甚至超過她最尖刻的批判者所以為的程度」。伯科威茨的這種辯護會適得其反。實際上，每個人都會犯錯，連鄂蘭鍾愛的聖．奧古斯丁也是如此。[21]

科學與人文的融合與衝突

科學與人文的關係是西方知識界持續關注的議題。從八月開始，《新共和》雜誌為此展開了一場辯論，主要參與者分別是哈佛大學著名心理學教授平克（Steven Pinker）與《新共和》文學部主編維塞提爾（Leon Wiesltier）。這場三個回合的討論引起了極大的關注，相關文章被收錄到雜誌的年度最佳文選。

平克在〈科學不是敵人〉一文中指出，啟蒙時代的許多哲學家和歷史學家關注科學的最新發展，甚至提出自己的科學理論（包括休謨、笛卡爾、洛克和康德等），而當代的人文領域完全改變了這種傳統。雖然幾乎每個人都歡迎科學帶來的好處，但科學進入人文領域卻遭到了很深的怨恨。比如，在宗教研究中運用科學推論，就會遭到嚴厲的反駁，斷言「科學不適宜介入這一最重大的問題」。他堅持認為科學並不是反宗教的，但又主張「科學要求我們與宗教的意義及價值觀念徹底決裂」，因為科學的發現表明，「所有傳統宗教和文化的信念體系——它們關於生命起源、人類和社會的各種理論——在事實上是錯誤的」。科學的闖入者常常被指控為陷入了「決定論、化約論、本質主義、實證主義，甚至（最壞地）被稱為某種『科學主義』的東西」。平克對這些攻擊感到不滿，他熱切呼籲，科學不是人文的敵人，人文學者應當理解我們時代的科學，就像洛克和柏拉圖熟知他們時代的科學一樣。他同時聲明科學不能代替人文學科，但人文需要科學的新知。㉒

維塞提爾的反駁文章題為「反人文罪」，副標題是「如今科學想要侵入人文學科，別讓它得逞」。在他看來，科學在知識中的位置問題不是一個科學的問題：「科學在道德、政治和藝術中居於何處，不能由科學說了算。」人類生存有多種不同的領域，也有研究這些領域的多種學科，其間的差異是決定性的。而平克之類的「科學化論者」（scientizers）否認這種無可更改的差異性，認為它們只是表象的差異，更深層的解釋是相同的——就是科學的解釋，而「這種根本的相同性就是科學主義的假定」。他們無視這些領域的差異和邊界，「要逾越這些邊界，為了將所有這些領域都納入某個單一領域，納入他們的領域。他們不是多元論者」。他們否認對自然世界與對人類世界的研究之間存在著重大差別。[23]

在最後的第三輪對話中，平克重申，他從未主張科學能取代人文，而是相信有可能尋求「對人類事務的綜合性理解」，在其中科學知識並不是取代而是有助於人文學科，但這種綜合理解的可能性「對於維塞提爾似乎是不可思議的」。同時，他以自己的研究為例，表明人文知識也有助於科學研究的進展。他批評維塞提爾堅持要讓科學待在原地別動，而將重大的問題都留給哲學，這是一種謬誤。的確，我們不應該混淆事實陳述與邏輯的或概念的或規範的命題，但命題陳述的類別並不是學科之別。科學並不是一系列經驗事實的羅列，哲學也從不局限於非經驗問題。「科學的潛力是讓人文學術的思想工具豐富充實和多樣化，而不是消除它們」，而科學應當居於何處也不是由維塞提爾決定。好的想法可以來自任何源頭，而評價的標準是其說服力，而不是「職業幫派」。維塞提爾在最後的回應中承認，科學與人文的交流在一定條件下是有益的，但他堅持認為維持彼此的疆界同樣重要。[24]

「前沿」網站介入了評論。網站邀請了塔夫茲大學的著名哲學家丹尼爾・丹尼特對這場對話做出評論。丹尼特在回應中對維塞提爾的觀點和文風予以尖銳的批評。他認為，的確有一些過度自信的科學家，缺乏對哲學和人文藝術的精緻理解，冒失地討論大問題。但應對這種冒失闖入的建設性方式，是「協力教育他們，而不是宣告他們越界了」。而最好的一批「科學化論者」（平克是其中之一）比許多鄙薄他們的人文教授更瞭解哲學，也更能夠中肯而細緻地作出論證。復興人文學科的最佳方式是向闖入者學習，並重新習得對（曾經與科學分享的）真理的尊重。[25]

新老左派的交鋒：喬姆斯基對壘齊澤克

喬姆斯基與齊澤克都是西方左翼知識分子的代表人物，具有十分相近的政治立場。但兩人年齡相差二十一歲，中間隔著老左派與新左派的「代際線」，此前從未有過實際的交往或對話。二〇一三年，這兩位好戰善辯的左翼鬥士之間發生了一場激烈的交鋒，偶有出言譏諷幾近羞辱，引起了大量圍觀。輿論與公眾對這場交鋒反應各異，有幸災樂禍的暗笑，有「親者痛仇者快」的哀歎，也有嚴肅的思考，試圖透過爭論的「觀賞性」去發掘其深層意義。

爭論緣起於喬姆斯基在二〇一二年底的一次訪談，他在答問中抨擊齊澤克、拉康和德希達等時尚理論家使用「華麗的術語」，聲稱他們不過是「裝模作樣的江湖騙子」。他表示自己對這類理論完全不感興趣，因為在他們的著作中「根本沒有什麼理論」，找不到「可以推演出結論的原理，在經驗上可檢測的命題」，也找不到什麼東西超出了「能在五分鐘內向一個十二歲孩子解釋清楚」的水準，並指名道姓地說「齊澤克是此類理論家的極端範例」。26

二〇一三年六月，這次訪談的影片被公布在YouTube網站上，在社群網站上引起了熱烈討論。一週之後，另一段影片在網上公布，這段影片取自齊澤克七月在倫敦會議上發言的問答部分。齊澤克在表達了對喬姆斯基「深刻的敬意」之後，從兩方面抨擊了他「政治分析的經驗主義」。首先，喬姆斯基本人沒有達到他自己宣稱的經驗主義標準，甚至說「我還不認識一個人比喬姆斯基在經驗上錯得更頻繁」；其次，經驗主義方法本身是有局限的，在列舉了喬姆斯基為紅色高棉大屠殺背書的例子之後，齊澤克指出，如果離開了意識形態批判，僅僅憑藉所謂的經驗事實做判斷可能會錯得離譜。27

此後雙方以公開信的方式繼續展開辯論。七月二十一日，喬姆斯基發表題為「妄想家」（Fantasies）的公開信，矢口否認自己當年對柬埔寨的論述有什麼經驗錯誤，並認為齊澤克的指控不過是複製了美國政府的宣傳論調：著眼於美國敵人造成的「有價值的犧牲者」，而迴避了美國盟友造成的「無價值的犧牲者」（如東帝汶的受難者）。喬姆斯基堅稱，他自己一直投身於揭露意識形態的虛假性，指控他忽視意識形態批判完全是「齊澤克的妄想」。[28]

七月二十五日，齊澤克發表了題為「一些困惑的澄清」的長篇回應。[29]他首先澄清自己從不否認經驗證據的重要性，並舉出自己因為錯誤引述而道歉的例子，表明自己「對經驗事實的尊重」：「一旦我在經驗上犯錯，我隨時準備承認錯誤。」繼而說明自己從未暗示喬姆斯基是大屠殺的支持者，也舉證自己多部作品中對（包括東帝汶的）「無價值的犧牲者」的重視。其次，他批評喬姆斯基沒有真正理解「意識形態」這個術語的意思，也未能意識到他自己立場的意識形態背景。實際上，我們無法依據冰冷堅固的事實就能「客觀地」分辨（比如）「有價值的」與「無價值的」犧牲者。即便看似最為客觀的分析，也總是涉及一系列隱形的偏見、假設和背景過程。喬姆斯基「忽視了意識形態如何運作，也忽視了他對事實帶偏見的處理方式的可疑性質，這經常導致他會犯下他指責其對手所犯的錯事」。最後，齊澤克分析了喬姆斯基何以會採用「全然蔑視的攻擊」的緣由，指出這不是由於政治立場（在這方面彼此的差異極小），而是源自不同的知識類型：「我們之間的衝突……不過是所謂大陸哲學與英美經驗主義傳統之間無盡爭鬥的一個新篇章。」黑格爾、海德格、德希達等都無數次受到過同樣的責難：「非理性、空洞的裝模作樣，玩弄華麗的語詞。」喬姆斯基的批判毫不鮮見，引人注目的只是他「盲目的殘暴」。而齊澤克堅持主張，大陸哲學的傳統雖然晦澀，但在其「思想模式的核心有著自身的理性，包括尊重經驗數據」。為了把握我們今天的複雜困境，應當借助各種大陸傳統——從黑格爾的辯證法到法國的「解構」。但喬姆斯基在處理大陸思想時，他的心智功能是否就像十二歲的孩子一樣，「沒有能力將嚴肅的哲學思考區別於空洞的裝模作樣與玩弄空洞的詞藻」？

英國哲學教授湯普森（Peter Thompson）和美國批判理論教授克勞夫（Joshua Clover）都對這場交鋒作出了評論。湯普森在《衛報》發表的文章，主要辨析了雙方分屬的不同知識傳統，特別是在理解「實在」問題上的形而上學與經驗論的分野。[30]而克勞夫刊登在《國家》雜誌上的文章聚焦於政治分析，指出喬姆斯基與齊澤克同處於反抗資本主義的陣營中，前者具有無政府主義的反帝傾向，而後者懷抱著「大寫的共產主義」，仍然閃爍地嚮往「中央組織」與政黨。但在今天針對「垂而不死」的資本主義的多樣化鬥爭中，他們可能都過時了。反而是那個（在爭論中用作羞辱符號的）十二歲孩子所象徵的年輕、叛逆、活力和實踐能力，才是新政治的希望。[31]

經濟學家的爭議：巴格瓦蒂挑戰沈恩

阿馬蒂亞．沈恩是諾貝爾經濟學獎得主，目前任教於哈佛大學；賈格迪西．巴格瓦蒂是哥倫比亞大學教授，國際貿易與全球化理論領域的權威學者。他們曾是劍橋大學的同學，也是西方學術界最有影響的兩位印度裔經濟學家。兩人年紀相仿，如今都是約八十歲的年邁之士。他們出現嚴重的分歧多少有些出人意料，而巴格瓦蒂論戰的激烈言辭更令人吃驚。爭論的核心是關於印度應當採用何種經濟政策。[32]

今年兩人先後出版了新著。四月，巴格瓦蒂及合作者出版《增長為什麼重要》，副標題是「印度的經濟增長何以減少貧困並為其他發展中國家提供經驗」。[33]七月，沈恩及合作者的著作面世，書名是《不確定的榮耀：印度及其多種矛盾》。[34]《經濟學人》六月二十九日發表的一篇書評介紹沈恩的新著，文章提及巴格瓦蒂的著作，認為他們主張通過勞動力和土地市場的改革來加速增長，從而降低貧困率，並為社會計畫創造更多的稅收收入。但書評作者認為沈恩的著作想要「走得更遠」。[35]這句話令巴格瓦蒂頗為不滿。他致書《經濟學人》（七月十三日發表），聲稱「問題的真相是，沈恩先生只是近來才學會了在表面上支持增長，而長久以來一直指責增長為拜物教」，他從不明確提倡任何支持增長的政策（如貿易開放和直接外國投資），也沒有認識到如果缺乏增長，向窮人的再分配是不可行的政策。沈恩一直斷言「再分配政策導致了亞洲的迅速增長」，這是本末倒置且沒有現實依據的主張。巴格瓦蒂認為：「增長使得再分配具有可行性，而不是相反。」[36]

一週以後，《經濟學人》刊登了沈恩的回應。他指出：「我一直拒絕回應巴格瓦蒂在過去持續的和單方面的攻擊，但這一次粗暴的歪曲有必要得到糾正。」沈恩隨後列舉了他從一九六〇年起的一系列著述，表明自己一直在研究經濟增長（「作為手段而非目標」）的重要性。他明確表示，更快的經濟增長必須與其他措施相結合：減少文盲、疾病、營養不良和其他貧困問題。這些措施不只是簡單的收入再分配。而經濟增長在很大程度上得益於早先對教育和衛生的公共支持，這種認識依據了日本、中國、韓國、新加坡和其他許多國家的正面經驗，而不是什麼本末倒置。[37]此後巴格瓦蒂連續發表文章繼續批評沈恩，而沈恩則不再予以回應。

2014

2003 2004 2005 2006 2007

2008 2009 2010 2011

2012 2013 2015 2016

2017 2018 2019 2020

冷戰終結二十五年：思想激辯的開啟

在柏林圍牆倒塌的一九八九年，西方世界對自身的理論、制度與道路獲得了前所未有的自信。「歷史終結論」適時地彰顯了這種自信並成為其思想標誌。而在二十五年後的今天，西方思想界彌漫著困頓與焦灼的氣氛，透露出冷戰結束以來最為深重的信心危機。有評論家將二〇一四年稱作「震驚之年」（a year of shocks）。衝擊並非來自特定的困境或混亂本身，而是因為「以往用以控制這些混亂的力量與原則的結構不復存在」。這種秩序結構的喪失造成了一種「明確無誤的瓦解感」，這才是震驚的根本緣由。❶

然而，困頓、焦灼與震驚也預示著擺脫盲目自信的覺醒，這是克服自我迷信和矯正思想教條化的起點。二〇一四年的西方思想界正在重新開啟一個激辯的時代。

「到底是怎麼回事？」——以如此直白的發問為標題，《美國利益》雜誌主編加芬柯（Adam Garfinkle）在評論文章中指出，真正的挑戰不在於我們處在「一個急速變化的世界」，而在於我們「去理解世界如何變化」，我們現在對許多正在發生的事情感到「不可思議」，因為以往慣用的思想範疇都陳腐無用，與現實脫節了，「對於當代事務、對於紊亂時期的共同困境，我們缺乏適當的語彙」。❷同樣，馬克．里拉也發表文章指出：「語詞與事物之間的關聯中斷了。意識形態的終結並沒有驅散雲霧，而是帶來了如此濃重的迷霧，以至於我們不再能夠解讀擺在我們面前的事物，我們發現自己身處一個難以辨析的時代（an illegible age）。」❸

對概念失效、語彙陳腐的批判以及對觀念和理論變革的訴求，不僅遍布許多學科領域，並且直接而明確地指向西方主流話語中最為核心的觀念——自由主義、民主與資本主義。二〇一四年有難以計數的反思性文章見諸歐美思想界的主要報刊，其中三篇檄文格外引人注目，分別出自歐美著名的自由派思想家：法國社會高等研究院的馬農，英國倫敦政治經濟學院的約翰·格雷，美國哥倫比亞大學的馬克·里拉。三位作者都體現出自由主義者的自我反思與正本清源的努力——追溯自由主義與民主政治的歷史起源，闡明其演變歷程，由此檢討當今流行的自由主義論述與實踐何以偏離了其本源和精髓，陷入了盲目與教條的危機。

馬農與雷蒙·阿隆（Raymond Aron）相似，是少數幾位受到美國施特勞斯派推崇的法國自由派思想家。他在《民主雜誌》發表的〈自由主義的危機〉一文中指出，作為統治秩序出現的自由主義原則至今不足兩個世紀，針對的是歐洲的歷史難題——「共和原則與君主制原則之間的分裂」。自由主義對此提供了一個期待已久的解決方案，從而被當作「最佳政府形式」為人所接受。因此，自由主義的興起源自特定歷史條件下展現的政治治理優越性。「我們作為公民的願望是被善治，我需要的是一個好的政府，而不是一個自由主義的、或社會主義的、或基督教的政府。」他認為，自由主義首先是一種政治學說，其次才是關於「自由競爭」的經濟學說，這兩者曾長期兼容，但在當今全球化的處境中卻彼此衝突。「如果遵循純粹自由競爭的經濟原則，我們已經滅亡了」：那些高勞動力成本和社會保障開支巨大的國家，如何可能對那些低勞動力成本和微弱社會保障的國家保持競爭力？最終，在美國主導的全球化進程中，經濟活動與人們歸屬的政治共同體相互分離，自由主義失去了曾經的治理優越性。西方支配世界的時代已經達到其能力的極限，從而陷入了難以自拔的政治和精神危機。至於如何應對這種危機，作者坦言自己沒有答案。❹

格雷為《展望雜誌》「柏林圍牆二十五週年」專題寫了一篇題為「自由主義的錯覺」的文章。在他看來，西方自由主義者最大的錯覺是一種「無根據的信念」，即以為自己站在歷史的正確一邊，而自由主義的敵人總是站在歷史的對立面。一九八九年之後，東歐與蘇聯的崩潰被看作「西方理念和價值的決定性勝利（所謂「歷史的終結」）」，並加劇了這種錯覺。實際上，以「站在歷史的對立面」來解釋蘇聯陣營在冷戰中的失敗過於簡單化，忽視了許多複雜的政治社會因素（包括民族主義、宗教、戰略以及許多偶然因素），這種闡釋不僅是抽象的簡單的，而且歪曲了真相。這妨礙了西方政治家和決策者真正理解俄羅斯、歐洲的轉型國家以及阿拉伯地區的真實狀況與關鍵問題。過去幾百年西方具有的優勢不可能永久不變，而不斷輸出西方體制的企圖則加快了西方衰落的過程，格雷借用歷史學家塔奇曼（Barbara Tuchman）的說法，將這種企圖稱作「愚蠢地進軍」。格雷認為，「歷史是一系列的週期變化和偶發事件，因此沒有明確的方向」。在可以想見的未來，「將會存在許多文化，以及各種各樣的生活方式，它們持續不斷地變化和互動，卻不會融為一體，成為類似於某種普世文明的東西」。因此，地緣政治衝突會加劇，戰爭會以新形態和混合形態出現，宗教將會在國家的形成與毀滅中成為一種決定性因素。自由主義的價值需要現實主義的思想才能存活，而目前自由主義者的信條卻只能提供一個「他們能夠塑造人類未來的神話」。西方正在應對日益混亂的世界，而最大的危險恰恰來自那種無根據的信念「歷史在自己這邊」。❺

里拉在《新共和》發表了題為「關於我們自由放任主義時代的真相」的文章。作者認為，西方思想界從未充分思考冷戰及其終結的意義，那些貌似宏大的問題（「歷史終結了嗎？」或者「留給左派的是什麼？」）完全缺乏對兩種意識形態競爭的歷史淵源和演變的理解。里拉在概念上將「意識形態」與教條（dogma）區別開來。意識形態首先通過智識上的「總體化」理解來把握塑造社會的歷史力量，而教條則「准許對世界的無知，因而盲從於它在這個世界中的效用」。冷戰中的共產主義和自由主義是兩種宏大的意識形態，而我們時代的「自由放任主義」（libertarianism）則是一種極致的教條。它始於基本的自由主義原則（個人尊嚴、自由優先、懷疑公共權威、提出寬容），但就此停步不前，完全無視這些原則與現實世界之間變化多端的複雜關係。就此而言，它不是那種孟德斯鳩、美國制憲者、托克維爾或彌爾會承認的自由主義。實際上，生活在民主社會中的美國人卻不太能理解民主，總認為民主是與生俱來的權利和普遍的渴望。實際上，民主是一種罕見的政府形式，在長達兩千年的歷史中被視為低劣、不穩定、具有潛在暴虐性的制度。在西方世界，民主遲至十九世紀才被認為是一種好的政體，直到「二戰」之後才被當作最佳政府形式，而且只是到最近二十五年才被看作是唯一正當的政體。而在教條主義的影響下，今天美國的政治思考中只存在兩種類別，即民主或者「洪水滔天」（le déluge），這種簡單化的思維模式完全無法對當今世界形形色色的非民主政體做出差異化的考察。

然而，後冷戰時期世界政治的最大意外，恰恰是經典形態的非民主政體以現代的面目重新出現，並會長期存在。這對於持自由放任主義的教條主義者是不可思議的：「難道不是所有的人都想要被善治嗎？難道他們不要求安全以及被公正地對待嗎？難道他們不想要擺脫貧窮的恥辱嗎？那麼，自由主義民主正是企及這些目標的最佳方式。」然而，這是美國人的觀點，或許也確實被許多非民主國家的人們分享，但這不意味著他們理解民主化的確切含義，不意味著他們願意接受民主化終將帶來的社會與文化的個人主義後果。他們珍視那些個人主義會摧毀的善，比如對傳統的維護、對地方的忠誠、對長者的尊重、對家庭和部落的責任，對虔敬與美德的投入。面對世界上非民主制度長存的現實，一個明智的問題是：除了民主化的方案之外，還有什麼備選計畫（Plan B）？我們沒有意願去提出這種明智的問題，這標誌著今日政治思考的破產。那麼，我們只有（以美國方式）採取強制性的轉型，或者（以歐洲方式）徒勞地期待各種溫和措施（人權條約、人道主義干預、法律制裁、NGO計畫以及社群網站）最終會產生深遠的影響，但這都排除了改善非民主政體的其他可能。然而，如果存在一條從奴役轉向民主的道路，那將會是（如西方所走過的一樣）漫長的遍布著非民主階段的道路。如果對民主化的想像只是「起草憲法、建立議會和總統辦公室，然後召集選舉」，那麼隨之而來的，確實會是洪水滔天。❻

「歷史終結論」的辯駁與重申

在成名作《歷史之終結與最後一人》出版整整二十五年之後，福山仍然是西方思想激辯的風雲人物。只是當初他像一位先知，在東歐劇變之前就預告了自由主義的勝利，而今卻是備受爭議與嘲諷的對象，格雷與里拉的文章都暗含著對福山的批評。顯然，後冷戰時代見證了民主化錯綜複雜的歷程，今天人們更傾向於接受格雷「歷史沒有清晰的方向」的論點，也更容易將「歷史終結論」看作無視歷史複雜性的虛妄錯覺。

但福山是一位重視歷史複雜性的學者。今年，他研究「政治秩序」巨著的第二卷《政治秩序與政治衰敗》出版，引起了熱烈的回響。❼在對人類從史前到當代近萬年的政治演變作出系統研究之後，福山仍然沒有放棄二十五年前的基本立場。二〇一四年六月，他在《華爾街日報》發表文章，題為「民主依然站立在『歷史終結』處」，針對「歷史終結的假設已經被證明是錯的，或者即使不錯，也需要重大修改」的質疑，他明白無誤地回應道：「我認為，那個根本理念仍然基本正確。」他堅持相信：「自由民主制沒有真正的對手。」在福山看來，目前唯一看上去可以與自由民主相競爭的體制是「中國模式」，但被問及「五十年之後，是美國和歐洲在政治上變得更像中國，還是相反？」他毫不猶豫地選擇了後者。❽福山在新著中專門探討了美國的「政治衰敗」，但他不認為「在成熟的民主國家中存在著系統性的『治理危機』」。他在結論中寫道：「儘管民主在二十一世紀初出現了挫折，但民主的前景在全球意義上仍然保持良好……這意味著政治發展過程具有一種清晰的方向性，意味著承認公民之平等尊嚴的可問責的政府具有普遍的感召力。」❾

十一月十八日，康乃爾大學舉辦了一場題為「二十一世紀的民主狀況」的論壇，邀請福山作主旨演講，另外兩位著名政治學家米爾斯海默（John Mearsheimer）和卡岑斯坦（Peter Katzenstein）擔任嘉賓評論。❿整個論壇的實況影片隨後在網路上發布。⓫兩位評論人對福山重申「歷史終結論」的演講做出了深刻而尖銳的批評。米爾斯海默相信，政治在根本上是衝突的，民主政治也無法避免衝突與戰爭。另外，自由主義相信人性多元論，自由民主政體的根本優勢在於能夠有效地回應人們信仰和善的觀念的多元性。而福山早期著作中採用（尼采的）「末人」這一普遍均質人性的概念，這在根本上不是一個自由主義的論點。卡岑斯坦則堅持主張人類文明的多樣性，雖然各種文明也會在現代化歷程中發展演變，但最終將形成「多元現代性」，而不是趨同地收斂為自由主義現代性。在他看來，自由民主制度會繁榮，但世界不會走向單一的西方模式。在問答和總結環節中，福山反問卡岑斯坦：多元現代性如何成為一個社會組織原則？許多人類的特殊差異隨著時間消失了，因為它們在社會組織的意義上無法存活。卡岑斯坦回應說，現代化理論以及各種社會趨同理論，在根本上不同於他所信奉的理論，即不同的歷史文化將以不同的方式回應現代性，形成不同的政體。最後，米爾斯海默試圖在福山和卡岑斯坦之間發現兼容性——文明與文化可能是多樣的，但仍然可能共享類似的自由民主政治體制。

實際上，政治衝突論與文明多元論並不能真正駁倒福山。因為後來他很少提及早期的「普遍均質國家」和「末人」學說，他始終堅持「歷史終結」的含義並不是指歷史「事件」不再發生或衝突和文化多樣性徹底消失，而是說無論這些事件、衝突和多樣性多麼劇烈和複雜，都不足以在政治意識形態和政體類型的意義上有所作為。就此（也僅就此意義）而言，自由主義民主之外沒有真正的另類選項。

在根本上，福山的「政治科學」實證研究使他相信，歷史的進程雖然曲折，但現代性與新的普遍政治意識最終會壓倒地理或文化傳統特殊性的力量，而不是相反。這應和了他以黑格爾─柯傑夫的「承認意識」為核心的「歷史哲學」觀點。於是，在民主轉型的艱難甚至失敗中，許多人看到的是歷史的多樣性，而福山看到的反而是走向民主的強勁欲望。總之，對福山而言，歷史的道路崎嶇、終點遙遠，但長期的方向不變。只是福山的「長期」究竟有多遠？凱因斯有句名言：「就長期而言，我們都會死的。」

資本主義的警鐘與喪鐘

思想激辯的風暴同樣席捲了對資本主義體制的批判。當然，從金融危機到「占領運動」，「資本主義的危機」早已不再是新鮮的說法。但危機與「必然滅亡」之間的距離是如此漫長，或許並不會比民主化第N波與歷史終結之間的距離更短。二〇一四年，我們再次聽到「狼來了」的警報，但這次是真的嗎？

法國經濟學家皮凱提（Thomas Piketty）無疑是二〇一四年最引人注目的學者。他的著作《二十一世紀資本論》英譯本⓬在三月出版後引起轟動，登上許多的暢銷書或年度最佳著作榜單，相關的評論令人應接不暇（僅克魯曼一人就在《紐約時報》上刊發四篇書評）。《經濟學人》稱此書會「徹底改變人們對過去兩個世紀經濟史的思考方式」，並為此組織了線上閱讀討論小組。英國《展望》雜誌將皮凱提列為年度最具影響力的世界思想者之一。有電影製作人要將此書拍成紀錄片，有作曲家要以此為藍本創作歌劇。

這本書到底有什麼魔力？資本主義會導致經濟不平等，這不是人盡皆知的常識嗎？然而，以往這種不平等可以得到各種辯護，最常見的是所謂的「公平遊戲」（fair game）辯護：就像在同一起跑線上出發的田徑運動員，擁有平等機會的人們各盡其能、各顯其才展開自由競爭，最終的結果自然不會平等，但這是人們在才能和努力方面的差異造成的結果，雖不平等卻是公平的，是在道德上可以接受的。而皮凱提的研究結論則挑戰了這個公平遊戲的神話。他的著作透過對經濟史長程數據的分析表明，資本收入增長總體上高於經濟增長，其含義是資本（股票、債券、土地及現金）收入超過勞動工資收入，這就意味著「自由公平競爭」的資本主義體制實際上具有「承襲制」的內在傾向，這違背了現代社會的核心道德原則：人們的命運不應當被自己無法掌控的先天因素（種族、性別、血緣或家庭出身等）所決定。資本主義「勤勞致富」的道德神話就此破產。雖然有專業同行對皮凱提使用的數據提出過商榷或質疑，但很難撼動他的主要結論。

那麼，如何抑制資本導致的不平等趨勢加劇？除去天災人禍的力量（如二十世紀兩次世界大戰造成的特殊效應），皮凱提認為最合理的方式是對資本徵收累進稅和繼承稅，這遭到許多自由放任派人士的攻擊，他被貼上「馬克思主義者」或「社會主義者」的標籤。但是，在更激進的馬克思主義者（如大衛．哈維）看來，皮凱提的工作雖然有重要意義，卻仍然受到「經驗主義」的局限，未能在基礎理論層面上對資本主義做出深刻的「診斷」。實際上，皮凱提的立場是社會民主主義，他支持政治民主和經濟全球化，也不否認市場經濟的積極意義。他在訪談中明確表示，他的目標是改造資本主義，方法在於民主政治。通過稅制改革以及經濟和金融的透明性，讓民主壓倒資本主義而不是相反。顯然，他並不企圖在資本主義體制之外另起爐灶——這在他看來是比稅制改革更不切實際的烏托邦。他要為資本主義敲響警鐘，而不是喪鐘。[13]

的確有人為資本主義敲響了喪鐘。德國左翼經濟學家史崔克（Wolfgang Streeck）在《新左派評論》發表了題為「資本主義將會如何終結？」的長篇論文。[14]作者分析指出，今天的資本主義處於二戰以來最嚴重的危機，同時具有三個長程惡化趨勢，即經濟增長持續下滑、負債總額不斷上升、經濟不平等的狀況日益加劇。與此同時，資本主義與民主之間的歷史偶然關聯已經被打破，沒有什麼力量能阻止資本主義從危機走向崩潰，雖然這可能是個漫長而痛苦的過程。但在資本主義之外有什麼另外的選項？沒有。但作者認為，今天資本主義的新特點恰恰是，在沒有其他明確選項的情形下也會不可避免地走向終結。

「中國世紀」的來臨

《外交政策》發表了派克（George Packer）的文章，他綜合借鑑了霍布斯邦「短暫的二十世紀」與阿瑞基「漫長的二十世紀」的觀點，將二〇一四年界定為新世紀的開端。近十多年的各種突發事件和混亂的累積效應終於在今年達到了轉折點——這是人們意識結構的轉折點：人們終於接受世界格局已經發生了深刻的結構性變化，使得冷戰後的認知範式不再有效。[15]但新世紀的世界格局究竟意味著什麼？

史迪格里茲以「中國的世紀」為題在《浮華世界》發表文章，宣告中國已經超過美國成為世界最大的經濟體。他指出，當今的世界經濟不是零和賽局，中國所得並不造成美國所失，完全可以形成互補與互惠的關係。因此，美國不必為失去經濟總量的首席地位而憂心忡忡，更不應當遏制中國的崛起，而應當歡迎中國更積極地介入國際事務。由此，美國也可以集中精力應對外交上更緊迫的問題（伊斯蘭極端主義、以巴衝突，俄羅斯的復仇主義以及核擴散問題）。由於自身的特殊歷史和尊嚴感，中國不可能完全接受目前由西方制定規則的全球體系。因此，無論是否喜歡，我們都必須合作，而一個穩定的、運轉良好的全球政治與經濟秩序是雙方的共同利益。美國的軟實力仍然重要，但維護其價值首先需要處理自身的系統性缺陷。⑯

對「中國世紀」的想像由來已久，但今年這個議題更加引人注目，也仍然充滿爭議。美國前財長和前哈佛大學校長薩默斯與其同事普利切特（Lant Pritchett）十月在《國家經濟研究局工作論文》（*NBER Working Paper*）發表研究報告，挑戰了全球經濟中心向亞洲轉移的預測共識，認為中國和印度未來的經濟增長有可能比普遍預計的速度低得多，會回歸到世界經濟增長的平均水平（二%左右）。而中國經濟的一些特徵使它更有可能在增長中呈現出間斷的衰落。中國過去三十五年的迅速增長是非凡的，這份研究報告並不認為中國經濟注定會出現急速下滑，但建議相關的預測應當在更大的可能性範圍內來考慮。⑰《紐約時報》在題為「重新估計中國世紀」的文章中，介紹了多篇類似的新近研究。⑱

哈佛商業出版社在年初推出新著，題為「中國能領導世界嗎？抵達實力與增長的極限」，三位作者都是中國經濟問題專家：哈佛商學院的柯偉林（William C. Kirby）和麥克法蘭（F. Warren McFarlan）以及華頓商學院的雷影娜（Regina M. Abrami）。他們以三十多個在中國的本土和外資企業個案研究材料為基礎，認為中國很有可能達到了增長的轉折點，並對「中國模式」將威權統治與資本主義元素完美結合而形成的優勢提出質疑。[19]另外，柯偉林在接受《紐約時報》部落格專訪時指出，人們將二十世紀稱為「美國世紀」是指它在全球政治、經濟和文化領域廣泛而強大的影響力。中國的這種影響力正在上升，但同時也和美國一樣面臨巨大的挑戰。「如果這兩個國家在二十一世紀要幫助並引領全世界……還有大量工作要去完成。」[20]

美國退入孤立主義

與對「中國世紀」的展望形成對比，今年關於「美國衰退」的報導與爭論層出不窮。在〈我們已經觸到了美國的頂峰嗎？〉一文中，作者指出，美國在世界的領導地位陷入危機。調查顯示，當前美國民眾中認為美國實力正在削弱的人數占比達到了歷史最高點，這反映出美國深刻的焦慮，這種焦慮不僅是伊拉克和阿富汗戰爭造成的結果，還有對全球經濟競爭威脅美國生活前景的擔憂，也構成了要求美國從世界事務中退出或節制的民意基礎。另外，也有強硬的保守派人士呼籲，美國必須堅持對世界的領導權。雖然歐巴馬曾明確表示，美國仍然保持著相對的強勢，問題不是「美國是否要引領，而是如何引領世界」，但在保守派看來，歐巴馬是「美國衰落論」的提倡者，在國際事務中軟弱無力。[21]

普立茲獎得主史蒂芬斯（Bret Stephens）在二〇一四年出版了《退卻中的美國：新孤立主義與全球混亂的來臨》一書，指控歐巴馬主導的國際戰略正在使美國退卻並走向「新孤立主義」，這已經加劇了世界的無序，長此以往將帶來災難性的後果。「如果這個頭號自由民主國家不承擔世界警察的角色，那麼這個世界將會被獨裁競爭或聯合來填補缺口。試圖重返孤立主義伊甸園的美國人，很快就會發現自己身陷全球混亂的射擊場。」作者認為，美國的退卻是錯誤的政策選擇的結果，並非不可逆轉。如果美國接受作為世界警察的歷史責任，就能夠更有力地維護世界和平與國內繁榮。[22]

新保守派的中堅分子羅伯特．卡根一貫主張美國積極介入國際事務。他在《新共和》發表了題為「超級大國不退休」的萬字長文，分析「我們這個疲憊的國家仍然對世界負有什麼責任」（副標題）。[23]卡根列舉了世界範圍內的動盪不安，認為這標誌著一種轉折，即「轉向一種不同的世界秩序或一種二十世紀三〇年代以來所未見的世界無序」。他指出，從「歷史終結論」到金融危機之後的「美國衰落論」，兩者給出的是同一種逃避主義的處方。對前者而言，美國以實力來塑造世界秩序是多餘的，而在後者看來，因為現在美國不再具有足夠的實力，這又是不可能的，但這兩種範式都是錯誤的。目前美國外交政策的取向不是「孤立主義」，而是「對常態的尋求」（a search for normalcy），即希望擺脫一種不同尋常的美國自「二戰」以來一直承擔的全球責任重負，成為一個著眼於自身狹隘利益的「常態國家」。但尋求常態的戰略導向將會引發全球性的動盪。如果美國造就的世界秩序正在走向崩潰，那麼這不是因為美國實力的衰落（美國的實力仍然足以應對目前的挑戰），也不是因為這個世界變得更加複雜和棘手（世界一貫如此），而是因為一個「智識問題」（intellectual problem）——對美國特殊身分與目標的誤解。卡根堅持主張，美國從來不是一個常態國家，孤立主義也從來不是一個選項：「美國從來就更像羅馬共和國或古代雅典共和國，是一個四處奔波的國家。」

卡根明確主張，美國必須以積極的干預來維護美國造就的世界秩序。他同時承認，在沒有世界政府的前提下，美國在國際領域中同時充當法官、陪審員和警察的多重角色會引起爭議：「是什麼給了美國這種代表自由世界秩序來行動的權利？」他的回答直截了當：「實際上沒有什麼，除了那種信念：自由世界秩序是最為公正的。」自由世界秩序從未被置於公眾表決之下，也不是上帝的遺贈，這當然是一個道德難題。自由的世界秩序不是人類進步的終點，而只是一種臨時和短暫的秩序，適合廣大和強有力的民眾集體的需求、利益以及理想，但未必符合每個人的需求和願望。

實際上，史蒂芬斯和卡根等的強硬論述甚囂塵上，恰恰表明了世界格局的轉變以及西方內部的嚴重分歧，對此的批判回應也遍布報刊。雪梨大學教授斯威茲（Tom Switzer）在《國家利益》上發表題為「超級大國不退休，但卡根應當退休了」的文章，[24]抨擊了卡根等新保守主義的戰略家對美國外交政策的誤導——他們當初曾竭力主張對阿富汗和伊拉克發動戰爭，但從未在災難性的後果中吸取教訓。許多評論文章都指出，美國的實力仍然具有相對優勢，目前的外交政策也沒有走向孤立主義，只是不再像卡根倡導的那樣不加區別地充當世界警察，而是更加審慎務實地分辨重要和次要的問題，區別在能力之內和能力之外的行動，更強調在複雜世界中行動的限度。

「一戰」百年：歷史與警示

今年是第一次世界大戰爆發一百週年，歐美思想界的報刊紛紛刊載文章，回顧反思現代歷史的這一重大事件，其中有兩個傾向格外突出。首先，學術界對這場戰爭的歷史研究仍然活躍；其次，回顧對比百年前的大戰，許多學者告誡當今世界潛藏著相似的危險。

一九一八年以來，圍繞「一戰」研究的專著與論文源源不斷，大約有兩萬五千種（篇）之多，相關的學術爭論也幾乎沒有停止。《經濟學人》在三月發表長篇書評，回顧了百年來歷史學家之間的爭論以及主流觀點的變遷。㉕在新近的研究中，有兩部巨著（都長達七百多頁）格外值得重視，即牛津大學史學家麥克米蘭（Margaret MacMillan）的《那場終結和平的戰爭：通向一九一四年的道路》（*The War That Ended Peace: The Road to 1914*），以及劍橋大學「歷史學欽定講座教授」克拉克（Christopher Clark）的《夢遊者：一九一四年歐洲如何走向「一戰」》（*The Sleepwalkers: How Europe Went to War in 1914*）。麥克米蘭將紛繁的經濟、社會和政治的緊張格局與當時流行的思想觀念（民族主義和社會達爾文主義）結合起來，以此分析導致戰爭的各種決策，生動地重現了一九一四年的歐洲由和平走向戰爭的道路。克拉克從浩瀚的史料中梳理了戰爭緣起的多種因素及其複雜的關聯機制，挑戰了「德國罪責論」這一主流觀點，認為不能將這場戰爭看作「罪行」並歸咎於某個特定的國家，而應當視為一場「悲劇」，由歐洲多國的政要、外交官和軍人們共同釀成的悲劇。他們都不是戰爭狂人和瘋子，而是被魯莽、狹隘、自負、懦弱和多變的弱點所蒙蔽的「夢遊者」，誤判了局勢與未來，不知不覺地走向了戰爭。這兩部著作都在學界引起了熱烈回響和爭論。《經濟學人》的文章認為，克拉克的著作對於轉變人們的既有理解最具影響。總體來說，歷史學家們的爭論還在持續，但仍然具有一些基本共識：「在五個參戰國中，德國、奧匈帝國與俄國這三方共同負有開戰的責任（雖然責任並不同等），而德國當時可以有更多和更好的選擇，因此具有最大的錯責。」

人們真的能從歷史教訓中獲益嗎？英國已故歷史學家泰勒（A. J. P. Taylor）在評論拿破崙三世時有句名言：「他像大多數研讀過歷史的人一樣，只是從過去的錯誤中學到如何犯下新的錯誤。」然而，在一九六二年「古巴導彈危機」的日子裡，甘迺迪總統正在閱讀關於「一戰」的名著《八月炮火》（*The Guns of August*），由此他警覺到，困惑、猶豫和大國之間缺乏溝通使得歐洲滑向了戰爭，他意識到必須明白無誤地向赫魯雪夫表明立場，才能避免核戰爭的危險。劍橋大學著名史學家伊文思（Richard J. Evans）重提了這段歷史，意在呼籲大國要以史為鑑。他在《新政治家》網站發表以「一九一四年對理解二〇一四年有何啟示？」為題的文章（隨後刊登於《新共和》雜誌），指出百年前後的世界格局有著令人不安的相似性——彼時作為超級大國的英國遭受德國崛起的挑戰，而今美國的全球優勢正在面對中國崛起的挑戰，而意識形態的對壘也有類似之處，尤其是民族主義的高漲。[26]

《大西洋月刊》在八月號推出「『一戰』百年專號」，首篇文章題為「是的，這可能再次發生」。作者指出，在一戰爆發的前幾年，歐洲的緊張局勢已日益明顯，但當時全世界的政治家幾乎都認為大規模戰爭是不可想像的。「不可想像的事情可能會發生。我們需要重溫這個平凡而永遠有益的看法。」烏克蘭地區的動盪、敘利亞的混亂、南海的衝突，都可能是戰爭的引爆點。[27]尼爾·弗格森在《金融時報》發表的文章也指出，一九一四年伊始，世界各大報刊的評論都認為緊張局勢正在走向緩和。人們正策劃在紐約舉辦一場國際會議，慶賀英語世界的百年和平。的確，「一戰」本身是一場「非常不可能的災難，要有一連串外交和軍事的誤判才會發生」。但今天的世界是否能夠避免類似的災難呢？弗格森認為，聯合國機制、全球化經濟以及核武器的存在都不能真正防止戰爭，重要的在於避免類似的誤判。他認為，「以制裁讓普丁總統在屈服或戰鬥之外別無選擇就是犯了大錯」，只不過代價是由烏克蘭人民來承擔。[28]弗格森的這篇文章引起了多位讀者的批評回應。

愛因斯坦曾在一次答問中說過，他不知道第三次世界大戰會使用什麼武器，但他知道「第四次世界大戰會用棍棒和石頭來戰鬥」。

傅柯逝世三十週年：令人意外的新發現

法國思想家傅柯對當代西方學術文化具有革命性的影響，在他同輩的學者中幾乎是無與倫比的。在傅柯辭世三十週年之際，相關的學術會議、紀念活動以及報刊媒體的報導評論蜂擁而至。傅柯的一段訪談影片在失落已久之後重見天日，三月二十日在YouTube上公布，「文化理論」等網站紛紛轉載。[29]這是一九七一年傅柯接受荷蘭無政府主義者埃爾德斯（Fons Elders）採訪時錄製的。在長達十五分鐘的影片中，傅柯討論了他的著作《古典時代瘋狂史》，以及與此相關的更大的研究主題。

然而，最具煽動性的新發現來自十一月面世的法文版著作《批判傅柯：一九八〇年代與新自由主義的誘惑》，揭示了傅柯在晚年對新自由派思想的奇異青睞。「這位哲學家對經濟自由主義的態度至少是曖昧的。傅柯先生根本沒有領導一場反對自由市場之思想信條的決定性戰鬥，反而在許多方面似乎迎合了這種信條。」[30]這項國際合作的新研究由比利時青年社會學家薩莫拉（Daniel Zamora）主持，其他參與的五位學者來自美國和法國，包括加州大學柏克萊分校著名法裔美國社會學家華康德（Loïc Wacquant）。此書的英文版將於二〇一五年出版。

薩莫拉在十二月接受法國《碎石》（*Ballast*）雜誌的長篇訪談，討論了這本書「令人著迷的發現」及其對今天左翼政治的意義。[31]美國激進左翼雜誌《雅各賓》（*Jacobin*）的網站隨即發布了這篇訪談的英文譯本，題為「我們能批判傅柯嗎？」。[32]

傅柯辭世之後，他的作品成為全世界學院左派的經典。但正如他的友人維尼（Paul Veyne）指出的那樣，傅柯是不可被類別化的：「既不信仰馬克思，也不信仰佛洛伊德、革命或毛主義。他對第三世界、消費主義、資本主義和美帝國主義都沒有原則性很強的立場。」薩莫拉本人是一名立場鮮明的激進左翼學者，他推崇傅柯的性格與作品，「他總是比同代人領先一步」，為新的領域開闢道路。他知道這本書一定會引發爭議，但他們的研究不是要對傅柯做一種譴責或訴訟式的批判，而是要打破一種關於傅柯的錯誤共識：傅柯在晚年徹底反對新自由主義。這種共識來自對他晚期作品錯誤或片面的闡釋。實際上，傅柯親新自由主義的傾向的文本證據相當充分，但一種尊崇心態遮蔽了人們去批判性地閱讀傅柯的可能：「在部分激進左派當中，傅柯變成了某種不可觸碰的人物，要對他做出批判至少是讓人膽怯的。」

因此，薩莫拉認為有必要深刻反省左翼學派自身的封閉心態。在這方面，他贊同法國哲學家拉加斯納里（Geoffroy de Lagasnerie）的觀點，即人們隔絕在學術界慣常的宗派氛圍中，無法在考慮海耶克、貝克和傅利曼的論述時形成任何有啟發性的解讀，而傅柯則不同。「他讓我們去閱讀和理解這些作者，從中發現複雜和具有激發性的思想。他總是費心竭力地去探尋各種不同視域的理論著作，並持續不斷地質疑他自己的思想。」但學院左派很少如此開放，往往陷於「學派」的立場，預先就拒絕了那些出自不同前提的思想和傳統，這是一種有害的態度。薩莫拉高度讚賞拉加斯納里二〇一二年出版的著作《傅柯的最後一課》，❸❸但不同意他最終的結論。「他看到的是傅柯想要利用新自由主義來重建左派，而我們的看法是，傅柯對此的援用不只是工具性的，而是採納了新自由派的觀點來批判左派。」薩莫拉正是要對此展開批判。

自二十世紀七〇年代末馬克思主義衰落之後，傅柯占據了核心地位。在現實中，他提供了一種安適的立場，容許一定程度的顛覆性，卻又不受到學院體制規則的貶損。當時，傅柯逐漸轉向所謂「第二左翼」（法國社會主義中一種具有思想影響力的少數派），實際上他是布萊爾「第三條道路」的先驅者，「將新自由主義的策略整合到社會民主派的軀體之中」。這尤其體現在他晚期對社會保障體系的否定立場。在傅柯看來，社會救助和社會保障這類機制，與監獄、兵營或學校一樣，都是「現代社會中實施權力的不可或缺的體制」。

在法國，關於社會保障體系的辯論始於一九七四年，由史托勒呂（Lionel Stoléru）引發。他當時是法國（親右翼的）總統季斯卡的技術顧問，傅柯曾與他多次會面。史托勒呂的著作《在富裕國家中征服貧困》中，有一個傅利曼式的論點深深吸引了傅柯：「社會保障體系是一種（社會主義的）追求平等的政策，而（新自由主義的）消除貧困政策則無須挑戰差距。」薩莫拉指出，傅柯不僅攻擊了社會保障體制，而且受到傅利曼提議的所謂的「負所得稅」方案的誘惑。簡單地說，這個方案就是給低於一定收入水平的人口發放福利，以此來消除貧困。但薩莫拉強調，社會保障體系不僅要求消除絕對貧困，而且致力於克服相對貧困（收入等級差異），這是一種社會主義的規劃。而「負所得稅」方案僅僅應對絕對貧困問題，卻完全無視相對貧困，放任社會經濟等級差異的持續與加劇，這是新自由主義取向的主張。在這個重要的問題上，傅柯明顯背離了左翼政治傳統，滑向了新自由主義。

塔夫茲大學國際政治教授德雷茲納（Daniel W. Drezner）在《華盛頓郵報》的網站上發表了題為「為什麼傅柯是自由放任派最好的朋友」的網誌。文章指出：「從一個保守派的視角來看，傅柯作品的優越之處在於比馬克思更具可塑性，而且在經濟上顛覆性更少。以傅柯思想為根源的學者要遠比老派的馬克思主義學者更能兼容新自由主義。」在他看來，此書代表著一種左翼的努力，試圖要「規訓」傅柯與右翼的調情。他很期待看到學院左派對此書的回應。[34]

菁英大學的神話與現實

焚燒的哈佛校旗印在《新共和》雜誌（七月二十一日一期）的封面上，而當期封面故事的標題同樣具有挑釁性：「別送你的孩子去常春藤盟校：這個國家的頂尖大學正在把我們的孩子變成殭屍」。[35]這篇文章即刻引發了激烈的爭論。文章作者德雷西維茲（William Deresiewicz）是一位文學批評家和專欄作家，曾在哥倫比亞大學從本科讀到博士，畢業後在耶魯大學任教十年，這份履歷使他有資格對所謂的頂尖大學提出尖銳的抨擊。首先，大學時代應當是年輕人自由探索和思考的旅程，去發現「什麼才值得追求」，去塑造自己的個性與靈魂。而當下菁英大學被商業精神同化，催促學生完成就業履歷所要求的一個個項目，表面上將他們塑造為「成功人士」，但在相當程度上讓他們陷於「畏懼、焦慮和沮喪，以及空虛、盲目和孤立」，最終變成了目光狹隘、缺乏獨立思考、人生目標迷茫的「殭屍」。所謂的成功實際上是成為「卓越的綿羊」：失去了對人文思想的激情和求知的好奇心，也沒有健全的社會使命感，只是一門心思追逐金錢與特權。其次，為了吸納足夠多的能支付昂貴學費的生源，同時被獲取校友捐贈的動機驅使，大學將自身利益置於它們公開宣稱的公共利益之上。因此，菁英大學的體制從招生錄取到就業導向，都在向富裕階層傾斜。「這個體制正在加劇不平等、阻滯社會流動性、延續特權，造就了一個與社會隔離的菁英階層。」最後，這樣的大學菁英教育也抑制了一個健全社會所要求的文化多元化與人才多樣性。近年來，普林斯頓大學三分之一的畢業生進入金融行業，哈佛大學有近半數的畢業生從事金融與顧問業。而英語文學正在成為瀕臨滅絕的專業，只有三%的學生以英語（文學）為主修專業（這個比率還不到四十年前的一半）。而經濟學則大行其道，在二十七所一流大學（包括四所常春藤學校）中成為第一熱門的專業。

德雷西維茲的這篇文章節選自他今年出版的新書《優秀的綿羊：美國菁英的錯誤教育與通向有意義生活的道路》。[36]這篇文章發表之後，《新共和》又刊發了多篇反駁文章，其中有哈佛大學著名心理學教授平克的長篇回應。[37]平克指出，德雷西維茲的許多指控失實或誇大其詞。人們很容易贊同大學的首要任務是教學生「思考」，但要明白其確切含義則困難得多。德雷西維茲認為，「為獲得商業和專業成功所必須的那些分析和修辭技能」並不意味著思考，但這種對現實世界的傲慢說辭並沒有多少益處。另外，所謂「確立自我」的目標——「成為一個有個性的獨特的存在，一個靈魂」是相當空洞的。現代大學很難幫助學生確立「自我」，錄用人才的標準也無法依靠對「靈魂」的神祕考察來確立。平克主張，大學的主要使命是讓學生掌握清晰寫作和依據材料做出推論的本領，以及學會認識世界，比如物種的歷史、支配物理世界和生命世界的原理、各種價值和信仰的體系等。

《新聞週刊》則以「美國恐怖故事之常春藤版」為題，報導了兩位常春藤校友的新著，都是對菁英教育弊端的反思之作。[38]《紐約時報》發表評論文章〈成為一個真正的人〉，作者布魯克斯（David Brooks）辨析了大學教育的三種目標：「商業目的（啟動職業生涯）、平克的認知目標（獲得訊息並學習如何思考），以及德雷西維茲的道德目標（確立一個完整的自我）。」他認為目前的菁英大學仍然在尋求道德目標，但當權者已經不再感到要迫使自己去界定「他們認為道德、情感和精神的成長何以展開……他們不認為這是他們的職責，或如平克所說，他們不認為自己知道答案」。因此，目前的菁英大學只追求前兩種目標，而道德目標和精神成長只能留給個人自己。作者認為，德雷西維茲雖然「嚴重誇大了菁英大學道德衰敗的程度」，但至少提醒我們道德教育處在「被遺棄的荒地」。[39]

《新共和》的劇變

《新共和》是美國聲譽卓著的政治與文化意見雜誌，在二〇一四年末迎來了創刊一百週年紀念日。十一月十九日該雜誌在華盛頓舉辦了盛大的慶典活動，前總統柯林頓到場致辭，二十四日推出了「百年紀念專號」，同期還出版了雜誌的精選文集《心靈的叛亂》。[40]但在這榮耀的時刻，分裂的暗流已經湧動，最終演變成一場劇烈的「地震」。十二月四日，雜誌主編佛爾（Franklin Foer）和文化版編輯維塞提爾辭職，次日三分之二的編輯和特約作者集體辭職。雜誌隨即宣布暫停出版，直到二〇一五年二月復刊。這場戲劇性的動盪在輿論界引起譁然。

對《新共和》事件最直觀的解讀，是傳統媒體在數位化時代遭遇的轉型陣痛，但背後的原因更為錯綜複雜。《紐約客》刊登長篇特寫，作者利扎（Ryan Lizza）曾在《新共和》工作九年，詳盡透露了事變的內幕故事。[41]《新共和》雜誌長久以來一直在經濟虧損的狀態下運營，到二〇一一年財務上已經完全無法維繫。二〇一二年三月，臉書的共同創始人休斯（Christ Hughes）購買了《新共和》的主要股權，成為雜誌社的所有者和雇主。當時二十九歲的休斯個人資產高達數億美元，其行事風格完全是矽谷創業者的作風，曾令許多資深編輯憂心忡忡。但休斯告白說，他珍視傳統和文化品質，並提醒人們他是「在哈佛讀過歷史和文學的人」。實際上，此後兩年間休斯與佛爾的合作相當愉快，許多人認為雜誌處在歷史上最好的時期之一。休斯也曾在佛爾的生日宴會上表示，他們兩人「將會成為智識同伴而步入下一個十年」。令人不安的轉變始於二〇一四年夏季，當時休斯的同性婚姻伴侶參加國會議員的競選，耗費鉅資但最終落敗。休斯從此開始對雜誌的虧損狀態越來越焦躁，最終聘請了雅虎前高階主管維德拉（Guy Vidra）擔任雜誌社的首席執行長。維德拉上任後，宣稱要將《新共和》轉型為一個「垂直整合的數位媒體公司」，此後的一系列舉措嚴重背離了這份雜誌的傳統和價值取向，引起了這場「譁變」。事變發生後，休斯深感震驚，也似乎有悔悟之感，但對於大多數員工而言這已經太遲了。

紐約市立大學的新聞與政治學教授貝納特（Peter Beinart），曾任《新共和》主編長達七年，他在《大西洋月刊》發表的文章提供了另一種觀察視角。他認為，《新共和》的特異之處在於開創了一種特殊的自由主義論述，「在整個二十世紀八〇和九〇年代，站在民主黨菁英的右邊」，這種立場使它在美國內政外交的公共論辯中發出了無可取代的強勁聲音。但近年來美國政治在整體上右轉，民主黨變成中間派，而共和黨的右翼色彩更加極端。於是，《新共和》原有的立場就不再具有可辨識的獨特性。貝納特相信，今天《新共和》留下的空白地帶應當屬左翼菁英。誰能以具有強勁爭辯力的新聞事業來填補這個空間，誰就是《新共和》真正的繼承者。[42]

2015

2003 2004 2005 2006 2007
2008 2009 2010 2011
2012 2013 2014 2016
2017 2018 2019 2020

震驚之後：辨析恐怖主義的淵源

巴黎，西方的文化之都，年初經受的傷痛未愈，又在歲末遭遇了更為血腥的襲擊。二〇一五年成為世界震驚之年。

震驚的感受來自恐怖攻擊的殘暴、突發及其目標的不可預測。《倫敦書評》的一篇文章如是寫道：「黎巴嫩內戰前的貝魯特曾以『中東的巴黎』為人知曉，而今天的巴黎卻越來越像西歐的貝魯特，一個湧動著族裔衝突、人質劫持和自殺式炸彈的城市。」❶貝魯特的情景今天可以發生在巴黎，明天也可能發生在倫敦、柏林、紐約或者任何地方（甚至北京在聖誕節期間也發出了預防恐怖攻擊的公告）。所謂的「伊斯蘭國」（ISIS）在二〇一五年十一月公布的最新「敵國名單」列入了全球六十個國家。沒有誰能夠獨善其身，暗自慶幸「風景這邊獨好」。

更深層的震驚源自思想上的晦暗不明。從「《查理週刊》事件」到「黑色星期五」，激發了西方思想界風暴般的討論：什麼是恐怖主義的根源？如何才能有效地遏制與防範恐怖主義？西方世界的生活方式將就此被改變嗎？所有這些問題都難以獲得確定無疑的答案。但受驚的心靈往往急需一個簡明的解答才可能平復。在迫切與焦躁中，竊竊私語已久的一個詞彙浮現出來——伊斯蘭。那麼，所謂「伊斯蘭國」的興起與伊斯蘭宗教傳統之間究竟有什麼樣的關聯？這是相當敏感和令人困惑的問題，也成為當下辯論的一個焦點。

驅逐困擾的一個方式是將兩者做乾淨的切割。歐巴馬總統聲明，ＩＳＩＳ「不是伊斯蘭的」！世界各地的穆斯林領袖聯名發出了同樣的聲音，這也是西方思想界的主流立場。美國官方呼籲用「達伊沙」（Daesh）來替代以往媒體常用的「ＩＳＩＳ」或「ＩＳＩＬ」的指稱。但困惑與質疑之聲仍然遍布社群網站的各個角落。「切割」聲明或者「更名」手法似乎很難平息實際上持續存在的激烈爭議。

《大西洋月刊》冒天下之大不韙，在二月發表了二〇一五年該刊最受關注的長文〈ISIS究竟要什麼？〉（網路版有近一．七萬條留言評論）。❷作者伍德（Graeme Wood）大膽宣稱：「實際上，ISIS就是伊斯蘭的，十足的伊斯蘭。……它最熱衷的追隨者所布道的教義，源自對伊斯蘭教融貫甚至精深的闡釋。」伍德承認，將ISIS問題僅僅視為「伊斯蘭的麻煩」是流於表面的，甚至為其辯白，因為伊斯蘭教允許多種不同的闡釋，ISIS的支持者們只是在道德上固執於自己選擇的一種特定闡釋。但是，反過來簡單地將它「指控為非伊斯蘭的（un-Islamic）卻可能無濟於事」，因為「這個哈里發的許多實踐在平白寫就的經文中得到了背書」。伍德的文章遭到了強烈的反彈，他隨後在《大西洋月刊》網站做出澄清、修正與回應，但並沒有收回基本觀點。❸

普林斯頓大學的海卡爾（Bernard Haykel）教授被帶入了辯論的漩渦，因為他被伍德譽為「在ISIS意識形態問題上最具發言權的世俗權威學者」，也是其文章所援引的主要學術依據。海卡爾是普林斯頓大學近東研究教授，並主持「當代中東、北非與中亞的跨區域研究所」。他在接受「美國進步研究中心」（Center for American Progress）主辦的政治評論網站「思進」的採訪時指出，ISIS是在特定歷史脈絡下的偶然產物，「伊斯蘭教中沒有什麼注定的東西會導致ISIS」。雖然ISIS的確根植於純正的伊斯蘭經文，但這些經文必須經由闡釋才能被理解，而闡釋總是具有時代性。ISIS卻認為，任何對舊有闡釋的挑戰都是叛教行徑。他們聲稱「我們必須返回第七世紀」，這是要否定過去一千年伊斯蘭教法傳統的法理複雜性。因此，ISIS的問題在於其「非歷史的神學」，假裝一千多年的歷史都沒有發生過，以此為他們的暴行辯護。但與此同時，海卡爾沒有放棄自己原初的看法。「許多人說伊斯蘭是一種和平的宗教，但這是什麼意思呢？基督教有時是和平的宗教，有時是戰爭的宗教，這取決於我們在討論哪個時代，並不存在『和平的宗教』這回事。」他承認，有大量伊斯蘭經文提倡更多的和平主義、更少暴力，甚至以寬容和開明的教義來接受非穆斯林群體。ＩＳＩＳ援引的經文仍然存在於伊斯蘭傳統（比如，「燒死叛教者」就在其法典之中），這使得「ＩＳＩＳ是伊斯蘭的」。「ＩＳＩＳ是穆斯林，但他們要麼是陷入嚴重錯誤的穆斯林，要麼是迷失於異端邪說的穆斯林。」最後海卡爾強調，對ＩＳＩＳ的診斷與應對不應僅僅局限於宗教維度，而必須將此理解為「遜尼派阿拉伯世界更深層的結構性問題的症狀」，包括政治、經濟、就業和教育等諸多方面的原因，這需要阿拉伯社會本身開啟漫長的改革。❹

《大西洋月刊》網站隨後發表了宗教研究教授達戈里（Caner K. Dagli）的批評文章，這篇文章首先質疑了伍德專業資質的可信性：一名非穆斯林的作家何以有自信辨識《古蘭經》和《聖訓集》的「平白含義」？何以判斷什麼樣的闡釋是「嚴肅的」？「引經據典」的解說並不是正當和嚴肅闡釋的證據。此外，作者指責伍德的觀點會使眾多穆斯林陷入進退兩難的境地：如果他們選擇沉默，會被那些要求他們「發聲」的人所譴責，但如果他們公開表達在宗教上與ＩＳＩＳ的決裂，又會被看作是在自我欺騙或欺騙眾人。在這種殘酷的邏輯中，「他們想要與ＩＳＩＳ真正決裂而免遭懷疑的唯一方式，就是完全拋棄伊斯蘭教」。❺

《新政治家》發表題為「『伊斯蘭國』有多麼伊斯蘭」的文章，提出了豐富的證據和論證。作者哈桑（Mehdi Hasan）透過深度訪談眾多伊斯蘭研究學者、反恐專家、前恐怖分子、心理學家以及穆斯林領袖，得出了與伍德完全相反的結論：ＩＳＩＳ沒有多少伊斯蘭屬性，他們對《古蘭經》的粗暴解讀也不是其政治暴力的核心所在。❻此外，喬治城大學的年輕學者史蒂奎（Sohaira Siddiqui）

在著名網路雜誌*Jadaliyya*上發表的文章也別有洞見。她反對過度糾纏於ＩＳＩＳ的宗教本真性問題，轉而考察伊斯蘭教的法律原則與實踐及其在歷史上既穩定又靈活的傳統，以此為對比，論證ＩＳＩＳ的原則和實踐完全背棄了伊斯蘭傳統。❼

馬克思主義者理解問題從來不會拘泥於宗教。法國著名左翼哲學家阿蘭．巴迪烏於十一月二十三日在法國北部城市歐貝維利耶發表演講，現場影片幾天後被上傳到YouTube。❽十二月十一日，以「我們的創傷不是新近的：巴迪烏論巴黎暴行」為題、長達二十六頁的演講英譯文本在多家左派網站上發布。❾巴迪烏主張，真正的思考應當始於這樣一個原則：「沒有任何人的作為是莫名其妙的」（nothing that anyone does is unintelligible）。所有非理性的、罪惡的、病態的行為也同樣構成思考的對象。「宣稱不可思議永遠是一種思想的失敗，而思想的失敗恰恰是非理性和罪惡行徑的勝利。」他的思考提供了一個宏大的闡釋圖景，分析資本主義主導的現代文明何以造就了三種病態的當代主體性，即「西方的主體性」、「渴望西方的主體性」以及「虛無主義的主體性」。而ＩＳＩＳ正是資本主義病態主體性的產物，宗教只是一個相關而非本質的因素。在本質上ＩＳＩＳ是當代法西斯的一種形態，宗教只是為其提供了身分標識和神聖外衣。巴迪烏在演講中引用拉辛劇作《菲德拉》的臺詞說：「我們的創傷並不新近……我們的創傷來自共產主義的歷史性失敗。」他呼籲年輕人、流離無產者和知識分子開啟新的思維方式，為「重歸解放的政治」創造條件。他相信「在當下的危機中我們有可能創造第四種主體形象：尋求超越全球資本主義的支配，而自身不陷入虛無主義」，「這將賦予我們一種消化和廢除猖獗的法西斯化的能力」。

法國人類學家艾特朗（Scott Atran）曾領導研究團隊多年實地考察恐怖主義團體成員和活動。他在網路雜誌《永生》（*Aeon*）發表長文指出，西方有許多人輕蔑地將ＩＳＩＳ視為「虛無主義的衝動」，但他們的研究工作卻發現了更為險惡的威脅，即「ＩＳＩＳ是一場革命」，如同此前許多革命一樣，帶著救贖的使命。這是「一種具有深刻誘惑力的改變和拯救世界的使命」。⑩世界將會因此而發生根本改變嗎？二〇一五年末，《紐約時報》刊出杜拉特（Ross Douthat）的評論文章〈自由秩序的崩裂〉。這位年輕而知名的保守派作者哀歎，「二〇一五年對我們的制度是一個死亡象徵時刻」。在冷戰後的二十五年間，自由主義現代性的整體大廈雖不理想卻一直相對穩定，沒有什麼外部對手（無論是俄羅斯還是伊斯蘭國家）能真正提出更好的選擇。而今天，那個自稱的「哈里發」呈現了一種新的反抗現代性的樣板，並且已經抵達了歐洲的心臟。「這是體制崩裂、防範潰敗的一年，這是提醒所有秩序可能消失的一年。」⑪

每年西方輿論界都會有類似「狼來了」的警告，這一次會是真的嗎？「黑色星期五」的暴行常被比作「法國的九一一事件」。當初，許多美國人都說「九一一改變了一切」。的確，此後十多年許多事情發生了改變，然而，還遠不是一切。

歐洲移民危機與捍衛西方價值的左右合流

歐洲尚未從金融風暴與債務危機的衝擊下完全復甦，又遭受二戰以來最嚴重的難民危機。為逃脫中東與北非的戰亂局勢，大量難民橫渡地中海進入歐洲（至八月底，二〇一五年已有三五·一萬移民和難民進入歐洲，有二六四三人喪身地中海）。九月二日，一名三歲敘利亞男孩艾蘭在海水中溺亡，遺體被沖上海灘的照片在媒體發布，令世界震驚與動容。九月五日，德國總理梅克爾宣布暫停此前相關法規的限制，允許被匈牙利阻攔的難民進入德國。九月第一週就有兩萬多難民進入德國。《經濟學人》以〈「德國！德國！」〉刊登簡報，讚歎德國勇敢地承擔了超額的義務（接收歐盟四〇％的難民），並強調這是「一般德國人」的意願（當時民調顯示，德國有五九％的人同意接收更多的難民，高達九六％的人感到所有逃離戰爭和暴力的人都享有難民庇護的資格）。⓬二〇一五年德國接受了大約一百萬難民。德國的榜樣精神一度感召了整個歐洲，但難民問題背後仍然潛伏著深層的危機。十一月十三日巴黎發生的血腥事件撕裂了暫時而表面的共識，關於「歐洲穆斯林化」的焦慮感再次襲來。

他們不是希臘人、不是西班牙人、不是義大利人，他們是歐洲的「外來者」。美國「激進中間派」的評論家林德（Michael Lind）說，這是一個「身分戰爭的時代」：「二十世紀的主要衝突是意識形態的，而在二十一世紀，主要衝突是身分驅動的。」⓭情況也許更為複雜，經濟利益的糾葛、傳統意識形態的紛爭以及文化身分和宗教認同的衝突，錯綜複雜地彼此交織，構成了當下歐洲困境的背景。擺脫這種困境，同時需要理智與意志、善意與勇氣，也許還需要時間和足夠的耐心。但突如其來的威脅往往會碾碎脆弱的耐心，簡潔有力的判斷和呼籲便生逢其時。

「野蠻人就在裡面，而且這裡沒有門」——以此為標題，保守派的悲情鬥士史坦恩（Mark Steyn）迅即寫下了他對巴黎恐攻的時評。⓮保守派旗手威廉．克里斯托（William Kristol）讚歎這是「迄今為止讀到的最強有力的反應」，並在他主持的《標準週刊》網站轉載。⓯史坦恩的要點簡潔明瞭：這並不是歐巴馬所謂的「對整個人類和我們共享的普世價值的攻擊」，而只是對西方的攻擊，是對西方造就的現代文明的攻擊。穆斯林並不信奉西方價值。言論自由、男女平等以及自由人權等並不是普世價值，對當今世界的「大部分區域是完全異類的」。然而，歐洲卻決定邀請幾百萬穆斯林來定居，他們當中的大部分人要麼希望現代西方社會和所謂的「普世價值」滅亡，要麼對這種滅亡抱著冷漠的態度。這一切給ＩＳＩＳ的生長蔓延提供了「很大的適宜地帶」。而現在梅克爾和歐盟領導人的移民策略，是要讓這個「很大的適宜地帶」變得更大。歐洲的許多地區已經開始出現「頑強的伊斯蘭化和自我隔離化」，歐蘭德誓稱的「無情戰爭」根本不能被當真。歐洲領導人現在除了「燭光守夜」的哀悼沒有任何真正的辦法。

史坦恩在接受福斯新聞頻道的電視訪談時指出，歐洲想要以情報系統和監控檢查來阻止恐怖攻擊是徒勞的，這無法應對如此眾多的移民和新難民。同化機制不會起作用，穆斯林移民不會作為公民效忠於移居的歐洲國家，他們的忠誠與歸屬所向是他們的宗教文化，這是比民族國家更高的信念。史坦恩說他在十年前就發出了警告，「但人們都說我是危言聳聽」。[16]的確，史坦恩的觀點是一以貫之的，早在二〇〇六年出版的暢銷書《美國獨行》中，他就對歐洲的伊斯蘭化做出了完整充分的考察：只有美國社會的多元化仍然可以維繫，而歐洲實際上陷入了不穩定的二元化——西方的歐洲與穆斯林的歐洲。文化多元主義導致的奇特結果是改變歐洲去適應新移民的文化，而不是相反。但福利國家的困境、歐洲人的低生育率以及高齡化，完全無法匹敵年輕的、生育旺盛的穆斯林移民不斷擴展他們的信仰和價值。「反恐戰爭」對美國而言主要發生在本土之外，而對於歐洲則同時是一場「內戰」。放任的移民政策會使歐洲持續不斷地伊斯蘭化，結果將是「我們所知世界的終結」。[17]

捍衛西方價值不只是保守派知識分子的呼聲，也成為左派訴諸的目標，雖然各自出於相當不同的理由，依據不同的理論傳統。這是二〇一五年西方思想界的一個新動向。年初，左翼政治哲學家沃爾澤在《異議》雜誌發表〈伊斯蘭主義與左派〉，[18]批評左翼知識分子漠視伊斯蘭極端主義的暴虐現象，採取無批判的同情態度，放棄了自己理應堅持的啟蒙主義傳統及其基本價值。在沃爾澤看來，這背後的一個原因是左派格外害怕被指責為患有「伊斯蘭恐懼症」（Islamophobia）。「伊斯蘭恐懼症是宗教不寬容甚至仇恨的一種形態」，它混淆了伊斯蘭教與宗教極端主義和狂熱分子之間的區別，是誤解和歪曲當代穆斯林的一種固執偏見的病症，這是右派的標誌。然而，避免偏見的良好願望並不能變成迴避正當批評的理由。否則，「伊斯蘭恐懼症」就成為一個藉口，只要觸碰伊斯蘭問題就會被譴責為種族主義。但我們可以做出「完全正當的批評，不只對伊斯蘭狂熱分子，而且也可以針對伊斯蘭教本身——如同對任何宗教一樣」。而今天左派大多陷入了對「伊斯蘭恐懼症」的恐懼。沃爾澤的文章引發了大量的辯論，[19]《洞察力》（*Fathom*）雜誌還為此組織了專題討論。[20]

幾個月之後，更為激進的左翼知識明星齊澤克發出了更為激進的聲音：扔掉這樣一種禁忌——「任何對伊斯蘭右派的批判都是『伊斯蘭恐懼症』的證據」，他坦言「受夠了許多西方自由左派擔心被認為犯有『伊斯蘭恐懼症』的那種病態恐懼」，這是道德受虐狂的表現。這篇發表在In These Time網站的文章，題為「作為巴黎恐攻的後果，左派必須皈依其激進的西方根基」，從中可以聽到齊澤克幾乎咆哮般的打破「禁忌」的呼籲。他不僅不怕被視為「伊斯蘭恐懼症」患者，而且不怕涉嫌「歐洲中心主義」。如果移民的文化與西歐的人權和平等價值觀念相牴觸，就不能予以放任寬容，而要受到最低限度的規範與規則的約束，包括「宗教自由、保護面對群體壓力的個人自由、女性權利等」。只有在這些限制下，才能堅持對不同生活方式的寬容。他也不怕被誤解為「文化帝國主義與種族主義」，將歐洲的「解放遺產」等同於文化帝國主義是一種錯誤的禁忌。當前，全球資本主義與地方（宗教、文化和傳統的）多樣性正情投意合，「文化多樣性的面具是靠實際上的全球資本的普遍主義來維繫的」。因此，許多西方文化價值（包括平等主義、基本權利、言論自由和福利國家等），「經由批判性的闡釋，恰恰能夠用作抵抗資本主義全球化的武器」。[21]齊澤克近來的一系列言論在左翼陣營內部引起了激烈的爭論。他會改變以往左翼政治的某些話語取向嗎？或者被當作「叛教者」遭到驅逐？

歐巴馬的政治遺產

歐巴馬總統的第二個任期尚未結束，對其政治遺產的討論從年初就陸續不絕。《紐約》雜誌在一月隆重推出「歐巴馬歷史項目」，其網路版發布了五十三位歷史學家對「歐巴馬歷史遺產」問卷調查的全部回應，並以「封面故事」在紙本版中分八個專題摘錄了部分調查內容。「二十年之後人們將如何看待歐巴馬及其行政當局？」回應者包括一批美國最為傑出的歷史學家和個別其他領域的學者。[22]

歐巴馬是第一位入主白宮的黑人總統，幾乎所有回應者都注意到這一事實的歷史意義與象徵意義。學者們一致認為「歐巴馬健保」的勝利將被銘記；相當多的人預言美國經濟的復甦將在未來獲得更高的評價。在他執政的時期，美國未發生大規模的戰爭和恐怖攻擊，對此有不少人予以肯定。但為此採取的安全和監控措施，以及在國外使用無人機轟炸，也招致了一些非議。自由派學者大多讚賞在歐巴馬任期內美國更接近「彩虹國家」的理想（推進種族多元與文化多元的融合發展、同性戀婚姻合法化），但對社會經濟不平等狀況的加劇感到擔憂。部分保守派學者嚴厲抨擊歐巴馬強化行政權力的傾向。外交方面引起的分歧較為嚴重。伊朗核問題談判的進展、與古巴恢復外交關係獲得了許多肯定，但美國的中東戰略以及對中國的政策則受到了一些負面評價。多數學者承認，歐巴馬是言辭卓越而極富感染力的政治人物，但也都看到他在競選期間展現的理想主義氣質已經褪色，並在執政後轉向了實用主義，這使許多年輕選民感到最初的期望被辜負了。歐巴馬以承諾「改變」開啟他的總統生涯，但最終他有所成就的是在延續中修復，而不是轉折性的變革。

《外交事務》在九／十月號刊出「歐巴馬的世界」專輯，從國際戰略的多個角度全面總結評估歐巴馬的遺產。專輯共包括九篇文章：二篇分別給予正面與負面的總體評價，五篇著眼於中東、亞洲與中國、歐洲、拉美和非洲的區域政策分析，一篇聚焦恐怖主義問題，以及一篇對國防部長卡特（Ashton Carter）的訪談。[23]

在美國思想界的辯論中，歐巴馬的外交政策常常被保守派或「鷹派」人士指責為「軟弱」、「退卻主義」或者走向了新孤立主義。在這個專輯中，史蒂芬斯（Bret Stephens）的文章〈歐巴馬做錯了什麼〉延續了這種觀點，他認為歐巴馬的退卻戰略正在導致「全球失序」，這也終將損害美國自身的國家利益，因為國內的經濟發展依賴安全的外部環境。[24]針對這種流行的批判，雜誌主編羅斯（Gideon Rose）發表〈歐巴馬做對了什麼：保持冷靜並繼續自由秩序〉一文，對歐巴馬的外交遺產給予了相當積極的評價。羅斯指出，小布希留給歐巴馬的遺產是「兩場戰爭和一次全球經濟危機」，而歐巴馬已經使美國從一些老問題中解脫出來，同時避免陷入一些新問題，並取得了一些扎實的收穫，這是相當不錯的成就。歐巴馬成功的關鍵在於「他對大局的把握」：「他重視美國在過去七十年中培育起來的自由國際秩序，並認識到要從全球邊緣地帶誤入的冒險和紛爭中撤退，以此救護這一秩序的核心。」在羅斯看來，歐巴馬既不是「意志薄弱的理想主義者」，也不是「冷血的現實主義者」，而是「帶有保守主義氣質的思想上的自由派」。在經過「魯莽的過度擴張與好戰的單邊主義時期之後」，他感到推進美國長程外交目標的最佳方式是「短期收縮」，透過放棄邊緣來鞏固自由秩序的核心，這是他外交政策的總體特徵。在這個意義上，歐巴馬政府「並沒有放棄傳統的美國大戰略，而是盡力從其前任的失當中拯救這一戰略」。在這背後是一種「自信的認識」：「從長遠來看，開放社會將擊敗封閉社會（因此，只要堡壘能被守住，俄羅斯和伊朗這樣的國家終將會看到它們地位的下降而非提升），這體現了對以往美國外交最佳效益的重新發現。」[25]

中國經濟與中國模式

馬雲於二〇一五年六月在紐約經濟俱樂部的演講，選在華爾道夫酒店（Waldorf Astoria Hotel）舉辦。這家酒店在一九三一年美國「大蕭條」時期隆重開業，時任總統胡佛對其致意，讚譽它「向整個國家展示了信念和勇氣」。而今天，華爾道夫酒店的擁有者是一家中國的保險公司。「這個事件似乎象徵了世界經濟秩序的變化。」以這段文字為開篇，《經濟學人》十月三日推出了「世界經濟」特別報導。[26]其中關於中國的文章題為「更遠的長征」，闡述「中國震撼了世界，卻不是以它所希望的方式」。文章分析了中國經濟最近的狀況和趨勢，從成長放緩和人民幣貶值等現象中剖析背後的結構和制度性的難題，以及改革面臨的困難。文章認為，中國作為巨大的經濟體，會期待一種自然的特權——對全球金融和貿易的規則享有更大發言權，以及被廣泛使用的貨幣，這是容易理解的雄心。但如何在實現雄心與保持穩定之間、在經濟的開放與安全之間尋求平衡，是中國一直面對的挑戰。文章最後指出：「中國正在成為貿易和直接投資領域的巨人，成為在財政、貨幣和金融市場方面的中等強國。這種溫和的雄心或許符合其自身的利益，但這並沒有解決國際金融和貨幣體系的種種問題。中國不會很快成為美國的制衡或替代品。」[27]

聯合國「人類發展指數」（Human Development Index）測評起始於一九九〇年。這一指數綜合了一個國家人口的收入水平、預期壽命和教育程度。十二月四日「人類發展指數」公布了最新一期報告，顯示了過去二十五年中世界各國的綜合發展水平和速度。在指數增長速度最快的國家中，中國名列第二（僅次於盧安達的增長速度），目前達到了韓國一九九〇年的指數水平。[28]

中國的迅速發展常常與「中國模式」相關聯。在清華大學任教的加拿大籍教授貝淡寧（Daniel A. Bell）出版的新著《中國模式：政治功績制與民主制的局限》（中譯本為《賢能政治：為什麼尚賢制比選舉民主制更適合中國》），入選了「《金融時報》二〇一五年最佳書籍」。[29]作者試圖論證，中國式的政治功績制（political meritocracy）有助於彌補選舉民主制的關鍵缺陷。他將「中國模式」界定為「頂層的功績制、中層的實驗制以及基層的民主制」的三者結合，認為中國已經發展出一種特殊的「民主功績制的模式」，這在道德上是可行的而在政治上是穩定的。《大西洋月刊》摘登了書稿的部分章節。十月十五日，美國亞洲學會與《紐約書評》雜誌為此聯合舉辦專題討論會，參與者包括貝淡寧與其他五位學者，部分討論內容以「中國模式優於民主制嗎？」為題，在《外交政策》網站上發布。[30]

貝淡寧在討論中闡明，他的著作從中華帝國的文官制度中獲得啟發。中國傳統的公職人員選拔，首先依據科舉考試成績，然後依據基層政府機構所做的業績評估。而這套體制過去三十年在中國重建了，雖然並不完善。他強調自己的寫作並不是要為現狀辯護，而是源自他信奉的「語境化政治理論」方法：「政治理論家的目標應當是讓主導這個社會的政治理想變得融貫並在理性上是可辯護的。」而貝淡寧正好生活在中國，他發現其中的主導政治理想是「垂直的民主功績制」，這一理想啟發了過去三十年中國的政治改革。他承認，理想與現實之間依然存在著巨大的差距，但他相信這個理想是好的，並且可以在未來繼續激發中國的政治改革。

牛津大學歐洲研究教授賈頓艾許指出，如果中國真有一套自己的政治模式，那是好事，這不僅有利於中國的平穩發展，也能使西方有一個嚴肅的意識形態競爭者，從而避免自身的盲目自負。但他繼而質疑「中國模式」的真實內涵，如果（如貝淡寧承認的那樣）目前「政治功績制」運行得不夠好，那麼在賈頓艾許看來，其真正原因在於中國模式實際上並不是所謂的政治功績制。哥倫比亞大學政治學教授黎安友首先強調，貝淡寧的書實際上是一本政治理論著作，不是一本關於真實中國的書。他隨後表達了自己最主要的質疑：「德才兼備的功績選拔是否能形成一個更好的政府？」在他看來，這部著作理論上的關鍵失誤在於忽略了權力的行使問題，只關注官員的選拔，而迴避了官員如何受到制衡並受到一個自由社會的監督。存在所謂的「理想與實踐之間的差距」並不是偶然的，貝淡寧在論及西方自由民主制的時候，從不提及類似的差距，而只是著眼於現實的民主制度的不足。因為這是實踐的制度，當然會存在不足。黎安友隨後在《國家利益》發表了長篇書評，對此提出了更為激烈的批評。[31]

知識分子的黃昏或黎明

二〇一五年，西方思想界對知識分子精神與命運的討論相當活躍，從《高等教育紀事報》的「公共知識分子」討論專輯，到研究法國智識精神的專著，以及兩部批判新左派知識分子的著作，不一而足。「知識分子問題」常常是知識分子格外關心的問題，只要這個議題仍然活躍，就意味著「知識分子消亡」之說可能是誇大其詞。然而，知識分子的構成、精神氣質及其公共影響卻可能發生了重要的歷史性變遷。這正是雅各比（Russel Jacoby）關注的問題。他在一九八七年出版的《最後的知識分子》（*The Last Intellectualls*）中指出，二十世紀五〇年代之後，上一輩獨立不羈的「城市波西米亞式」的知識分子迅速衰落，取而代之的新興一代大多不再是面向公眾的「公共知識分子」，而是為學院同行寫作的「專業知識分子」，從而形成了「學院時代的美國文化」（原書副標題）。這本書曾引起廣泛的爭論，並在二〇〇〇年出版了修訂版。距初版近四十年之後，《高等教育紀事報》發表「『最後的知識分子』之後」的討論專輯，其中有四篇文章著眼於考察雅各比的論題在當下的有效性。[32]

專輯的首篇文章是雅各比的〈最新的知識分子〉。[33]他首先解釋了因為他的著作而大為流行的「公共知識分子」這個詞彙。起源於法國德雷福斯案的「知識分子」一詞本來就內含「公共的」意思，再加以「公共的」限定似乎是累贅之舉。但這正像「有機食品」這個語彙一樣，說食品是「有機的」在從前顯得多餘，但現在這個語彙用以強調某種特定成分的保持或缺失。文章回應了諸多的批評質疑，作者承認當初有個別失誤之處，但堅持他的觀點總體上是正確的，並在當今仍然有效，因為最新一代的知識分子並未逃脫學院體制的誘惑與規訓，而且愈陷愈深。這種判斷並非出自懷舊心態：「問題不是更早一代的知識分子多麼輝煌，而是他們的繼承者何處可尋？」雖然人們總是可以發現個別反潮流的事蹟，但這並不能逆轉總體趨勢。值得讚許的是出現了一批為公眾寫作的「新科學作家」，他們的成功表明一般讀者群依然存在。但令人遺憾的是，當這些科學家推出了平白清澈的著作，大多人文學者卻在擁戴那種鬱結的文風和繁瑣的理論。網路的衝擊是他當初未曾料到的現象，但他很懷疑，透過部落格和推特流行的文章可能會喪失那種「反思的慢工夫」：「危險在於我們進入了一個片刻思考、即刻評論的時代。」我們當然不必在專著與推特之間做非此即彼的選擇。但在他看來，「處於兩者之間而面向一般讀者的嚴肅作品可能正在消失，一同消失的還有它們的作者，最後的知識分子」。

紐約社會研究新學院的波特（Claire Bond Potter）教授的文章題為「網路是最終的波西米亞嗎？」。❸❹在她看來，網路是一個無政府的空間，很接近雅各比的波西米亞咖啡館。年輕的知識分子正在虛擬空間中集結，其中許多人是年輕的博士，他們以「學術計件工人」的方式進行公共寫作，成為新一代的「剩餘知識分子」（surplus intellectuals）。不穩定的工作造就了他們新的精神氣質，與資產階級的文化方式相對抗，同時他們也在這種對抗中形成了共同的事業，他們正在尋求一種新的波西米亞方式，推動一種擺脫體制束縛的激進視野。創造性的知識工人一代正在興起。「他們並沒有消失，而是分散開來，他們遍地開花。」她承認，招安的誘惑永遠存在，我們已經見證了許多由婦女、黑人和同性戀者主導的激進思想最後如何被學院體制收編，「門口的野蠻人」反過來變成了「守門人」，網路也無法豁免這種危險。但她願意以更開放的態度看待虛擬空間的自願網絡，「網路的波西米亞人，帶著對證書資格的藐視，以及根據新的需求與欲望形成、解體、再生的網絡」，他們真有可能形成另類的政治與思想。

實際上，《高等教育紀事報》早在二月發表的一篇長文〈公共知識分子怎麼了？〉中，對此議題有更為深入的探索和出色的見地。❸❺作者格瑞夫（Mark Greif）是紐約社會研究新學院的年輕教師，《N+1》雜誌的創始人和主編。他透過討論《黨派評論》的興衰歷史，挑戰了學院規訓使得知識分子衰落的流行看法。在格瑞夫看來，真正的問題不在於「學院化」，而在於我們對公眾的錯誤想像。《黨派評論》時代的知識分子最重要的特徵不僅是面向公眾寫作，而是對公眾的期許更高，他們「瞄準的位置總是略微高於被想像的公眾的頂端，那是他們必須踮起腳才搆得著的位置」，而與此同時，「這種寫作也總是略微高過《黨派評論》的作者群本身」。這些知識分子感到必須竭盡全力，才配得上他們渴望加入的更深邃、更嘹亮的智識群體。他們也是「公眾」，卻是要求更好和更高的一群公眾。「他們時而與眾不同，因為他們在挑戰公眾與自身過程中追問難題。」他認為，討論二十一世紀公共知識分子的事業，不應當過多關注他們職業的來龍去脈，而是要著眼於恢復對公眾的最高尊重。

知識分子的衰落趨勢或許是全球性的現象，但牛津大學的政治學教授哈札里辛格（Sudhir Hazareesingh）認為，這在法國顯得格外突出，因為「這個民族的自我形象在存在論的意義上依賴於法國文化的卓越、依賴於他們的思想具有普世感召力這一設想」。正如一位歷史學家在百年前宣稱「法國負責代表人類的事業」。哈札里辛格的新著《法國人如何思考？一個知性民族的感性肖像》二〇一五年在法國（法文）、英國和美國先後出版。[36] 他追溯了自笛卡爾以來的法國知識分子傳統，總結了法國思想方式的五個特徵，在最後一章考察了法國思想的衰落。「法國思想以其革命的熱力與理性的冷靜曾讓世界奪目」，但在沙特、卡繆、傅柯與德希達的時代之後，法國對「他們思想家的創造力失去了信心」，法國思想變得越來越「內向」，在全球的影響已經式微。背後的原因是多方面的。在政治上，整個民族集體心理的變化來自對一九四〇年軍事失敗的遲到承認。二戰之後的法國不再是世界舞臺上重要的大國。大量被披露的新史料導致了所謂的「維希綜合症」，揭穿了此前流行的所謂「抵抗英雄」神話。失去印度支那的殖民地，以及從阿爾及利亞的退出，這些事件造成的衝擊隨後內在化。法國參與啟動的歐洲規劃也陷入衰退。在文化上，法國保守派的作品中充滿了疲憊和異化的法國象徵，這源自對「五月風暴」平等主義遺產的不滿，也來自面對穆斯林移民難以維護法國原有核心價值的無力感。另外，法國菁英階層的訓練也發生了代際變遷，原來大多出自巴黎高等師範學院系統，而今轉向國家行政學院。但作者最後仍然抱著對法國文化的深情期望，相信「總有一種突然逆轉的潛力」，「畢竟，重生是法國現代文化最強有力的理想之一」。[37]

有效利他主義運動的興起

當這個世界變得越來越富裕卻更加不平等的時候，人們應當過怎樣的倫理生活？耶魯大學出版社四月推出了普林斯頓大學倫理學教授辛格（Peter Singer）的著作《行最大的善》，該書以清晰的哲學思考輔以真實生動的事蹟，論述了「有效利他主義何以正在改變倫理生活的觀念」（副標題）。[38] 哈佛大學心理學家格林（Joshua Greene）稱之為「這位世界上最具影響的在世哲學家」所寫過的「或許最具影響的著作」。

「有效利他主義」（effective altruism）是始於千禧年的一場社會運動，同時也是支持這場運動的一種道德哲學，辛格是其主要的理論倡導者之一。他的基本理念是「如果要過一種充分的倫理生活，我們就應當盡己所能去做最大的善事。而要發現怎樣才能做最大的善事，我們需要運用理性和證據」。目前在慈善機構的捐贈者當中，有三分之二的人完全不瞭解這些機構的有效性，只是被其形象所感動而行善事。辛格從效益主義哲學的傳統中汲取靈感，發展出有效利他主義的理論，主張依靠科學的方法來確定改善世界的最有效方式，這區別於傳統的利他主義和慈善事業的理念。辛格理論的一個特色在於淡化感人的「溫情效應」，也不訴諸那種否定自我利益的「犧牲奉獻」。他在書中講述了許多這一運動踐行者的故事：有人為了能捐贈更多而選擇了特定的職業，有人將他們的一半收入捐給有效的慈善業，但這些人的典型感受並不是自己作出了「犧牲」，而是感到自己的生活比從前獲益更多，更加豐沛。因此，有效利他主義不是主張否定自我利益，而是鼓勵以不同的方式來理解何為真正的自我利益。

這本書引發了媒體的廣泛評論。《波士頓評論》為此舉辦專題討論，邀請十一位學者和作家就「有效利他主義的邏輯」展開辯論。[39]麻省理工學院經濟學家（《國家為什麼會失敗》的作者）艾塞默魯（Daron Acemoglu）提出了一些批評，首先，將本來屬國家和社會機構的職能轉交給個人和團體來承擔，可能隱含著危險。即便在國家能力不足的情況下，替代政府的角色就其長程後果而言不是一個好的選擇。「如果我們本來預期從國家獲取的重要服務由其他組織接管，那麼要在其他關鍵領域中培養對國家的信任和發展國家能力就可能變得更加艱難。」其次，有效性測量也是可質疑的。捐贈給國際特赦組織，還是捐助某個提供疫苗或教科書的NGO？相比之下哪種選擇社會價值更大？許多政治學家和經濟學家主張，政治和經濟體制的改革會帶來使千萬人擺脫貧困的發展，如果看不到這一點，有效利他主義會使公共的關注點偏離重要的制度因素。更為激進的批評意見來自左派網站《雅各賓》上的一篇文章，它指責有效利他主義完全是資產階級價值觀的體現，無視造成貧困的根本原因是萬惡的資本主義制度。[40]

對於類似的批評，辛格在回應中指出，有些策略可能比有效利他主義者目前使用的策略更有效，但這一事實並不足以駁倒這一運動的實踐者，因為他們可以採納更有效的策略。有效利他主義並沒有忽視能夠減緩貧困的大幅度政治經濟改革，如果有證據表明這種改革的預期有效性更高，那麼我們就會倡導從事這類改革。對於減緩貧困，這一運動常常被批評為「OK繃式」的治標不治本。但在許多情況下我們很難分辨「標」與「本」，就算有時我們確切知道什麼是貧窮的某些根本原因，卻也一時難以改變。在這種情況下，「治標」可能意味著拯救了成千上萬人的生命。辛格說，有時候「OK繃也不壞」。[41]

如何思考會思考的機器

「前沿」被英國《衛報》譽為「全世界最聰明的網站」，以倡導科學與人文融合的「第三種文化」而著稱。每年伊始，主編柏克曼（John Brockman）都會公布網站的「年度問題」，並邀請世界各地兩百位思想家和科學家回答。二〇一五年「前沿」的年度問題是「你如何思考會思考的機器？」，這個問題獲得了一百九十二份回復，並陸續在網站發布，最後彙編為文集出版。㊷參加這次討論的大多是世界上最有影響的科學家（包括多位諾貝爾獎得主）、人文學者和作家，二十多家媒體予以報導。

二十世紀八〇年代哲學界曾就「人工智能」（artificial intelligence）問題展開熱烈的討論，焦點之一在於計算機是否能夠「真正」地思考（具有意識）。近年來，這一領域獲得了巨額的研發經費支持，在理論與實踐方面都有迅速的進展，許多成果更新了舊有的知識和觀念，也引發出一系列重大而緊迫的問題：機器思維與人的思想真有不可逾越的界限嗎？人工智能將會超越人的智能而達到「超級智能」（superintelligence）嗎？最終這對於人類生活的前景意味著福祉還是災難？

在眾說紛紜中可以辨識出比以往更顯著的「物理主義」傾向。加州理工學院的理論物理學家卡羅爾（Sean Carroll），追溯了十八世紀中葉法國思想家拉美特利的名著《人是機器》，並認為他的思想預見了現代物理學的發現：所有可見的生命與非生命的存在形式都源自粒子和力，沒有給外在於物理的生命力量留下空間。神經科學雖然不如物理學成熟，但已經在人的思想和行為與大腦中特定的運動之間建立了聯繫。若要問他對會思考的機器的想法，他不禁要說：「嗨，你在說的那些是我的朋友。我們都是會思考的機器。不同類型的機器之間的區別正在消失。」諾貝爾物理學獎得主維爾澤克（Frank Wilczek）認為，「所有智能都是由機器產生的智能（機器要麼是神經元形成的大腦，要麼是矽晶片製造的機器人）」。哈佛大學分子生物學家丘奇（George Church）回答說：「我是思考的機器，由原子組成。」英國皇家學會前主席、劍橋大學天體物理學家里斯（Martin Rees）認為，無論如何界定「思維」，人類的有機體思維（organic thinking）只是（超大尺度的）演化進程中的一個階段，其思維的速度與強度終將被機器智能所淘汰，尤其是在量子計算機誕生之後。生物大腦的抽象思維奠定了所有文化與科學的基礎，但這只是一個短暫的歷史前奏，通向「非有機體的後人類時代更強有力的智慧」。科普作家凱利（Kevin Kelly）甚至認為人類的目的就是「發明生物界無法透過演化生成的新型智能」，這種智能不同於人類，所以他建議將ＡＩ改寫為「異類智能」（Alien Intelligence）。

牛津大學人類未來研究所所長伯斯特隆姆教授是超級智能研究的專家，他提出了更複雜的看法。他認為這是一個困難的問題。首先，目前的機器思維的水平相當低（除了在某些特定的狹隘領域），將來有可能超過人類（正如機器現在已經比任何生物體更為強壯和迅速），至於超級智能何時出現，我們知之甚少。但他認為，人工智能要從目前的水平到達人類智能水平可能需要較長的時間，而從人類智能水平達到超級智能的水平會相對更快。超級智能可能是人類歷史上發生的最好的事情，也可能是最壞的事情，這取決於超級智能的默認動力機制以及如何才能予以控制，這些問題遠比人們預想的困難得多。

加州大學（柏克萊）的心理學和哲學教授高普尼克對比了人工智能與人類智能的差異。計算機對人類智能的模仿在有些方面非常出色，而在另一些方面則相形見絀。早前以為，下棋和定理論證對於計算機而言最為困難，但後來證明在這兩個方面計算機都比人類更為卓越。但是，辨認水杯和拿起水杯這類簡單動作，或者普通幼兒都具備的學習能力，計算機卻很難模仿，更不要說孩子對人們是否可信和可靠的辨別能力。我們至今尚不清楚孩子所體現的這些智能的原委，在明白這些問題之前，世界上最高級的計算機也無法勝過人類的三歲的孩子。

鄂蘭逝世四十週年

十二月四日是漢娜・鄂蘭逝世四十週年紀念日。巴黎政治學院政治研究中心（SciencesPo CEVIPOF）在三至四日舉辦了名為「鄂蘭：四十年之後」的學術研討會。會議第一天，三位國際著名的鄂蘭研究學者薇拉（Dana Villa）、維德馬耶爾（Carole Widmaier）和沃克（Christian Volk）分別從美國、法國和德國的視角，探討鄂蘭思想與當今世界政治的相關性。第二天的會議匯聚了各地學者關於鄂蘭研究的新近成果，並由此關聯當代最緊迫的政治問題，主題包括「政治的去政治化」、「鄂蘭的政治團結論述」、「回復神學──現世的顯現」、「議事會的共和」、「鄂蘭與波娃論女性主義的自由」、「無思性與形而上學」等。[43]

紐約的「電影論壇」（Film Forum）從四月六日起的兩週內，每天放映四場新近完成的紀錄片《漢娜鄂蘭：思想的行動》（*Vita Activa: The Spirit of Hannah Arendt*）。這部時長一二五分鐘的影片由以色列與加拿大的電影人聯合製作，回顧了鄂蘭的生命歷程與思想生涯，突出了她在公共生活中的積極介入，以及由此引起的諸多爭議。影片也有相當篇幅讓鄂蘭的批評者們發出自己的聲音。[44]

《國家》雜誌發表政治理論家羅賓（Corey Robin）的長文〈鄂蘭的審判〉，重新考察和評價了鄂蘭因報導一九六一年「艾希曼審判案」而捲入的爭議，將鄂蘭對艾希曼的評論置於她複雜的思想脈絡之中，突出了她對康德「判斷力批判」的闡釋與她政治思考的關聯，對鄂蘭備受爭議的觀點做出了獨到而深刻的解釋與辯護。[45]網路雜誌《永生》七月發表了牛津大學現代歐洲史博士生麥考利（James McAuley，馬歇爾獎學金得主）的文章〈影子與實質〉，該文富有洞見地探索了鄂蘭的「自覺賤民」意識與她遠離鄉愁的世界主義氣質之間的內在關係。[46]

《國家利益》雜誌發表了題為「摩根索與鄂蘭：一種智識激情」的文章，出自批評家、《紐約書評》的編輯葛溫（Barry Gewen）。[47]文章追溯了摩根索（Hans Morgenthau，國際政治現實主義學派的奠基人）與鄂蘭長達二十多年的親密交往。施特勞斯、摩根索與鄂蘭有相近的背景，即他們都是猶太人，都在納粹興起之後從德國移居美國，也都研究政治問題。摩根索最早在美國學界獲得聲譽，成為芝加哥大學政治學系教授。二十世紀四〇年代後期，他曾幫助施特勞斯從紐約社會研究新學院轉入芝加哥大學任教（正式受聘於政治學系而非「社會思想委員會」）。他們起初彼此讚賞，關係密切，但很快就因為「觀點與性格的深刻差異」而相互疏遠。多年之後，鄂蘭到芝加哥大學社會思想委員會任教。她與施特勞斯早在德國的學生時代就相識（傳言說施特勞斯曾「追求」過她），但兩人從來不合。三人之中，只有鄂蘭與摩根索始終保持著深厚的友誼，一直到鄂蘭去世。

鄂蘭將摩根索形容為自己的「智識伴侶」（雖然她對摩根索的求婚感到「驚慌不安」，但她妥善處理了這個短暫的插曲），他們在逆境中（鄂蘭在「艾希曼案」中飽受抨擊，摩根索因反對「越戰」遭受非議）都獲得了對方的堅定支持。更為重要的是，他們共享著與眾不同的智識傾向和政治立場：對蘇聯從不抱有幻想，理解美國在戰後世界秩序中的重要作用，但懷疑國際主義的自由理念，同時也反對麥卡錫主義。他們既不是自由派也不是保守派，美國政治的標籤無法恰當地用於把握他們的歐陸視野。摩根索在鄂蘭的「惡之平庸」中看到其他批判者的未見之明：惡行與作惡者並不直接對應，兩者之間存在著一個邪惡的官僚機器。因此，艾希曼不必憎恨猶太人才能實施屠殺，這是鄂蘭對現代極權主義的診斷之一。而摩根索自己從極權主義的歷史中領悟到許多自由派很難接受的教訓：「人們不只是爭取自由並願意為自由獻身，他們也追求秩序並願意為秩序獻身。」他們都明白世界的暴力性處境（鄂蘭稱之為「黑暗時代」），從而牴觸美國進步主義者的樂觀態度。他們共同面對的思想挑戰是「學習在這個不確定、時常野蠻的世界裡不抱希望地生活」。微妙的區別在於，鄂蘭仍然堅持為光明的希望留有一道門縫，而摩根索則斷然將它關閉，這就是所謂的現實主義。

2016

2003 2004 2005 2006 2007

2008 2009 2010 2011

2012 2013 2014 2015

2017 2018 2019 2020

裂變時刻的來臨

從金融危機爆發的二〇〇八年開始，宣告西方體制瀕臨崩潰的聲音便不絕於耳。而到二〇一六年底，在歐美經歷了一系列令人震驚的事變之後，斷言「自由秩序的終結」已無需任何先見之明，幾乎成為輿論界的時尚，因為證據是如此重大、直接而明確：英國公投退出歐盟，法國、義大利與荷蘭的脫歐勢力正躍躍欲試，而匈牙利和波蘭已被民族主義的政治領導人所俘獲，歐盟似乎危在旦夕。川普宣揚的「美國優先」政綱與大西洋彼岸的反全球化運動遙相呼應，也意味著美國將試圖擺脫不堪重負的引領責任。懷著「自由世界的燈塔」會黯然失色的憂慮，有人將「最後的希望」寄予德國總理梅克爾的連任可能，這是過於沉重且前景渺茫的寄託。

美國大選結束後的第三天，福山在《金融時報》發表文章坦言：「我們似乎正進入一個民粹主義的民族主義新時代，在這個時代裡，自二十世紀五〇年代起構建的主導性的自由秩序開始遭到來自憤怒而強健的民主多數派的攻擊。我們可能會滑入一個充滿競爭而憤怒的民族主義世界，這種風險是巨大的，而如果真的發生，這將標誌著一個與一九八九年柏林圍牆倒塌同樣重大的時刻。」❶今年西方思想界最為頻繁和突出的議題是歐洲一體化的破裂、全球化的逆轉、民族主義的回潮、宗教保守力量的復興、右翼民粹主義的興起、自由主義的危機、民主政治的衰敗以及國際自由秩序的崩潰。所有這一切似乎都明白無誤地顯示，二〇一六年將被銘記為一個歷史轉折點：二戰之後持續七十年的西方自由秩序就此終結。《紐約時報》專欄作家科恩（Roger Cohen）感慨道：「蘇聯曾被證明易受失愛（unloved）之殤，而今憤怒的季節正降臨西方。」❷

然而，時代的季風並不是歷史判斷的可靠指南。在二十五年之前，宣告「自由秩序的最終勝利」也至少具有同樣重大、直接而明確的證據：蘇聯解體，德國統一，歐洲共同體首腦會議通過《歐洲聯盟條約》，出獄不久的曼德拉在南非展開尋求和平與和解的政治努力，美國的「沙漠風暴行動」將科威特從伊拉克的侵占中「解放」出來……時任美國總統老布希隨後在國情咨文報告中宣稱，一九九一年發生的這些變化幾乎是「聖經尺度」的巨變。❸那麼，時下對「自由秩序」失敗的絕望真會比當初「最終勝利」的歡悅更為持久嗎？如果彼時預言的「歷史終結」未曾落實，那麼此刻斷言「自由秩序的終結」會更加可信嗎？理解二〇一六年世界變局的思想努力，需要在時代的潮汐之下探尋結構性的力量和趨勢。

本文將著眼於兩種重要的結構性裂變現象，以及由此產生的政治後果。首先是經濟層面上的「差異性全球化」。全球化幾乎在所有國家內部造成了新的受益者與挫敗者之間的斷層，而現存的政治經濟秩序未能有效地應對國內的不平等，導致民眾意願的分裂，出現了支持與反對全球化的群體對立。其次，在文化層面上，伴隨著大量的人口、資本、訊息和物品的跨國界流動，各國本地的傳統價值、生活方式以及文化認同都遭受到全球主義的強烈衝擊。尤其在移民和難民大量湧入以及恐怖主義攻擊時而發生的新局勢下，文化衝擊在許多歐美國家引起了更為敏感和尖銳的反應，而主流的多元文化主義與全球主義未能提出有效的方案來回應這種衝擊，形成了民眾文化認同的分裂格局。最後，全球化及其許諾的自由、繁榮、開放和包容的事業（比如接納移民和收容難民）往往需要付出巨大的經濟、社會和文化的代價。對於特定人群而言，這些代價可能過高，或者未被公平地分擔，或者損失大於收益。因此，許多國家都出現了反全球化和對現存「自由秩序」不滿的群體，他們的不滿既有經濟利益的得失權衡，也有文化認同的緣由。這種不滿在民主社會中表達為政治訴求，但建制派政黨由於固執和僵化失去了應有的敏感性與回應能力，而原本邊緣性的政治力量趁虛而入，及時俘獲了不滿的群體，匯聚和強化了他們的不滿，並以「人民的名義」成為他們的政治代表，發起對建制派的憤怒反叛，促成風起雲湧的民粹主義現象。

川普與「沉默的大多數」

社會的經濟斷層、民眾的文化裂痕以及由此導致的民粹主義興起，構成了二〇一六年世界變局的主要特徵，突出地體現在充滿戲劇性的美國總統競選活動中。叱吒風雲的川普成為今年《時代》週刊與《金融時報》的年度人物。這位「政治素人」幾乎單槍匹馬闖入美國政壇，突破建制派的重重圍剿，出乎大多數觀察家和民調的預測，最終擊敗資深政客希拉蕊，當選新一屆美國總統，引起輿論一片譁然。在難以計數的分析評論文章中，如何解釋川普的崛起成為一個思考的焦點。為什麼主流媒體會發生如此嚴重的誤判？是因為忽視了所謂的「沉默的大多數」嗎？

半個世紀之前，左翼激進運動的疾風驟雨席捲了美國政壇，但贏得一九六八年總統大選的卻是保守派政客尼克森，他宣稱自己回應了「沉默的大多數」要求恢復「法律與秩序」的願望，此後「沉默的大多數」這一術語開始流行。川普在競選中同樣打出了「沉默的大多數」的旗號。然而，他並沒有贏得大多數選民的支持。最新統計結果表明，希拉蕊獲得的普選票（popular votes）超出川普二八六萬張（優勢率二．〇一％）。三個關鍵州（密西根州、威斯康辛州、賓夕法尼亞州）的競爭非常激烈，川普在這三個州超出對手的選票總和僅有七．七萬張，卻獲得了決定性的四十六張選舉人票。❹這是一場勢均力敵的競爭，反映出民眾的分裂。

因此，所謂「沉默的大多數」是一個杜撰，那些憤怒的民眾既不是大多數，實際上也並不沉默。已故的著名哲學家理查．羅蒂早在一九九八年出版的《築就我們的國家》（*Achieving Our Country*）一書中就覺察到這種憤怒，並預言川普式的政治強人有朝一日將會崛起。❺而紀錄片導演麥克．摩爾從夏季開始反覆發出「川普將會獲勝」的警告，在列舉的五大理由中，他明確意識到那些在經濟與文化上雙重受挫者們的憤怒。❻的確，他們並沒有沉默，只是長期被建制派菁英和主流媒體所忽視，或者說被遺忘了。

《被遺忘的那個人》（*The Forgotten Man*）是猶他州的畫家麥克諾頓（Jon McNaughton）二〇一〇年的作品。在畫面中，美國四十四位歷屆總統聚集在白宮前，圍繞著一名年輕白人，他坐在長凳上神情沮喪。歐巴馬腳踩《美國憲法》的第一頁，雙手抱臂背對「被遺忘的那個人」。在目睹這個場景的歷屆總統中，華盛頓、林肯和雷根表現出明顯的關切，試圖引起歐巴馬的注意，而富蘭克林．羅斯福與比爾．柯林頓卻為此鼓掌。這幅畫作問世六年之後，在不久前被福斯電視臺的一位主持人收購，據說將作為送給川普的禮物懸掛於白宮。❼

在大選年，被遺忘的人群終於醒目地進入了公共視野，也使得民眾的分裂格局更加顯著。《時代》週刊在年度人物一期的封面上，將川普稱為「美利堅分眾國總統」（President of the Divided States of America）。在經濟上，全球化在美國同時造就了加州矽谷那樣的受益者人群以及五大湖周邊「鐵鏽地帶」地區的挫敗者人群；在文化上，自由派長期推動文化多元主義身分認同，受到城市中受過良好教育的「進步人士」以及少數族裔的支持，但這與傳統美國的所謂「WASP」（白人盎格魯—薩克遜新教徒）身分認同相牴觸，後者的聲音雖然在主流媒體中受到「政治正確」的規訓而不斷式微，卻仍然深藏於美國郊區與鄉村的居民之中。經濟斷層與認同差異的疊加效應，在政治強人的對抗性競爭之中，轉變為選民的政治極化。於是，美國出現了一種看似悖論性的局面：如果川普勝選是民粹主義的勝利，標誌著民主的危機，那麼川普敗選也會被證明是民主的危機，因為那些「被遺忘的人群」仍然未獲得充分的政治表達。而事實上，當社會分裂達到如此嚴峻的程度，無論誰當選執政，民主將始終處在危機之中。民主政治不只是民眾意見的多樣性在政治議程中得到充分的體現，其健康運行還依賴於最低限度的政治共識。

西方國家面臨著二戰以來前所未有的國內社會分裂，要求改變慣常的政治思考與政治機制來克服極化的分裂、尋求基本的共識。二〇一六年世界變局標誌著一個「裂變時刻」，民主政治再次面臨深刻的挑戰，這不是第一次，也不會是最後一次。民主政治的歷史本身就是不斷經歷挑戰的歷史。

全球化的斷層線

顯然，如英國國際問題權威專家尼布萊特（Robin Niblett）所言，今年的一些重要事件和現象是人們「對全球化深切不安的明顯徵兆」。❽《金融時報》主編巴伯（Lionel Barber）分析指出，今年有兩個方面的動向值得重視，首先，歐美出現了「一種奉行本土主義、保護主義以及沉湎於文化鄉愁的新型政治」，他稱之為「第四條道路」。其次，西方民主國家對於全球化的幻滅感越來越普遍。他認為，二戰之後的全球化現象由三個階段性趨勢構成，即風靡於二十世紀八〇年代雷根—柴契爾時期的「去管制化」（deregulation）、一九九四年「烏干達回合談判」驅動的全球貿易自由化，以及中國市場經濟的開放。這些趨勢的結果是對資本、物資、服務和勞動力逐漸放棄管控，典型體現在歐洲單一市場和單一貨幣的形成，並在二〇〇七年夏季走向極致。「在二〇一六年，我們

終於看到這個（可以稱其為全球化二·〇版的）時期結束了。」❾

新一波全球化的獨特問題在於造成了一條橫跨國界的斷層線：所有國家內部都同時存在著全球化的受益者與受挫者，也都出現了全球主義價值的支持者與反對者。這意味著國家內部對於全球化的分歧日益嚴重、出現兩極化的趨勢，也意味著任何政治菁英以「人民的名義」頑強抵制或強行推進全球化的舉措，實際上只能取悅部分民意而背離另一部分民意，從而將加劇已然嚴峻的民眾分裂與政治極化的困境。我們可以預見，全球化的進程並不會由此終結，可能在勢均力敵的雙方不斷角力之中以更為曲折的方式展開，也可能在新的妥協中以更加平衡溫和的方案緩慢推進。

全球化的斷層線現象受到許多學者的關注。今年哈佛大學出版社推出的經濟學新著《全球不平等》（*Global Inequality*）受到廣泛的關注與好評，被認為是在皮凱提等學者研究的基礎上獲得的一項重要成果。❿作者米蘭諾維奇（Branko Milanovic）是出生在南斯拉夫的美籍經濟學家，曾在世界銀行任職，目前是盧森堡收入研究中心紐約辦公室的高級研究員。他的研究著作基於經驗數據提出了一個長時段不平等的解釋模式。在工業化初期，國家內部的不平等（階層間的不平等）是造成貧富懸殊的主要原因，到了工業化後期，國家間的不平等（地域間的不平等）變得更為突出。而自一九八八年以來，新一輪全球化縮小了國與國之間的貧富差距，卻加劇了國內基於階層的不平等。

米蘭諾維奇使用了「公民身分租金」（citizenship rent）的概念來說明這種變化。用通俗的語言說，在新一輪全球化之前，一個人在全球收入分布中的位置最主要地取決於其公民身分，或者說在哪個國家工作，這遠比做什麼工作重要得多；在全球化之後，公民身分對收入水平仍然非常重要，但其權重有小幅降低（「公民身分租金」有所貶值），而從事的職業類別變得相對重要。米蘭諾維奇繪製了一張圖表，顯示在一九八八年之後的三十年間全球實際收入的累計增長率。在此期間，全球收入增長率的中位數在二五％左右，但各階層的收入增長率出現嚴重分化。處在全球收入分布四五％—六五％水平的人群（他們是全球意義上的中產階級），收入增長率最高（增幅在七〇％左右），其中很大一部分是中國的新興中產階級。而西方國家的中產階級，以全球標準來衡量仍然屬高收入階層，處在全球收入分布的八〇％—九五％水平（屬前五分之一），但他們在這三十年間的收入幾乎沒有增長或增幅極低。全球收入最高的前一％人群（分布位於九九％—一〇〇％的水平）收入增幅在四〇％以上。⓫

這裡需要區別「收入不平等的程度」與「收入不平等程度的變化」這兩個概念。在已開發國家與貧困國家之間，至今仍然存在著程度嚴重的收入不平等，但其差距在全球化過程中持續降低（在二〇〇〇年之後尤其顯著），這主要歸功於一些貧困國家（中國、印度、印尼和巴西等國）「新興中產階級」的出現，他們提高了這些國家的平均收入水平，也是全球化的受益者。而全球（無論富國還是窮國）的菁英，都在此過程中獲得了大幅度的收入增長。嚴峻的困境出現於已開發國家的中產階級，他們在過去三十年間的收入增長基本停滯或非常緩慢，與本國富裕階層以及菁英階層之間的收入差距日益擴大。

已開發國家內部不平等的加劇具有直接的政治影響，在民主體制中往往表達為具有民粹主義傾向的民眾抗議、社會運動以及黨派勢力的興起。福山二〇一六年二月在德國柏林的演講中指出，全球化同時造就了贏家和輸家。在美國，受益者是受過高等教育的人群，而教育水準較低的白人受薪階級是其受害者，他們形成了對立的兩個群體。實際上，大多數已開發國家的受薪階級都是全球化的受害者，他們感到生活變得更為艱難而複雜，成為威權型民粹主義政客的支持者。⓬他後來在《金融時報》發表的文章還指出，美國兩大政黨都未真正幫助那些全球化中的受挫者。共和黨代表著大型跨國公司的利益，支持開放移民和自由貿易的政策，這兩方面都會損害白人受薪階級的實際收入。民主黨則著眼於身分政治問題，在滿足多種身分族群訴求的同時，卻忽視了白人受薪階級的訴求。[13]

全球化對已開發國家造成的衝擊，及其引起的反彈對未來前景的影響，成為許多經濟評論家關注的焦點。《金融時報》專欄作家明肖（Wolfgang Münchau）四月底發表文章分析「全球化挫敗者的復仇」，認為全球化在西方已開發國家正陷入失敗，並將引起政治反彈。這些國家未能有效地應對全球化造成的各種經濟衝擊，包括二十年來實際平均收入的停滯，全球金融危機及其對長期經濟增長的負面影響。與此同時，技術進步與全球化的疊加效應更為嚴酷，在過去損害了老一代的工人階層，而如今對中產階級下層的技術工作者也構成了威脅。文章引用經濟數據表明，歐洲國家中對全球化不滿的民眾比例正在上升。這是一種警示訊號，全球化與歐洲一體化並沒有如其所願，造就一種無人更窮（worse off）而有人更富（better off）的局面。如果政治家對此無所作為，必將會有民眾自發的政治行動。[14]

全球化議程的再設定

今年是全球化的負面效應集聚爆發的時刻，但現在要為全球化敲響喪鐘或許還為時過早。無論「逆全球化」的趨勢多麼強勁，這仍然只是故事的一半。構成故事另一半的人群及其力量並未退場，並將重新集結。《經濟學人》發表的數據表明，各國認同「全球化力量是好的」的人群比例幾乎都高於反對者，只有在法國雙方的人數幾乎相等，而在亞洲國家和地區支持全球化的人群是壓倒性的多數。⑮

但在全球化斷層線的影響下，未來的全球化必須做出調整。不同立場的學者提出了自己的改革方案。《金融時報》副主編及首席經濟評論家沃夫（Martin Wolf）九月發表文章也指出，全球化進程有瀕臨崩潰的可能。他指出了不平等問題的嚴重性與敏感性，但認為不能將一切問題都歸咎於全球化，技術更新與產業升級等其他因素也對就業和收入造成了負面衝擊。而全球化進程如果停滯不前或者出現逆轉，將會損害經濟增長並減少全球窮人的發展機遇。因此，我們需要採用不同於以往的內外政策來改善管理機制，推動全球化進程。⑯

著名左翼經濟學家皮凱提十一月在法國《世界報》發表文章指出，我們必須重新思考全球化，並提出另一種全球化的議程。在他看來，川普獲勝的主要原因在於美國過去幾十年間積累的經濟不平等與地域間差異的爆發，但川普對公司利潤大幅減稅的方案只會加劇這種不平等。當前緊迫的問題是「全球化必須在根本上重新定位」（fundamentally re-oriented），使得國際協議能夠回應我們時代面對的重大挑戰——不平等的加劇以及全球氣候暖化。我們需要促進一種以公平與可持續發展為目標的全球化模式。他主張調整國際貿易的著眼點，貿易自由化不再是主要焦點，「貿易必須再次成為服務於更高目標的手段，它從來不應當變成除此之外的其他東西」。他建議在貿易協議的制定中必須考慮其財政和環境的影響，透過稅收和司法監督實施限制。皮凱提認為，「現在到了轉變全球化的政治話語的時候了」，貿易是好事，但公平與可持續的發展也要求公共服務系統、基礎建設系統、健康與教育系統，而這些要求本身進而要求一種公平的稅收體系。如果達不到這些要求，川普主義將會大行其道。⑰

著名自由派經濟學家薩默斯（曾任美國財政部長和哈佛大學校長）十二月初在《紐約時報》發

表文章，也提出需要反思全球化的得失並為此「重新定位」。他指出，就統計數據而言，二〇一六年世界經濟與近幾年完全相似，重要的變化在於政治方面。二戰以來，西方大多數政治領導人形成了一種共識，認為減少貿易壁壘將促進繁榮與和平，而當前廣泛的反全球化運動標誌著這種共識的解體。在非西方國家，土耳其、俄羅斯和印度的領導人呼籲民族自豪感、自身傳統的文化價值和優勢，而貶低開放性與人權的普世價值。民族主義的復興與對全球化的抵抗成為普遍現象，這源自許多人群的一種無力感——他們的生活被自身無法控制的力量所侵擾。在地理意義、文化意義上，也在缺乏共享認同的意義上，人們之間的距離感加劇了。他們對其領導人保護自己的能力失去了信心。人們的不安全感往往會「招致返祖現象」。二戰以來的世界，儘管存在許多問題與挑戰，但在人類解放、增進繁榮、延長壽命和減少暴力等方面獲得了史無前例的進步，而現在所有這些成就都可能處在危險之中。因此，我們需要改變全球經濟對話的方向，轉向提升「負責任的民族主義」，而不是談論國際一體化。首先，讓國際社會介入這種對話的關鍵是全球合作，經濟外交需要聚焦於一種措施，使各國政府擴大扶助國內中產階級工人的政策範圍。其次，需要在防止資本收入逃稅方面做出全球努力，從中獲得的收益將有助於對中產階級提供更多的支持。最後，為了防止企業出於躲避更嚴格的勞動與環境保護標準而轉移到別處，需要通過國際對話來建立相關的全球最低標準與協調措施。最後，藩籬與圍牆並不能有效地阻止不合意的人員流動。對於史無前例的難民潮唯一持久的解決方式是創造條件，使人們能夠留在自己的家園。支持難民來源國的建設獲得的全球收益，將會遠大於在接受國內部對難民提供有限的支持。薩默斯認為，二〇一六年的諸多事件將被銘記為一個轉折點——我們要麼從此開始背離全球化，要麼開始對全球化的戰略做出朝向大眾利益的重新定位。而未來幾年的選擇事關重大。[18]

文化認同的裂痕

在全球化造成的經濟斷層線上，還交疊著另一種裂痕，即文化身分（認同）的分野。在每個國家內部，經濟斷層與文化裂痕彼此交織，卻並不完全重疊。在過去幾十年間，通過倡導「全球主義」、「文化多元主義」、「身分政治」和「差異政治」等論述，歐美左翼和自由派的政治家與知識分子致力於推動「包容他者」和文化多樣性，使平等與尊重的價值得以在更廣泛的人群中實現。但與此同時，這種進步主義的論述和政策逐漸獲取了文化霸權的地位，原本挑戰正統的道德事業變成了一種新的正統。「政治正確」在媒體與教育界造成某種禁忌，一些保守主義傾向的人群感到自己在文化上被邊緣化，受到規訓與壓制。二〇一六年，大西洋兩岸遭遇到保守主義文化強勁的反彈。

「我們要奪回我們的國家」（We want our country back），這是來自英國脫歐派與美國川普支持者們的怒吼。往日那些藏匿在角落裡的竊竊私語，如今匯聚為響亮的抗議之聲。而更為重要的是，這種聲音的政治代言人開始在西方核心國家的權力舞臺上登場亮相。信奉世界主義價值的卡麥隆首相辭職之後，他的接任者梅伊直截了當地說：「如果你還相信你是個世界公民，那你就是個無名之地的公民（citizen of nowhere）。你根本不懂『公民身分』這個詞本身的意思。」《經濟學人》刊發文章指出，近年來世界各地的民族主義者都在擴展地盤，並結成聯盟。⑲自由派人士所主張的世界主義、全球主義和文化多元主義的進步事業，連同他們的道德優越感受到嚴重的挫傷。許多人突然發現自己的國家和同胞從未如此陌生，驚恐與沮喪時而轉化為對「野蠻的種族主義」的斥責。但這個令人畏懼的標籤開始喪失原有的震懾力，政治正確的禁忌開始鬆動。二〇一六年，我們見證了地方主義與民族主義的造反，以「祖國」和「人民」的名義向全球主義者復仇。野蠻與率真的界限一時變得模糊不清。

到底發生了什麼？應該如何理解和應對文化身分的分裂對立？紐約大學著名社會心理學家海德（Jonathan Haidt）九月發表一篇長文，提出了相當獨特而精湛的闡釋。[20] 作者首先回顧了全球主義文化的興起。「世界價值觀調查」（WVS）對六十個國家的調查數據表明，在過去三十年間這些國家幾乎都比以往更加富裕，這在價值觀方面促成了兩個重要的總體趨勢轉變：首先是疏離傳統價值（宗教、禮儀和敬重權威等），轉向「世俗理性」的價值（向變革、進步和基於理性考慮的社會方案開放）；其次是淡化經濟和物質保障的「生存價值觀」（常見於家庭、部落和其他地方性群體之中），轉向強調個人權利以及普遍保護原則的「自我表達」或「解放的價值」。隨著繁榮與安全的增長，這些社會變得更加開放和寬容。全球化與網路使人們更容易接觸來自其他文化的食物、電影和消費品，「這種開放性幾乎不可避免地導致了世界主義態度的興起」。由此，在世界各國都出現了一批信奉普遍主義的全球主義者，他們把自己的同胞都視為「世界公民」。

約翰·藍儂一九七一年的名作〈想像〉是全球主義的頌歌，他邀請人們「想像一下沒有國家，這並不難做到，沒有什麼要為之殺戮或送命的，也沒有宗教，想像所有人生活在和平中。你或許會說我是個夢想者，但我不是孤身一個，我希望有一天你會加入我們，那世界將會如同一體」。海德認為，這是多元文化全球主義者的天堂願景，但對那些具有本土情懷的愛國者而言，那種「沒有國家的想像」不僅天真幼稚，而且是褻瀆的和叛國的。他們偏愛自己的國家與文化傳統，相信與自己的國家有一種特殊的紐帶約束，而這種約束對公民和政府施加了雙向的道德義務：公民有義務愛戴和服務於國家，而政府有責任保護本國的公民，並將他們的利益置於外國人的利益之上。這種民族主義的認同本身未必涉嫌種族主義，在道德上也無卑下之處，並且有助於形成共享的身分認同、規範意識和歷史感，從而促進社會信任。如果一個社會缺乏這種共享的感知反而容易導致涂爾幹所說的失範狀態（anomie）。[21]《紐約時報》的專欄作家杜塔（Ross Douthat）在十一月發表的文章中也強調，藍儂所「想像」的價值難以滿足人類生活的需求：「人們懷有世界主義所無法滿足的（社群）團結的願望，具有再分配所無法實現的非物質性利益，具有世俗主義無法回應的對神聖性的渴望。」[22]

實際上，全球主義者即使在西方已開發國家也只是部分人群，他們集中在首都和大都市、商業中心和大學城，在年輕的城市菁英中占據主流。因為教育和文化地位上的優勢，他們主導著主流輿論的價值和態度取向，但歐美社會仍然存在著大量的民眾信奉民族主義和傳統價值，他們對全球主義抱有懷疑甚至敵意。過去幾十年間，西方出現了全球主義價值觀的持續興盛，這造成了一種錯覺——仿佛民族主義以及地方性認同都不過是蒙昧的遺跡，而且已行將就木，但實際上它們遠比全球主義者想像的更為普遍和持久。正如哈佛大學政治學教授華特（Stephen Walt）指出的那樣：「後冷戰的自由派人士低估了民族主義以及其他地方認同（教派、族裔和部落紐帶等）的作用。他們假定，這些返祖性的依附會逐漸消亡，僅僅局限於非政治性的文化表達，或會在精心設計的民主制度中被因勢利導地平衡和應對。但實際上，許多地方的許多人更加在乎民族身分、歷史上的敵人、領土象徵物以及傳統文化價值，超過關心（自由派所定義的）『自由』。」[23]

由此可見，西方社會實際上同時存在著全球主義與民族主義（以及其他地方性傳統）兩種文化認同與價值觀，不同取向的兩類人群之間隱含著持久的分歧，但在過去幾十年間基本能夠和平共處。為什麼最近幾年彼此的緊張日益嚴重，以至於在今年全面爆發？

海德分析指出，在經濟因素之外，近年來大量外國移民的湧入，造成了複雜的社會衝擊，加劇了雙方的緊張並轉化為明顯的政治衝突。在他看來，全球主義者與民族主義者針對歐洲移民政策的爭辯，並不是高尚與卑下之爭，而是兩種道德視野的衝突。堅持對陌生人（尤其是處於危難中的陌生人）負有救助的義務，與主張保持自身共同體的完整性，這兩者都是合理的道德訴求，卻又是以撒・柏林所說的彼此「不可公度」的價值。因此，真正的問題在於合理地平衡這兩種訴求。但一部分全球主義者常常以「種族主義」之類簡單化的指控代替必要的同情理解，這激化了民族主義的極端化反彈。海德認為，在這場爭論中使用「種族主義」的標籤是淺薄而缺乏解釋力的。一些民族主義者的確會表現出類似種族主義的言行，但這是結果而不是原因。嚴格意義上的種族主義者是僅僅因為厭惡（異己的）差異本身而無理由地排斥外國人。但多數民族主義者的排外情緒卻有自己的理由：感到外來者的價值觀格格不入，或者感到他們的行為令人厭惡，或者感到自己所珍視的事物受到了威脅……這些感受或許與現實不盡相符或者被煽動家所誇大，但無論如何，「如果我們要理解近來右翼民粹主義運動的興起，那麼『種族主義』不能成為終結點，而必須是探究的起點」。

借助其他社會心理學家的研究成果，海德強調，民族主義者在感受到所謂「規範性威脅」的時候會變得格外極端、非理性甚至訴諸暴力。因此，他提議一種「降低規範性威脅」的移民政策方案，這必須同時考慮三項指標，即外國出生居民的比例，每個移入群體與本地文化的道德差異程度，以及每一群體的孩子可以實現的同化程度。他認為全球主義者有可能吸引民眾遠離右翼民族主義政治，但前提是必須重新思考民族認同與道德凝聚共同體的價值，這需要在移民問題上放棄「多元文化的」方案而採納「同化方案」。作者最後寫道，在二〇一六年之後西方國家面臨的重大問題或許是「我們如何在尊重（而不是淡化或摧毀）世界上許多（帶有自身傳統和道德秩序的）地方的、民族的以及其他『狹區性』身分的同時，收穫全球合作在貿易、文化、教育、人權和環境保護等方面的成果？全球主義者與民族主義者在一個什麼樣的世界中能夠和平共處？」[24]

身分政治與美國傳統的界定

美國著名知識分子、哥倫比亞大學教授馬克・里拉十一月在《紐約時報》發表文章，批評分析「身分自由主義」（identity liberalism）的政治失敗。[25]這篇文章引發了一些爭議，作者隨後在國家公共廣播電臺（NPR）的訪談中做出了回應。實際上，里拉並不反對文化多樣性，正如他在文章中指出的那樣，美國的多樣性是一件「美好的事情」。問題在於「多樣性應當如何塑造政治」。對此，新一代自由主義的標準答案是認識和「讚美」差異。的確，強調身分的特殊性具有正面的道德教益，尤其有助於少數族裔和邊緣文化認同的群體獲得尊重。但在政治上，著眼於差異，將此作為民主政治的基礎則是災難性的錯誤。里拉提醒自由主義者，「美國政治中第一場身分運動是三K黨人，至今仍然存在。那些玩弄身分遊戲的人應當作好失敗的準備」。他認為，我們需要一種「後身分自由主義」（post-identity liberalism）：著眼於擴展自由主義的基礎，為此需要訴諸具有美國共性的整體的「美國人」、面向一個作為（共同生活其中、必須彼此相助的）「公民國家」的美國發言，並重視絕大多數人關切的問題。這是值得汲取的過去「前身分自由主義」的成功經驗。而對於觸及性取向和宗教等之類「高度充滿象徵性並可能驅趕潛在同盟的狹窄議題」，後身分的自由主義會帶著恰當的尺度感平穩而敏感地應對。在文章的結尾，里拉意味深長地回憶他多年前的經歷：他應邀在佛羅里達工會的大會中討論羅斯福著名的「四大自由演講」。不同性別和膚色的人聚集在一起，聆聽羅斯福當年的演講錄音，沉浸於共同分享的自由信念，這使他感到震撼，也提醒他羅斯福所說的「世界上每個人的自由」才是現代美國自由主義的真正基礎。

里拉的反思蘊含著「求同存異」的取向，強調美國的自由主義傳統是立足於共同的普遍價值來容納多樣性，他擔憂固執於差異的「身分自由主義」可能會自毀根基。顯然，川普的成功祕訣之一，正是從自由派那裡奪回了這個身分政治的王牌，他呼喚那種狹義的美國身分認同，傳承WASP文化的正統美國人，其著名的競選口號「讓美國再次偉大」被許多評論（包括《紐約客》、《紐約時報》和《新政治家》發表的三篇文章）解讀為「讓美國再次變白」（Make America White Again）。[26]

雖然著名政治學家杭亭頓曾在《誰是美國人？》一書中將WASP當作美國認同的核心傳統，但「正統美國」的概念本身是具有高度爭議性的。從歷史角度看，早年美國的移民主體來自歐洲，歐洲文化和宗教塑造了美國主流文化。但在理念層面上，新大陸的移民許多是歐洲的「棄兒」，清教徒遭受的宗教壓制使他們要建立一個開放和包容他者的「新世界」。所以，與歐洲大陸那種基於「血與土地」的民族身分認同不同，美國的認同又是觀念性的：凡是信奉美國理想（自由、平等、人權、民主和立憲等）的人，不問來歷都可以是「美國人」，這種普遍主義也構成了美國文化和認同的一種「正統」：這是始於《獨立宣言》倡導的普遍權利，經由林肯的廢奴主義，到馬丁·路德·金的民權運動所代表的傳統。如果將這條政治文化線索從美國的傳統中割裂，那麼美國不過是老歐洲的民族國家的「美洲翻版」，而喪失了其「新大陸」的精神特質。

無論如何，全球主義文化在今年遭遇的反彈值得深思，但這並不是所謂的終結。正如《經濟學人》的文章指出的那樣，年輕人並不懼怕全球化帶來的種種變化。在法國雖然只有三七%的人認同「全球化的力量是好的」這一觀點，但其支持率在十八至二十四歲的年輕人當中高達七七%。因此，「新的民族主義者正趾高氣揚地許諾要封鎖國界，並使社會恢復到過去的同質性，但如果下一代人沉住氣，未來可能會再度走向世界主義」。[27]

民粹主義的威脅

在二〇一六年的政治評論中，民粹主義（populism）或許是使用頻率最高的術語。英國獨立黨領導人法拉吉（Nigel Farage）、美國當選總統的川普、法國「民族陣線」主席勒龐、匈牙利總理奧班（Orbán Viktor），以及土耳其總統艾爾段，他們似乎呈現出某種「家族相似」的特點：強硬而富有煽動力，鼓吹極端的理念和政策，宣稱代表底層民眾，訴諸他們被漠視的利益和被壓抑的憤怒，發誓要根本改變腐敗或無能的建制派菁英們所造就的黑暗現狀，並許諾帶給民眾一個嶄新的光明未來。民粹主義似乎是一個現成的概念，用來概括這些新興政治勢力的特徵。今年學術界和媒體湧現出大量關於民粹主義的歷史、理論與實踐的論述。澳洲的《對話》雜誌匯集了十八位著名政治學家（包括中國學者俞可平）的簡要觀點；[28]《外交事務》在年末刊出「民粹主義的力量」專輯；[29]同時至少有三部相關專著適時面世。[30]這些媒體關注的焦點議題包括：如何理解民粹主義的興起？民粹主義與民主究竟是什麼關係？它本身是一種民主形態或病症，還是對民主的威脅？它會導向法西斯主義嗎？應該如何應對民粹主義政治勢力的蔓延？

然而，民粹主義的概念相當複雜，也容易被濫用。早在半個世紀前，倫敦政治經濟學院為此召開過學術研討會，與會者們一致同意，民粹主義這個術語雖然有用，但含義太過模糊以至於無法形成某種單一的定義。[31]這種狀況幾乎延續至今，但今年出版的《解讀民粹主義》（*What is Populism*）一書對於這一概念的澄清做出了突出的貢獻，格外引人注目。作者繆勒（Jan-Werner Müller）是普林斯頓大學的政治理論教授，也是活躍於歐美思想界的公共知識分子。他先後在《衛報》、《波士頓評論》和《倫敦書評》等報刊發表文章，對民粹主義的辨析和針對當下政治現象的闡釋都具有敏銳而深邃的見解。[32]

繆勒反對時下對民粹主義一詞的過度寬泛使用。民粹主義可能表現為反建制、敵視菁英、憤怒、非理性、不負責任、仇富、排外……但所有這些都不是其獨有的特徵。繆勒認為，民粹主義的「界定性特徵」（defining feature）不是反對菁英，而是對「人民」代表性的壟斷：民粹主義者們宣稱，他們而且只有他們才代表「真正的人民」及其意志和利益。這種對政治代表性的道德壟斷才是民粹主義的獨特之處。訴諸人民的意志意味著信奉「人民主權」原則，因此民粹主義與民主政治具有令人迷惑的相似性，也總是如影隨形。繆勒認為，民粹主義是代議制民主「永恆的影子」，但它必須透過抹煞現代社會的多元性才可能維持其對代表性的壟斷，因此必須壓制和排斥部分民眾的意志和利益，從而反諷地陷入它所指控的那種菁英政治罪行（壓制與排斥）。在根本上，反多元主義（anti-pluralism）的結構性特徵使民粹主義不僅是反自由的，最終也是反民主的。

在一個複雜多元的現代民主社會中，絕不存在單一的政治意志，更不用說單一的政治觀點了。這是所有歐美社會的政治現實。英國脫歐公投中有四八%的投票者選擇留在歐盟，美國總統大選中，希拉蕊超出川普二八六萬張普選票，奧班在匈牙利策劃公投「抵制布魯塞爾在移民問題上發號施令」，但投票人數未達到一半，實際上失去了法定效力。但所有這些事實都不妨礙民粹主義政客聲稱代表全體人民。法拉吉宣稱，英國公投的結果是「真正的人民的勝利」，這意味著反對脫歐的公民算不上「純正的英國人」；川普也曾在競選集會中宣稱「真正重要的事情是人民的聯合一體，因為其他人毫無意義」。顯然，民粹主義者需要製造一個神話：世上存在一個真正的「人民」群體，一個同質性的、永遠正直的人民群體，全體人民可以透過一個聲音表達心聲，而民粹主義者自己就是這個聲音，是人民獨一無二的道德代表。

民粹主義會給民主政治帶來兩個直接有害的後果。首先，民粹主義者將指控其他所有的政治競爭者為非法，這不是指政策上的分歧（這種分歧本身是民主政治的特徵之一），而是將政治對手妖魔化，「揭露」他們的人格扭曲或道德腐敗。美國一名極右翼電臺的節目主持人（川普的狂熱支持者，且收到川普本人的電話致謝）在網站上發布消息說，希拉蕊和歐巴馬真的都是從地獄中上來的人，「如果走近他們，你會聞到地獄的硫黃氣味」。其次，更為重要的是，民粹主義者否認多元主義，堅持將公民之間的分歧轉化為「人民與非人民的對抗」，主張將那些異己人群——不支持他們或者不認同他們「人民」觀念的那些人——排除在「真正的人民」之外。（繆勒早年曾發表過研究施密特的專著，可以想見他對民粹主義反多元主義的敏感性來自他對施密特「同質化人民」的批判性研究。）

繆勒針對許多對民粹主義的流行誤解展開批判分析。首先，據說民粹主義更具有直接民主的傾向，會使政治更貼近民眾。但繆勒認為，民粹主義者並不反對代議制民主，只要他們自己是代議制民主的代表，他們也可以不反對菁英，只要菁英是他們所定義的「人民」的代言人。他們呼籲要讓「人民自己發出聲音」，但完全不關心廣泛的民主參與，他們熱衷於政治和道德的斷言，而不是促進開放的、自下而上的公民辯論。他們製造民意的方式是在（直接或間接的）民主程序之外來定義人民。其次，有大量研究表明，右翼民粹主義的支持者與其社會經濟狀況並不直接相關。川普的支持者並非低收入人群，美國大多數經濟狀況最差（年收入不足五萬美元）的人群在總統大選中投票給希拉蕊。將民粹主義的支持者群體與現代化的失敗者相聯繫缺乏真正的經驗證據基礎。實際上，川普的成功之處在於，使許多白人（仍然占美國人口的絕大多數）相信自己已經變得像是受壓迫的少數族群，從而將「白人身分運動」與「美國人民」關聯起來。最後，許多自由派分析家認為，民粹主義政客一旦上臺執政就會自我瓦解，因為他們沒有真正可行的政策。在他們看來，民粹主義本質上是一種抗議政治，而抗議者無法統治，因為在邏輯上人們不能抗議自己。繆勒認為，這是一種自我安慰的錯覺。民粹主義執政並不必定落入自相矛盾。執政的民粹主義者當然會面臨種種失敗，但他們總是可以將所有失敗都歸咎於那些「反人民的菁英」的破壞，這就是民粹主義者往往偏愛陰謀論的原因之一。人民必須永遠正確，一切失敗都是敵人的陰謀所致，而國內或國外的敵人總是取之不盡的。

實際上，在俄羅斯、土耳其、匈牙利和波蘭等國，民粹主義政客已經成為執政者。當政的民粹主義者非常注重控制非政府力量。打壓民間批評意見當然不限於民粹主義政府，但公民社會中存在反對力量的事實，會對民粹主義政客造成特殊的「象徵性難題」：這會瓦解他們所宣稱的獨一無二的代表性。因此，他們竭力需要「證明」所謂的公民社會根本不是公民社會，證明任何民間的反對都與「真正的人民」毫無關係。這就是為什麼普丁、奧班和波蘭的「法律正義黨」（PiS）總是試圖將異議組織「鑑定」為受外來勢力操縱或者本身就是外國間諜。為了製造統一的人民，那些抵制代表性壟斷的人群必須被禁聲或名譽掃地，或者促使他們離開自己的國家，將他們從「純粹的人民」中剝離出去（近幾年來，大約有一〇%的波蘭人、五%的匈牙利人移居國外）。由此，民粹主義政客不僅造就了自己的國家，而且造就了他們一直以其之名發言的同質化的人民，民粹主義因此可以成為某種「自我實現的預言」（self-fulfilling prophecy）。在此存在著一個悲劇性的反諷：當權的民粹主義者恰恰犯下了他們所指控的菁英犯下的那種政治罪，即排斥公民和篡奪國家，他們最終會做出所謂建制派的行徑，只不過合理化辯護或自覺意識的色彩更濃重。因此，認為「大眾反叛」的民粹主義領袖有可能改善民主的想法是一種深刻的幻覺，民粹主義者不過是另一種類型的菁英，他們試圖借助政治純粹性的集體幻象來掌控權力。

那麼，應當如何應對民粹主義勢力的蔓延？繆勒認為，首先，我們需要防止對民粹主義一詞的濫用，不應當將美國的桑德斯（Bernie Sanders）、英國的柯賓（Jeremy Corbyn）、希臘激進左翼聯盟（Syriza）和西班牙左翼政黨「我們可以」（Podemos）與川普、法拉吉和艾爾段混同為一個類別，統稱其為民粹主義。因為只有後者才宣稱自己是「真正的人民」的唯一代表，而前者承認社會的政治多元性，並在此基礎上試圖重塑社會民主。其次，應該認清民粹主義者們對民主的威脅，而不是誇大他們對菁英權力有益的矯正作用。但同時需要在政治上與他們接觸，而且不是用民粹主義的方式（排斥和妖魔化）來對待民粹主義者。再次，需要將民粹主義政客與其支持者區別開來。民粹主義者虛構了「真正的人民」及其「統一的意志」，但他們觸及的政治問題並非完全虛構：西方國家日益嚴重的不平等，以及許多公民被排除在政治進程之外，這些都不是杜撰的問題。那些支持他們的民眾也並非只是受到煽動蠱惑，陷入非理性的情緒爆發。理性與情緒的分野本來並不那麼涇渭分明，情緒當然可以出自理由，這不意味著我們必須接受所有這些理由，但宣稱所有民粹主義的支持者都只是被「憤怒驅使」，那將永遠無法對他們的理由展開真正嚴肅的討論。最後，必須直面「我們時代特有的真實衝突」，主要不是所謂的「菁英對峙人民」的衝突，而是更為開放的倡導者與某種封閉的支持者之間的衝突。這種衝突包含著切實的利益關切，應當讓貿易協議等政策轉向更有利於受薪階級的層面，由此贏得選民的支持，這當然是抵制民粹主義的一部分。但繆勒告誡說，利益之戰並不是一切，「自由主義者也必須踏入身分政治的危險領地」，必須打破民粹主義者編造的「純粹的人民」的幻象，並塑造一種「更有吸引力的、最終是多元主義的英國性和美國性的概念」。

民主政治面臨的考驗

民粹主義將造成什麼樣的後果？繆勒認為，至少會讓一個國家浪費多年的時間和機會，就如貝魯斯柯尼在義大利的情況。而在美國，可能意味著毫無保留的裙帶資本主義以及破壞權力制衡機制的企圖，而最壞的情況是美國發生「政體變更」（regime change）。美國難道會發生「顏色革命」嗎？《金融時報》的主編巴伯抱有同樣的憂慮。他認為美國兩百多年來一直是多元主義、寬容和法治等民主價值的標誌，然而在二〇一六年陷入了一場高風險的政治賭博，其結果難以預料。川普的立場是英國脫歐者更極端的鏡像，要求不惜代價地遵從他言稱的「人民的意志」，而任何反對意見——無論是來自媒體、反對派還是司法機構——都有被定性為「人民公敵」的風險，「這不只是民粹主義的猖獗，這是對政治本身的否定」。[33]

那麼，民粹主義會滑向法西斯主義嗎？政治理論家伯曼（Sheri Berman）教授在《外交事務》發表的文章認為，民粹主義不是法西斯主義，但有可能成為其溫床。她分析指出，法西斯主義與民粹主義都是極端主義，兩者具有相似性，但彼此的差異更為明顯：「目前的極端主義者宣稱，他們並不是要拋棄而是要改善民主，他們批判當代民主運轉不良，但並沒有另闢蹊徑，只是給出含混的許諾：要使政府更強有力、更有效率和更負責任。」另外，兩者的歷史背景也相當不同。但她認為，匈牙利和土耳其的民粹主義更加危險，因為那裡民主政治的根基不深。而在具有長期民主傳統的英美兩國，民粹主義很難轉變為法西斯主義。因此就其特徵而言，對目前右翼極端主義者更恰當的定性是民粹主義而不是法西斯主義，他們固然是反自由的，卻未必是反民主的，這兩者的區別並非無足輕重。如果民粹主義者上臺執政，民主機制的持續存在將會透過下一輪選舉將他們淘汰出局。「讓國家從其錯誤中恢復，這是民主政治最大的優勢。」[34]

「自由秩序」的未來

從更大的歷史尺度中考察，二〇一六年的變局是西方自由秩序冒進擴張的反彈效應，如果沒有重大的戰略性改變，仍然將面對難以擺脫的困境與風險。所謂「自由秩序」初建於二戰之後（以「馬歇爾計畫」為標誌），實際上主要是局部世界——西方「自由世界」的政治經濟秩序。但在冷戰結束後，「自由秩序」在新一輪全球化過程中迅速向外擴張，在帶動新興經濟體巨大發展的同時，也引發了廣泛的不滿與衝突。

首先，西方秩序更為直接和深入地捲入了（包括中國、印度以及南美國家在內的）人口總數高達三十多億的新興經濟體的內部秩序，引發了非西方國家在文化、政治和經濟上「抵制西方化」的各種反彈，與此同時，全球勞動力市場的形成與資本流動也加劇了西方國家內部的經濟不平等，造成中產階級的挫折與失望，這都構成了對自由秩序正當性的質疑。

其次，冷戰時代中曾被基本限制在其地理區域的「伊斯蘭世界」，也在新一輪全球化進程中

（再次）與西方世界更為直接地相遇。伊斯蘭文明本身也是一種普遍世界秩序，與西方文明秩序如何能夠和平相處是一個悠久的難題。目前全球有十六億穆斯林人口，高生育率將帶來其人口的迅速增長。在未來的全球秩序中，伊斯蘭文明可能將發揮難以估量的重要影響。至少就目前境況而言，中東與北非地區的戰亂與失序，宗教極端勢力與恐怖主義的興起，歐洲的難民危機以及文化與宗教的衝突，都顯示出西方自由秩序的過度擴張正在導致其不可承受的後果。

最後，今年對於人工智能棋手「阿爾法狗」（Alphago）與人類圍棋大師對決的熱烈回響，以及學術界對「後人類」問題的新一輪探索，都預示了新技術文明不可預知的前景。新技術革命尤其是人工智能和基因生物工程的迅疾發展，對現有的生產、勞動和消費的結構性衝擊，以及對文化變遷的深遠影響，同時蘊含著嶄新的可能和巨大的風險。如果「後人類社會」真的不期而至，西方自由秩序目前面臨的許多重大政治、經濟與文化問題並不是被解決，而是可能被完全取消或根本改變。

2017

2003 2004 2005 2006 2007

2008 2009 2010 2011

2012 2013 2014 2015 2016

2018 2019 2020

天際晦暗的時刻，很難分辨是暮色還是晨曦。二〇一七年初，《華盛頓郵報》決定在報頭下方刻寫一句銘文：「民主死於黑暗」（Democracy Dies in Darkness）。黑暗的隱喻不只是在警示川普對民主政治的威脅，甚至不只是對美國動盪時局的憂患，而是對西方文明再次陷入嚴峻危機的預告。二〇一七年西方思想的流變透露出多種明暗交織的跡象：美國社會的分裂在加劇，歐洲開啟了「馬克宏時刻」的轉機，中國的影響力正在改變世界格局，民主的危機再次成為焦點議題，反性侵運動席捲全球，「思想工業」的興起正在轉變公共領域的結構，而人工智能的發展令人興奮也讓人憂慮。對於西方世界而言，二〇一七年仍然是一個不確定的時刻。但有一些長程的結構性證據表明，這個晦暗時刻更可能是漫漫長夜前的黃昏，而不是黎明將至的預兆。

美國的川普元年

二〇一七年的美國政治很容易被視為「一場喧譁的鬧劇」。鬧劇是真的，但不是僅此而已。川普及其現象背後有著不可低估的政治文化意義。

就任總統的第一年，川普在身陷重圍之中取得的成績乏善可陳。他實質性的主要政績——作為「聖誕節大禮」的《減稅與就業法案》（*Tax Cuts and Jobs Act*），以及四月將年輕的保守派法官戈薩奇（Neil Gorsuch）送上美國最高法院大法官的位置——對於任何一位共和黨總統而言（在參眾兩院的多數優勢下）都是輕而易舉之事，它們之所以顯得隆重而喧譁，主要在於川普費盡周折克服了他自己製造的額外障礙。這位在任總統延續著競選時期的戰鬥精神——善於製造和激化對立而不是化解衝突，勇於攻擊而不是傾聽異議並尋求妥協。但他在遭遇強大抵抗的逆境中生存下來，沒有辭職也沒有被彈劾，守住了自己的總統職位，這本身是他更難得的成就。

從宣誓就職的第二天開始，川普就不斷遭遇對新任總統前所未有的抵抗。華盛頓特區有近百萬人參加了「女性遊行」，抗議活動從美國輻射到全球各地（遠至南極）。四月，成千上萬名科學家走上街頭「為科學遊行」（March for Science）。八月，夏洛茲維爾的右翼遊行與衝突發生之後，川普的言論激怒了更多人。總統藝術與人文委員會（President's Committee on the Arts and the Humanities）十七位成員中有十六位連署公開信抗議並集體辭職，白宮隨後宣布聘任該委員會的行政命令不再延續。而在另外兩個新近成立的白宮顧問機構美國製造業委員會（American Manufacturing Council）以及總統戰略與政策論壇（President's Strategic and Policy Forum）中，也有多位著名人士退出以示抗議，川普乾脆直接宣布解散這兩個機構。

連綿不斷的抗議以及媒體的負面評論，每時每刻都困擾著這位總統的感知與心態。《紐約時報》的一篇長篇報導分析指出，川普每天都會花大量時間收看電視和媒體的反應，並時刻準備反擊。對他來說，這個總統職位是「他在那個美妙的勝選之夜獲得的獎品，一個在他每個甦醒的時刻都必須奮力守護的獎品，而推特是他的王者之劍」。❶他反擊每一個批評和貶低自己的言論，包括自己的內閣成員。當國務卿提勒森（Rex Tillerson）出言不遜斥責其為「白癡」（moron）時，川普立即發推文回應：「我們必須用智商測試來比較一下，而且我可以告訴你誰將會勝出。」（許多評論表示，這條推文已經測出了他的智商。）此外，川普信口開河的言論中夾帶著大量的不實之詞。一位研究謊言的專家在《華盛頓郵報》發表文章，據她統計，在執政的兩百九十八天中川普做過的「虛假、誤導或前後不一的陳述」高達一六二八次（平均每天五．五次）。❷他毫無忌諱的言行又給媒體和脫口秀節目輸送了大量素材，造就了更多的批評或嘲諷，這使他感到必須不斷反擊，如此一來，便形成了永久化的反饋循環。

川普的固執己見並沒有妨礙他的反覆無常。最初一些言之鑿鑿的理念（包括決意從阿富汗撤軍，判定「中國是貨幣操縱者」以及宣稱北約「已經過時」等），都發生了逆轉。根據NBC新聞公布的統計，從當選到執政百日，川普在十三個政策問題上變換了三十二種立場，成為「現代歷史上最難以預測的美國領導人」。❸他易變的風格同樣體現在白宮高層官員的頻繁變動之中，變動的高層人員有任職六個月的白宮幕僚長蒲博思（Reince Priebus）和新聞發言人史派瑟（Sean Spicer），七個月的首席戰略師班農（Steve Bannon）和白宮顧問高卡（Sebastian Gorka），還有二十三天的國家安全顧問佛林（Michael Flynn），以及最短十天的通訊主任史卡拉穆奇（Anthony Scaramucci）。在二〇一七年，大約三四%的高級官員辭職、被解僱或調任，變更比例之高史無前例（此前的紀錄是雷根總統第一年的一七%）。❹

對川普精神健康狀態的疑慮從大選開始就從未平息。十月六日《新聞週刊》報導，二十七位心理醫生與精神衛生專家聯名發表了一份名為「川普的危險案例」的報告，評估他有「暴力、不成熟和缺乏安全感」等多種精神障礙。由於總統的健康事關國家安全，這些專家認為有必要向大眾預警「這位總統的危險性」。這是出於「道德與公民的責任」，高於他們本應遵循的「職業中立性原則」。實際上，連班農也曾在訪談中說過，川普「就像個十一歲的孩子」。❺《紐約書評》一篇文章的作者指出，「這是第一次，美國有了一位行事不像成年人的總統」，他那些不成熟的品行不只孩子氣，而且是「大多數家長努力要讓自己孩子去避免的」。因此，這屆行政當局的運行機制就是，川普製造混亂，然後由白宮裡的「成年人」來幫他清理。這些「成年人」在管教他、讓他長大並防止他失控，他們時而成功但常常失敗。❻的確，川普「沒有總統的樣子」（unpresidential）。

在許多人眼裡，他只是一個虛張聲勢的自戀症患者，一個自稱「天才」的弱智，不可能成就大業，也很難獲得連任。或許三年之後，美國政治將重回正軌。政治學家約瑟夫．奈伊評論說，川普現象很可能是「美國歷史曲線上的一次異常波動」。❼也許，這最終不過是一場鬧劇，借用莎士比亞的名言來形容，「充滿著喧譁與騷動，卻沒有任何意義」。但川普絕不是一個笑話，川普現象也不是一場鬧劇。諸如此類的蔑視論調或許能滿足一些人對川普的反感心態，但這種認知包含著危險的誤解和誤判。

川普登上政治舞臺具有真實的民意基礎，主要來自兩種（相互重疊或獨立的）否定性的民眾意願：對多元文化主義的抵制，以及對建制派政治的反抗。川普執政也帶著並不含混的政治議程，簡而言之就是「還我美國」：不僅從全球化的得益者那裡，也從建制派的政客那裡，以及從少數族裔和邊緣群體那裡「奪回我們的國家」。川普的政治議程吸引和集結了一大批經濟與文化上的受挫者，這些人構成了他的選民基本盤。所謂「川普主義」以反全球化、反建制派、反少數族裔與邊緣群體為特徵，這樣的政治議程是任何政治建制派（無論民主黨還是共和黨）都無法容納和勝任的，這也注定了川普的政治實際上是一場「造反」的政治運動，正如許多評論家指出的那樣，他實際上形成了一個「借（共和黨之）殼上市」的「第三政黨」。

川普具有「造反派」的特徵，但他透過合法的選舉程序獲得權力，也必須遵循立憲體制的遊戲規則來行使權力。許多人曾預測他會被制度的力量逐漸馴化，但這似乎低估了他反叛的野性。身處美國的立憲傳統，川普如同一頭困獸，既不願接受建制派（所謂「房間裡的成年人」）的馴化，也無法徹底突破體制的籠子。

這種衝突狀態解釋了白宮大部分的混亂與喧鬧，而他「精神障礙」的病象至少部分地來自他掙扎中的挫敗感。他欣賞普丁或艾爾段那樣的強勢領導人，羨慕他們更能自由發揮而更少受到限制的權力。

他的許多承諾落空了。他沒能完全廢除（更不用說替代）「歐巴馬健保計畫」，發誓要修建的「長城」還無影無蹤，基礎建設大發展也仍然是紙上談兵。但在否定性的意義上，川普絕非無所作為。美國已經退出了TPP、聯合國教科文組織、巴黎氣候協議，並可能退出北美自由貿易協定和伊朗核協議。他也成功地撤銷了許多歐巴馬以「行政命令」方式簽署的政策和條規。同樣重要的是，他也一直在衝擊體制限制的邊界，試圖將頻繁的「反常」言行「正常化」，改變何為總統規範（norms）的定義。而這種重新界定本身，也是對共和黨建制派的「綁架」努力，使僵化的體制屈從於新總統的「活力」。

川普主義會在曲折中步步為營嗎？競選的奇蹟效應能在執政時期延續多久？川普仍然面臨著許多艱難挑戰。在國際事務中，川普已經被大部分盟國視為「信譽最低、危險最大」的美國總統。在美國國內，「通俄門」的調查仍然在進展，彈劾動議時隱時現。而解僱「正在成為麻煩的」特別檢察官穆勒（Robert Muelle）可能會造成更大的麻煩。作為一個反叛的當政者，川普處在各種交錯的壓力之中：主流媒體的抨擊、社會運動的抵抗、民主黨的對抗、共和黨建制派的要求、白宮西翼的內鬥、家族親屬（尤其是女兒和女婿）的訴求，以及其選民基本盤的要求。十二月中旬，在蓋洛普發布的民意調查中，川普的支持率降至三五%，低於現代歷史（在這個任期的節點）上的任何一位前任總統。❽

目前的經濟形勢對川普有利。《經濟學人》發表文章指出，川普是美國經濟復甦的幸運繼承者，「自他當選之後美國股市增長了二五%，但從二〇〇九年以來增長了一九五%，失業率在歐巴馬時期已經從一〇%的峰值下降到四．七%，在川普執政後繼續下降到四．一%」。川普當然會毫不謙讓地將所有經濟成就歸功於自己，❾而《減稅與就業法案》的光環很可能會破滅。*Vox*雜誌發表芝加哥大學商學院向全美四十二位著名經濟學家（包括多位諾貝爾獎得主）所做的調查，其中同意這項法案會刺激經濟增長的僅有一人，多數人反對，其餘少數無法確定，而所有四十二位經濟學家都認為這項法案會增加債務。❿另外有許多經濟學家和評論者指出，雖然這項減稅法案聲稱會極大地惠及中下層階級，但實際上將加劇貧富差距，所謂「涓滴效應」（trickle-down effects）的神話從未實現過。⓫

然而，經濟衝擊會影響川普的選民基本盤嗎？如果經濟政策未能滿足那些經濟受挫者的期望，甚至低於他們在建制派執政時期獲得的收入與福利水平，那麼他可能會失去一部分反建制派的選民支持。但是，對於多元文化主義的抵制者而言，他們的身分關切往往高於經濟需求，可能會不離不棄地留守在基本盤的核心。凝聚這些選民依賴於意識形態的話語力量，川普主義需要自己的意識形態建築師。像克里斯托（William Kristol）之類的新保守派（neocon）思想菁英是不可指望的，他們大都激烈反對川普或與他保持距離，認為他完全不符合保守主義的真精神，有些人甚至成為「絕不要川普」（Never Trump）運動的核心人物。克里斯托主編的《標準週刊》（*The Weekly Standard*）在十一月發表社論〈投降〉，指責共和黨建制派毫無抵抗地「向川普勢力投降」。⓬

然而，川普主義已經吸引了另一群原本邊緣的保守派思想家。《紐約客》、《新共和》與《紐約書評》等報刊都發表長篇文章，開始關注他們的來龍去脈。⓭這些人主要是與加州的保守派智庫「克萊蒙特研究所」（Claremont Institute）有關的成員，在智識血統上屬雅法（Harry Jaffa）開創的所謂「西岸施特勞斯派」（West Coast Straussians）。早在二〇一六年大選期間，他們就創辦了支持川普的網刊《美國榮光雜誌》（*Journal of American Greatness*），試圖為他奠定清晰融貫的意識形態論述。而智庫出版的季刊《克萊蒙特書評》（*Claremont Review of Books*）現在被稱為「高雅川普主義的聖經」。二〇一七年，這個群體中有多名成員進入川普政府任職，包括高級國家安全顧問安東（Michael Anton）和立法事務主任蕭特（Marc Short）等。這種情景有點像早年布魯姆擔任掌門的「東岸施特勞斯派」對布希政府的影響。在川普時代，沉寂多年的「西岸施特勞斯派」迎來復興，壓倒了家族內部競爭的對手。

意外的變節事故也會發生。年輕的政治哲學家克萊因（Julius Krein）曾在哈佛大學受過哈維・曼斯菲爾德指導，早在二〇一五年九月就力排眾議撰文支持川普，稱其為「最有分量的候選人」。他也是《美國榮光雜誌》的創辦者之一，隨後又創立在理論上完善川普主義的新雜誌《美國事務》（*American Affairs*）。川普執政以來的作為讓他深感失望，「夏洛茲維爾事件」之後，他在《紐約時報》發表文章，高調承認「我投了川普的票，現在後悔不堪」。⓮一位年輕的川普主義思想健將幡然悔悟，譁變為反川普的鬥士，這引起了許多媒體的關注。他在接受NPR的採訪時說，川普完全是沒有政治理想的政客，同時表達了對班農的極度蔑視，說他「在思想理念上完全是無能的和錯亂的」。⓯

班農當然不會理會這種書生菁英的看法。自稱為「列寧主義者」的班農是更為徹底的「造反派」，他無法忍受建制派的束縛，在體制之外開闢了另外一條群眾運動的戰線，推進他所理解的更為激進的川普主義。在離開白宮之後，班農公然向共和黨建制派發出戰書，並自誇是他將民粹主義與經濟民族主義的兩大利器授予川普，成為其獲勝的法寶。然而，班農力挺身陷性醜聞的候選人摩爾（Roy Moore），結果使阿拉巴馬州迎來了二十五年以來第一位民主黨參議員。在《浮華世界》發表的長篇報導中，班農申辯說，把選舉失利與政治失敗相提並論是錯誤的，「我不是一個政治操作員，我是革命家」。就在二〇一八年伊始，川普與班農公開決裂，並指責他「不僅失去了職位也喪失了心智」。[16]但班農沒有氣餒，他相信革命之路總是漫長而坎坷的。他正在考慮自己在二〇二〇年參加總統競選的可能。他清楚地知道存在一群憤怒的美國民眾，而他擁有傑出的才能去激發、煽動和凝聚他們的憤怒，並將其轉化為政治運動的力量。川普主義的革命潛力還遠未耗盡。

因此，「川普元年」並不是一個誤稱，即便他無法成功連任。他登上權力舞臺的中心，開啟了美國政治的一個新時代，一個社會分裂與政治極化不斷加劇的時代，一個持久的「文化內戰」（cultural civil war）時代。終結川普主義需要美國建制派的深刻改革，需要不同身分政治派別之間的對話與和解，需要政治文化的重建，這將是艱難而漫長的歷程。

歐洲的「馬克宏時刻」

二〇一七年是歐洲重獲信心的一年。象徵轉機的時刻出現在五月七日夜晚，當羅浮宮廣場奏響「歐盟盟歌」——貝多芬的〈歡樂頌〉，馬克宏在音樂與歡呼聲中走上講臺發表勝選演講，這一場景預示著歐洲一體化的重新啟程，與一個多月前羅馬的陰鬱氣氛形成了鮮明對比。當時參與歐盟特別峰會的領導人還在承受「二〇一六年衝擊」的「創傷後壓力症候群」，面對反歐盟的浪潮（英國脫歐公投，川普勝選，歐洲各國本土主義、民族主義與右翼民粹主義的興起）充滿憂思，也對即將來臨的法國與德國的選舉前景深感疑慮。黯然悲觀的情緒籠罩了本該慶賀的《羅馬條約》簽署六十週年紀念日。[17]而法國大選的結果驅散了陰雲，歐美輿論視之為關鍵的轉折，並稱之為「馬克宏時刻」（the Macron Moment）。

更早的逆轉發生在三月的荷蘭大選，首相呂特（Mark Rutte）領導的「自由民主人民黨」贏得多數議會席位，壓倒了主張退歐的「自由黨」黨魁威爾德斯（Geert Wilders）。在五月馬克宏以壓倒性優勢擊敗「國民陣線」的勒龐之後，梅克爾領導的「基督教聯盟」（CDU／CSU）也在九月的德國大選中勝出，遏制了「德國另類選擇黨」（AfD）的勢頭。這三次選舉的結果有力回擊了歐洲極右翼政黨勢力的擴張，也鼓舞了已經開始回暖的歐元區經濟。據《金融時報》報導，十月德國的經濟信心指數上升到六年以來的最高點，而整個歐元區的經濟信心指數連續十四個月攀升，到達二〇〇一年一月以來的最高水平，失業率下降到九年來的最低水平。歐盟也積極推進國際自由貿易，先後與加拿大和日本達成協議，並與澳洲、紐西蘭以及南美洲「南方共同市場」展開貿易談判。[18]馬克宏九月在索邦大學發表演講，堅定地表達了重啟歐盟規劃的決心，並提出了長遠宏大又不失現實感的歐盟改革方案，引起了熱烈的回響。[19]

德國哲學家哈伯瑪斯多次表達了對馬克宏的讚譽與期望。他在四月接受法國《世界報》的訪談中指出，右翼民粹主義興起的主要根源在於歐盟領導力的失敗，無法讓成員國開展有效的合作。強制實行的金融危機應對政策未能解決問題，反而加深了歐洲南部與北部的裂痕。而馬克宏具有改革家的氣質，他展現出不同於歐盟政客的三種非凡特徵——塑造政策的勇氣、讓歐盟的菁英規劃服從於民主政治的承諾，以及令人信服的思想論辯能力。[20]十月，哈伯瑪斯在德國《明鏡》週刊發表文章〈馬克宏對歐洲意味著什麼？〉，認為馬克宏給歐洲帶來了新的機遇，呼籲德國抓住時機積極協同合作，但他也懷疑梅克爾是否能夠響應法國新總統的大膽倡議。[21]

許多學者表示，在歐洲一體化進程中，法國和德國始終發揮著關鍵作用，歐盟復興的希望也在於形成「法德軸心」的強健政治領導力與治理能力，從而用真正積極的改革方案，為那些使歐洲選民背棄建制政治的諸多問題提供可靠的解決方式。就此而言，所謂的「馬克宏時刻」並不是一個現成的答案，只是一個解決問題的機會。

「歐洲一體化將錯過一個罕見的機遇嗎？」這是《金融時報》副主編史蒂芬斯（Philip Stephens）的疑問。他在十一月初發表文章指出，德國多年來一直因為找不到一位出色的法國政治家夥伴而抱憾，總是哀歎獨自擔當領導歐洲的重任而無人分擔。現在「梅克爾政府的這個願望得到了滿足，甚至是超額的滿足」。馬克宏的歐洲主義視野帶有鮮明的理想主義氣質，同時具有現實主義的務實精神。在他就任後的幾個月，法國削減了預算赤字、放鬆了勞工法並削減了稅負。這些腳踏實地的努力也擴大了馬克宏的話語權優勢。「對歐洲一體化事業來說，這是再好不過的時機了。」但德國政府陷入了一種困境，這也正是英國作為歐盟成員國長期以來未能掙脫的困境——將歐洲一體化視為利益計算的「一系列零和交易」，而不是「支撐歐洲大陸和平與繁榮的支柱」。德國曾經有更加開闊的視野，這並不是由於利他主義，而是由於充分理解德國的國家利益（經濟福祉、國土安全以及兩德的統一）全部都依賴於戰後的歐洲秩序。歐盟不只是德國與法國實現和解的方案，也解答了那個「著名的德國問題」：「如何容納這個對歐洲來說太大、對世界而言又太小的國家？」而在當前，如果德國的政治家消極應付馬克宏的歐元區預算計畫，認為這不過是一個「要求德國納稅人掏更多錢」的計畫，那麼他們就放棄了「那種對國家利益更高瞻遠矚的理解」。德國各派的政治家們仍然處在複雜的協商談判階段。但重要的是，他們能夠在達成妥協之後表達明確的政治意願。法國如今有了一位勇敢主張推進歐洲一體化的領導人，「馬克宏正在等待柏林的答覆」。[22]

同樣，歐盟外交家、瑞典前首相畢爾德（Carl Bildt）在十二月也發表文章，探究「歐洲能否持續這個馬克宏時刻」。他指出，英國脫歐沒有造成「骨牌效應」，歐洲一體化的事業度過了一場危機，但其前景遠非一片光明。右翼民粹主義政黨在匈牙利與波蘭已經掌控政權，在西歐國家的政治影響力也在逐步上升，這對歐盟事業構成了持久的挑戰。二〇一六年的反歐盟浪潮眼下似乎已經退潮，但很有可能捲土重來。「維持馬克宏當選總統所啟動的動力並兌現其承諾，需要在未來幾個月內果斷採取行動。」現在，「馬克宏正在焦急等待著柏林的新政府，但下一屆政府能否支持他的歐盟改革議程還遠不清楚」。[23]

但馬克宏不只是等待，他積極「干預」了德國新政府的組閣。十二月初，德國社民黨主席舒爾茲（Martin Schulz）表示，他接到馬克宏「無數次電話」，敦促他與梅克爾陣營展開組閣談判。年底雙方的談判議案已經開始啟動，這是打破組閣僵局的重要一步。然而，歐洲一體化還存在著更深刻的問題。十二月初，「歐洲外交關係協會」（European Council on Foreign Relations）主任雷納德（Mark Leonard）發表文章〈歐洲的危機禍起蕭牆〉，他引用布魯金斯研究院的一份報告指出，在過去三十年間，歐盟成員國之間的文化與制度的差異變化不大，但各成員國內部的分歧日益嚴重，遠大於國與國之間的差異。英國在決定脫歐後陷入政治混亂，荷蘭大選後用了長達七個月時間才組建新政府，而德國由於梅克爾的組閣談判失敗，「看守政府」延續至新年，這些跡象都顯示了國家內部政治極化的嚴峻狀況。雷納德認為，歐盟的絕大部分國家都是「對半開的社會」——「一半是世界主義，一半是社群主義」。在任何給定的時刻，政府只是代表了「在持續不斷的文化戰爭中獲得最近一輪勝利的那一方」，政府的立場只能隨著雙方拉鋸戰的結果而變化。[24]

目前的歐盟仍然是以歐元區為主體的「貨幣聯盟」，還遠未達成有效的「財政聯盟」（fiscal union）與「政治聯盟」。這種「部分一體化」的格局造成了結構性的治理缺陷。面對持二十三種不同語言的二十七個成員國，歐盟推行的任何一項政治或經濟政策都可能是具有高度爭議的，不僅在不同成員國之間，而且在各成員國內部，都會引發分歧與衝突。歐盟的治理機制常常陷入「溫和則無效，強硬遭反彈」的困局之中。目前一體化與反對一體化之間的分野越來越明顯，歐盟處在不進則退卻又進退兩難的困境之中。「馬克宏時刻」可能會產生一次推進的動力，但這個機遇的潛力是否能被充分發揮出來，是否會遭遇新一輪的反彈，都有很高的不確定性。

中國的影響力與銳實力

當逆全球化的浪潮在西方社會洶湧不息，中國則展現出逆流而上、引領全球化前行的姿態。日益走近世界舞臺中央的中國，再一次引起西方輿論的高度重視與關切。《時代》週刊以「中國贏了」作為十一月十三日一期的封面。布雷默（Ian Bremmer）在當期的封面文章中寫道，在這個時刻「中國，而非美國，是全球經濟中最強大的角色」。與二戰結束後主導國際體系的美國模式相比，「今天中國的政治和經濟體制的配備更完善（better equipped），甚至更可持續」。中國政府能夠迅速集中資源，對特定發展目標（比如人工智能的開發）予以大量投入，在技術變革的速度和規模無比重要的時代，這一特徵具有競爭優勢。在這方面，美國政府及其倡導的代議民主制和自由市場資本主義並不具有競爭力。「美國人和歐洲人一直假定，人類發展的長程弧線是向自由主義民主趨近的。但如果他們錯了呢？」當然，布雷默是政治風險研究的專家，他並沒有忽視中國在政治與法治方面存在的局限與可能面臨的風險，「步入聚光燈下的中國並不確保能贏得未來」。但他在結語中寫道：「如果你必須為一個國家押注，想選擇一個如今處在最有利的位置來對夥伴與對手擴張其影響力的國家，那麼美國大概不是你明智的選擇，聰明的賭注或許是投向中國。」[25]

最近一期《紐約客》刊登長文〈讓中國再次偉大〉，作者是獲得普立茲獎的著名記者歐逸文（Evan Osnos），曾在北京居住長達十年之久。文章以討論電影《戰狼二》的轟動效應開篇，描述中國正在以前所未有的雄心與渴望面對外部世界。透過大量訪談、歷史回顧與社會經濟分析，作者對比了美中兩國近幾年來此消彼長的國際影響力。引人矚目的「一帶一路」倡議啟動了歷史上花費最大的海外基礎建設項目，計畫的投資高達一萬億美元之巨，七倍於美國一九四七年的「馬歇爾計畫」總投資（按目前價格計算為一千三百億美元）。文章引用北京一位學者的話說，「川普為中國提供了戰略機遇」，來填補美國正在退出的國際領域，擴展自己的全球影響。然而歐逸文也指出，在對幾十位中美專家的訪談中，幾乎沒有任何人預期「中國很快就會取代美國的世界超強角色」。中國在許多領域正面臨著挑戰，也未必願意仿效美國，去擔當全球公共財的提供者和規則仲裁者。因此，「更可能的是，世界正在進入一個缺乏突出領導者的時代」。[26]

無論如何，中國的崛起正在改變世界的格局與力量對比。中國在增強硬實力的同時，也越來越注重發展自己的軟實力。然而，一些西方分析家現在發現，硬實力和軟實力都無法確切地描述中國的某些影響力，進而他們提出了一個新的概念——「銳實力」（sharp power）。十一月以來，銳實力這個術語迅速傳播，許多主流報刊相繼發表文章展開討論。這個新概念首先出現在《外交事務》十一月發表的文章〈銳實力的含義〉中，作者沃克（Christopher Walker）與路德維格（Jessica Ludwig）都是美國「國家民主基金會」（NED）的研究人員。他們指出，在冷戰結束後，許多西方觀察家從軟實力的視角來理解威權主義國家的影響努力。然而，這些努力的技術手法「雖然不是那種公然強制意義上的硬實力，但也不是真正的軟實力」。許多在媒體、智庫、文化和學術等領域展開的努力，主要不是用吸引和說服來「贏得人心」。這種影響努力「穿透了目標國家的政治與資訊環境」，使威權主義者得以切入社會的組織結構，挑動和擴大現有的分裂，在此意義上它是「銳利的」。文章認為，在兩種政體目前正在展開的新競爭中，銳實力是威權主義國家的刀鋒。[27]

隨後，由NED主辦的「民主研究國際論壇」發表了長達一百五十多頁的文集報告《銳實力：崛起中威權的影響》。報告在前言中指出，中俄兩國的影響手段在形式和基調上存在差異，與此同時，都通過民主體制的開放性來施加其影響。因此以往的軟實力概念已經不足以解釋現狀，需要重新思考。報告考察了中國和俄羅斯在拉丁美洲以及中歐幾個新興民主國家的影響，並重申對民主價值與理想的支持。[28]《經濟學人》十二月十四日刊登封面文章，題為「如何應對中國的『銳實力』」，認為西方需要回應中國新的影響，但不能簡單地用建造壁壘的隔離方式，因為與以前的蘇聯不同，中國已經成為世界經濟的一部分。西方需要發現一種具有政治家風範的中間道路，而提倡透明性是解決問題的關鍵所在。[29]

約瑟夫·奈伊是最早（一九九〇年）使用軟實力概念的美國政治學家，他發表文章〈中國的軟實力與銳實力〉，對這一討論作出了回應。他首先在概念上做出澄清，軟實力「有時被用來形容任何不涉及強力（force）的實力行使，但這是錯誤的。實力有時取決於誰的軍隊或經濟更有優勢，但也可以取決於誰的故事更引人入勝」。如果「銳實力」這一術語是「資訊戰」的簡稱，那麼它與軟實力就有著明顯的區別，「銳實力是硬實力的一種類型」。操縱資訊是在使用硬實力，雖然資訊是無形的，但「無形性」（intangibility）並非軟實力的特徵。比如，口頭威脅就同時是無形的和強制性的。作者認為，軟實力的一個重要特徵是「自願性」（voluntarism），而硬實力依靠的是威脅和利誘。「在公共外交中，真相與開放性在軟實力和銳實力之間劃出了分界線。」當一個國家的官方新聞機構在其他國家公開傳播時，這是在行使軟實力的技術，但如果透過祕密支持其他國家的媒體來傳達自己的聲音，那就違背了自願性，而跨入了銳實力的邊界。當然，廣告和說服總是需要某種程度的框架預設，這會限制自願性。但將極端的欺騙置入框架之中就可能被視為強制，雖非暴力性的強制，但它阻礙了有意義的選擇。「在資訊時代，最稀缺的資源是關注度與公信力（credibility）。」如果某種公共外交手法被普遍視為政治宣傳，就失去了公信力，也就難以增進軟實力。在奈伊看來，中國經濟的成就生成了硬實力，也因為提供了有力的敘述而形成了軟實力。但硬實力的不當使用會削弱中國敘事的軟實力。他主張西方國家在回應中國的銳實力時，必須謹慎避免反應過度。抵制中國正當的軟實力工具可能會事與願違。「中國的軟實力有時可能演變為銳實力，但僅僅因此就阻止中國的軟實力努力將會是一個錯誤，而同樣重要的是仔細監測軟硬實力之間的分界線。」作者認為，軟實力常常用於競爭性的目標，但未必只能成為零和遊戲。「如果中美兩國都希望避免衝突，增進彼此吸引力的交流項目將惠及雙方。」在許多議題上，兩國都能從合作中獲益。而軟實力有助於建立互相之間的信任，並創建促成合作的網絡。[30]

在西方思想界，曾有人驚呼「中國將統治世界」，也曾有人預言「即將到來的中國崩潰」。對中國的讚賞與質疑一直並行相隨，而告誡「中國威脅」的聲音也層出不窮。關於對中國銳實力的警覺，很像是一種「防止和平演變」的論調。因此，這不只是中國威脅論的又一種翻版，還標誌著西方意識形態從向外擴張轉向對外防禦，這可能是當前西方思想發生的最發人深思的變化之一。

探究民主的危機

西方學術界對民主問題的研究，以往偏重於威權政體向民主轉型及鞏固的條件與困境等問題，但近十年來有越來越多的研究轉向對「成熟民主國家」自身的反思。在二〇一七年的思想界，「西方民主的危機」成為格外突出的議題，並帶有鮮明的現實關切，兩次重要的學術會議都明顯體現了這一趨勢。耶魯大學十月六日舉辦的會議以「民主政體何以崩潰？」為題，邀請十多位著名的政治理論家，著眼於討論兩個問題：導致民主退化或瓦解的關鍵因素是什麼？這些因素是否可能在當今的美國產生同樣的效應？會議全程的影片隨後在YouTube網站上發布。[31]史丹佛大學在十一月三、四日召開兩天的會議，主題是「全球各種民粹主義對於民主的威脅」，二十五位政治學家參與會議，主辦方在網上公布了全部的會議論文。[32]

民主的衰退成為這兩次會議共同關切的焦點議題。在史丹佛大學召開的會議上，民主理論的權威學者戴雅門在論文報告中指出，當今世界進入了「民主錯亂的新時期」（The New Era of Democratic Distemper），以三個趨勢為標誌。首先，民主的衰退已經蔓延到核心的自由民主制國家，特別是歐洲和美國。自「民主第三波」開始以來，這是第一次出現對已開發國家的民主前景產生嚴重質疑。其次，整個世界的政治光譜向威權主義一端明顯偏移，核心民主國家中非自由勢力的興起，新興民主國家中有些已經逆轉為威權政體，而俄羅斯、埃及和伊朗等威權國家中威權主義的傾向更為堅固。最後，越來越多的專制政體以強大的威權國家為楷模，在「另類選擇」的激勵下逐漸擺脫了民主化的壓力。這三種趨勢造就了「意識形態的反敘述」，即「民主已經過時，它導致混亂和停滯，而集中化的權力才是進步的康莊大道」。這種論調日益高漲，正在催生一個新的「威權主義的全球時代精神」。

福山提交的論文題為「民粹主義與身分」，就民粹主義的興起提出了身分與經濟的複合解釋（從中也可以預見他在即將發表的《身分政治》〔*Identity*〕一書中的觀點）。身分的特徵之一是對「承認」（recognition）的要求，即對內在自我或集體自我的尊嚴要求「主體間的承認」。這種要求「使身分政治具有內在的政治性，因為承認主要是通過政治行動獲得的」。他認為，許多被歸為經濟範疇的現象實際上源自人們對身分和尊嚴的關切，因此很難將這兩種因素拆解開來。人們對「經濟正義」或「同工同酬」的要求往往不是出於對資源本身的關切，而是因為「資源是地位和尊嚴的標誌」。單純的經濟學解釋放棄了這個面向，這種局限性由來已久，是因為忽視了柏拉圖所謂的「激情」（thymos），「這是人類心智的一部分，要求承認一個人的尊嚴」。在近年的政治選舉中，那些支持梅伊、川普和勒龐等人的核心選民並不是經濟上最為窮苦的底層，這些人更支持傳統的左翼政黨。而民粹主義政治家的支持者來自中下階層，在收入分配的五等分結構中處於中間三層。他們並不是飢餓的群體，也不是在經濟上無路可走，但在技術變革和全球化的衝擊下，他們經歷了「相對社會地位的巨大損失」，而且擔心自己的處境每況愈下，落入下層階級。因此，「經濟關切在當代民粹主義政治中會以身分的形態來展現」。福山的解釋蘊含著一個推論：如果這些選民「更關切身分而不是經濟問題」，那麼他們就未必會被傳統的左翼經濟政策所吸引，也不一定因為民粹主義政客未能兌現其經濟許諾而背棄他們。這意味著要克服民粹主義的挑戰，我們「需要一種語言和一套實際的措施來正面應對身分問題」。

在移民問題上，福山也試圖以集體身分的視角提出更為複雜的分析。他認為有必要檢討當下流行的批評意見——將民粹主義者的反移民傾向簡單地歸咎於種族主義、仇外情緒、族裔偏見或無知。這些驅動因素確實存在，但還存在其他幾種可能的原因需要辨別。民粹主義的支持者或許並不反對移民本身，而是出於法治的理由反對非法和不受控制的移民；可能擔心移民難以同化，無法融入主流文化，甚至牴觸和改變主流文化的價值；可能疑慮移民增長的節奏和速度過快，由量變導致質變；可能擔心移民享受的福利待遇遠遠超過他們對稅基的貢獻（這在歐洲一些高福利國家成為更嚴重的問題）；還有些選民的關切出於黨派立場，擔心自己反對的黨派獲得移民選票的可能性更大。

當前民主衰退的成因存在多種解釋，既有經濟因素，也有社會文化因素。在耶魯大學會議的報告中，著名政治經濟學家普熱沃斯基（Adam Przeworski）指出，中產階級喪失對未來的信心是一個重要原因。在過去兩百年中，西方文明的一個重要信念是財富不斷增長，一代更比一代強。但現在這個信念被動搖了。在一九七〇年，美國三十歲左右的年輕人中有九〇％認為自己比父輩年輕時的生活質量更好，到二〇一〇年這個比例下降到五〇％。一九八〇年以來，中產階級的收入增長基本停滯，現在有六四％的歐洲人和六〇％的美國人認為下一代的生活會比自己更差。在一九七三年之前，生產率與工人收入的增長幾乎是同步的，此後開始明顯脫節。經濟的不平等日益加劇，導致了「階級妥協」的瓦解。人們對現有體制缺乏信心，政治與宗教極端主義的興起使邊緣黨派和候選人有了可乘之機。而美國的社會分歧與政治極化越來越嚴重，達到了一八二〇年來前所未有的程度，這使得兩大政黨的中間力量失去了民眾動員力，最終破壞了政黨體系的穩定作用。普熱沃斯基認為，川普只是這些政治危機的徵兆而不是其根源，在他任期結束之後，同樣的結構性問題仍然存在。但他也指出，目前美國民主危機的形態是「惡化（deterioration）而不是崩潰」。這種危機也曾出現在一戰之後、麥卡錫主義氾濫以及尼克森執政的時期，而政治制度最終克服了這些危機。但過去並不能確保未來，對於當下的危機，真正可行的應對方案尚未成形。

哈佛大學的青年政治學者蒙克（Yascha Mounk）在發言中指出，民主社會實際上還沒有經受過長期經濟停滯的考驗。經濟問題並不是簡單的收入多少，還與人們的相對獲得感與相對剝奪感有重要關聯。如果目前經濟停滯的趨勢再持續二三十年，那麼民主體制可能就會崩潰。在身分政治的問題上，許多人轉向種族認同可能存在相當複雜的原因。如果相信美國人口中有那麼多人是種族主義者，這就是一個種族主義的社會，那麼我們就會陷入無能為力的絕境。但如果種族意識在某些條件下是可以改變的，我們就需要建立某種聯合來創造這些條件。美國已經是一個多元族裔的社會，在族群身分的衝突中，僅僅揭露非正義和歧視是不夠的，我們需要用積極的建設性來替代。

三種呼聲：從布拉格、巴黎到波士頓

憂患是思想的內在品格，但各種立場的思想者都深感危機迫近，這是時代精神的徵兆。二〇一七年先後在布拉格、巴黎和波士頓發表的三份公開宣言，是當下政治風雲與文化紛爭的縮影，不同派別的知識分子試圖提出自己的診斷、分析與期望，並集結起來以群體性的呼聲介入公共論辯。

《布拉格民主復興呼籲書》在五月發布，由來自全球的六十多位著名學者和政治活動家發起（最後有兩百多位簽署者），包括諾貝爾文學獎得主亞歷塞維奇（Svetlana Alexievich），前愛沙尼亞總統易維斯（Toomas Ilves），波蘭政治家與知識分子米奇尼克（Adam Michnik），埃及政治學家漢札維（Amr Hamzawy），以色列政治學家亞維內里（Shlomo Avineri），法國哲學家李維，英國思想史家賈頓艾許，美國政治學家戴雅門、福山、蓋爾斯頓（William Galston）和黎安友等。[33]

呼籲書開篇寫道：「自由主義民主正受到威脅，所有珍惜它的人都必須來捍衛。」這種威脅既來自外部的威權主義勢力，也來自新興和成熟民主國家的倒退。這種內外交困的局勢，侵蝕著人們對民主價值的信念，動搖了對民主體制功效的信心，使民主進程遭受了歷史性的停頓，並可能使民主在「逆轉浪潮」中陷入崩潰的危險。「民主的支持者們必須聯合起來制止這一退縮，為民主的道德、思想和政治的復興事業結成一個新的聯盟。」新的民主戰役的出發點是「重申基本原則」，這些原則激勵了兩百多年以來現代民主的發展，「植根於對人之尊嚴的信仰，並堅信自由主義民主是最能夠維護這種尊嚴並使其蓬勃發展的政治體制」。捍衛民主的價值並不是「純粹理想主義的事業」，而是體面的、包容性的社會的先決條件，是整個社會和經濟進步的框架，也是維護國際和平與安全的基礎。呼籲書構想的「新的民主復興聯盟」，是充當振興民主理念的道德和思想的催化劑，透過展開一場有原則、有覺察力、有激情的「理念之戰」，來改變當前的思想和文化氛圍。「沒有藉口沉默或無所作為。在這個民主岌岌可危的時代，我們不敢依靠安全的幻想。目前的危機為民主動員提供了一個機會，我們必須抓住這個機會。」

這份自由主義傾向的呼籲書很難說有多大的感召力，至少保守派陣營對「時代的危機」有著不同的理解與回應。十月七日，歐洲十名保守主義傾向的學者和知識分子，以九種語言同時發布一份連署的《巴黎聲明：我們可以信靠的歐洲》，簽署人中包括英國政治哲學家斯克魯頓爵士（Sir Roger Scruton），法國宗教思想史家布拉格（Rémi Brague）和波蘭哲學家、政治家雷谷德科（Ryszard Legutko）等，他們感到的危機是「歐洲在幻象、自欺與意識形態的扭曲中，正在把自身的文明遺產揮霍殆盡」，他們出於「對歐洲精神與想像的共同關切」而聚集在一起，撰寫了這份聲明，其核心論旨是攻擊「虛假的歐洲」。

目前歐盟致力於建構的歐洲，是一個「掩蓋在偽宗教普世主義情感下的金錢與法規的帝國」，雖然自詡為「普世共同體的先驅」，但實際上「既不是普世的、更稱不上是共同體」。他們呼籲重建「真正的歐洲」，一個「我們能夠信靠的歐洲」，其基礎是民族國家體制和基督教傳統奠定的價值原則。這種在民族國家相互承認主權的基礎上展開的自由交往，形成了「多樣一體」（unity-in-diversity）的歐洲，這才是「歐洲文明的標誌」。這個歐洲遺產既不是自然的，也不是必然的，因此需要付諸努力和鬥爭來捍衛。這份聲明堅持某些傳統的價值立場，包括對文化等級的維護，對家庭和社群團結的重視。他們認為，歐洲未來的威脅並不是來自俄羅斯的冒進或穆斯林移民，而是「虛假的歐洲」的幻象與欺騙，包括歐盟的技術官僚、放任的多元文化主義、價值虛無主義和文化的商業化。聲明最後呼籲，「拒絕那種無國界的多元文化世界的烏托邦幻想」，「重申民族國家的主權，恢復對歐洲未來的共同政治責任的尊嚴」。這份聲明表達了歐美文化戰爭的一種保守主義立場，與自由派的布拉格呼籲形成對比，但雙方都是新形勢下的老調重彈，也沒有在主流輿論界引起顯著的回響。34

信奉基督教傳統的思想取向未必保守和排外。十一月二十日，三百多名基督教神學家聚集在波士頓老南教會（Old South Church），共同簽署了《波士頓宣言：對美國基督徒的呼籲》。35 他們是出席美國宗教學院（American Academy of Religion）和聖經文學協會（Society of Biblical Literature）年會的部分與會者。宣言的發起者以身披麻布、額塗聖灰的傳統儀式，譴責美國福音派（evangelicalism）等宗教保守勢力濫用和扭曲聖經教義，敦促他們悔過自新。這份宣言具有悲憤的基調，對於權勢忤侵的憤怒、對於陷入「白人至上論」歧途的福音派的憤怒，要求懺悔作為美國原罪及其延續之罪的種族主義。基於這種憤慨，宣言表示「我們承諾追隨耶穌走上代價巨大的門徒之路，為卑微者、失敗者和被遺棄者尋求正義。我們宣告，在今天追隨耶穌，意味著從我們信仰的最深處發起抗爭，反抗貧窮、經濟剝削、種族主義、性別歧視和一切形式的壓迫」。宣言的宗旨是要求遵循和踐行「愛你的鄰人一如愛你自己」的箴言。

宣言的主要發起者之一、波士頓大學神學院副院長萊特西（Pamela Lightsey）博士指出，真正的福音教義與當今保守派圈子中「兜售」的東西相當不同，在宗教和政治意義上都相差甚遠。「我們聚集於此，因為耶穌教導『愛我們的鄰人』，因為我們拒絕讓那些人借基督教之名來支持對女性的虐待、對移民關閉國門以及讓連篇累牘的謊言常態化。」[36]譴責仇恨、召喚博愛是這份宣言的核心訴求。

反性侵運動與女性主義辯論

《時代》週刊將二〇一七年度人物授予「打破沉默者」（The Silence Breakers），向控訴和反抗性侵害與性騷擾的社會運動致敬。封面刊登了五位女士的合影，她們勇敢打破沉默、公開陳述自己遭受性侵擾的經歷。照片還包括只露出手臂的「第六個人」，據雜誌主編介紹，這代表著許多匿名的指控者，迫於壓力與風險無法暴露身分，但願意分享自己的遭遇。演員賈德（Ashley Judd）是溫斯坦（Harvey Weinstein）最早的指控者之一，她對溫斯坦的指控成為這場運動的導火線。十月中旬，演員米蘭諾（Alyssa Milano）在推特上發出倡議，邀請曾遭受性侵的受害者們以「#MeToo」（我也是）作為狀態更新的標籤，以喚起社會關注。在短短幾週內，這個標籤在社群網站上的使用率達到五百萬次，觸發了一場席捲全球的社會運動，許多國家都開始了自己的「#MeToo」運動，法國則創造了自己的特色標籤，稱之為「拱豬」運動（#Balancetonporc）。

原本孤立分散的倖存者及其支持者透過社群網站結成廣泛的聯盟，各大主流媒體迅即呼應，聲勢浩大的輿論鼓舞了更多的受害者提出指控。到十二月中旬，美國政界、演藝界、傳媒界以及商業和企業行業中，至少有九十八個（其中有一位女性）知名人士受到公開的性侵指控，大多被解僱或被迫辭職。十二月七日，受到性騷擾指控的國會參議員佛蘭肯（Al Franken）宣布辭職。十二月十二日，肯塔基州的州眾議員強森（Dan Johnson）召開記者會否認媒體曝光的性侵指控，隨後於次日早晨開槍自殺。

反抗性侵擾的公開行動在美國大約有二十六年的歷史，「#MeToo」最早是二〇〇六年由黑人社會活動家柏克（Tarana Burke）發明和傳播的標籤，但從未形成今天這樣廣泛和強勁的社會運動，不僅挑戰了位高權重的加害者，也促發了意識與觀念的變革。在《華爾街日報》十月的一項調查中，四九％的男性受訪者表示，有關「#MeToo」的新聞報導促使他們更認真地思考自己對待女性的行為。[37]

好萊塢是性騷擾的「重災區」，也處在反性侵風暴的中心。《紐約客》的資深記者古德伊爾（Dana Goodyear）最近發表文章〈好萊塢可能改變自己的方式嗎？〉，報導了「後溫斯坦時代」正在展開的嚴厲「整治」（remediation）行動。[38] 目前好萊塢的整個風氣正在發生劇變，「零容忍」政策衝擊著慣常的言談舉止，所有場合使用的語言（包括在餐館向人問候的方式）都會受到影響。一位性騷擾問題調查員表示，一旦接到舉報，他們會「即刻」（不是過幾天或一週，而是立即開始）展開調查。與此同時，整治行動也在清算歷史舊帳，現在已基本完成。那些被指控者的照片已從牆上取下，他們的名字從捐贈的建築物上被抹去，電影在替換演員之後重拍，網路圖書館的相關資料被撤下、電影被擱置。這位調查者說：「與被告者的任何關聯，現在完全是有毒的，經過一波波的清除，然後是蘇聯式的抹除（erasure）。」的確，那些曾經盛氣凌人的加害者必須受到應有的懲處，但清除歷史的做法不免讓人產生警覺的聯想。

應當如何對待有性侵問題的作者與其作品之間的關係？史貝西（Kevin Spacey）已被逐出第六季《紙牌屋》，新電影《金錢世界》刪除了他的全部鏡頭，在更換演員補拍後剛剛上映。那麼如何處理已經發行的作品呢？是否應當禁映甚至銷毀伍迪・艾倫以及（尤其是）羅曼・波蘭斯基的電影？在學術界也有同樣的問題。羅斯菲爾德（Becca Rothfeld）在《高等教育紀事報》發表文章指出，存在一些重要甚至經典性的學術作品，其作者的性操守令人堪憂甚至不可接受，他們本人應當受到譴責或懲處（如果仍然在世），但「讚頌思想」要與「讚頌人生」脫離。基於作者的道德操守來查封他們重要研究的做法可能是有害的。㊴無論如何，這場運動再度觸發了一些令人困擾的難題：社會正義是否要求文化的道德清洗？這會損害藝術與學術的自由以及歷史記憶的完整性嗎？

另外，這場運動對政治的影響仍然是有限的。《大西洋月刊》發表文章指出，身陷性醜聞是摩爾落選的一個重要原因，但有調查顯示，阿拉巴馬州選民的黨派分歧遠比性別差異更為顯著：共和黨的女性選民仍然有九〇％投票支持摩爾（只比其男性選民低兩個百分點），她們相信摩爾的性侵行為屬實的比例也僅比男性高四％，而比民主黨男性選民低四〇％。另有研究指出，就性別政治問題而言，兩黨極化趨勢的驅動要素不是性別本身（男性或女性）而是性別立場（是否相信男女應當平等）。十月皮尤研究中心（Pew Research Center）的一項調查顯示，對於「這個國家對女性權利的伸張走得還不夠遠」這一陳述，在民主黨男性中的支持者要比共和黨女性中的支持者高出三一％。這意味著「民主黨並沒有變成女性的黨派，而是正在成為女性主義者的黨派」。㊵

任何一場社會運動都會有支持者和反對者，「#MeToo」運動也不例外。爭議很快就出現了（雖然明顯的反彈到二〇一八年初才開始）。值得關注的意見不是來自保守派陣營的抨擊，而是自由派甚至女性主義內部的批評。十一月二十二日，線上雜誌*Quillette*發表了四位女性學者和作家（包括雜誌主編）的批評意見。十二月十八日，英國左翼網刊*Spiked*匯集了十三位女性知識分子的異議。這些作者都堅持男女平等以及反性侵的立場，但對「#MeToo」運動的發展趨勢感到憂慮甚至強烈的不滿，簡要概括起來主要集中在以下幾個方面。[41]

首先，運動目前的趨勢可能在女性主義內部導致一種文化轉向，「從女性的賦權（empowerment）目標，轉向賦予女性受害者的地位」。最令人不安的傾向是運動演變為一種「告解的競爭」——「一個女人的證言越可怕，她可能從網上姊妹那裡獲得的同情就越多」。沉默多年容忍加害者逍遙法外、現在才站出來的指控者們贏得了歡呼，被譽為「女英雄」和「強大的女性主義者」，而那些提倡並做到了當即明確有力地拒絕侵擾，並快樂地繼續自己生活的眾多女性，現在卻被嘲諷為「受害人的責難者」。在當下的風潮中，好像願意充當受害者才是唯一「正確的女人類型」。將女性視為脆弱的受害者，而不是勝任公共生活的行動者，使受害成為武器，固化女性的脆弱性，挫傷女性的適應力，這是從以往取得勝利的女性進步事業中倒退。

其次，對性侵擾的定義越來越寬泛，使運動失去重心和焦點。真正的受害者在暴力或隱性權力的威脅下陷入困境，不得不忍受了侵害，她們不僅值得同情，也需要聲援和司法救助。然而，將任何不合心意的一句讚美、一個玩笑、一聲口哨甚至一次眨眼都界定為性騷擾，這將使整個運動瑣碎化（trivialized）。「當二八%的年輕人認為眨眼也可以是性騷擾，社會就可能懷疑女性判斷危險和應對公共生活的能力」。女性主義應當鼓勵女性施展獨立自主的能動性，而不是將女性「嬰兒化」。將職場上危及女性生涯的性騷擾與無關緊要的社會麻煩相提並論，這樣的運動只是滿足了「中產階級的記者、饑渴於名望的政客以及顯示美德的明星」，「普通受薪階級的女性根本不會去理睬」。與世界其他地方的姊妹們相比，西方女性享有非常優越的地位和法律保護，「卻把自己刻畫為身處危難的少女，無力應對成人世界，永遠需要援救」。

再次，這場運動揭露了嚴重的性犯罪以及女性被輕視的程度，這是健康的。但現在「它已經演變為一場群體性的歇斯底里」。許多男性被指控有無法合理定罪的越軌行為，並得到迅即而可怕的懲罰，「但沒有清晰的定義也沒有法定時效，這在法律上和道德上是荒謬的」。運動忽視了正當程序（due process）與無罪推定（presumption of innocence）的法律傳統，逐漸演變為一場群眾性的揭發和公審運動。甚至有位女性主義者在推特上聲稱：「我實際上毫不關心無辜的男人們由於受到性侵害／騷擾的不實指控而失業。」這是在引導人們「發展圍攻心態或建立戰區」，而這種行為會使運動演變為一場針對男性的大規模「獵巫」（witch-hunt）行動，製造群體性的道德恐慌。「在二〇一七年，我們幾乎可以憑藉一項指控就摧毀任何一個男人」。

最後，這場運動的極端趨勢正在製造兩性關係的對立。假定男性霸權的結構是根深蒂固且無處不在的，男人天然屬「邪惡的壓迫階級」，而女人則生活在恐怖的性壓迫之下。「這個文化時刻已經轉變成女性受害者的狂歡以及對男性的妖魔化」。這將把男女關係塑造為潛在的加害者與受害者的敵對關係，至少將本來複雜豐富的兩性關係轉變為謹小慎微、彼此提防的關係。「如果我還是一個尋找伴侶的年輕女子，我不希望生活在這樣一個世界：一個男人在吻我之前必須確認一份連署協議」。厭女症確實存在，「但如果女性將自己描述得如此脆弱，無法以健全的常識感應日常生活的微小變化，那麼厭女症的態度將會盛行起來」。

這些對「#Metoo」運動的批評和抨擊，有許多是片面和過激的，但也並非無可反駁。在事實層面上，以社群網站為主要載體的自發社會運動缺乏明確的組織和領導，本身包含了複雜多樣的方面和傾向。批評者很容易選取任何一個有問題的側面或支流，以偏概全地攻擊整個運動。更為重要的是，這些批評者在強調程序正當的同時，完全漠視了一個事實——「#Metoo」運動的激進性恰恰是對程序主義功能失靈的反彈。在職場和校園中，長期以來存在著大量的嚴格意義上（以人們普遍認可的標準而言）的性侵害與性騷擾行為，但受害者或投訴無門或舉報無果，紙上的法律與規章在實踐中變得形同虛設，積怨已久的傷痛爆發為運動的力量，為受害者伸張正義。運動的宗旨並不是要瓦解法律和程序，而是要激活和改造沉睡已久的程序正義，讓它在實踐中恢復活力。的確，法律程序的穩定性與社會運動的激進性之間存在著張力，如何平衡與協調兩者的關係是複雜而困難的問題，這需要在運動進程中被認真對待和解決，而不應當成為將運動污名化的一個理由。

就批評者的立場而言，這些作者幾乎都屬自由派或左翼陣營，甚至大多都自認為女性主義者，這也反映出女性主義本身在發展中的內部差異與分裂，而這些分歧由來已久且難以調和。類似的意見分歧更為突出地體現在年底之後發生的兩場爭論之中。二〇一八年一月，反性侵運動遭遇了明顯的反彈。法國著名演員丹妮芙（Catherine Deneuve）等百名知名女性連署了一份公開信，對運動提出批評，並引發了激烈爭論。在美國，剛剛榮獲金球獎的喜劇演員安薩里（Aziz Ansari）受到化名的性騷擾指控，由於事件的性質處於「灰色地帶」，媒體與網路上出現了大規模的意見衝突。

韋氏詞典選擇「女性主義」（feminism）作為二〇一七年度詞彙。「#Metoo」運動帶來了女性主義的新一波興起。然而，女性群體並不是同質化的，她們不僅有經濟階層、教育程度和種族認同等區別，也並非天然地支持女性主義。在女性主義者內部，也存在複雜的代際差異以及不同學派之間的分歧，體現為對多種訴求的不同優先排序，以及對女性主義實踐的不同戰略構想。無論如何，二〇一七年的反性侵運動重新定義了社會對待女性的標準——什麼是可以接受的，什麼是不可容忍的。歷史上每一次女性主義運動的進展都遭遇了反彈，但「時代精神」正在發生改變，每一次回潮都可能激發新的反思和勇氣，從而開啟下一次運動的大門。

思想工業與明星學者

公共領域正在發生一場工業革命，過去的「思想市場」（the marketplace of ideas）已經轉變為「思想工業」（the Ideas Industry）。牛津大學出版社在四月出版《思想工業》（中譯本為《話語權的世紀角力》），作者德雷茲納是塔夫茲大學國際政治系的教授，曾經從事智庫研究工作並為《華盛頓郵報》撰寫專欄，他對思想工業的成因與特徵提出了獨到的觀察分析，《新共和》和《金融時報》等多家報刊對此發表書評。[42]

德雷茲納指出，今天的知識階層已經不再可能像二十世紀五〇年代《黨派評論》的撰稿人那樣遠離市場、社會或國家，而是受到多種力量的顯著影響。《外交政策》雜誌每年隆重推出的百大全球思想家名單，各種高級會議、演講和論壇的興起，使知識分子以過去難以想像的方式與政治、經濟和文化的菁英們相聚結交。各種「大觀念」活動風起雲湧，包括TED年會、阿斯彭思想節（Aspen Ideas Festival）、米爾肯研究院（Milken Institute）全球會議，以及達沃斯世界經濟論壇、博鰲亞洲論壇和瓦爾代辯論俱樂部（Valdai Discussion Club）等，這些活動往往邀請具有挑釁性新觀點的思想家，他們更能夠滿足與會者的好奇心，也更能吸引媒體的關注。「二十一世紀的公共領域比以往更開闊、更響亮，也更有利可圖。」

熱衷於傳播挑釁性思想的平臺、論壇和管道數量爆炸式增長，同時帶來大量的運作資金，這在思想工業的興起過程中發揮了重要作用。思想需求的激增會使整個知識階層受益，但思想工業有其特定的獎賞偏好。在此，作者區分了公共領域中兩種不同類型的參與者——公共知識分子（public intellectuals）與「思想領袖」（thought leaders），他們都介入思想創造活動，但彼此的風格和目的有所不同。作者借用以撒．柏林的比喻說，公共知識分子是知道許多事情的「狐狸」，而思想領袖是專注於一件大事的「刺蝟」。前者是批評家、悲觀的懷疑論者，而後者是創造者、樂觀的布道者。公共知識分子通常是受過良好學術訓練的大學教授，比如喬姆斯基、克魯曼、納斯邦（Martha Nussbaum）或者萊波爾（Jill Lepore），他們崇尚專業學術標準，善於在眾多議題上展開批評分析。而思想領袖充滿自信地傳播自己創造的新理論，比如羅伯特．卡根、尼爾．弗格森、佛里曼（Thomas Friedman）或者克萊恩（Naomi Klein），他們能夠以一個視角或一套系統思想來解釋非常廣闊的現象，並願意影響和改變人們的觀念。

德雷茲納分析指出，目前思想工業的需求與獎賞明顯地傾向於思想領袖而不是公共知識分子，原因在於三種相互關聯的趨勢：對體制權威信任的衰落、社會政治的極化以及經濟不平等的迅速加劇。這三種要素形成了動盪不安與高度不確定的社會氛圍與心態，也塑造了思想工業的供需結構。人們對新思想以及思考世界的方式產生了強烈的需求，迫切期待具有開闊明確的理念的思想領袖，而不是在學理上糾纏細枝末節的公共知識分子。公共領域的革命就像農業革命和製造業革命一樣，會帶來贏家和輸家，導致知識階層的大動盪，也會改變目前的思想生態系統。作者認為，思想工業的結構性不平衡需要被認真對待，但簡單地抨擊思想領袖降低了公共話語的品質是一種苛責。在思想世界中，實際情況遠比「今不如昔」的傷懷論調複雜得多。數十年來，學者們一直抱怨大眾文化的粗鄙狀況，那麼面對更加廣泛的對新思想的渴望，以及回應這種渴望的努力，我們就不該沮喪或苛求。實際上，兩類人物在民主社會的公共領域中各自都能發揮重要的作用。公共知識分子常常被指責為具有菁英主義傾向，但他們的批判揭露了偽裝成智慧的陳腔濫調。而思想領袖往往由於涉嫌學術上的草率膚淺而受到嘲諷，但他們創立和傳播的新觀念，能夠在風雲變幻的時代提供具有啟發性的視角和方法，以激發人們去重新想像這個世界。

隨著思想工業的興起，各個國家都出現了一批活躍在大眾媒體與網路的明星學者，在獲得廣泛聲譽的同時也引發了許多質疑。《紐約時報》十月十八日刊登長篇特寫〈當革命向柯蒂襲來〉，講述了一位四十歲聲名鵲起的女學者在學術上受挫的經歷。[43]柯蒂（Amy Cuddy）在普林斯頓大學獲得社會心理學博士學位，隨後在哈佛大學商學院任教。她在二〇一二年的TED演講中介紹了自己與合作者的一項研究成果——「權力姿勢」（power poses）效應，即如果我們有意識地擺出更為權威和自信的身體姿勢，那麼就會在社會交往中逐漸變得更加從容自信。她建議大家堅持練習各種自信的身體語言，將有助於獲得更出色的工作和生活成就。這個演講影片在網路上的點擊率高達四三〇〇萬次，造成了現象級的轟動效應，柯蒂的著作也一躍成為風靡市場的暢銷書。

幾乎與此同時，社會心理學界正興起一場「方法論改革運動」，對許多既有的權威成果發起挑戰。柯蒂的研究也受到了學術同行的質疑，許多學者以新的研究方法發現，所謂權力姿勢效應缺乏實驗的「可重現性」（replication）。柯蒂的反駁與自我辯護招致了更強勁的同行批評，她顯赫的名聲與豐厚的商業收入也在社群網站上遭受攻擊。在陷入多年激烈爭論的漩渦之後，柯蒂的合作者終於接受了批評，公開聲明「權力姿勢效應」是不真實的。柯蒂感到被孤立並十分沮喪，但仍然奔赴拉斯維加斯的演講臺，面對萬名聽眾宣講她的理論。然而，她已經感到自己在專業領域很難再有容身之地。二〇一七年春季，柯蒂離開了哈佛大學，放棄了她的終身教職。

德國享譽世界的哲學家大多是「高冷」的格調。終身居住在柯尼斯堡的康德或者黑森林小木屋中的海德格，只是「知識小眾」欽慕的偶像。但這一切已經發生了變化。《外交政策》雜誌在七／八月號發表文章，題為「德國哲學終於爆紅，這將是它的毀滅嗎？」，作者傑佛瑞斯（Stuart Jeffries）是《衛報》的專欄作家（他二〇一六年出版的研究法蘭克福學派的著作《深淵大飯店》〔*Grand Hotel Abyss*〕獲得廣泛的讚譽）。他探討了當今德國出現的「搖滾明星」哲學家的現象，及其與德國哲學演變的淵源。[44]

在新一波的德國哲學中，普列希特（Richard David Precht）是最著名也最受追捧的人物之一。他一九九四年在科隆大學獲得哲學博士學位，目前擔任呂訥堡大學（Leuphana Universität Luneburg）的榮譽教授，寫有小說和非虛構作品，其中探索自我問題的大眾哲學讀物《我是誰？》（*Who Am I and If So How Many?*）被譯作三十二種語言（包括中文），全球銷售總量超過百萬冊。他英俊的外表與極富魅力的表達備受媒體青睞，不僅作為嘉賓頻頻亮相，而且還在德國電視臺（ZDF）開辦了一檔自己的電視節目，直接冠名為「普列希特」，據稱吸引了近百萬觀眾。在某種程度上，普列希特幾乎是法國哲學家李維的「德國翻版」。

但專業哲學界對他頗有微詞，有人稱他為「哲學表演家」或者「職業的普及者」，普列希特卻對此毫無愧疚之感。他一直主張，哲學必須走出象牙塔與大眾對話，從而保持這個學科的現實相關性。他心目中的哲學家是富有吸引力的人，過著振奮而堅定的生活。他們這一代的哲學要探尋自己的道路與觀念，與前輩教授們那種「無用的學院派哲學」相距甚遠。

上一代德國哲學家並不缺乏關切時代的問題意識，只是他們不願直接面向大眾發言，法蘭克福學派的靈魂人物阿多諾（Theodor Adorno）就是如此。有篇文章回顧了他的一場戲劇性遭遇。一九六九年四月二十二日，阿多諾在法蘭克福大學舉辦系列演講，正要開場時被學生抗議者打斷。有人在黑板上寫下「如果讓阿多諾留在安寧之處，資本主義將永遠不會停止」。然後有三名女性抗議者裸露胸脯圍繞著他，朝他身上投撒花瓣，阿多諾倉皇逃離演講廳。之後他陷入抑鬱並取消了演講，幾個月後就去世了。這次所謂的「胸襲行動」（Busenaktion）事件後來被一位評論者闡釋為實踐與理論的對峙：一邊是赤裸的肉體在實踐「批判」，一邊是苦澀失望的批判理論大師，「不是赤裸裸的暴力而是裸體的力量，才讓這位哲學家無言以對」。驕傲的德國哲學似乎禁不起任何現實的挑釁，而這正是抗議者選擇針對阿多諾的原因：「他表面上是一位馬克思主義者，但內心卻蔑視他們的行動呼籲。當革命需要行動的時候，他退卻到理論之中。」

從阿多諾之死到今天明星哲學家的興起，德國哲學發生了深刻的變化，而轉折性人物是哈伯瑪斯（阿多諾曾經的助手，也是法蘭克福學派的第二代領袖）。他在一九七九年的訪談中就質疑了批判理論的前提——「工具理性已經獲得了如此支配性的地位，以至於無從走出幻覺的總體系統，在此只有孤立的個人才能在靈光閃現中獲得洞見。」在他看來，這種洞見既有菁英主義又有悲觀無望的局限。哈伯瑪斯以伊底帕斯式的弒父反叛改變了德國哲學的方向。他自己的學術生涯不僅實現了哲學與政治理論、社會學和法學理論的綜合，而且深度參與了公共領域的思想論辯，包括反思納粹德國的罪行以及構想歐盟的民主立憲原則。哈伯瑪斯實際上承擔了一種橋梁的作用——從阿多諾悲觀而菁英化的哲學風格，通向新消費主義的哲學復興。然而，批評者仍然會指責，與哈伯瑪斯追求的「交往理性」的烏托邦理想相比，很難說那些熱衷於電視節目和暢銷著作的新浪潮哲學家們具有同等的品格。因此，至關重要的問題在於哲學的大眾化消費是否會失去思想的複雜性？德國哲學對日常生活的批判分析傳統是否會在流行化中衰落？倘若如此，哲學的這種新消費主義版本實際上只是掩蓋其衰落的面具，而不是復興的標誌。如果它確實在走向衰落，那麼德國哲學已經簽訂了歌德所謂的「浮士德協議」——交付深刻換取流行。

然而，流行並不注定流於膚淺，加里（Markus Gabriel）為此提供了一個範例。這位一九八〇年出生的年輕學者，在二十九歲時成為德國有史以來最年輕的哲學教授，目前在波昂大學就任認識論講席教授，已經發表了二十部哲學著作，既有精深的研究專著，也有較為通俗的作品。

在廣受讚譽的《為什麼世界不存在》（*Why the World Does Not Exist*）一書中，他同時批判了科學的傲慢以及後現代的相對主義黑洞，而且寫作的文風遵循了維根斯坦確立的原則——「凡是能被言說之事，都能被清晰地言說」。這部著作獲得了國際暢銷的商業成功，同時也保持了思想的深刻與嚴謹。他的新書《我不是一個大腦：二十一世紀的心靈哲學》（*I am Not a Brain: Philosophy of Mind for the 21st Century*）也是如此。加布里爾的成就證明，那些以為大眾不能也不該閱讀哲學的前輩哲學家過於保守了，嚴肅的哲學家依然可以吸引廣泛的讀者而無須變得圓滑或膚淺。在德國哲學的當代潮流中，可能蘊含著比「浮士德協議」的隱喻更為微妙複雜的線索。無論如何，二〇一七年的德國哲學呈現出某種繁榮的景象。《哲學雜誌》發行量到達了十萬份，選讀哲學課程的學生在過去三年中增加了三分之一，而每年六月的「科隆哲學節」（phil.cologne）能吸引上萬名遊客到訪這個城市。

人工智能的神話與現實

人工智能的發展趨勢不僅影響著人們的實際生活，也對人類的生存意義造成衝擊，這帶來一個頗為反諷的現象——人工智能的研究群體及其熱衷者大多是理性主義的世俗論者，然而在他們中間以及相關的媒體報導中卻開始盛行宗教性的語言，包括人工智能的「神諭」（oracles）、技術「福音傳道者」（evangelists）以及各種關於天使、神靈和天啟（apocalypse）的言說等。《永生》（*Aeon*）網刊六月十三日發表一篇文章，題為「fAIth」（在英文「信仰」一詞中大寫「A I」），試圖解釋這一現象。[45]作者辛格勒（Beth Singler）任職於劍橋大學的科學與宗教研究所，她的觀察著眼於人工智能討論中的「奇點論」（singularitarianism）以及「超人類主義」（transhumanism）等話語如何引發了存在論意義上的困惑。

谷歌的庫茲威爾（Ray Kurzweil）常被媒體稱為「先知」。他在《奇點將至》（*The Singularity Is Near*）一書中描述了所謂的「加速回報定律」，預測（計算機、遺傳學、奈米技術、機器人和人工智能等）技術將呈現指數級增長。機器智能將首先企及人類智能的水平，一旦達到轉折性的「奇異點」（singularity），就會以遞歸式的、自我改進的螺旋方式迅速提升，成為「超級智能」（superintelligence），將無限超越所有人類智能的總和，並將從地球向外輻射，直到充盈整個宇宙。莫拉維克（Hans Moravec）曾擔任卡內基梅隆大學（CMU）機器人研究所的首席科學家，他將奇點描述為一種智能的「心靈之火」（mind fire）：「能夠從我們的世界蔓延出去，將宇宙中的一切吞噬到賽博空間的計算之中，它以這種形式在技術同一性中表徵所有存在的統一性，繞過了我們對智能、物質和物理的理解。」奇點也常被視為機器智能與人類的融合時刻。出於對「人機合體」的猜想，許多奇點論者熱衷於展望一種「超人類」（transhuman）的未來：人類能夠透過科學技術手段不斷「演進」，克服目前身體和心靈形態的限制，甚至獲得永生。

辛格勒指出，一旦奇點被構想為一個實存，那麼如何與這樣一個全知、全能甚至可能是全善的非人類造物交流就成為一個宗教性的問題，類似於湯馬斯・阿奎那渴望與上帝對話的探尋。在網路論壇上，持理性主義的「奇點論」者已經將自己帶入了一種存在論的苦惱之中，宗教因此成為一個無法擺脫的麻煩問題。理性主義者鄙夷宗教並將其視為「更為原始的人類的非理性遺跡」，他們認為宗教許諾了天堂與來世，只是用作對「人類必死論」的安撫。但末世論的修辭又反覆出現在他們的討論中，因為「超人類主義者」對肉身的蔑視非常接近某種諾斯底教派（Gnosticism）對所有具象事物的拒斥。這是猶太－基督教思想的一支，構想了一種不可逾越的二元對立，其中一方是上帝，另一方是此世存在的不完整和敗壞的顯現。文學評論家歐康諾（Mark O'Connell）在其新著《成為一部機器》（*To Be a Machine*）中指出，宗教和科學都是超越我們與生俱來的脆弱境況的方式，它們是「反叛人類如其所是之存在」的不同版本。某些「超人類主義者」致力於新的宗教，並試圖建立自己的教會，包括「圖靈教會」、「宇宙工程師秩序」以「永久生命教會」等，但他們吸引信眾的努力卻進展緩慢。

對人工智能前景的預言，無論是悲觀的人類毀滅，還是樂觀的獲得永生，都帶有濃厚的神學修辭和隱喻：「有神一般的無限知識（奇點），有對有限世界的逃離（上傳我們的心智），有主顯聖容的時刻或世界末日（奇點作為一個「被提」〔Rapture〕時刻），有先知（即使他們為谷歌工作），也有惡魔和地獄（即便只是計算機模擬的永恆受難）以及穿著西裝的布道者（就像宗教傳教士一樣）。」在關於人工智能未來的討論、規劃與希望中，宗教理念有意無意地在敘述中發揮著作用。辛格勒認為，無論我們是不是自視為世俗的，古老的宗教傳統仍然深刻地塑造著我們的思想與語詞。

當然，關於技術奇點與「超人類主義」之類的論述，在人工智能研究界飽受爭議。被譽為「矽谷精神布道師」的斯加魯菲（Piero Scaruffi）一直反對「奇點論」，認為這種猜想是論證非常薄弱的「神話」，實際上是「用倒敘方式講述的宗教歷史」。「神創論」的一種闡釋被稱為上帝的「智能設計」（intelligent design），神的智能在創生世界的源頭開啟了宇宙的複雜性和生命奇蹟。而「奇點論」則倒轉了這個敘事，將神祕的創生時刻投向未來，來自人類創造但終將高於人類的超級智能機器，來自它將帶來的一個奇點時刻，從而開啟人類無法完全理解的神祕宇宙。如果說傳統宗教的拯救來自外在的神聖力量，那麼「奇點論」的新彌賽亞源自人類自己的製造。在這個意義上，「奇點論」是信奉人造神的新宗教。

對大多數人來說，哲學或宗教性的談論仍然虛無縹緲，但無法忽視人工智能對經濟的衝擊，這是更為現實而緊迫的關切。在日益自動化的世界中，絕大部分工作可能會走向一個消亡的時刻，有人稱之為「經濟奇點」（the economic singularity）。《紐約客》十月二十三日一期的封面預告了這種暗淡的前景：昂首闊步的機器人向街邊行乞的人類施捨。當期的封面文章題為「迎接我們新的機器人君王」，這期雜誌透過對美國和中國幾家高度智慧化公司的採訪，描述了「經濟奇點」已在當下初露跡象。[46]

自動化首先導致了製造業人力需求的大幅下降，目前美國勞動力分布中製造業的就業人員已經低於一〇%。機器人正在取代越來越多的工作，而科學家還在研發更加智能的機器人。「十年前是工業機器人協助工人完成任務，而現在（那些留存下來）的工人卻只能輔助機器人來完成它們的任務。」那些按照嚴格自動化流程勞動的工人被稱為「肉機器人」（meat robots）。大量的失業工人轉向快餐店或大型零售店去尋找工作（儘管薪酬和福利不如從前）。但即使這樣的工作也正在流失，因為店面零售業在網路銷售日益興盛的壓力下迅速萎縮。而且像麥當勞這樣的快餐店也在引進「數位訂餐亭」，這一舉措將會取代大量收銀員。運輸駕駛員是另一個可能的就業出路。但像優步和谷歌等公司正在大力投資自動駕駛技術，自動化的衝擊也正在波及駕駛員這種傳統工作。建築施工行業也不例外，紐約一家公司推出了一套「雷射導引」的施工系統，每天砌磚的數量達到八百至一千兩百塊，是普通泥瓦工的兩倍還多。

對於低技能的工人來說，倉庫的搬運、挑選和放入貨架的工作似乎成為一個就業的亮點。亞馬遜是全球最大的線上零售商，目前僅美國的分銷中心就僱用了九萬多名員工。但倉庫作業的人力密集型特點也恰恰是吸引自動化的目標要素。二〇一二年亞馬遜斥資近八億美元收購了一家名為科瓦（Kiva）的機器人公司，這種機器人可以代替人工移動貨架，每年一個倉庫就可節省兩千兩百萬美元，整個公司能節省數十億美元。在這種激勵下，亞馬遜目前正在尋求收購或開發系統，取代人工挑選貨物。而波士頓一家倉庫技術公司Symbotic的自動化創新更為徹底，已經打造出結構和機制全新的倉庫，其中根本沒有人的空間。文章作者在上海採訪了劍橋工業集團。這家公司是中國向人工智能和工業自動化方向迅猛發展的一個縮影。公司的首席執行長黃鋼（Gerry Wong）播放著幻燈片向作者講解人類技術革命的四個歷史階段。他最後打出的一張幻燈片上寫著「未來：『黑暗工廠』」。的確，在不需要工人的未來工廠中，照明是多餘的。

人工智能的發展讓勞動變得更為輕鬆和簡單，讓生產更有效率、消費更為便捷，但同時也正在造成大量的失業以及更大的貧富差距。這一切給人類社會帶來的政治、經濟與文化的衝擊可能只是剛剛開始，其廣泛而深遠的挑戰意義令人興奮也發人深省。

2018

2003 2004 2005 2006 2007

2008 2009 2010 2011

2012 2013 2014 2015 2016

2017 2019 2020

「有何勝利可言？挺住就是一切！」里爾克的名句像最低沉的新年鐘聲，在二〇一八年的尾聲中喚起共鳴。人們默想的心事各自不同，感懷的心緒卻有相似的蒼涼。

一年多之前，《經濟學人》在年度展望中預告：「世界各地的人們都在盡力擺脫政治緊張和技術狂熱，二〇一八年將會是刺激神經的一年。」❶隨後，《紐約時報》也有文章預言，「存在一種更深刻、更令人不安的確然性：許多可能非常瘋狂的事情將會發生在二〇一八年」，我們正在進入「混沌成為新常態」的時期。❷正如被告知的那樣，歐美各國經歷了持續動盪與紛爭不斷的二〇一八年。詞典網（Dictionary.com）評選的年度詞彙是「Misinformation」（錯誤資訊），而牛津詞典的選擇是「Toxic」（有毒的）。❸令人沮喪的消息接踵而至，以至於「谷歌助手」（Google Assistant）適時推出了一項新功能——「告訴我一些美好的事情吧」（tell me something good），鼓勵各地人們從日常生活中搜尋微小的好消息，聚集起正面的力量，來驅逐濃重的陰霾。❹但類似的努力只帶來些許短暫的慰藉。十二月下旬，《經濟學人》發表文章指出，世界各地都彌漫著懷舊情緒，原因則各有不同。已開發國家的多數民眾感到今不如昔，陷入一種「無所不在的、險惡的衰落感」之中。❺

可見，在《西方的沒落》出版一百週年的今天，史賓格勒所激發的文化悲觀主義情緒仍然深深困擾著西方社會。「西方衰落論」或許從未衰落，而「歷史終結論」似乎已經終結，這曾讓旁觀者浮想聯翩。但「風景這邊獨好」的亢奮在二〇一八年迅速冷卻，於夢醒時分重新面對真相：如果命運共同體是對歷史方向的洞察而不是修辭，那麼在動盪紛爭的世界上沒有誰能厲害到獨善其身，更遑論「稱雄天下」。

混沌也將成為西方思想的新常態。所有的神話似乎都煙消雲散了，積極的公民在憤怒之中，消極的民眾非佛即喪。放眼望去，顯赫的政要不是好高騖遠、幼稚無能，便是獨斷任性、墮落腐敗。每一種宏大理論要麼已經死去，要麼就在垂危之中。新鮮的話語層出不窮，卻如曇花一現，只帶來轉瞬即逝的希望。

里爾克在同一首詩中還寫道：「所有發生過的事物，總是先於我們的判斷，我們無從追趕，難以辨認。」是的，最令人惶恐的處境並非動盪與紛爭本身，而是深陷其中卻無從辨識、無力把握，於是茫然失措。認知座標的迷失、判斷依據的錯亂，或許是時代肖像真正陰鬱的側影，而對時代的思考與辨析是「挺住」的一種實踐。

動盪世界中的思想迷宮

過去一年的世界動盪不安，但這並不是什麼新消息。往年如此，來年仍將如此。更值得注意的現象是主導闡釋框架的瓦解，各種思路形成「範式競爭」的紛亂格局：所謂的「自由國際秩序」是否瀕臨崩潰？大國競爭如何避免「修昔底德陷阱」？世界是否進入了「新冷戰」時代？美國對「高尚國家」聯盟的呼籲是一種新的國際戰略構想嗎？即便你研讀了近百篇最有聲譽的報刊評論與學術文獻，獲得的感知可能依然是凌亂不堪。世界局勢撲朔迷離，專家學者莫衷一是，成為二〇一八年西方思想的一個顯著徵兆。

在這一凌亂的局勢中存在一個普遍的消極共識，即主導國際關係的既有秩序已經開始失效。《外交事務》雜誌曾對三十二位專家作調查，其中有二十六位相當肯定或非常確認「自由秩序處在危險之中」。❻美國外交關係協會主席哈斯（Richard N. Haass）感歎，「正在隱退的自由世界秩序既不自由、也不具世界性，而且沒有秩序可言」，可以「安息了」。[7]無論將既有秩序的危機歸咎於主導者的無能或是「修正派」和「拒絕派」的顛覆，失序的危險已經迫近，衝突和對抗成為國際視野的焦點。「修昔底德陷阱」與「新冷戰」等議題應運而生。這兩種論述雖有關聯，卻是相當不同的闡釋思路，前者著眼於力量對比來解釋衝突的演變，後者則主要基於政體形態來推測對抗的可能性。

歷史上崛起大國與守成大國為爭奪霸權而競爭，難得實現和平的權力轉移，往往陷入戰爭的結局，是謂「修昔底德陷阱」。這個術語在時下的國際評論中頗為流行，被《金融時報》選入「二〇一八年度詞彙」（Year in a Word 2018）系列，但並不是新名詞。早在二〇一一年一月，中美兩國時任元首在華盛頓會面，《紐約時報》對此發表評論，其中專門介紹了哈佛大學教授艾利森（Graham Allison）創造的這一概念，但當時的評論抱有審慎的樂觀預期，如其標題所言：「超級大國與後起新貴：有時結局不錯」。[8]時隔七年，樂觀的基調轉為緊迫的危機意識。艾利森的新著使用了相當驚悚的書名《注定一戰》，一年之後就出版了中譯本。[9]但艾利森並不是主戰派，他的警世危言旨在防止大國在競爭的恐懼與誤判中落入戰爭的陷阱。他試圖論證，避免陷阱仍然是可能的，雖然在歷史上只有四分之一的成功先例，但我們可以從歷史的經驗教訓中獲得有益的啟迪。

然而，對於中美兩國的競爭而言，艾利森提供的兩個現代成功案例都沒有多少示範意義。英國能夠和平地將國際領導權轉交美國，依賴於文化相似性這一相當苛刻的條件，完全不適用於中美關係。正如他自己在書中坦言的那樣，「被一個擁有共同價值觀的競爭對手擊敗是一回事，而被一個價值觀迥異的對手超越則的確是另外一回事」。[10]在意識形態相左的情況下，艾利森列舉蘇聯與美國的爭霸作為避免陷阱的成功案例。他先後在《國家利益》網站和《金融時報》發表兩篇文章，推崇甘迺迪總統在五十五年前的演講中提出的戰略，主張「安護多樣性的世界」（the world safe for diversity），這區別於威爾遜總統倡導的「安護民主的世界」（the world safe for democracy）。甘迺迪從來沒有放棄他的反共立場，但卻願意「與敵手共存」，從「為民主而戰」轉向「為守護和平而容忍多樣性」，期望不同的政體之間展開和平競賽，最終讓時間來裁決哪一種制度最為可取。這其實也契合了赫魯雪夫的「三和路線」（「和平過渡」、「和平競賽」與「和平共處」）。艾利森認為，甘迺迪這一「深刻的思想」為「當今正在應對修昔底德陷阱的美國和中國提供了線索」。[11]約瑟夫·奈伊和薩克斯（Jeffrey Sachs）等知名學者也撰文論述甘迺迪演講對當下的借鑑意義。[12]

但是，甘迺迪的戰略思想會對誰有吸引力？當年那場「和平競賽」以蘇聯解體告終，這究竟是「有益的經驗」還是「慘痛的教訓」則取決於解讀的視角。何況，今天的守成大國還會有耐心等待半個世紀嗎？而崛起大國會甘願退守次強來取悅霸權大國嗎？也許，將昔日的美蘇爭霸作為當前中美競爭的參照模式根本就是一種誤會。對於艾利森來說，價值觀衝突是他既無法迴避又難以處理的問題。在他的論述中，冷戰既是應對陷阱的一個方案（如果能避免升級為「熱戰」），又是滑向陷阱的險境（如果會使衝突不斷激化）。艾利森的核心論旨在於，應當淡化政體與價值觀的分歧，透過尋求「共同利益」來達成和平。

可是利益並不是與價值無涉的，也遠不只是一些可明確計量的指標（比如貿易逆差）。那種拋開價值理念來談論「只有永恆的利益」的所謂「現實主義」觀點，不僅膚淺而且缺乏真正的現實感。如果利益的定義是對於自身而言的重要益處，那麼利益只能在「何為重要之事」的價值框架中才能被塑造和理解，也就不可避免地受制於特定的意識形態圖景。人類的「共同利益」在根本上無法獨立於「共同價值」。擱置價值分歧的權宜之計缺乏可持續的有效性，在高度相互依賴的國際環境下越來越難以維繫。避免修昔底德陷阱最終依賴於共同價值的塑造，這是極為艱難的事業，需要付諸巨大的耐心和努力。

但美國已經失去耐心了——這是十月四日副總統彭斯在哈德遜智庫的演講試圖發出的訊號，一個明確而危險的訊號。彭斯認為，美國曾相信中國在向世界開放的過程中「將不可避免地成為一個自由國家」，但這種天真的希望落空了。在他看來，中國對美國的挑戰不只限於經貿和技術領域，而且指向其價值理想。他明確表示，川普政府將不再繼續以往的寬容放任政策，決意強硬地回應中國的挑戰，以此「捍衛我們的國家利益和最珍視的理想」。⓭彭斯演講的強硬基調也是美國對自身挫折感的反彈。他所謂「樂觀的希望」實際上是寄希望於中國在開放進程中發生「和平演變」。但四十年過去了，這個希望越來越渺茫。顯然，西方政界與思想界的許多人士誤判了中國的發展方向，他們低估了中國政府捍衛自身政治事業的抱負與意志。

《外交事務》雜誌三／四月號發表〈重估中國〉一文，作者是歐巴馬總統任期時的助理國務卿坎博（Kurt Campbell）和副國家安全顧問拉特納（Ely Ratner）。文章檢討了美國對中「交往」（engagement）政策的失誤，承認這種政策基於一個錯誤的深層信念，即「美國的力量和霸權能夠輕易地將中國塑造為美國所期望的樣子」，而結果卻是「美國的期望與中國的現實之間差距不斷增長」。兩位作者最後建議，一種更好方案的起點是美國以「新的謙遜」來看待自身改變中國的能力，既不尋求孤立和削弱，也不試圖去轉變中國，而是將政策立足於對中國更為現實的設想。⓮《外交事務》隨後在七／八月號刊登專輯「美國誤判了中國嗎？」，包括王緝思、芮效儉（Stapleton Roy）、范亞倫和約瑟夫・奈伊等多位學者，針對〈重估中國〉一文就美國的交往政策展開辯論，坎博和拉特納最後予以回應。學者之間仍然存在分歧。芮效儉指出，交往政策未必是在尋求以美國的形象來塑造中國，而是有其現實主義維度，對促進美國的利益是有所成效的。奈伊認為，言稱交往政策無法轉變中國的觀點，還需要更長的時間來檢測。⑮這一議題還引起了《國家利益》等雜誌的後續討論。⑯

實際上，美國的對中政策一直具有交往與圍堵的雙重性，在交錯展開中時常陷入進退失據的困境：交往政策失效，因為和平演變希望渺茫；圍堵戰略不再可能，因為中國已經全面進入西方經濟體系的內部。彭斯在哈德遜智庫的演講不只帶有明顯的圍堵傾向，而且將反擊從貿易紛爭擴大到文化與政治領域，這令人回想起邱吉爾於一九四六年三月作的「鐵幕演講」，因此被一些評論家稱為「新鐵幕演講」。隨後，圍繞「新冷戰」的辯論再度成為焦點議題。

「新冷戰」（也被稱為「冷戰二．〇」和「第二次冷戰」）並不是新術語。早在一九九八年，美國外交家、圍堵戰略的倡導者肯楠（George Kennan）就將「北約東擴」視為「新冷戰的開始」。此後近二十年間，「新冷戰」的討論主要圍繞俄羅斯對歐美的挑戰及其可能前景，尤其在二〇一四年俄羅斯「收復」克里米亞的事件中成為熱點。而近年來，「新冷戰」的議題也開始針對中國。二〇一八年，《國家利益》雜誌在五／六月號發表長篇文章〈美國對陣俄羅斯與中國：歡迎來到第二次冷戰〉，作者林德（Michael Lind）是「新美國」智庫的聯合創始人，也是許多著名報刊的撰稿人。⑰他從地緣政治、歷史、外交、軍事、經濟和技術等多個角度全面分析了第二次冷戰的可能，得出兩個核心論點。首先，「第二次冷戰的深層原因，是第一次冷戰後美國尋求全球霸權，遭到了中國人與俄羅斯人的抵抗」；其次，「如果美國的勝利要被界定為達成美國的全球霸權而不顧他們的抵抗，尤其是中國的抵抗，那麼美國將在第二次冷戰中被打敗」。林德認為，美國不可能實現那些「新冷戰勇士們」談論的目標，包括讓中國接受美國在東亞的永久軍事支配，接受由美國及其盟友（而沒有中國參與）制定的世界貿易的各種規則，讓俄羅斯默許北約在俄邊界地帶的永久存在，讓俄羅斯將克里米亞歸還烏克蘭。

林德在文章最後提議，美國應當放棄全球霸權的目標，轉向謀求新的全球「暫行協議」（modus vivendi），具有鮮明的多元主義和實用主義取向。在地緣政治方面，重新承認被放棄的「勢力範圍」（spheres of influence）劃分，是緩解大國衝突更為有效的方式；而在經濟方面，「取代華盛頓共識的不是北京共識，而是經濟多元主義」。如果雙邊主義和「微多邊主義」（minilateralism）符合更多國家的經濟利益，那麼拋棄為全球經濟制定單一規則的方案也不足惜。林德認為，將美國利益等同於創造和維護「美國治世」（Pax Americana）是愚蠢的，既會遭到對手的抗拒，也不會得到盟友的支持，「只有平衡自身的資源和承諾，美國才能夠引領世界從新的冷戰回到新的『冷和平』」。

林德的文章為「新冷戰」勾勒出相對完整的輪廓，並提出了逆全球化背景下應對大國衝突的實用主義策略。而許多論者則質疑「新冷戰」概念本身的恰當性，這種質疑有顯而易見的論據。舊的冷戰已經結束，解體的「蘇聯陣營」不可能重新集結，經濟高度一體化的世界也不可能分裂為兩個相對自足、彼此對抗的經濟體。此外，除了美國之外，也沒有國家熱衷於輸出自己的價值觀念。簡而言之，在政治、經濟、地緣和世界觀意義上全面對抗的兩大陣營不復存在，因此「新冷戰」是一個時代錯置的概念。

的確，舊冷戰的模式不可能重現，但「新冷戰」成為受人關注的議題並非毫無緣由。政體形式與思想觀念的競爭並沒有隨著蘇聯的解體而告終，所謂「冷戰思維」也不會輕易淡出。美國感到自身面臨的挑戰，不僅來自經濟與科技的新勢力，而且嵌入了強有力的國家意識形態。被美國視為國際秩序的「修正派」勢力正在有力地阻擊它所主導的「自由國際秩序」進程——將「二戰」後在大西洋國家構建的「自由秩序」，逐步向全球擴展。當下，困於挫敗感的美國尚未形成完整的應對戰略，但新的國際議程可能已經在謀劃之中，這一點也並非毫無蹤跡可循。

十二月四日，美國國務卿蓬佩奧（Michael Pompeo）在G20峰會剛剛結束後，便趕到布魯塞爾的德國馬歇爾基金會發表談話。⑱他強調，川普的「美國優先」政策並不意味著放棄美國的領導作用，「恰恰相反，秉承我們偉大民主制的最出色的傳統，我們正在集結全世界的高尚國家（noble nations）來建立一個新的自由秩序，防止戰爭並為所有人實現更大的繁榮」。整個演講的主旨是改造「自由國際秩序」，因為原有的秩序已經失效。何以失效？演講中有兩個段落值得注意。他聲稱「在冷戰結束後，我們聽任這個自由秩序開始受到侵蝕」，因此「某些壞分子（bad actors）利用我們缺乏領導力的機會為他們自己謀利，這是美國退卻（retreat）所產生的惡果。川普總統決意逆轉這個局面」。在此，蓬佩奧委婉地將部分責任歸咎於美國幾屆前任總統。所謂冷戰後的「聽任」是暗指從柯林頓到歐巴馬執政時期的姑息放任政策，實際上導致了美國的「退卻」，出現了「缺乏領導力的機會」，才讓「壞分子」有了可乘之機。於是，蓬佩奧完全顛倒了外界的普遍印象：川普政府不是放棄而是真正擔負起了強有力的領導角色，逆轉以往軟弱無力的「退卻」局面。

建立「新的自由秩序」依據所謂的「有原則的現實主義」（principled realism），蘊含價值標準和利益訴求的雙重性，方法是清理門戶與排斥異端並舉。首先，以民族國家主權為核心，以雙邊主義方式重建談判國際協議，放棄運轉失靈的國際機制。「國際機構必須有助於促進合作，從而支撐安全和自由世界的價值觀，否則它們就必須被改造或被取消。」因此，「本屆政府將合法地撤出或重新談判過時的或者有害的條約、貿易協議，以及其他不符合我們主權利益或者我們盟國利益的國際協議」。其次，排斥和壓制「違規者」，「當條約遭到破壞時，違規者必須受到反擊，條約必須得到修改或被廢棄」。最後，他訴諸危機感，「我們所面臨的威脅來自那些強勢的國家和行為者，其野心是要以其自身不自由的形態來重塑國際秩序」，因此「尤為迫切地呼籲」盟友拿出勇氣。

蓬佩奧演講的要義在於，重新確立盟友與對手的邊界，號召「高尚國家」聯合起來，「放棄幻想，準備戰鬥」。拋開既有的國際秩序重起爐灶，從過度擴張也過於包容的全球性國際機制中撤離，收縮到最初的大西洋國家圈及其可靠盟友，而申請加入「高尚國家」俱樂部的外部成員需要經過嚴格的資格審核。

這會是美國新戰略的雛形嗎？即便如此，也很難說這是川普的規劃，還是美國共和黨菁英的構想。有趣的是，《經濟學人》在十二月發表的〈再造自由主義〉長篇宣言中，有一個段落與蓬佩奧的論旨有相似之處。文章指出，辭世不久的美國資深參議員麥肯（John McCain）在十年前提出過一個「民主國家聯盟」（league of democracies）的想法。這個聯盟的成員「尊崇自由、民主的價值觀，同時在這些問題上相互問責」，該文認為「這個想法值得重溫」，這個聯盟作為不同於聯合國的另一個平臺是「可信而有用的」。[19]

彭斯與蓬佩奧的演講顯示，美國正在改變「自由秩序」的含義和取向，從以往包容開放的全球主義，轉向黨同伐異的敵我劃界；從信奉「人同此心，心同此理」的普遍價值，轉向「非我族類，其心必異」的戒心。然而，雄心勃勃的「新自由秩序」最終可能是一廂情願。川普的魯莽與多變真的可以算作意志與靈活性的體現嗎？他執政以來對歐洲的粗鄙態度還有能力集結所謂的「高尚國家」嗎？這種新的構想更可能導向「新無序」而不是新秩序，衝突和對抗可能進一步加劇。無論如何，卡爾．施密特（Carl Schmitt）的信徒們，以及宣告「歷史終結論已經終結」的有識之士們，將會欣然見證歷史鬥爭重新開啟的一幕。

美國政治的戰場

川普執政的第二年，在聯邦政府部分關閉的狀態中落幕。這種狀態延續至新年，創下了美國「政府停擺」最久的歷史紀錄，或許還會再次停擺，也可能以總統宣布進入「國家緊急狀態」而告終。《紐約時報》報導說，川普曾在瀏覽媒體大標題時感歎道：「我幹得很棒，但每天都像一場戰爭！」[20]

川普是一名頑強的鬥士，而且格外癡迷於自己的「硬漢男人」形象。所謂「性格決定命運」之說並不全然可信，但一個強勢元首的性格必定會影響其國家的命運。整個二〇一八年美國政壇硝煙彌漫：從國際到國內，從「零容忍」非法移民到避難所中移民子女的處境，從「通俄門」調查到前私人律師柯恩（Michael Cohen）被判刑，從移民問題到邊境安全，從大法官任命到期中選舉，從兩黨對峙到白宮內部的人事糾紛……事關政治的領域幾乎全部演變為「戰場」（battlefields）。

早在競選期間，川普的好戰品行就展露無遺，因此以上種種狀況並不出人意料。只是當時有許多人相信，美國的立憲體制與公共領域具有強大的制約力量，終將馴化川普的「野性」與「任性」，使他轉變成一個「規範的」總統。這種預期顯然落空了。也許，第一夫人對其丈夫的見識更為真切。《華盛頓郵報》曾引述梅蘭妮亞的原話說：「如果遭受攻擊，他會猛烈十倍地予以還擊。」[21]所有制約力量在川普看來都是對他的個人攻擊，激發他幾乎本能的更為勇猛的反擊，使他更偏離人們對正常總統的期望，從而導致更密集的質疑批評。

二〇一八年伊始，作家沃爾夫（Michael Wolff）推出《烈焰與怒火》；八月，前白宮通訊主任紐曼（Omarosa Manigault Newman）出版《精神失常》；九月，伍華德（Bob Woodward）出版《恐懼：川普入主白宮》。三本先後出版的暢銷書，都揭露了白宮驚悚懾人的內幕，引發輿論風暴。㉒三位作者風格頗為不同。沃爾夫筆法勁爆，長於祕聞軼事，頗有政治八卦色彩，讓人半信半疑。紐曼的揭祕來自親歷證據，但她不是中立的觀察者，她在白宮任職一年後被解雇，或有「復仇」之嫌。但伍華德則是聲譽卓著的記者和作家，因早年與伯恩斯坦（Carl Bernstein）一起報導「水門案」而一舉成名，撰寫過八部以總統為題的書籍（從尼克森到歐巴馬），曾兩次榮獲普立茲新聞獎。《恐懼》一書以嚴謹扎實的證據（包括幾百小時的訪談錄音）見長，更為可信深入，也更令人震驚。

與此同時，《紐約時報》九月六日罕見地發表了一篇匿名文章，題為「川普行政當局內部的寂靜抵抗」。作者是一位白宮高級官員，指出川普陷入了一個他尚未充分理解的困境：他自己的許多高級官員正在「從內部不懈努力，以挫敗他的部分議程和最糟糕的傾向」，而作者本人就是這種內部抵抗的參與者。作者雖然同屬共和黨，但尖銳抨擊總統的道德水準和領導能力（失德、魯莽、狹隘、不稱職），更無法接受這個國家「與他一起沉淪」。作者認為美國大眾應該知道「房間裡還有成年人」，「我們充分意識到正在發生什麼。我們在努力做正確的事，即使是在川普不會這樣做的時候」。㉓這篇文章引起川普的震怒，指控匿名作者涉嫌叛國罪。媒體對「誰是白宮內鬼」的猜測也造成連鎖性恐慌，從副總統到部長等眾多高級官員紛紛公開聲明「不是我寫的」。㉔匿名文章與三部暢銷書相互佐證，坐實了白宮的亂象。正如《恐懼》中引述的前白宮祕書波特（Rob Porter）所言：「這不再是總統職位，這也不再是白宮。這裡只有一個想要如其所是做自己的人。」㉕

然而，對川普的頻繁曝光究竟能起什麼作用呢？盧斯（Edward Luce）在《金融時報》的評論中寫道，美國民眾起初對川普的虛偽、自戀與無知感到震驚，但隨著一次次揭祕材料的出爐，已經漸漸麻木。時至如今，這些「猛料」已經無法使人震驚了。「川普極不適合當總統，但顯然任何人都對此束手無策。」[26]盧斯表達的無奈與無力感或許真切，但這並不是大眾甘於無所作為的訊號，而是在政治極化背景下，對立雙方無法妥協又難以推進合作的徵兆。戰鬥仍在繼續並且日漸激烈，只是常常難解難分。

川普提名的大法官人選卡瓦諾（Brett Kavanaugh）遭到民主黨的強力阻擊，十月六日，他在經歷了性騷擾指控、調查和聽證的風暴之後，以兩票微弱優勢（五十票對四十八票）通過參議院批准，進入聯邦最高法院。一月期中選舉的競爭更為激烈，兩大政黨全力動員，投票率創下歷史新高。最終，民主黨獲得了值得欣慰的成績，在眾議院奪回三十多個席位成為多數黨，女性與少數族群的議員數量也明顯上升。但原先期望的「大藍潮」實際上「既不夠大，也不太藍」。「不夠大」是指翻轉力度不夠強勁，未能在參議院獲得多數席位，在眾議院也遠不及共和黨在二〇一〇年期中選舉中掀起的「海嘯」（奪回六十三個席位）。「不太藍」是指文化進步主義的色調不足，民主黨多名呼聲很高的進步派候選人最終未能如願以償，幾位文化立場相對保守的民主黨候選人獲勝。在謀求連任的民主黨參議員中，此前投票反對卡瓦諾出任大法官的三位議員都失去了席位，而唯一的「倒戈者」曼欽（Joe Manchin）則獲得連任。但無論如何，此次期中選舉打破了共和黨在國會兩院同時占據多數席位的優勢，對川普未來兩年的執政形成了制衡與挑戰。

然而，川普並不會因為期中選舉的挫折而收斂鋒芒，並在選舉後立即解僱了司法部長。他不僅有越挫越勇的鬥志，而且已經擁有體制化的政治資本。這位體制外的政治素人，借（共和黨之）殼上位的總統，並沒有被共和黨建制派所馴化。相反，他已經成功地駕馭了（或者說「綁架了」）共和黨，這是他執政兩年來最突出的一項成就。

著名政治學家曼德爾邦（Michael Mandelbaum）十二月在《美國利益》網站上發表文章指出，川普已經成為「一位共和黨的總統」，因為他在共和黨的經典政治議程中有所成就。[27]減稅措施、放鬆政府管制的經營自由，以及（直到年底前的）股市持續繁榮，贏得了經濟保守派的支持。而他任命的三十名上訴法院和五十名地區法院的法官，尤其是兩位進入最高法院的保守派大法官，可能長久地改變「文化戰爭」的力量對比，抵禦來自進步派的「價值侵蝕」，這將受到文化保守派的擁戴。當然，這並不意味著川普擁有多麼廣泛的民眾基礎。自現代民調以來，川普是唯一在前兩年任期中從未達到五〇％支持率的總統，他的民眾支持率一直低於對他的反對率。但是，他在共和黨選民中享有高達九成的好評。由於在黨內的這種聲望，他在二〇二〇年謀求連任的企圖很難遭到其他共和黨候選人的挑戰。但在另一方面，強勢的川普又是一位「弱總統」。曼德爾邦認為，「以歷史尺度來衡量，川普的成就是平庸的」。這些成就至少一半歸因於共和黨在國會兩院占據多數的優勢。況且，他仍然未能廢除「歐巴馬健保」，也尚未建造美墨邊境牆。此外，川普還存在三個弱項。首先是缺乏執政經驗，對政府必須處理的問題無從把握。「雖然總統席位並不是知識測驗，但無知並不是資產。」其次，他缺乏一群能幹而忠誠的執行者，難以形成一個連結總統、高級官員與整個官僚機構的網絡來執行他的計畫，就像一輛汽車的方向盤與底盤缺乏有效的連接。最後，川普任命的許多高級官員常常與他的政策偏好相左，甚至拒絕執行他的政策。所有這些弱項都會削弱總統的執政能力。

然而，共和黨已經別無選擇。那些「絕不要川普」的共和黨人還能做什麼呢？政論家弗拉姆

（David Frum）曾是小布希總統的演講撰稿人，他在一月出版《川普制》一書，批判川普對美國民主造成的威脅，清晰而深入地闡釋了共和黨擺脫「川普制」的復興規劃。[28]但真正的困局在於（如他自己在一次訪談中承認的那樣），川普能在選舉中勝出，這是共和黨其他更優秀的候選人以及更好的競選策略難以企及的，這在二〇二〇年仍然是一個難題。[29]

學術界的保守派二〇一八年出版了《川普與政治哲學》，這是主標題相同的兩部姊妹篇論文集（副標題分別是「愛國主義、世界主義與公民美德」以及「領袖、政治家風範與暴政」），總篇幅達七百頁之巨，其中不少作者具有施特勞斯派的傾向（比如聖母大學的扎科特夫婦），更多的作者是年輕學人，包括哈佛大學的講師亞當・桑德爾（邁可・桑德爾之子）。[30]兩部文集援用經典政治哲學（從柏拉圖到施密特）的視角來探究川普現象，其中不少論文思考精深，頗有洞見，但出版之後幾乎無人問津（在亞馬遜網站上，兩部文集的評分人數和評論數量均為零）。

除了著書立說之外，許多反對川普的共和黨人或許只剩下懷舊了，在對麥肯參議員和老布希總統的悼念中緬懷「過去的好時光」。雖然兩位逝者在任時期的表現絕非無可挑剔，但在與時任總統的對比中，他們是老派、敬業以及體面的長者，變得格外可敬。在老布希總統的葬禮上，川普的孤立是如此醒目，他一臉蕭瑟地挺過了難堪的場面。他知道自己是孤立的，但他也堅信共和黨別無選擇。

《紐約客》的一篇文章指出，在川普任期兩年中，高級官員的更換率高達六五%，以至於無法及時任命正式的接替者。在新年開始的時候，代理職位包括司法部長、國防部長、內政部長、白宮辦公室主任、環境保護署主管和駐聯合國大使等。隨著國防部長馬提斯（James Mattis）的辭職，「房間裡的成年人」已經所剩無幾。對川普的束縛變得更少，可能也更加危險。[31]《紐約時報》評論說，川普越來越依賴自己的本能行事，比任職以來的任何時候都更加相信自己的判斷，更少受任何人的影響。於是，「每天都像一場戰爭」，他像閱讀「戰報」一樣每天花費大量時間（六到八小時）觀看電視和媒體的消息，時而亢奮時而沮喪，也越來越像是總統的「孤身奮戰」。㉜

在聖誕節前夕，川普發出一條推文：「我孤身一人（可憐的我）在白宮，等待民主黨人回來，對急需的邊境安全達成協議。」他所急需的是用五十億美元來造牆，也就是競選中曾發誓要造的那道「宏偉的、美麗的」牆。但人們沒有忘記，他當初承諾要讓墨西哥付錢來造這堵牆。在新年之初與國會的商談中，川普憤然離席，威脅要動用「國家緊急狀態」來造牆。無論成敗，他要向基本盤選民表明「我窮盡了一切手段」。這是一場跨年的持久戰，但絕不會是川普任期內的最後一戰。

蓋洛普民調顯示，在二〇一八年初川普的支持率是三九%，而經過了整整一年風雲，在十二月底他的支持率仍然是完全相同的三九%。《紐約客》年底的一篇專欄文章說，無論川普給美國和世界造成多少動盪，人們對他的評價幾乎凝固不變。而所有這些瘋狂的事情，在一年之後來看，可能只是暴風前的寧靜。㉝

的確，政治內在地蘊含鬥爭性，但政治本身具有多重維度，並不等同於鬥爭，而鬥爭也未必以強對抗的方式展開。對抗性的鬥爭是所謂「川普制」下美國政治的一個突出特徵。它會將美國引向何處？套用川普的口頭禪——「再看吧」（We'll see）。

歐洲的艱難歲月

在一九一八年第一次世界大戰停戰協定的簽署地康比涅（Compiegne），馬克宏與梅克爾相聚。

在十一月十日停戰百年之際，他們為「一戰」紀念碑前的新牌匾揭幕，銘文中刻著「再次確認法德兩國的和解對於歐洲和平的意義」。這是向歐洲理想致敬的時刻，但現實的考驗異常嚴峻。一年多之前，馬克宏當選法國總統，隨後梅克爾領導的「基聯盟」在德國大選中勝出，曾為德法「雙輪驅動」的歐洲事業帶來了新的動力。但重獲的信心在一年之後已經籠罩在憂慮的陰影之中。

哈斯在〈歐洲的混亂〉一文中寫道：「巴黎的部分地區在燃燒，英國被脫歐吞噬和分裂，領導義大利的是一個抵制歐盟預算規則的笨拙的左右翼聯盟，德國正在應對政治重組而且處在向新領導人過渡的初期階段，匈牙利和波蘭已經皈依反自由主義，而西班牙正在面對加泰隆尼亞民族主義的挑戰。」❸❹許多關於歐洲的報導評論，都不約而同地在標題中使用了「混亂」（disarray）一詞。在彭博社（Bloomberg）的採訪報導中，前丹麥首相和北約組織祕書長拉斯穆森（Anders Fogh Rasmussen）表達了對「歐洲無領導」狀況的擔憂，而美國也已無法發揮引領作用，這使人懷疑「西方」是否還是一個有意義的實體。❸❺

什麼樣的政治家才能勝任歐洲的領導角色？作為理想主義的改革家和歐盟的積極倡導者，雄心勃勃的政壇新星馬克宏曾被寄予很高的期望，現在卻陷入了執政危機。當他從G20峰會返回巴黎的時候，「黃背心抗議運動」已經風起雲湧。《金融時報》專欄作家拉赫曼（Gideon Rachman）發表文章，分析了「馬克宏議程」的三個關鍵方面，即「國內經濟改革、更深度的歐洲一體化以及全球治理」。理想情景中的「三部曲」進程如下：首先，馬克宏在法國的改革獲得成功；其次，他說服德國一起推進歐盟改革的規劃，「建立一個真正的歐洲經濟政府」；最後，依憑得到鞏固的歐盟，來反擊世界各地的民族主義勢力。而當下馬克宏的國內議程遭遇挫折，他的歐洲和國際議程也可能隨之落空。拉赫曼指出，法國存在難以解決的矛盾，大眾「既要求減稅，又要求改善公共服務」，因此領導法國看起來像是「一項不可能完成的工作」。法國連續幾任總統，雖然風格迴異但最終都遭到大眾鄙視：薩科奇太華而不實，歐蘭德太平庸，如今馬克宏則被指責為「過於高傲」。本來法國民眾期望馬克宏能夠打破這種惡性循環，成為全球自由價值的引領者，「但現在看來，馬克宏拯救世界的可能性似乎已微乎其微。他能保住自己的總統職位都將是幸運的了」。[36]

馬克宏能夠成功度過這場危機嗎？他在二〇一九年一月十三日發表「告國民書」，邀請國民從一月十五日起參與為期兩個月的全國大辯論。[37]他承諾傾聽民意，向公民諮政，鼓勵理性和文明的辯論，並給出了具體的辯論議題。他呼籲互助與團結，期望「一起將憤怒轉化成解決問題的辦法」，同時也表達了堅守改革議程的決心。這場「既不是選舉，也不是全民公投」的全國大辯論，是一項前所未有的創舉，極富法國式民主的精神和哲學氣質，而且契合馬克宏的風格，但它能否化解這場執政危機仍需接受現實的考驗。

在德國，沉穩老練的梅克爾度過了艱難的一年。在二〇一七年大選之後，她經過長達半年的曲折協商才組成了聯合政府。六月，梅克爾再度陷入難民問題的泥沼，必須同時調解內閣的分歧、德國的黨派爭議以及歐盟成員國之間的矛盾。在十月的地方選舉中，基民盟及其姊妹黨基社盟在黑森邦和巴伐利亞邦遭遇重創。十月底，梅克爾宣布，她將辭去基民盟主席，並在二〇二一年總理任期結束後離職。

《紐約客》十二月刊登的長篇文章透露，在二〇一六年川普勝選後的第八天，歐巴馬最後一次作為總統出訪柏林與梅克爾會面。當時梅克爾將要完成第三次總理任期，對是否繼續執政十分猶豫，而歐巴馬敦促她謀求連任，因為面對英國脫歐、席捲歐洲的民粹主義浪潮以及川普執政的不確定性，歐洲需要梅克爾擔負起凝聚的使命。在川普上任幾個月之後，梅克爾明確表示「我們歐洲人必須掌握自己的命運」。[38]

梅克爾對歐盟事業的承諾深受其「政治導師」科爾（Helmut Kohl）的影響。科爾在執政期間完成了德國的統一，也是歐洲一體化最熱忱的倡導者和有力的推動者。牛津大學歐洲史教授賈頓艾許曾在文章中提及他與科爾會面的一段談話。科爾對他說：「你能意識到嗎？現在坐在你對面的人是阿道夫・希特勒的直接繼承者。」[39]作為希特勒之後統一德國的第一任總理，科爾具有極為深刻的歷史責任感——擔負德國對歐洲和平的使命，而歐盟正是確保歐洲持久和平的規劃。

然而，在科爾辭世一週年之際，德國政界圍繞移民問題發生嚴重分歧，危及德國在歐盟的地位。六月二十八日，瑞典前首相畢爾德發表文章指出，德國正陷入一場是否要繼承科爾政治遺產的鬥爭，他稱之為「德國的靈魂之戰」。表面的爭論是，德國要不要把先前在其他歐盟國家註冊過的那些難民驅逐出境，但更深層的問題是，德國「應當單獨自行其是，還是繼續尋求共同的歐洲方案」。若是按照科爾的政治思考，德國必須考慮自身政策對歐洲的影響，不會把問題甩給周邊的小國，因為它們的安全問題也就是德國自己的問題。儘管流入歐洲的移民和難民數量已經遠遠低於二〇一五年和二〇一六年，但移民仍是整個歐洲大陸的熱點問題。在民粹主義和民族主義的大潮下，德國關於移民的爭論不斷升級，已成為「德國的靈魂之戰」，這將決定未來德國在歐洲的角色，以及整個歐洲一體化的前景。[40]

六月二十九日凌晨五點，歐盟峰會經過長達十二個小時艱苦卓絕的談判，達成一項安置難民的協議，梅克爾稱之為「良好的妥協」。《大西洋月刊》發表文章說：「梅克爾再次證明了自己是一個不可思議的危機倖存者。」這是一個留有隱患的協議，但體現了她挫敗對手、保持權力的典型祕訣：「一次次，她設法拼湊起混雜的聯盟和過渡性協議，能讓足夠多的人滿意並留有足夠多的時間來維持她的總理職位，直到下一次危機來臨，到時候她將再次如法炮製。」文章以「梅克爾，逃離大師」為題，言下之意是她只能逃離危機和緩解問題，卻無法真正解決問題。[41]

的確，梅克爾不能，但面對當下的歐洲難題又有誰敢於奢談「解決」？能夠「挺過」危機而倖存已經足以值得欣慰。梅克爾平息了內閣的爭鬥，防止了聯合政府的解體，化解了歐盟成員國彼此推諉的僵局，儘管只是暫時的。十二月七日，基民盟黨代會選舉凱倫鮑爾（Annegret Kramp-Karrenbauer）擔任新的黨主席，她常被人稱作「小梅克爾」，也是最符合梅克爾心願的繼任者。在擔任基民盟黨主席長達十八年之後，梅克爾終於卸任，她的告別演講樸實無華，最後說「是時候翻開新的一頁了」。德國（甚至歐洲）的「梅克爾時代」將在三年之後落幕。[42]

英國在久拖不決的脫歐進程中備受煎熬。許多媒體將英國脫歐比作一場「痛苦的離婚」。英國不是一個當事人而是一個國家，其中有黨派之爭、地區差異和立場分歧，「脫歐」在軟硬快慢的各種脫歐方案的爭議中陷入僵局。與此同時，反對脫歐的聲音也越發強烈，賈頓艾許教授是其中的積極分子。他十一月在《衛報》發表文章向英國同胞呼籲：「如果我們在民眾投票中決定回頭留下，那麼歐洲的大門仍然敞開著。否則，我們可以吞下梅伊談成的協議，並從此過上不歡樂的生活。」[43]他在十二月十二日又發表了一封寫給歐洲的公開信，懇請歐盟的朋友們發出清晰、簡單和積極的訊息——「我們要你們留下」。[44]基民盟新任主席凱倫鮑爾與二十多位德國政界與商業界著名人物，在一月十八日《泰晤士報》上發表〈德國友人敦促英國留在歐盟〉的連署公開信，表示「英國已經成為我們作為歐洲人的一部分」，「英國人應該知道我們心底的願望，我們要他們留下」。公開信表達了對英國人民選擇的尊重，但如果英國決定留下，「我們的大門將總是敞開的」。[45]根據Survation公司十一月初公布的一份兩萬人樣本的調查，其中有五四%的受訪者支持留在歐盟。

梅伊在十二月十二日挺過了「不信任投票」的威脅，但在新年一月中旬下議院的表決中，她代表英國政府與歐盟達成的脫歐協議被比例懸殊的投票否決。在一月底下議院的投票中，「二次公投」、「不脫歐」和「推遲脫歐期限」等幾項修正案均遭到否決。通過的修正案使梅伊獲得「授權」，「對『脫歐』協議做具有法律約束力的調整」，這意味著她將與歐盟重新談判新的協議條款，但前景並不樂觀。

德國右翼的德國另類選擇黨正在醞釀德國脫歐的計畫。實際上，許多成員國都有反對歐盟的群體和勢力，將歐盟視為不切實際的烏托邦。但是脫歐或者解散歐盟更現實可行嗎？會不會是一場更驚悚的噩夢？英國脫歐的痛苦過程就是一個縮影。歐洲一體化注定是艱難而漫長的歷程，也必定經歷曲折反覆的鬥爭。二〇一九年一月二十五日，法國《解放報》發表了三十位著名知識分子連署的公開信〈歐洲之家失火了——歐洲愛國者宣言〉。46 這封公開信由法國明星哲學家李維起草，認為歐洲正處在二十世紀三〇年代以來最危險的時期，自由民主的價值觀遭遇嚴峻挑戰，呼籲公眾以行動反擊民族主義、民粹主義和身分主義者的猖獗蔓延，以捍衛歐洲精神和自由價值，為迎接五月來臨的歐洲議會選舉做好準備。連署人還包括作家帕慕克（Orhan Pamuk）、昆德拉（Milan Kundera）、麥克尤恩（Ian McEwan）、魯西迪（Salman Rushdie）、葉利尼克（Elfriede Jelinek）和歷史學家米奇尼克（Adam Michnik）等。公開信被翻譯為多種語言，英文版〈為歐洲而戰，否則破壞者們將摧毀它〉在《衛報》發表。47

當然，這不會是最後的呼籲，也不會是最後的鬥爭。曾經戰亂的歐洲祈求和平與安全，而在和平中生活已久的人們要求保障、富裕、自由、平等、公正和尊嚴。不同的訴求，在新老歐洲國家、不同語言和不同階層之間，形成各自對於歐盟不同的立場和態度，這注定了疑歐派和脫歐派會持久存在，並將持久地危及人們對歐盟事業的信心。但信心是相對視野而言的，如果回到康比涅，在百年尺度的歷史視野下，或許更能領會歐洲已經走過了多麼艱難而非凡的歷程。

自由主義的死亡與重生

在二〇一八年，有大量的著作文章論述「自由主義的死亡」。這已經不再讓人驚慌失措或欣喜若狂（取決於你的立場），反倒會令人不勝其煩。不是嗎？這些年類似的死亡通知早已不絕於耳，難道這次的修辭更加情真意切？也許，自由主義只是奄奄一息垂而未死，必須緊急搶救使之復活，或者應當不斷詛咒讓它儘快死透（仍然取決於你的態度）。

網路雜誌*Aeon*在六月底發表題為「自由主義的多次死亡」的文章，作者科爾（Daniel Cole）和克拉圖（Aurelian Craiutu）是印第安納大學的法學教授和政治學教授。[48]作者對谷歌收錄的三千多萬本圖書做出詞頻分析，發現自由主義的最初死亡發生在十九世紀七〇年代，在進入二十世紀時又多死了幾次，「而自一九二〇年之後就幾乎一直連續不斷地死亡」。相比之下，威權主義似乎從不死亡，而保守主義只是偶然死亡，那麼為什麼「自由主義會如此頻繁而持續地被宣告死亡」？作者指出，「自由主義」的詞義含混不清，也不是統一融貫的政治理論，還可以用來指稱不同的治理體制，包括法國的重農學派的自由放任（laissez-faire）、放任自由主義（libertarian）的「守夜人國家」、羅斯福新政、德國秩序自由派的「法秩序國家」等。有學者研究發現了近三十種自由主義的不同定義。由於這種內在的多樣性，一種自由主義的沒落或消失可能不會牽連其全部理論的命運。

比如，在廢除福利國家的同時，法治立憲、自由市場和個人權利自由仍然可能存留。新自由主義者（neoliberals）會為此叫好，但進步主義自由派則將此視為現代自由主義的嚴重頹敗。由此看來，自由主義具有法律、政治、經濟和道德（或宗教）等多種支柱，其中個別支柱的損毀不足以傾覆自由主義的整個大廈，這就給任何宣告自由主義死亡的人造成了麻煩。

當然，具有內在多樣性的自由主義家族也分享了一些基本原則。文章指出，自由主義者幾乎都同意，個人的改善與社會的進步都是可能的，方式是通過培育亞當·斯密所說的「道德情操」，依照科學方法將理性應用於證據。他們相信制度結構（社會建立的憲制法律規則和政策）總是實驗性的，也基於人類可錯性（fallibility）的假設，主張自由主義需要一種反意識形態的開放、謙遜和寬容品質（雖然做得並不總是到位），認真對待對話和尊重分歧的意義重要性。作者認為，自由主義百年來的進步是非常可觀的：在自由世界「許多生活中『極大之惡』，包括奴隸制、赤貧、失業、基於種族和階級的法律差異以及宗教歧視，已被消除或極大地緩解」。但弊端和問題也持續存在。自由主義者的抱負遠大，但自由社會的現實永遠無法企及理想。其中一個原因是自由主義蘊含著多種彼此衝突的目標（比如，更大的個人自主性與更充分的平等之間存在衝突）。「由於這種內在緊張，自由主義攜帶著自我破壞的種子。」雖然獲得了種種進步，但自由主義的成就總是局部的、暫時的和不完善的。而成功本身也是一個曖昧不清的概念。康德有「人性的曲木」之說，那麼自由社會的成員要期待高於局部的成就便是不恰當的。文章最後寫道：「自由主義與我們對它感受的疑慮如影隨形，這些疑慮應當促使我們留意甚至讚美自由主義的批評者指出的它的真正缺陷。」但我們不必去理會那些「宣告整個自由主義規劃已死或存在致命缺陷」的先知們。

悲觀主義總是比樂觀主義顯得深刻，更不用說在令人悲觀的時期了。《再啟蒙的年代》是二〇一八年初出版的新書，作者是哈佛大學著名心理學家平克。[49]這部「為理性、科學、人文主義和進步辯護」（副標題）的著作展示出相對樂觀的人類發展圖景，延續和發展了其《人性中的良善天使》（*The Better Angles of Our Nature*，二〇一一年）的主題，雖然在當下有些反潮流的意味，但是引起了相當熱烈的回響，公開發表的書評有一百六十多篇。

《再啟蒙的年代》獲得主流報刊的盛讚以及比爾・蓋茲等社會名流的力薦，同時也引起許多批評，其中最為尖銳的回應來自英國政治哲學家約翰・格雷，他在《新政治家》雜誌發表的書評題為「未被啟蒙的思考：平克令人難堪的新著是獻給慌亂自由派們的一份虛弱的布道詞」。[50]這並不令人意外，格雷多年前對《人性中的良善天使》就發表過譏評，稱之為「和平的妄想」，認為平克論證的人類變得更少暴力的觀點完全是「一派胡言」（nonsense）。平克當時就和格雷有過交鋒，兩人爭執不下。

格雷當然不是這部新著唯一的批判者。平克將「理性、科學與世俗人文主義」作為啟蒙的主軸，遭到「以偏概全」的批評，許多評論者指出啟蒙運動有內在的多樣性，啟蒙思想家有些不是科學人文主義者，其中有宗教信徒，也有種族主義者。而且，平克塑造的啟蒙傳統排除或淡化了盧梭和馬克思的影響，讓許多人無法接受。有幾位學者特別不滿於他對尼采斷章取義的引用。還有批判者質疑他對啟蒙運動的讚頌，因為啟蒙「給這個世界帶來了種族主義、奴隸制、帝國主義與種族滅絕」。另有一些批評針對平克宣揚的進步主義觀念。社會變得越來越好的看法似乎違背許多人的當下感受：氣候暖化、毒品濫用、校園槍擊、川普現象、英國脫歐、民粹主義……凡此種種，似乎意味著「啟蒙的終結與進步的逆轉」。與此相關的批評是針對平克使用數據的嚴謹性，他選擇了支持自己論點的有利數據，而忽視了一些不利的證據。還有一些批評認為平克沒有看到啟蒙運動的自我瓦解傾向，人工智能和社群網站都是科學和理性「進步」的產物，最終可能會毀滅啟蒙的理想。

二〇一九年一月，平克在網路雜誌*Quillette*上發表了一篇長達萬言的回應文章，集中對以上這些典型的批評意見一一作答。[51]實際上，這些批評並不新穎，一直是啟蒙與反啟蒙之間常見的對立觀點，也有啟蒙內部多樣性之間的分歧。平克承認啟蒙可以有多種闡釋，他完全沒有想要壟斷對啟蒙的闡釋權，而是提供一種言之有理的闡釋，而且在他看來是對當下最有啟發性的一種啟蒙傳統。平克與他大部分批評者（包括格雷）之間的分歧，在當初的啟蒙運動思想家之間就已經發生。今天的爭議也可以視為延續了啟蒙家族內部經久不息的爭論傳統。

無論傾向於樂觀還是悲觀的態度，嚴肅的智識努力都不應當迴避啟蒙傳統存在的複雜問題，也需要直面（作為啟蒙運動重要遺產之一的）自由主義的當代困境。九月十五日出版的《經濟學人》在紀念創刊一百七十五週年的時刻，在封面上呈現了一份「復興自由主義的宣言」，開篇有兩頁長的〈宣言〉（作為導言），隨後是正文〈為二十一世紀再造自由主義〉，長達十頁（一萬多字），並附有五十種參考文獻。[52]正文有六個部分，包括對自由主義的概論、市場經濟問題、移民與開放社會、福利與徵稅、世界秩序，以及最後對集結起來重振自由主義的召喚。

導言中指出，《經濟學人》在一百七十五年前創刊時，就致力於推動自由主義——「一種對個體尊嚴、開放市場和有限政府的普遍承諾，以及一種依靠辯論和改革帶來人類進步的信念」，而不是如今美國大學校園中流行的左翼「進步主義」，也不是法國時評人構想的右翼「極端自由主義」。令人憂慮的是，「自由主義造就了現代世界，但現代世界正在背離自由主義」。如果要復興自由主義的活力，必須反省它失去活力的多種成因。在社會經濟方面，需要反省自由主義崇尚的「功績制」（meritocracy）競爭對造成貧富差別與社會固化的影響。在文化方面，需要檢討「身分政治」的局限，在正當回應族群歧視的過程中，沒有防止它演變為「宗派憤怒」的傾向。在國際與地緣政治方面，自由派也沒有拿出足夠的智慧和勇氣來捍衛二戰後形成的同盟和自由制度體系。在政治上，當政的自由派已經變得越來越保守，傾向於維持現狀，而完全忘記了自由主義最初的激進立場。針對當下的潮流，《經濟學人》仍然相信自由主義理念的力量，因此發表了一份自由主義復興的宣言，這是「一種為了人民的自由主義」。正文在最後引用了創刊人威爾遜（James Wilson）對這份雜誌的承諾：展開「一場在推進前行的智性與阻礙我們進步的無價值的膽怯無知之間的嚴酷競爭」，相信這種競爭會最好地服務於自由主義的目標。

這份萬言書很像是「關於自由主義若干歷史問題的決議」，列舉自由主義的輝煌業績和偉大歷史進步，同時嚴肅對待當下面臨的各種挑戰和困境，並為二十一世紀自由主義的再造提出構想。

科學探索與政治正確的爭論

我們的身體與人格特徵究竟是由先天的遺傳因素決定的，還是在社會文化的環境中養成的？這種非此即彼的提問方式本身是錯誤的。所謂「先天」對「養成」（nature vs. nurture）的爭論由來已久，但學術界很少有人信奉「基因決定一切」的極端立場，也沒有人會完全否認遺傳因素的作用。

主張種族（race）之間有先天的智力高下之分，是種族主義的觀點，但這種言論出自華生（James Watson）之口則相當令人困擾。華生被譽為「DNA之父」（DNA雙螺旋結構的發現者之一），一九六二年獲諾貝爾獎，還曾主持「人類基因體計畫」，是蜚聲世界的生物學家。在二〇〇七年他就因發表「他們（黑人）的智力與我們（白人）不同」等言論，引起輿論譁然和學界抨擊，最終他為此公開道歉，隨後從他工作了四十年的冷泉港實驗室退休。

二〇一八年，美國公共電視網（PBS）完成了紀錄片《解碼華生》的製作。[53]在十二月中旬發布的預告片中，華生對於被人貼上種族主義者的標籤似乎流露出輕蔑態度，引人關切。新年第二天紀錄片正式播出後，華生在訪談中明確重申了曾遭批評的觀點——「黑人與白人之間的平均智商存在差異」，並將此歸因於「基因差異」。十天之後，冷泉港實驗室發表聲明，譴責華生「誤用科學為偏見辯護」，宣布解除他所有的榮譽頭銜（包括名譽主席、榮譽教授和名譽董事）。[54]在其官方推特發布的這項聲明之下，很快出現了幾百條讀者留言。[55]令人吃驚的是，絕大多數評論對華生表示同情，許多人提出了一個貌似有理的質疑：華生的觀點可能在政治上不正確，但如果在科學上是真實的呢？難道科學真理應當屈從於政治正確的管制嗎？

對於這種鏗鏘有力的質疑，有一種斬釘截鐵的回應，即華生的這種觀點首先在科學上是錯誤的（雖然他是一位科學大師），因為在生物學意義上，種族類別（白人、黑人、黃種人等）並不存在，這早已是學術界的普遍共識。[56]許多人誤以為不同的膚色表達了種族之間顯著的群體基因差異，但膚色差異並沒有這種代表性。基因差異主要存在於個體之間，但差異性高低完全不對應所謂的種族分類。比如，一個人與種族內部某個成員的基因差異，很可能超過與種族之外某位成員的差異程度。社會生活中使用的種族分類，是文化和政治塑造的概念（所謂「社會建構」），並不具有對應的生物學依據。這是目前生物學和人類學界的主流觀點，已經有大量的研究證據支持，也有許多相關的科普作品傳播。

那麼，生物學真相與政治正確從此就能和諧共處了嗎？未必。哈佛大學教授瑞克（David Reich）微妙地發出了一種不和諧的「噪音」，可能「軟化」了斬釘截鐵的正確答案，激起廣泛爭議。瑞克年僅四十五歲，已經在遺傳學領域做出許多重要貢獻（包括二〇一〇年領導研究團隊，發現了幾萬年前尼安德塔人與現代人類雜交的證據），位列二〇一五年《自然》雜誌「十大重要科學人物」（Nature's 10）。他不僅在專業上出類拔萃，在政治上也持進步主義立場，曾公開反對華生的種族主義言論。這樣一位「又紅又專」的年輕科學家，何以會觸及政治正確的敏感神經呢？

二〇一八年三月，牛津大學出版社推出了瑞克的科普新著《我們是誰以及我們如何到達這裡》，闡述「古人類DNA與人類過往的新科學」。[57] 同時三月二十三日的《紐約時報》發表了其中節選的片段，題為「現代遺傳學時代的『種族』」（網路版標題為「遺傳學如何改變我們對『種族』的理解」）。[58] 文章開篇闡明了一個共識，即從基因的視角來看，人類群體之間非常相似，不存在足夠的差異來支持「生物學意義的種族」概念，因此，「種族是一個『社會建構』，是一種隨時間和國家變化的人群分類方式」。

但他話鋒一轉，認為這種「共識」慢慢轉變為一種「正統」（orthodox）：「在依照當今種族標準來分類的人群之間，平均遺傳差異是如此微不足道，以至於在論及任何有意義的生物學特性時，這些差異可以忽略不計」。這種正統觀點進一步要求我們，應該「對人群之間遺傳差異的任何研究保持憂慮」，因為這種研究（無論動機多麼良好）都會被置於「滑坡」之上，導致各種「關於生物差異的偽科學論述」，它們曾被用於合理化奴隸貿易、優生學運動和納粹大屠殺。

瑞克試圖挑戰這種正統觀點，卻是以相當審慎和微妙（subtle）的方式，這使得文章具有明顯的兩面性。一方面，他反覆強調「種族」這個概念在生物學上沒有意義（在用「race」一詞時，幾乎都冠以引號），而且以自己最新的研究發現舉例，所謂「白人」絕非衍生於遠古以來就存在的一種人群，而是四種有差異的古代人群的混合，彼此的差異程度如同今天的歐洲人與東亞人。實際上，瑞克整本書最突出的論旨是，古人類DNA研究證明，自後冰川時代的人類大擴張以來，任何地方的人群基因都發生了多次巨變。因此，人類本質上是混血的（mongrel），任何「純種」觀念都是幻覺，「尋求回歸神祕純潔性的各種意識形態都是對硬科學的公然違抗」。

另一方面，瑞克認為不應當迴避研究不同人群（populations）之間的遺傳差異。他明確反對一種流行的誤解：由於人類來自共同的祖先，人群相互分離的時間不久，不足以在自然選擇壓力下形成重要的遺傳差異。「但這不是事實」，「東亞人、歐洲人、西非人和澳洲人的祖先（直到最近為止）幾乎完全相互隔絕了四萬年或更長的時間，足以讓進化力量發生作用」。人群之間的遺傳差異不僅客觀存在，而且會影響某些遺傳疾病、特定的身體性狀甚至行為和認知能力在人群之間的概率性差異。

瑞克文章的兩面性呈現內在張力：否定生物學的「種族」概念，但承認「人群」之間的遺傳差異，那麼「人群」不會成為「種族」隱祕的代名詞嗎？展開這種遺傳學研究，不只限於疾病防控，而且拓展到行為與認知領域，不會讓種族主義話語「借屍還魂」嗎？這當然會激發知識分子的警覺。

加州大學（聖塔克魯茲分校）社會學教授里爾多（Jenny Reardo）集結全球六十六名學者（其中包括幾位生物學家，以及社會科學、歷史、法律、人類學領域的學者），三月三十日在BuzzFeed網站上發表一封連署公開信〈如何不去討論種族與遺傳學〉。[59]公開信讚賞了瑞克對華生的批評，但指出他在《紐約時報》上的文章有嚴重的誤導傾向，他誤解了人們對生物醫學研究的批評中所表達的關切。公開信指出，遺傳變異並非不重要，但「並不遵循種族界限」，並強調應當汲取歷史的教訓，對於人類遺傳變異的研究會以很多方式被誤解和濫用。隨後《紐約雜誌》、《國家》、《科學人》和《大西洋月刊》等相繼發布文章，有支持者讚賞瑞克的嚴謹態度和科學勇氣，有反對者指責他不過是「科學種族主義的一個最新例子」。相關的爭議延伸到加拿大、歐洲多國，以及韓國和印度的報刊媒體。[60]

在筆者看來，絕大多數回應和評論都沒有超出瑞克本人的視野和論述水平。尤其是那篇來勢洶洶的連署公開信，不過是用瑞克自身觀點的一面來攻擊另一面，並以斷章取義的引用（去掉原文中「種族」一詞所帶有的引號），將瑞克所用的人群概念等同於種族概念，然後教導他，不能用人群差異來支持種族的概念，而這本來就是瑞克明確強調的觀點。瑞克認為，即便發現人群之間的平均遺傳差異，也可以控制其不利的政治文化影響，正如人類的男女兩種性別之間存在基因差別，我們仍然可以言之有理地倡導和推進兩性之間的平等。從性別平等之中，我們可以獲得啟發來處理如何平等地對待人群之間的差異。但公開信完全不顧瑞克引入性別差異的語境與論證取向，挑剔說對男女性別的劃分也要非常謹慎，因為這會壓制幾百萬「非男非女」的另類性別人口。這種完全錯失了對方要點的批評很難說是正當的，更像是政治正確敏感性的競賽。公開信發表在BuzzFeed這份從商業小報努力向嚴肅刊物轉型的網站上。瑞克沒有回應，其他報紙也沒有回響。

實際上，瑞克比他眾多的批評者更為清醒地意識到真正的困難所在：在「人群」與「種族」這兩個概念之間存在著複雜而危險的聯繫。三月三十日他在《紐約時報》發表回應眾多讀者評論的文章〈如何談論「種族」與遺傳學〉，承認人群概念往往會與「今天的『種族』範疇相關聯」（correlated）。[61]因此，研究人群遺傳差異是一把雙刃劍：在很多情況下它會揭露「種族」概念的虛假性，瓦解絕大多數的刻板印象，但遺傳學的發現也有可能會確證某些刻板印象。在這種情況下，科學發現的隻言片語會被某些願意信奉種族主義觀點的人用來證明自己正確。恰恰因為存在這種可能性，瑞克才要在文章中直面這個問題。

那麼，瑞克如何應對這個難題？他在文章中已經提出自己的思考。首先，作為科學家，他堅持將學術的誠實置於優先地位。人群遺傳差異的客觀存在是人們在日常生活中可以感知的。如果科學家迴避或掩蓋這種差異及其效應，會使公眾喪失對科學的信任，而且造成一種知識真空，偽科學的種族主義話語便可能趁虛而入。其次，承認人群差異的確有可能造成歧視的危險，瑞克的父親（Walter Reich）是美國「大屠殺紀念館」的首任館長，他對種族歧視具有很強的敏感性，因此一再強調他本人分享著「正統觀點」的憂慮（許多批評者不過是重複瑞克多次表達過的憂慮）。但他的應對策略有兩個方面。首先，差異本身並不導致歧視，歧視是對差異的特定闡釋和行動。他在文章中舉例，男女性別的生物差異最為顯著，但性別歧視是對這種差異的特定闡釋。第二，在客觀的生物學意義上，人群之間的遺傳差異遠低於個體之間的差異，「種族」對於特定個體的生物能力的預測功效是微不足道的，任何一個群體中的個人都可能在任何一個領域中表現卓越。因此群體間遺傳差異的衝擊是溫和的。

在川普時代的美國，在種族主義格外敏感的時期，在科學探索中維護有益的政治正確變得更為艱巨。很難說瑞克徹底解決了他自己提出的難題，但他並不是沒有社會政治敏感性的科學家。他為平衡科學探索和道德訴求提供了有益的思考。實際上，差異本身並不直接導致歧視，兩者之間需要特定的政治和文化闡釋才能聯結。如果差異本身可以使歧視正當化，那麼，由於個體之間的遺傳差異更加顯著，個體對個體的歧視也變得在道德上是可接受的，高智商的個體就有理由歧視其他人為「腦殘」（揚言「智商是硬傷」），或者高個子也就可以正當嘲笑矮個子為「二等殘疾」，那麼「正常人」對殘障人士的歧視就更為正當了。倫理批判不應導向刻意迴避或壓制嚴肅的科學探索，而應當著眼於改善我們的政治與文化觀念，在接受差異事實的前提下，以平等的尊重方式去對待差異，這才是政治正確應當著力的關鍵。

通向常春藤大學的荊棘之路

種族類別是一種社會建構，但嚴格說來所有社會範疇都是如此（只是它們與物理現實之間的關聯或有不同），闡明「建構」特徵本身並不否定這些範疇的有效性和適用性，而是強調它們都是被特定文化與政治所塑造的範疇，也會隨歷史條件而改變。種族（或族裔）依然是當今世界各國通用的身分識別範疇之一，與遺傳的體徵有關，但更深刻的關聯是文化養成。在西方的亞裔學生常常學業出色，這種所謂「亞裔效應」（Asian effect）主要是由文化傳統的養成所致。

目前亞裔美國人口有二一四〇萬（其中華裔五〇八萬），占美國總人口的六．七%，而去年哈佛大學錄取的新生中亞裔占比高達二二．九%。一般人對此的直接反應會是：「哇，好厲害！」但力求滿分的亞裔學生家長會問：「怎麼才二二%？為什麼不是一〇〇%啊？」——這是美國一個脫口秀節目中的片段。現實的情況是，如果僅僅依照學業成績錄取，亞裔學生將會占據哈佛的幾乎半壁校園。但即便如此又怎麼樣呢？假如有一天哈佛半個校園變得像北大，這是不可接受的嗎？無論如何，有證據顯示，哈佛校方對學生族裔分布的均衡問題有所關切，可能為此採用了不利於亞裔申請者的招生措施，涉嫌針對特定族裔的歧視。62

二〇一八年十月十五日，哈佛涉嫌歧視亞裔的訴訟案在波士頓聯邦地區法院正式開庭，控辯雙方爭論激烈，審理過程長達三週，並於十一月二日結束，幾個月之後才可能有裁決結果，此前還將舉行法庭聽證會。這個訴訟案經過了長達四年的籌措準備和多次聽證，預計最終將會上訴到聯邦最高法院，引起了社會和各大媒體的高度關注，僅《高等教育紀事報》雜誌就發表了二十八篇相關的報導和評論。[63]

亞裔是美國的少數族裔，但與人口占比對照，亞裔學生在哈佛（以及美國多數明星大學）並不處於「代表性不足」（underrepresented）的狀況，為什麼會引發歧視的爭議和訴訟？因為在起訴方看來，哈佛背離了「一視同仁、擇優錄取」的原則，這是亞裔群體最為熟悉和崇尚的公平觀念，也是對他們最為有利的公平標準。亞裔學生的平均學業成績明顯優於其他族裔，尤其是SAT的數學考分（滿分為八百分）更是遙遙領先。

美國大學招生同樣以「擇優錄取」為主要原則，反映了美國的「功績制」（meritocracy）的價值取向，但其公平原則也包含對弱勢群體的「補償正義」觀念，突出體現於「平權法案」（Affirmative Action，又譯作「肯定性措施」）。此外，美國大學還會兼顧「文化多樣性」的目標，可能會考慮校園的「族裔平衡」（racial balancing）。擇優錄取、補償正義和文化多樣性，這三重維度之間存在張力，每個大學有自己的側重與應對策略。幾十年來圍繞「平權法案」的辯論和訴訟連綿不絕，可見平衡公允的決定何等困難。

平權法案的補償措施，無論基於家庭收入還是種族背景，都很難惠及亞裔學生。亞裔美國人不算弱勢群體，薪資中位數不僅超過其他少數族裔，也超過了美國白人，而且在歷史上也不曾遭受與黑人同樣嚴重和持久的奴役與歧視。同時，由於亞裔在美國名校學生中已經占據「超額代表的」（over-represented）比例，也很難從族裔多樣性的訴求中受益。因此，只有簡單的「擇優錄取」原則對亞裔學生最為有利。

美國沒有「高考」體系，大多採用綜合評價方式，學業成績（SAT和高中成績）只是評價指標之一。哈佛大學對申請者進行「整體評級」（overall rating），其中還包括課外活動、體育技能、個性和推薦信等指標。早年的亞裔學生在「課外活動」（包括領導力和特長等）方面表現相對較弱，但隨著亞裔申請者數量的急遽提升，相關的諮詢培訓機構和輔導項目也應運而生，近幾年來亞裔學生的課外活動表現也毫不遜色，實際上任何明確客觀的要求都難不倒他們。然而，「個性評級」（personal rating）卻是內涵模糊、難以測量的指標，也成為控方起訴的一個焦點。《高等教育紀事報》報導，控方聘請了一位杜克大學的經濟學家，對哈佛招生數據進行分析。他在法庭提供證詞說，他的模型分析表明「哈佛招生官員對亞裔美國人申請者的個性評級打了更低的評分，這降低了他們的錄取機會，雖然他們獲得了很高的學業與課外活動評分」。[64]

這起訴訟案的控辯雙方都面臨某種困境。對於亞裔學生而言，支持完全無視種族因素的「族盲」（race-blind）錄取政策，對擴大自己的升學機會最為有利，這也意味著廢除平權法案。實際上這次代表亞裔團體的起訴方，就是一個著名的反平權法案的非營利機構，名為「學生公平入學」組織（簡稱SFFA），其發起人是反對「逆向歧視」（白人因平權法案遭受歧視）的著名鬥士。因此許多媒體將此案稱作「哈佛平權法案訴訟案」。但「族盲」錄取政策，會在客觀上擠壓處在最底層的拉丁裔和非洲裔學生的入學機會，已經遭到了一些反彈和抗議。這起訴訟可能會引發與其他少數族群的矛盾，是亞裔群體希望防止卻又難以完全避免的難題。

對哈佛大學來說，實際的關切是亞裔學生占比過大，會導致在校學生的族裔分布失衡。有十六所菁英大學（包括所有常春藤學校）明確表示，如果採用「族盲」錄取政策，那就「不再可能有效地尋求那種推進它們教育使命的多樣性水準」。但哈佛大學又不願使用極具爭議的「種族配額」

（racial quota）方案，因此就通過降低亞裔申請者的「個性評級」來控制配額。《紐約時報》評論說，這是哈佛試圖避免亞裔學生過多的「祕密系統」，這可能強化了關於亞裔的某種刻板印象，因此涉嫌歧視。[65]

哈佛大學法學院亞裔教授格森（Jeannie Suk Gersen）在《紐約客》發表文章指出，平權法案的存廢問題與亞裔遭受歧視的問題不能混為一談。作者認為，應該首先查明歧視是否存在的事實真相，但這並不意味著必須廢除平權法案，對於代表性不足的其他少數族裔申請者，應當將種族作為評估的考慮因素之一。[66]但她完全沒有提出有效的方案來解決真正的難題：如何在達成多樣性目標的同時避免對亞裔申請者使用更苛刻的錄取標準。

在申請名校中遭遇的額外阻力，加劇了亞裔學生的升學壓力。他們必須付出更為艱辛的努力，獲得更為卓越的成績來彌補個性指標方面的所謂「弱點」。這種競爭壓力也會溢出，傳遞給其他族裔（包括白人）的學生，形成一種類似「軍備競賽」的態勢。在聲譽良好的高中，尤其在亞裔學生比例超高的名牌高中，學生普遍感到不堪重負。早在二〇〇四年，美國著名記者休姆斯（Edward Humes）出版《夢想的學校》一書，刻畫了加州惠特尼高中（Whitney High School）的情景：一些學生每天只有四小時睡眠，要喝四杯拿鐵，最終獲得GPA四．〇的成績。[67]然而，惠特尼這所頂尖高中有三分之二是亞裔學生（白人只占十二％）。這其中競爭的殘酷性也有所謂「亞裔效應」的壓力在起作用。

近二十年來，亞裔美國人的數量急遽增長，「亞裔效應」連同其他多種因素，正在深刻改變美國「自由放任」的校園文化。高中生普遍感到不堪重負，身體和精神疾病加劇，自殺案件頻發。媒體持續不斷地報導這些令人擔憂的現象，同時也有教育管理者和專家學者發出「減負」和「讓孩子成為孩子」之類的呼籲。對中國讀者來說，這一切都似曾相識。

努力學習改變命運，這是普遍的文化現象，但在亞洲格外突出，在海外亞裔人群中「名校夢」也最為執著。但所謂「亞裔效應」也可能只是「移民效應」。有研究指出，亞洲的第一代移民出於生存的緊迫感，會強化對子女進行嚴苛培養的亞洲傳統，但這種效應會在後代子女中遞減。《紐約時報》六月發表題為「最後的虎爸虎媽」一文，作者帕克（Ryan Park）是來自韓國的第二代移民，他和妻子現在都是美國的「成功人士」。他坦言，自己在童年時代被老師同學視為「天才」的優異成績，絕不是「亞裔天賦」的結果，而是來自父親的嚴酷訓練。此後他一直在糾結一個問題：「長期令我怨恨的童年經歷是否同樣造就了我在學業和專業方面的成就？倘若如此，用幸福換取成功是否值得？」

帕克和妻子決定，要給自己的兩個女兒完全不一樣的童年：讓她們感受到重視和支持，讓家庭不成為訓練營，而是「充滿喜悅和樂趣」的地方，讓她們永遠明白父母之愛並不取決於她們「完美的成績單」。即便她們最後的命運可能會被其祖父視為「失敗」，他們也會欣然接受這種衰落。帕克很瞭解蔡美兒在《虎媽的戰歌》（*Battle Hymn of the Tiger Mother*）中展示的成功案例，為了避免「家族沒落」，她選擇了做「虎媽」來實施極端嚴苛的教育方式。但帕克認為「大部分第二代亞裔美國人並不會與她為伍」。相反，許多研究表明，二代移民在很大程度上正在放棄傳統的亞洲教育方式，轉而採取西方的方法，尤其注重培養開放而溫暖的親子關係。第一代亞洲移民以傳統方式教育子女，信奉「以現在的痛苦努力，換來日後的菁英地位」，這造就了所謂「第二代優勢」，但這種優勢很難傳遞到孫輩，通常導致「第三代衰落」的現象。第三代移民往往會「吸收美國的文化價值，不再對成功抱有狂熱的激情，他們在各種真正的意義上已經不再是移民了」。

帕克撫養孩子的方式，試圖將某種程度的嚴格要求與溫暖的關愛結合起來。他完全無法仿效他父親「不惜一切代價獲得成功」的移民思維。但他最後說：「這或許正標誌著我們移民父母的終極勝利：我們成了美國人。」[68]

思想暗網與文化左派的危機

在美國的主流媒體上幾乎很難獲得這樣的資訊，比如，沒進過大學的黑人當中，有六〇%認為種族並不影響他們的命運——這是皮尤研究中心的調查數據。他們也聽不到這樣的質疑：為什麼黑人可以為自己的黑色（blackness）自豪，而白人這樣說則是危險的，這是因為要抗衡不對稱的權力結構嗎？但是，處在權力結構中（據說是）優勢地位的白人學生，在校園裡喝醉了大聲喧譁「白人偉大」，不僅會被指責為種族主義行徑，而且會受到校方處分，而處在權力結構劣勢的黑人，在學校畢業典禮上宣揚黑人偉大的發言，則會贏得喝彩與歡呼。歷史上存在對黑人的奴役和種族主義歧視，但因為存在這個歷史事實，一個白人表達了與黑人同樣的種族自豪感就應該受到懲罰嗎？為什麼這是可以被接受的？因為黑人天生豁免種族主義的病毒嗎？但民權運動那一代的黑人領袖並不支持這種「天生豁免」的看法，相反，他們認為黑人也可能成為種族主義者。這些離經叛道的資訊、質疑和論述，時而引經據典，時而調用數據，出自休斯（Coleman Hughes）發表在網路雜誌上的文章。[69]

休斯是哥倫比亞大學哲學專業的本科生，重要的（或幸運的）是，他自己是一名黑人。這位名不見經傳的作者從四月開始發表文章，在推特上被高頻轉發，許多網站談話節目邀請他去做訪談，

《華盛頓郵報》專欄作者也費心去回應他。幾個月以後他開始在《華爾街日報》發表文章。休斯的這種聲音是稀少的，但是他「並不是一個人在戰鬥」。追根溯源會發現，他屬一個正在興起的知識分子群落，名為「思想暗網」（Intellectual Dark Web）。[70]休斯是其中最年輕的核心成員。

思想暗網還很年輕，二〇一八年初在YouTube網站上發布了自己的通告，[71]很快在社群網站上形成熱點，但主流輿論無人問津。直到五月八日《紐約時報》資深編輯與作者韋斯（Bari Weiss）發表了長篇報導，[72]思想暗網的知識分子才被暴露在公共聚光燈下，即刻引發了主流媒體和知名網站的報導和評論。《洛杉磯書評》的文章認為「思想暗網是川普任總統以來的第一場思想運動」。[73]那麼，思想暗網究竟是什麼？

這個群體是一個鬆散的聯盟，彼此之間沒有根本的同質性，無論在職業、種族、性別、年齡方面，還是就社會知名度和政治傾向而言，都有相當大的差異。在第一版官網所列出的二十多位核心成員的名單中，有明星大學頗有聲譽的教授，有知名公共知識分子和智庫專家，有社會政治活動家和評論家，也有媒體人、自由撰稿人和演員以及網路談話節目的主持人。他們與思想暗網的聯繫緊密度也各有不同。發起人是數學家、經濟學家和投資管理人艾瑞克·溫斯坦（Eric Weinstein），是他發明了「思想暗網」這一名稱。核心成員包括他的弟弟布萊特·溫斯坦（Bret Weinstein）及其妻子海英（Heather Heying），兩位都是生物學家。其著名成員還有在輿論界備受爭議的多倫多大學心理學教授彼得森（Jordan Peterson），作家、神經科學家哈里斯（Sam Harris），專欄作家、獨立製片人夏皮羅（Ben Shapiro），哈佛大學心理學家平克，紐約大學社會心理學家海德特（Jonathan Haidt），布朗大學經濟學家勞瑞（Glenn Loury），哥倫比亞大學語言學教授和專欄作家麥克沃特（John McWhorter），著名政治活動家阿亞安·阿里以及她的丈夫哈佛歷史學家尼爾·弗格森等。[74]

思想暗網的核心成員在政治光譜中處在非常不同的位置。溫斯坦兄弟與海英在上屆大選中投票給桑德斯，哈里斯則是希拉蕊的公開支持者。而夏皮羅曾是右傾新聞網站Breibart的編輯，是反對川普的極端保守派。這樣一群五光十色的知識分子有何共同之處呢？根據網站和韋斯的文章介紹，他們的結盟不是出於他們所屬的身分或「部落」的親和關係，而是基於另外兩個共同之處。首先，他們願意展開激烈的爭辯，但永遠保持「文明」的交談方式，絕不進行人身攻擊。爭論的問題包括宗教、墮胎、性別認同、種族、移民、意識的本質等，他們在這些問題上的觀點與他們各自的黨派部落中的正統意見相左。其次，他們堅持智識的誠實，因此「抵制去鸚鵡學舌那些政治便利或政治正確的東西」。每個成員都認為他們受到了政治正確風氣的打壓，這也是他們的第二個共同之處。思想暗網的許多成員都不同程度地受到他們所屬「部落」和網友的攻擊，在某種意義上，他們是自己原先陣營的「變節者」或「異議人士」。休斯曾是一名激進的左翼學生，現在被問及在意識形態光譜中站在哪個位置，他的回答是，在當下我們都允許性別的流變，政治立場也可以流變。

思想暗網的主要言論平臺不在主流媒體，而是在播客（podcast）和網路談話節目，以及一份澳洲的網路雜誌*Quillette*。他們的言論開始吸引越來越廣泛的受眾，並與他們發生共鳴。網路談話節目「魯賓報導」（The Rubin Report）在六月底做了一期四位成員的線上直播節目，在YouTube播出後，吸引了一三一萬人次觀看。75 在西方社會政治極化的情景下，有許多人同時牴觸左右兩極陣營的標準言論口徑，他們在這群另類的變節者發出的聲音中，聽到了自己心裡所想卻不願意公開表達的意見，因此獲得了某種共鳴。這是思想暗網在主流媒體之外受到歡迎的部分原因。

然而，思想暗網運動是否能在當下兩極化的思想爭鬥的僵局中開拓出新局面？這是令人懷疑的，至少有待觀察。一些主流報刊以及著名網路刊物（如*Politico*和*Vox*）都提出了批評性的分析。76

《洛杉磯書評》刊登的評論認為，思想暗網實際上是暗藏的保守主義運動，而且他們對政治正確的批評並不像他們自以為的那麼新穎。早在二十世紀八〇年代末和九〇年代初類似的論辯已有先例。思想暗網的成員帶著「打破傳統」的標籤，實際上不願或不敢提及他們有自己的前輩先驅。他們不用假裝自己的理念「與保守主義沒有歷史淵源」。他們的某些批評意見並無惡意，而且具有有效的社會科學依據，這些論述也並非不能被左派和主流媒體吸納和接受。在道德和經驗實證層面，他們都不應當滿足於對新奇和跨政治派別的追求。目前，思想暗網的成員受到了過度的讚譽，包括《紐約時報》、《大西洋月刊》發表的評論文章，以及彼得森應邀出席二〇一八年阿斯彭思想節。雖然，他們相信，自己的發現已經能讓他們去塑造一個新的思想中心的基礎，但「最近的歷史表明，他們的理念更可能在右派那裡找到歸宿」。如果思想暗網最終走出黑暗陰影，「也許會被證明是下一輪回潮的保守主義運動的強大武器」。[77]

思想暗網運動究竟是新的第三勢力，還是暗藏的保守主義，或者不過是追逐名利的投機性華麗偽裝，現在還難有定論。許多評論試圖用現成的標籤來固化他們，這本身是相當笨拙的。按照艾瑞克·溫斯坦最新的說法，他們是一個「另類的意義構建集體」（alternative sense-making collective），這本身讓人捉摸不定。[78] 這個知識分子群落剛形成不久，而且成員之間存在差異性，未來會有怎樣的前景仍然是一個開放的問題。即便思想暗網無法開創一種新的立場或派別，也至少作為一個徵兆，反映了文化左派的困境。

《華爾街日報》十月二日的文章報導了波特蘭州立大學助理教授博格西安（Peter Boghossian）及其兩位同夥實施的一場學術惡作劇，假冒文化左派的道德立場，以其偏愛的學術風格與修辭偽造了二十篇論文（其中有一篇摘取希特勒的《我的奮鬥》部分段落，改編為一份女權主義的宣言），投寄給頗有聲譽的學術刊物，竟然有七篇通過匿名評審，獲得發表或被接受發表，這在學術界和教育界引起譁然，[79]令人想起二十多年前《社會文本》（*Social Text*）發生的醜聞「索卡事件」，[80]並被稱為索卡事件二．〇版。

與索卡相似，博格西安的惡作劇具有特定的針對性，是受後現代主義影響的左翼取向的研究領域，主要包括性別、身分、少數族裔、女權主義和文化研究等。這些研究有很強的道德訴求，主要是揭示「非對稱的權力結構」對邊緣群體的壓制，並為文化和政治的反抗提供正當性辯護，被稱為「伸冤型研究」（grievance studies）。這些偽造的論文被接受發表，顯示了這些領域的嚴肅的學術標準受到政治偏見的侵蝕。嚴格地說，因為惡作劇作為一項「實證研究」缺乏「對照組」樣本，得出的結論未必可靠。

但在惡作劇發生之後，許多相關者的自我辯白，以及波特蘭州立大學對博格西安的打壓，更令人關切。[81]從事「伸冤型研究」的進步學者曾是邊緣性的異端，他們從反建制立場起步，如今已經演變為主流，文化左翼的批判也成為在學術象牙塔中攀升的大道。他們最終成為一種批判性的建制派，彰顯了文化左派如何寄生在一個他們既攻擊卻又依賴的權力體制中，面對挑戰他們的新異端，不約而同地表現出黨同伐異的當權派面目，成為新的壓制性權力。當文化左翼成為教條的時候，他們也與自己的思想先驅（那些後結構主義大師們）漸行漸遠。

在這種背景下，《爭議思想學刊》（*The Journal of ControversialIdeas*）宣告創刊引起了關注。[82]三位創刊編輯都是著名學者，包括麥馬漢（Jeff McMahan）、密涅瓦（Francesca Minerva）和辛格（Peter Singer），這份刊物最引人注目的特色是允許作者匿名發表文章，但同樣接受同行評審。之所以創建這份刊物是為了保護學術自由，創刊人在接受媒體訪談時表示，學者對一些有價值的研究議題發表異端見解是有壓力和風險的，甚至收到過「死亡威脅」信。他們相信，這樣一份刊物在目前的學術文化生態中是有意義的。新刊將在二〇一九年出版第一期。

2019

2003 2004 2005 2006 2007

2008 2009 2010 2011

2012 2013 2014 2015 2016

2017 2018 2020

序言：近身的世界

告別二〇一九年，一個年代（decade）落下帷幕。新世紀邁進第三個十年，世界的面容仍晦暗不清。混沌與動盪經年已久，大變局中的人們或許不再驚慌，但卻難以辨識，更無從把握自身的「時代精神」（Zeitgeist）。可誰還會在乎老黑格爾的陳舊概念？既然歷史目的論早已被時尚思想拋棄，時間之矢也就無所謂確定的方向。

柏林圍牆倒塌三十週年，德國在十一月舉辦系列紀念活動。福山在柏林圍牆遺址前接受《德國之聲》採訪，他對「歷史終結論」毫無悔意，並堅信「推倒柏林圍牆的精神長存」。❶雲集的歐洲政要們在談論「冷戰終結」的意義，而與此同時「新冷戰」的言說已經甚囂塵上。已經終結的歷史鬥爭似乎正重新開啟。

可是「End」一詞不只是「終結」還有「目標」的含意。福山自己說過，他也是在雙重意義上將這個詞寫入他的書名，因此「歷史終結論」也就是「歷史目的論」。黑格爾和馬克思相信，時間是一個向量，世界歷史有其方向，終將達成人類共同的目標。福山只是這個思想傳統晚近的繼承者，他認為在歷史觀的意義上自己是「馬克思主義者」，並聲稱這是中國人不太容易誤解他的原因（可是他偷換了馬克思確定的最終目標！這解釋了為什麼中國人不會喜歡他）。❷現實進程中的歷史「故事」遠未終結。但福山的問題是，我們何以能就此斷定世界歷史（人類的故事）不會有共同的目標？

因為共同的目標依賴於匯聚或趨同的經驗證據，福山曾坦言他受到上世紀中葉「趨同理論」（convergence theory）的影響。但當下的現實世界遍布著匯聚的反例：英國脫歐、美國退守、WTO

上訴機制失靈，NATO成員爭議四起，經濟和政治的民族主義勃興、分離主義、反移民和排外浪潮的洶湧、貿易爭端的加劇，以及全球化的衰落（似乎只有中國仍然積極推進全球化，並暢想人類的共同命運）。的確，在過去的一個年代，我們見證了歷史方向的逆轉，分裂與離散開始主導時代潮流。人們講述著各自不同的「小故事」（歷史），而「大寫的歷史」及其目標似乎已消失隱匿。

政治理論家艾倫·沃夫在《新共和》發表書評，為福山的新書《身分政治》而惋惜，斷定這是曇花一現的著作。他讚歎三十年前的那部名著，稱之為「大觀念」之作，雖然論點錯誤，卻石破驚天、足具分量。正如馬克思哪怕錯了，也不會是「次要的後李嘉圖主義者」。沃爾夫哀歎當下缺乏大觀念著作，期盼那種能在紛亂謎團中為人辨析引導性線索的作品。❸

但大觀念之作再次出現了。著名經濟學家米蘭諾維奇在九月出版新著《只有資本主義的世界》，闡述當今世界已匯聚在同一經濟體系中，唯有資本主義是「主宰這個世界的體系」，它的語彙成為世界各地的通用語言。米蘭諾維奇的論題像是打了半折的終結論，砍去了福山版本中的自由民主制，留下資本主義經濟作為世界體系的框架。他論證指出，目前最主要的衝突與競爭匯聚在資本主義體系內部，只是發生在其兩種變體之間，「自由功績制的資本主義」（liberal meritocratic capitalism）以及「政治的資本主義」（political capitalism），分別以美國和中國為範例。兩種形態都有各自特點的缺陷，但處在同一體系之內，它們共同的演化將塑造未來幾十年的世界歷史。這個體系創造了巨大的生產力和利潤，但在社會平等和道德狀況方面相當令人堪憂，這正在侵蝕健康的自由主義價值觀及其政治理想。或許，目前的現狀只是通向更好世界的道路中一段崎嶇坎坷的階段，正如十九世紀粗鄙資本主義的改良過程。但這種進步可能沒有歷史必然性。❹

姑且不論他使用的範疇是否恰當，米蘭諾維奇在分裂與離散的潮流中提出了一種匯聚的論述，這與人們的現實感大相徑庭。我們熟知的常識是「衝突導致分裂和離散」，「共通才會匯聚和融合」。這位經濟學大師似乎缺乏常識。

然而，人類的大歷史恰恰（主要）是一部「衝突而匯聚」的歷史，更確切地說，是一個「經由衝突、達至共通、終於匯聚」的故事。這是林肯南北戰爭和戰後重建的故事，也是歐洲經由二戰、戰後和平進程、最終走向歐盟創立的故事。

當下的衝突與離散趨勢，恰恰因匯聚本身而起。全球化過於迅疾、也過於緊密地將原本相距遙遠的生活方式聯繫起來，納入同一個複合相互依賴的體系，可稱之為「近身的世界」。但這個世界並不是一個「地球村」（麥克魯漢只說對了一半），而更像是「地球城」，匯聚的人們來自不同的「村莊」，帶著千差萬別的方言、習俗與信仰。差異讓生活變得豐富多彩（這是許多人偏愛城市的原因），但也埋伏著衝突的隱患。

疏遠的人們可以漠視差異，在遙遙相望中和平共存。但在近身的世界中，彼此迂迴和緩衝的灰色地帶大大收縮，差異更可能引起分歧，矛盾難以調和，衝突容易加劇（從前完全無法想像，某個運動員的一條推文就足以激發抗議和反彈，掀起一場話語對抗的風暴）。於是，「脫鉤」成為一個似乎現成的選項。

但我們很難離開這個近身的世界，或者付出的代價不可承受。正如厭惡城市的人們在踏上返鄉之路後，很快會發現記憶中的鄉村已面目全非，越來越深入地被織入了城市之網。無論在積極或消極的意義上，相互依賴的進程仍然在不斷加深。在米蘭諾維奇看來，這是唯一僅存的世界。

在這個意義上，離散並不是匯聚的反題，只是匯聚不良的應急症候。因此，「受不了你，卻離不開你」（Can’t live with you but can’t live without you）這句流俗的臺詞正是我們「時代精神」的側影，我們完全可能只是處在「衝突而匯聚」的曲折進程中。是的，歷史是有方向的，但並不直線前行，黑格爾和馬克思都這樣說。

但米爾斯海默不會同意。他相信冷戰之後的自由國際秩序只是「大幻覺」（The Great Delusion），至多是短暫間奏，世界再次回歸衝突的時代，這是政治的常態。這位現實主義理論大師聲稱，在自由主義與民族主義的每一次交戰中，幾乎都是民族主義獲勝。他甚至提出了哲學論證：自由主義失敗的緣由在於其個體主義的哲學基礎，但這是錯誤的哲學，因為人類「天生就是社群動物」（他邀請了亞里斯多德來按讚），必定依賴於共同體而生活。❺

不過，按照這位理論大師的「政治哲學」，人類至今還會生活在宗族、部落至多是封建王國的政治社群之中。對於部落人而言，民族國家（更不用說歐盟）完全是妄想的烏托邦。如果人類可以突破部落，走向民族國家「想像的共同體」，那麼為什麼「想像」必定到此為止？為什麼民族國家是政治共同體唯一和最終的形式。米爾斯海默對當下國際衝突的洞察並沒有錯，但這是依賴特定時代條件的歷史政治學解釋，本不必用半吊子的哲學偽裝成一個「大觀念」。

無論如何，這個時代在經驗意義上呈現出離散與匯聚的雙重性，或許很難斷言哪一種才是大趨勢。誰知道歷史有沒有方向？說不定古人說的對，歷史是迴圈的，而歷史的線性進步只是啟蒙哲學家的幻覺。但是，今天讓人們匯聚的力量不只是美好事物的吸引。全球氣候危機、極端主義勢力對安全的威脅、高科技發展的多種挑戰，以及在世界大部分地區日益擴大的貧富差距。所有這些都不是民族國家能夠單獨解決的問題。即使在負面的意義上，人類也分享著共同的命運。匯聚不必因為彼此喜歡，而是因為面對著無法獨自應對的共同問題，這要求在競爭中保持對話與合作。

那麼，「新冷戰」是無可避免的嗎？有人相信甚至期待「注定一戰」，因為《左傳》早就說過

「非我族類其心必異」。可是，後來陸九淵又說「人同此心心同此理」。中國的傳統智慧是如此豐富，讓離散與匯聚都會有據可循。但如果米蘭諾維奇是對的，如果雙方已經處在同一體系之中，那麼「新冷戰」將是一場（與舊冷戰完全不同的）「世界內戰」，這大概需要在哈伯瑪斯所說的「世界內政」（Weltinnenpolitk）的框架中才得以恰當理解以及應對。

未來會怎樣呢？中國智慧也窮盡了不同的可能：「天下大勢，分久必合合久必分」，這是高明的見解。但羅貫中沒有讀過《人類大歷史》（*Sapiens*），看不清長久而緩慢的變數。在大尺度歷史的研究考察中，哈拉瑞（Yuval Noah Harari）發現「合久必分只是一時，分久必合才是不變的大趨勢」。❻

脆弱的新共識：美國對中戰略的分歧

「你聽到的撕裂聲，是兩個巨大經濟體開始脫鉤的聲音。」名作家佛里曼感歎著。他曾期許一個不斷「變平」的世界，而今卻驚訝於它日益醒目的摺痕。《金融時報》將「脫鉤」（decoupling）選作年度詞彙，因為「美中關係的蛻變可能是我們時代最重要的經濟事件」。

變遷的節奏出乎意料的迅疾。「新冷戰」之說不久前還像是可疑的傳言（一年前BBC文章的標題稱之為「聳人聽聞」），到了二〇一九年已被許多論者當作既定的事實。

「中美國」（Chimerica）一詞的發明者尼爾．弗格森教授坦言，「在短短一年間，美國人對中國力量增長的恐懼驟然上升。曾經只是少數危言聳聽者的立場，現在成為華盛頓的新正統。」他三月在《星期日泰晤士報》發表文章，反省自己「讀了太多的季辛吉」（作為季辛吉「欽定」的傳記作者），而忽視了老朋友艾利森教授警告的「修昔底德陷阱」及其「注定一戰」的前景。他相信，「雖然我們未必注定要打一場熱戰，但我們肯定是走上了一場冷戰之路。」❼

他十二月在《紐約時報》的文章正式宣布：「中美國」所描述的夥伴式共生經濟關係已不復存在，第二次冷戰在二〇一九年已經開始。他認為，新冷戰未必是壞事，肯定好過「默許一個中國的世界來接管」，而且還有可能緩和美國內部的政治分歧。至於美國能否再次贏得冷戰，弗格森完全沒有把握，因為今天中國帶來的挑戰遠非昔日的蘇聯能夠相比。他預期「這場新冷戰會變得更冷」，而且將會比川普的任期長久得多。❽

面對劇變的節奏，聰明的弗格森淩亂得露出了機會主義的底色。而矢志不移的理論大師米爾斯海默則如少年般容光煥發。從其名著《大國政治的悲劇》（*The Tragedy of Great Power Politics*）問世以來，他一直幾乎孤獨地呼喊著「狼來了」，十八年之後終於等到了他期待的「狼」，也迎來了「進攻性現實主義理論」的榮歸時刻，將在國際政治理論中重新壓倒充滿幻覺的自由主義理論。七十二歲的米爾斯海默二〇一九年在世界各地（包括中國）「巡演」布道：「自由國際秩序」（如其近著的書名所言）是「大幻覺」，只可能在一個自由國家主導的單極世界中短暫存活，而中國的崛起打破了單極格局，注定會導致新的競爭與衝突。

這裡沒有什麼是非對錯，而是國際政治「零和賽局」的冷酷邏輯使然，大國必定會伺機擴張，尋求區域霸權，進而引發大國間衝突。因此，冷戰後的自由國際秩序「從開始就注定失敗，因為它包含著自我毀滅的種子」。八月在澳洲「獨立研究中心」（CIS）舉辦的辯論中，當被問及「新冷戰」是否會來臨，他明確回答說「我們已經在新冷戰之中了」。在著名學術刊物《國際安全》春季號發表的論文中，米爾斯海默意味深長地寫下一行小標題：「The Liberal International Order, 1990-

2019」，以墓誌銘的格式宣告了這個秩序的壽終正寢之年。[9] 年底傳出消息，中美即將簽署第一階段貿易協議，但這個好消息既來得太遲、似乎也不足夠好，安撫焦慮尚可卻難以振奮人心。二〇二〇年伊始，《經濟學人》推出了封面專題「兩極分離」，告誡人們，「不要被貿易協議所迷惑」，因為「地球上最大的裂變」正在發生，「兩個超級大國的分裂將會完全改變世界經濟，而代價之高難以想像」。[10]

無論以「新冷戰」還是「脫鉤」來判定當下的勢態，都暗示著中國與美國的激烈競爭乃至對抗將成定局。但是，過去三十年的歷史見證了太多論斷，起初言之鑿鑿，轉瞬過眼雲煙。焦慮不安的時刻很容易對盤根錯節的脈絡失去耐心，並將倉促的驚人之語誤作深刻的洞見。

美國的對中政策將會轉向全面的「圍堵」（containment）戰略嗎？這取決於對中國的認知。冷戰之後西方對於中國的發展存在三種主要的論述：崩潰論、演變論與威脅論。它們相互競爭，此消彼長地占據主導地位。崩潰論者不相信中國會發生親西方的改變，但將賭注押在中國發展的有限時效性。每年都有分析家考察中國經濟的結構性危機以及政治隱患，預言這種高速成長不可能長期持續，最終會走向崩潰。演變論者認為，中國在進入自由國際秩序之後，必定被這個秩序所約束和塑造，終將實現和平演化，雖然未必走向「西方化」的道路，但至少能夠與西方維持互補合作、良性競爭以及和平共存。而威脅論堅信，中國強勁的崛起以及反西方立場都不可能改變，因此遲早會對美國（乃至整個西方世界）構成嚴重的威脅。

如今在華盛頓的菁英看來，「崩潰」希望渺茫，「演變」遙遙無期，於是「威脅」便成為關於中國的主導性論述。但需要指出的是，崩潰論和演變論雖然衰落卻沒有滅絕，若今後捲土重來也不會令人意外。

那麼，弗格森所謂的「華盛頓的新正統」是什麼呢？近兩年來，一種「新共識」在西方政界與思想界流傳：美國以往基於演變論的對中「交往」（engagement）戰略失敗了。不斷崛起的中國並未按照西方所期望的那樣，溫和地融入美國創立並主導的國際秩序，而是成為挑戰這個秩序的「修正力量」，已經造成了嚴重的威脅。因此，現在應當放棄過去溫和的交往戰略，代之以更為強硬的方式以「規制」中國，這是美國發起貿易戰的理論基礎。許多評論家認為，這是當下美國分歧嚴重的兩大政黨菁英之間罕見的（甚至唯一）的共識，也是美國外交界、智庫以及學術界許多人士的共識。

然而，這種共識會是可靠的嗎？老季辛吉曾對共識問題有過評論。在二戰之後，美國捲入的大多數（對朝鮮、越南、伊拉克和阿富汗的）戰爭，最初都獲得了兩黨廣泛的支持共識，但「隨著戰事的發展，國內對戰爭的支持開始瓦解。然後達到了一個轉捩點，退出戰略變成了主要的辯論議題」。他就此總結出一個原則性的教訓，「如果進入戰爭只是為了最後有一個退出戰略，那麼當初就不應該在那裡開始。」這是季辛吉二〇一一年在威爾遜中心一次演講的開場白。⓫八年之後，在中國貿易談判僵持的時刻，季辛吉再度訪問北京，他這番洞見格外令人回味，對中美雙方都是如此。如果發起「新冷戰」最終只是為了停戰，那麼今天就不應該開始。

當前華盛頓的新共識很可能是短暫而脆弱的。至少，在二〇一九年的大量相關討論中，已經出現了許多質疑的聲音。首先，三十年來美國的對中政策是否可以化約為單純的交往戰略？其次，這種政策是否真的完全失敗？最後，也更重要的是，什麼才是恰當的替代性選項？在筆者看來，一個未被明述卻更為致命的反詰是：即便交往戰略的失敗是一個事實，這本身在邏輯上並不意味著其他選項（比如圍堵戰略）將獲得成功，或者不會導致同樣的甚至更加嚴重的失敗。這種深層的不確定性，塑造了當前各種對策提案的競爭性、嘗試性和暫時性的基本特徵。

實際上，目前的所謂共識主要是消極性的，就是承認必須反省以往對中戰略的失誤，但並未達成關於「應當如何應對中國挑戰」的積極共識。正如藍普頓（David Lampton）所指出的那樣，當接觸政策已經不復存在，就會出現對於引導性政策的競爭。[12]

在混亂的爭議中，我們仍然可以辨識「強硬派」與「審慎派」的不同取向，他們在如何認識與應對中國的問題上存在明顯的分歧。

強硬派的基本取向是堅定「對抗中國」，在媒體、智庫、國會和白宮中都有其代表，有些是傳統的鷹派人士，也有些是幻滅後的演變論者。最近一個值得關注的動向是重啟「當前危機委員會」（Committee on the Present Danger）。這是冷戰年代旨在對抗蘇聯威脅的組織，在雷根執政時期影響力達到頂峰，委員會中有幾十名成員出任國家安全顧問和中央情報局局長等職務。但隨著蘇聯的衰落和解體，這一組織已經名存實亡，只是在二〇〇四年為防範伊斯蘭極端主義勢力有過短暫的活躍期。

二〇一九年，在川普的前首席戰略師班農的策劃和主導下，這一組織再度復活，目標是針對「中國的威脅」。據《紐約時報》報導，班農、參議員克魯茲（Ted Cruz）、前眾議院院長金瑞契（Newt Gingrich）等人出席了四月的開業典禮。當他們呼籲「警惕中國」時，全場起立鼓掌。班農宣告：兩個大國之間的衝突是不可避免的，這是「我們這個時代的決定性事件，百年之後，人們將因此記住我們」。文章指出，委員會認識到當今美中經濟的一體化程度，這使得來自中國的威脅不同於蘇聯。但為應對這一威脅，華盛頓政府正越來越求助於各種冷戰手段。[13]

有趣的是，威脅論也可以和崩潰論發生新的聯姻。白宮首席經濟顧問庫德洛（Larry Kudlow）

在七月十七日接受辛克萊廣播公司（Sinclair Broadcast Group）的一次訪談中指出，中國當然不是蘇聯，「但這種國家主義的政府控制絕不會長久運行」，中國有可能發生蘇聯那樣崩潰，這種想法一直是貿易戰中的「潛流」。[14]言下之意，貿易戰不只用於對抗當下的威脅，而且意在施加壓力，促成蘇聯式的崩潰，最後徹底終結中國的威脅。但究竟如何處理當今中國與昔日蘇聯的差別呢？破解不了這個難題，肯楠仍是遊蕩的幽靈，無法復活為圍堵戰略的升級版本。

實際上，強硬派推動的對策方案並不那麼成功。很難說「當前危機委員會」在塑造對中政策中能發揮什麼作用，正如一位被解雇的總統顧問還能有多少政策影響力一樣可疑。班農與白宮貿易顧問納瓦羅（Peter Navarro）是「脫鉤」戰略的始作俑者和積極推手。但沈大偉（David Shambaugh）注意到，即使在川普政府內部，對此也存在著矛盾的觀點和聲音。副總統彭斯在十月二十四日威爾遜中心的演講中聲稱，「時而有人問及，川普行政當局是否在尋求與中國脫鉤？答案是絕無此事！」直截了當地否認這會是政策的選項。[15]與他一年之前在哈德遜研究所發表的所謂「新鐵幕演講」對比，彭斯似乎顯露出相對溫和的轉變。而國務卿蓬佩奧十月三十日在哈德遜研究所的演講，表現出比彭斯一週前演講更為強硬的基調，但在強調中美政治價值觀衝突的同時，也指出雙方存在著「共同之處」，保留了「有條件緩和」的迴旋餘地。[16]

顯然，華盛頓仍未確立清晰一致和穩定的對中戰略。許多智庫正躍躍欲試。「國家亞洲研究局」（NBR）十一月發表的報告《部分脫離》（*Partial Disengagement*），試圖為美國在與中國的經濟競爭中提供新的全面戰略。報告頗有新意的標題暗示著脫鉤與交往的某種折中，但縱觀其四個要點會發現，基本取向是脫離遠遠壓倒交往。這同樣會陷入脫鉤戰略的困境。主撰稿人之一在接受路透社的訪談中透露，他們著力傳達的要點是，美國必須聯合歐洲等盟友共同應對中國的挑戰，但當前外交政策卻走向疏遠和失去盟友的歧途。[17]

NBR的報告並沒有引起多少回響。要求川普注重「統一戰線」的呼籲早就不絕於耳，蓬佩奧本人也曾在布魯塞爾的演講中呼喚「高尚國家的聯盟」。但強化歐美同盟的緊迫需求總是會受到「美國優先」的牽制。十二月初紀念北約成立七十週年的峰會再次表明，川普難以達成兼顧兩者的平衡。對於這樣一個民族主義者總統來說，國際統戰事業幾乎是不可能的使命，這也使他很難像強硬派期望的那樣「堅定地應對中國」。

《紐約時報》的文章評論說：「對於美國能夠或應該做些什麼並沒有什麼共識。」美國領導人仍然在面對兩難的選擇：「繼續交往的道路，會使美國容易受到經濟和安全的威脅」，但走向脫離（disengagement）的道路則「可能削弱兩國經濟，甚至有一天可能會導致戰爭」。[18]

強硬派的政策努力並不那麼成功，但卓有成效地提升了威脅論的聲音，掀起新一輪對中國的「紅色恐慌」。與此同時，中國網路上強勁的民族主義與反美話語也傳到美國。在這種交互的影響下，美國公眾對中國的態度正發生明顯變化。皮尤研究中心八月十三日發布的調查顯示，美國人對中國持負面（unfavorable）看法的比例從一年前的四七％躍升為六〇％，而表示好感（favorable）的比例僅為二六％，這兩項指標都創下了（自二〇〇五年開始這項調查以來的）歷史新紀錄。[19]

面對這種趨勢，許多審慎的人士表達了自己的擔憂與不滿。《華盛頓郵報》七月三日刊登一封致美國總統和國會議員的公開信，題為「中國不是敵人」。[20]公開信由哈佛榮譽教授傅高義和前駐中國大使芮效儉等五位中國問題專家撰寫，同時有九十五位來自學術界、外交政策界、軍界和商界的知名人士簽名連署，其中包括十多位最具聲譽的中國研究學者。公開信表示「深為關切」美中關係的急遽惡化，認為這有損於美國和全球的利益。作者雖然「對北京近來的作為感到非常不安」，但同時認為「美國的許多行動直接影響了兩國關係的螺旋式下滑」。公開信提出七點陳述，旨在糾正現行對中政策的取向。

公開信指出，美國對於中國造成的嚴峻挑戰需要予以「堅定和有效的回應」，但目前對待中國的方式根本上是事與願違的（counterproductive）。作者認為，應當避免誇大中國取代美國成為世界主導者的可能。中國並不是「經濟敵手或生死攸關的安全威脅，需要在每個領域予以對抗」。許多中國官員和菁英人士相信「對西方採取溫和、務實和真誠合作的方式有助於實現中國的利益」，而華盛頓的敵對立場會削弱這種聲音的影響，反而有助於獨斷的民族主義者。美國無法有效地延緩中國的崛起而不損害自身，如果迫使盟國與中國為敵，最終會被孤立的是美國自己而不是中國。作者建議透過與盟友合作保持威懾，並與中國共同加強危機管控來處理安全風險。同時，敦促採取競爭與合作平衡的策略應對經濟以及全球性的國際問題。最後作者指出，連署公開信的人數之多表明，「並不存在單一的華盛頓共識——支持對中國採取全面的敵對立場」。

這封連署公開信受到媒體廣泛的關注，意味著反對強硬派的審慎觀點正在集結並進入公共輿論。但這並不是一時興起的立場宣示，而是來自學術界（尤其是中國研究領域）許多學者基於長期研究的見識與判斷。哈佛大學教授江憶恩（Alastair Iain Johnston）在《國際安全》秋季號發表研究論文〈秩序世界中的中國〉，透過對經濟和安全等多個領域中的證據考察指出，那種判定「中國是挑戰國際秩序的修正力量」的主流觀點缺乏可靠的經驗檢測，而依據這種判斷來制定對中政策是草率的。[21]傅高義最近在與日本學者加藤嘉一的對話中指出，那些宣稱交往戰略失敗的美國人對中國沒有深入的理解。他們低估了市場開放和國際化對中國變遷的作用。西方的中國問題專家從不相信接觸外部世界會讓中國放棄自己的文化，但認為這會對成千上萬的中國人造成深遠的影響。[22]

加州大學謝淑麗（Susan Shirk）教授多次指出「反中版本的紅色恐慌」是有害的，將會破壞兩國人民之間僅存的善意。她與夏偉（Orville Schell）教授共同主持完成一份關於中美關係的研究報告，題為「修正路線」（Course Correction），在二月發布。報告沒有迴避來自中國的挑戰及其風險，也對中國一些相關政策提出了坦率的批評，但他們反對美國轉向新的圍堵政策，主張需要更新而不是放棄以往「基於原則立場與中國交往」的戰略，建議適時調整對中政策中合作、威懾和施壓的權重分布，以「巧妙的競爭」（smart competition）將中美關係帶入更具合作性和穩定性的軌道。[23]

同樣，著名政論家札卡瑞亞也主張，需要堅持「交往加威懾」的對中戰略。他在最新一期《外交事務》發表長文〈新中國恐懼〉，已經引起學術界和智庫的熱烈回響。作者指出，強硬對抗中國的所謂「新共識」源自對中國挑戰的恐慌，但這種恐慌感是嚴重誤判歷史的結果。首先是對國際自由秩序真相的誤判。這個秩序自始至終都存在例外的挑戰和破壞力量（有些甚至來自美國自身），因此從不是完美的秩序（早已有人戲稱其為「既不自由、也非國際，而且無序」）。它從未有過真正的「黃金時代」，但也沒有傳言中的那種衰退，因為其核心屬性——和平與穩定——至今仍然在發揮作用。中國就處在這個秩序中，並沒有摧毀它的意圖和能力。其次，「新共識」誤判了美國對中戰略的歷史。自尼克森時期以來，美國從來沒有奉行過單純的交往政策，始終與威懾並用。這個戰略的宗旨也不是企圖讓中國演變為「西方式的自由國家」，而是約束中國的國際行為，就此目標而言，以幾十年的歷史尺度來評估，這個戰略並沒有失敗。札卡瑞亞批評白邦瑞（Michael Pillsbury）在《百年馬拉松》（*The Hundred-Year Marathon*）中所構想的中國「意欲統治世界的祕密計畫」。從中蘇結盟到分裂、從文革到市場化改革至今，「如果這是一場馬拉松，它已經歷了一些奇異的扭曲和轉向」，足以終結整個「祕密計畫」。基於誤判和恐慌的對中政策注定是自相矛盾的、不可行的或者代價高昂的。札卡瑞亞認為，如果華盛頓能夠保持冷靜，耐心繼續奉行交往加威懾政策，就有希望將中國變成一個「負責任的利益相關者」，這是更明智的政策選擇。[24]

連署公開信、謝淑麗等人的報告以及札卡瑞亞的文章，都反映出審慎派構想另一種戰略選項的努力，實際上是對以往交往戰略的更新改造。這種選擇試圖克服強硬派的簡單魯莽與代價過高的冒險，但也對政策制定者與實施者的判斷力和靈活性提出了相當高的要求，其可行性還取決於中美雙方溝通互動的誠意與效果，因此具有較大的實踐難度。強硬派與審慎派都意識到新的挑戰，彼此的分歧與競爭在於何種戰略才具有現實可行性和有效性。

面對中國崛起的新趨勢，在「恐慌的」強硬派與「不安的」審慎派之外，過去那種樂觀而友好的「親中派」（panda huggers）已經所剩無幾。值得中國欣喜的是，畢竟還有馬丁．賈克這樣的老朋友在發聲。新年前夕，賈克在《衛報》網站發表文章，題為「過去十年屬於中國，下一個十年亦將如此」，宣告我們將會看到「以西方為中心的國際體系將繼續分崩離析，同時，中國主導的國際機制影響力將與日俱增。這個過程將是不平坦的、不可預測的，有時是令人憂慮的，但最終是不可抗拒的」。[25]

無論如何，傳說中既成事實的「新冷戰」無法照搬舊冷戰的劇本重演。如果交往不再可靠、圍堵無法適用，而脫鉤代價過高，那麼華盛頓的「新共識」注定是脆弱的。川普的矛盾在於，既不願在經濟方面脫離與中國的相互依賴，又想在技術等領域構築壁壘。兩者都符合美國利益，但要兩全其美則需要一個更傑出的劇本。在此之前，現成的只有「受不了你，也離不開你」的通俗劇臺詞。

美國也很難組建一個聯合對抗中國的同盟。歐洲外交關係協會最近的民調顯示，大多數歐洲人（包括七四%的德國人、七〇%的瑞典人和六四%的法國人）在中美衝突中寧願保持中立。[26]歐洲不可能割裂與美國長久的紐帶關係，但也無法承受削弱與中國的貿易關係（平均每天高達十億歐元的貿易值）。[27]很難想像在一個全面脫鉤的對峙格局中歐洲會何去何從，這也需要一個非凡的劇本。

中美貿易談判漫長而曲折的過程，預示著兩國關係可能進入一段僵持與拉鋸的時期。在新年之初，歐逸文在《紐約客》發表長文〈美中較量的未來〉。他在兩國各界進行大量採訪後得出結論說，最可行的未來是「一種不穩定的共存」，這種共存建立在雙方都欲求「鬥爭而不毀滅」的關係基礎上。這是一個平庸但可信的劇本。但歐逸文做出了警告：「對每一方而言，最大的風險是盲目，源自無知、傲慢或意識形態的偏見……。為了避免災難發生，雙方都必須接受迄今為止尚未接受的真相：中國必須認識到為尋求掌控而過度擴張所引起的憤怒，而美國必須調整適應中國的存在。」最後他指出，美國要迫使中國回到過去的位置就太天真了，現在要做的是「與中國未來的道德願景展開競爭」。[28]

這就是一個近身的世界，它構成了這幕戲劇的背景，沒有誰能夠獨善其身。但這未必是一個壞消息。悲觀的展望依賴於陳腐的默認假設：文明傳統是永恆的，國民性是凝固的，因此價值、制度和組織方式是難以變革的。

但這個假設是錯誤的。回顧過去半個世紀的中國歷史，許多驚天動地的變革在之前完全難以想像。年初在中美貿易新一輪磋商之後，人民網和新華網等官媒都轉發了一篇公眾號文章，其中寫道：「美方提出的一些結構性訴求，乍一看似乎咄咄逼人，但仔細想想，很多何嘗不是我們深化改革開放進程中正要做的？」[29]這是挑戰引導變革、衝突促進匯聚的可能性之光在社會微觀層面的投影。

在宏觀的視野中，文明從來是彼此遭遇的，始於隔膜與誤解，經由漫長反覆的競爭和衝突，伴隨艱難的對話和理解，促成相互塑造和轉變，最終得以匯聚在一個求同存異、和平共存的近身世界，雖然遠不是「天下大同」。

或許，世界歷史在當代最宏偉的戲劇正拉開帷幕，只是沒有現成的劇本。

美國：彈劾總統與政治分裂

預兆早已顯露，美國政局會經歷波瀾洶湧的二〇一九年。從年初創下「政府停擺」最久的歷史紀錄（長達三十五天），到年底川普成為史上第三位被眾議院彈劾的總統，伴隨著政治裂痕的日益深化，兩大政黨之間的分裂尤為突出。

彈劾總統是一項基於憲法原則的行動，實際上與黨派鬥爭的邏輯緊密交織。十二月十八日眾議員對彈劾案的投票幾乎完全由黨派身分所決定，民主黨主導的眾議院不出意料地通過對川普的彈劾。那麼，在提交共和黨占多數的參議院審理時，彈劾指控幾乎沒有可能獲得三分之二多數的六十七張贊成票。然後，川普會宣告他從一場政治迫害中倖免於難，或者粉碎了一次陰謀政變。

一場毫無懸念的彈劾行動為什麼會開啟？兩黨菁英都訴諸憲政原則為自己的立場辯護，也都指控對手在玩弄「黨派政治」。對川普「濫用權力」與「阻礙國會」的兩項指控都依據憲政語言。但參議院多數黨領袖麥康諾（Mitch McConnell）在彈劾後演講抗辯說，這是美國現代歷史上「一次最倉促、最不深入和最不公平的」彈劾。他訴諸「降低總統彈劾門檻的危險性」，這是一個正當的憲政理由；但指控民主黨的彈劾企圖「蓄謀已久」卻顯得荒誕，在邏輯上一項指控是否成立與指控者是否蓄謀完全無關。更為反諷的是，他在譴責眾議院彈劾證據不足、倉促草率的同時，卻拒絕在參議院審判中傳喚證人出庭和文件調查，試圖迅速完成一次更加倉促草率的判決。

那麼，在黨爭如此激烈的背景下，還有希望踐行法治要求的程序與證據原則嗎？眾議院的聽證與辯論過程呈現出顯著的「後真相效應」：在民主黨議員看來「確鑿的證據」，對共和黨議員來說只是「傳言」而已。然而，「後真相效應」也與證據的品質成反比。假如累積的證據接近尼克森「水門案」的確鑿程度，那就可能終結後真相的遊戲。眾議院議長裴洛西（Nancy Pelosi）暫緩將彈劾指控呈遞參議院，以此要求參議院確立一個更充分和公正的審判程序，同時也在期待新的證據浮出水面。

《紐約時報》十二月二十九日發表長篇報導，披露了川普不顧「有違國家利益」的告誡，堅持凍結對烏克蘭軍援長達八十四天的過程與內幕細節，以及在五角大廈和白宮官員之間造成的衝突與困擾，讀來驚心動魄。[30]這也許仍然算不上最確鑿的證據，但正如《華盛頓郵報》一篇評論所指出的那樣，這會對麥康諾「迅速而無痛的彈劾審判」計畫造成巨大的壓力。[31]一月六日報導，前總統國家安全事務助理波頓（John Bolton）表示，如果被參議院傳喚，他願意出庭作證。

許多評論者相信，彈劾爭鬥是二〇二〇年總統大選的前哨戰，兩黨都試圖以此爭取中間選民。「FiveThirtyEight」網站發表一份綜合多家民調資料的分析報告顯示，大眾對彈劾的態度有所變化。在眾議院啟動彈劾程序之前，反對率始終高於支持率，從九月底之後支持率超過反對率並保持些微優勢（截至新年一月三日支持率為四九・四％，反對率為四六・八％）。與此同時，對總統的認可率幾乎不受彈劾的影響（波動幅度在二％以內），截至二〇二〇年一月三日認可率為四二・五％，不認可率為五三％（與二〇一九年七月三十一日的資料完全相同）。[32]

黨派立場不僅體現在對彈劾總統的態度，也是影響政治取向的首要因素。皮尤研究中心最近發布的民調表明，在美國大眾三十種政治價值的取向與分布中，黨派分野是區分政治態度最主要的分界線，遠遠超過年齡、性別、種族與族裔、教育水準和宗教等因素的影響（十二月資料）。而「黨派反感」（Partisan Antipathy）變得比以往更加強烈，也更加個人化（十月資料）。[33]

許多人對政治分裂深感憂慮，《紐約時報》專欄作者布魯尼（Frank Bruni）九月二十五日發表文章，題為「為什麼彈劾川普令人恐懼」。他認為彈劾行動雖然正當，但其政治後果卻是可怕的。它將強化政治對抗和兩黨鬥爭，進一步激怒原本就易怒的川普，卻不可能將他罷免，這會使美國陷入完全不可預測的瘋狂狀態。而彈劾即便能揭露川普被忽視的罪惡，也不可能改變選民立場，因為「川普的本色一開始就顯而易見」。在當今政治部落主義的格局中，有人相信「看見了一道反常的彩虹」，有人確信是在「凝視黑暗」。布魯尼認為「正義之事與明智之事並不總是相同的」，暗示當下最迫切的目標是彌合而不是撕裂分歧。[34]

康乃爾大學政治學教授佩平斯基（Thomas Pepinsky）也認為「彈劾爭鬥要比你想像的更為可怕」，但做出了與布魯尼不同的判斷。他十月底在*Politico*雜誌發表文章，引入「政體分裂」（regime cleavage）概念，其標誌是「對於政治體制本身的基礎發生衝突」，這遠比其他政治分裂（政策分歧、左右之爭或族群身分矛盾等）更加危險。「在面臨政體分裂的社會中，越來越多的公民和官員相信，規範、制度和法律可以被忽視、顛覆或取代」。他指出，美國已經顯示出政體分裂的徵兆：兩黨對彈劾問題相持不下，分歧已從政策領域轉變為「政治合法性」問題，在政治話語中將對手貼上「非美國、不忠誠，甚至叛國」的標籤。而將依據憲法秩序彈劾總統的行動等同於「政變」，對行政權的制約遭受質疑，立法機構職能的行使被視為非法，則是政體分裂最清晰的跡象。[35]

佩平斯基認為，在美國政治尚未被政體分裂耗盡的情況下，更有必要認真對待這場彈劾的憲政意義。他期望經由彈劾案的考驗與洗禮，讓分裂的大眾重新肯認共同的民主政體原則、捍衛法治和維護三權分立，最終恢復憲政秩序。否則，美國有可能陷入全面的政體分裂。在那種情況下，「不可能選舉出一位能夠『結束華盛頓的混亂局面』的總統，因為分裂的雙方都會將對方視為非法和非民主的。選民將會失去對民主本身尚存的信念。在最壞的情況下，總統及其支持者完全不對國會負責，而其反對者則徹底拒絕總統的合法性」。

這篇文章受到《華盛頓郵報》等多家報刊的關注援引，反映出對分裂危機的共同感受。幾篇評論文章都提到一種令人畏懼的前景：假如川普在下屆大選中失敗，特別是雙方得票率接近的情況下，他和支持者們會接受選舉結果的正當性嗎？不要忘記，甚至在二〇一六年勝選的情況下，川普仍然拒不承認希拉蕊獲得了更多的普選票（popular votes），指控那是「作弊」的結果。[36]那麼，如果爭取連任的競選失敗，川普的支持者有可能走得多遠？

《新共和》十一月六日發表文章，題為「民團總統」（The Vigilante President），描述了川普的「硬核支持者們」（hard-core supporters）已經準備以暴力對付敵手的可怕景象。川普自己多次含蓄地炫耀擁有這樣一群支持者：「他們是執法人員、軍人、建築工人，為川普而騎行的摩托車手們……這些人都是硬漢（tough people）。」他說自己很希望他們保持和平的方式，但後來又說，「他們通常不會玩硬的，直到他們走到某個特定的地步，到那時情況就會非常糟、非常糟。」這是川普在二〇一八年競選活動和接受媒體採訪中談到的。他在暗示自己留著一張威脅性的底牌。[37]

二〇二〇年的大選結果會怎樣？如果川普默許或鼓勵那些硬漢必須開始「玩硬的」了，那麼情況會有多糟？會發生暴動最終導致憲政危機嗎？這種前景讓人不寒而慄，卻並非不可想像。

在過去的一年間，川普一如既往地不斷刷新人們對總統職位的想像。比如，他會在意加拿大電視臺在播放老電影《小鬼當家二》時刪去了他當年客串路人的七秒鐘片段，並為此公開指責加拿大總理杜魯道。實際上這是電視臺二〇一四年開始常用的剪輯版本（為節省播出時間刪去了幾個無關情節的片段）。但這類「外交小事」又何足掛齒，只要想一想川普可以在知會五角大廈、國務院或白宮幕僚之前，直接在推特上發布重大的國家安全決定，更不用說他連綿不斷炫耀自誇或侮辱謾罵的推文……。「所有這些都發生在今年，甚至都不是他被彈劾的原因」，《紐約客》資深作者葛拉瑟（Susan Glasser）如是感歎。她因為每週撰寫「川普的華盛頓」專欄而無法擺脫「難以言表的折磨」。一位德國朋友為她提供了一個新造的德文詞來抒懷，竟然有三十三個字母之長，其簡化版是「Trumpschmerz」（川普痛）。葛拉瑟將此選作自己的年度詞彙，寫下歲末的專欄〈川普痛之年〉。[38]

可是，何必計較這些細枝末節？許多支持川普的民眾，會同時聲稱「雖然並不喜歡他這個人」。葛拉瑟這樣的「白左」知識人困於自己道德潔癖的執念，因此無法理解政治評價的要義所在：是政治家的雄才大略和政績，而不是其個人道德操守或行事風格。

果真如此嗎？耶誕節前一週，福音派旗艦雜誌《今日基督教》（*Christianity Today*）發表社論，呼籲罷免川普，引起軒然大波。社論將「道德」置於核心，指出川普的所作所為不僅違憲，而且「幾乎是一個在道德上迷失和困惑之人的最佳範例……對於許多不顧其污損的道德紀錄而繼續支援川普先生的福音派人士，我們可以這樣說：記住你是誰，以及你侍奉的是誰」。[39]

蘇利文（Andrew Sullivan）對此評論說：「終於，有福音派媒體以簡潔的語言說出了真相。」他所指的真相是：「品格很要緊」（character matters）——不僅在道德的而且在政治的意義上是重要的。「這一直是保守派的原則，卻在崇拜的騷動中被拋之不顧。」蘇利文自詡為「歐克秀式的保守主義者」，年輕時曾擔任《新共和》主編。這位立場多變的知名評論家，十二月在《紐約》雜誌網站發表犀利的文章，筆鋒直指政治家的品格議題。[40]

在蘇利文看來，正是巨大的品格缺陷，使一位出色的競選者在勝選後錯失良機，並成為猖獗獨斷的總統，最終走向被彈劾的命運。二〇一六年競選時期，當其他候選人還在繼續「殭屍般的政治和經濟」陳腔濫調，川普卻通達了「許多美國人的積怨和焦慮」，因此脫穎而出。想像一下，如果他能在這個基礎上制定總統議程，通過一項基礎設施建設的法案，結合對中產和受薪階級的稅收減免，他會獲得很高的支持率並輕鬆獲得連任。如果他能有一毫秒的謙遜，承認自己作為新手會犯錯，或者能有一丁點的寬宏大量，奇蹟就會發生。即使到今天，如果川普承認，現在意識到他與烏克蘭總統的電話涉嫌「越界」，那麼我們會身在一個不同的世界。

然而，所有想像中的「如果」都沒有發生，蘇利文就此總結出兩個核心教訓：第一，「川普主義在這個國家擁有真正的支持基礎」，包含著一些必須回應的需求；第二，川普本人完全沒有能力回應這些需求，「他是一個如此不穩定、惡毒、具有破壞性的自戀者，以至於威脅到整個政府體制」。因此，這場彈劾在根本上事關川普的品格：「他是如此深刻和獨特地不適合他擔任的職位，如此蔑視他曾宣誓要捍衛的憲政民主，他的核心品格是如此敗壞，以至於他與法治之間的衝突會引發危機，只是簡單的時間問題。」對於這樣一個人置身於橢圓形辦公室的事實，「如果我們的民主制度還尚存一絲生命，那麼彈劾是不可避免的」。

川普不可能在參議院的彈劾審判中被罷免，而且他還有可能在二〇二〇年大選中獲勝再執政四年。NBC的民調顯示，在登記的選民中，有四六%的人無論如何都不會投票給川普，同時有三四%的人會無條件地投票支持他，還有一七%的選民將對比權衡民主黨的候選人來決定自己的投票。這個比例結構在過去一年中幾乎保持不變，甚至在幾個「搖擺州」也是如此。多數專家預計，在二〇二〇年十一月將會有一場旗鼓相當的激烈競爭。[41]

共和黨當中始終存在一個反對川普的少數派，他們曾在二〇一六年呼籲「絕不要川普」，現在發起了反對川普連任的「林肯計畫」（the Lincoln Project）。十二月十八日，四名保守派菁英聯名在《紐約時報》發表文章，題為「我們是共和黨人，我們決心擊敗川普」。他們聲稱自己仍然堅持「保守派（或古典自由派）」的立場，雖然與民主黨人存在許多政策分歧，但「我們共有的對憲法的忠誠，要求一種共同努力」。他們發起林肯計畫的目的，是要阻止川普及其追隨者「對法治、憲法和美國精神的傷害」。[42]

很難估計林肯計畫會有多少影響。共和黨建制派對川普的疑慮與不滿由來已久，但在二〇一六年大選前，他們就決定接受一項「與魔鬼的交易」，因為這個闖入共和黨的政治素人給出了難以拒絕的回報，不只是共和黨內無人匹敵的選民支持率，而且在更深遠的意義上，是對美國聯邦法院系統轉向保守派的決定性改造。

馬卡斯（Ruth Marcus）在其新著《最高的野心》中指出，川普在二〇一六年競選中，很早就公布了一份保守派法官的名單，他預告在當選後將從中提名聯邦法院的法官。對於保守派來說，這是一個具有誘惑力的承諾。[43]而且川普兌現了這個承諾，執政三年多以來，在共和黨掌控的參議院支持下，他提名並通過任命了一百五十八名保守派的法官進入聯邦各級法院，包括兩名最高法院大法官、四十四名聯邦巡迴法院法官，以及一百一十二名聯邦地區法院法官。相比之下，歐巴馬兩屆任期內只任命了五十五名巡迴法院法官。

因此，無論川普是否會被罷免或能否連任，他已經留下了史無前例的、將會影響美國政治幾十年的政治遺產。

歐洲：新的雄心與危險

巴黎聖母院在大火中傾覆，這個四月成為歐洲「殘忍的季節」，混合著「記憶與欲望」，交織為無數緬懷的詩文。

明星哲學家李維適時地獻上一篇頌詞（Ode），他在旁徵博引與詞不達意之間費力尋思，寫下這一象徵性事件的啟示：「燃燒中的巴黎聖母院提醒我們，我們歷史和遺產的脆弱，我們建成的事物並不牢靠，以及千年歐洲作為藝術故鄉的有限性。」至於如何面對未來，李維引用雨果的名言作答——「時間是建築師，但人民是工匠。」[44]

這是告慰卻不是回答，因為「時間」這位建築師已經隱匿了那幅藍圖。曾經召喚人心的「歐洲精神」，曾在柏林圍牆倒塌之後鼓舞了千萬人「重返歐洲」的夢想，以及歐洲一體化的實踐，如今都變得面目不清、前景不明。

彷徨的歐洲，在歐盟整體目標與成員國各種訴求之間左右搖擺，也在中美紛爭的大變局中難以抉擇：美國正在疏離的盟友，或者中國的潛在新夥伴，或是更具自主性的歐洲。這種格局深藏著悖謬的陷阱，它呼喚心懷使命感的政治家登場，引領歐洲開拓未來，但同時將會以過於嚴苛的考驗摧毀他們。

梅克爾深知這種考驗的分量，她即將在二〇二一年秋季卸任。馬克宏顯示出責無旁貸的雄心，他對歐洲的危機有足夠清醒的認識嗎？《經濟學人》十一月九日刊登封面報導〈馬克宏看世界〉，並在網站上發表對他長篇訪談的全文。[45]

馬克宏坦言，英國脫歐的曲折過程、美國在戰略上的背棄以及歐盟事業進展的舉步維艱，「這在五年之前都是難以想像的」。他深信，歐洲正處在「懸崖的邊緣」：「存在相當大的風險我們將會在地緣政治的意義上消失，或者至少我們將不再掌握自己的命運。」而走向懸崖的命運始於一九九〇年代，從那時開始，歐盟專注於市場的擴張與規制，卻逐漸失去了自身的政治目標。這在美國提供的安全保障下，造成了一種永遠穩定的幻覺。但隨著美國從歐洲和中東的逐步撤退（始於川普就任之前），連同其新的保護主義，歐洲的脆弱性便暴露無遺。他警告說：「當世界從基於規則的全球秩序轉向由實力強權政治所決定的秩序，歐洲正面對近乎生死存亡的時刻。」在美國背棄和中國崛起的背景下，「如果歐盟不能將自己理解為一種全球勢力，那麼將會消失」。

為應對這種危險，馬克宏認為需要確立「歐洲主權」：這是歐洲戰略性的集體能力，以捍衛歐洲的利益（包括安全、隱私、人工智能、資料、環境、工業和貿易等等）。困難是顯著的：歐洲內部的分歧、英國脫歐造成的困境、德國聯合政府的功能失調與經濟疲軟、義大利和西班牙的政治僵局……所有這些障礙以及他對時局的黯淡分析，似乎都未能動搖這位總統的信心，「一種神奇的而且無疑是過度的對自己可以有所作為之能力的信心」。

這種信心並非毫無基礎。馬克宏是具有宏大視野且精力充沛的外交家，上任以來對五十多個國家進行了一百零一次訪問（包括兩次出訪中國），他能從容不迫地應對川普的威懾，並積極調整和促進與莫斯科以及北京的關係。畢竟，他領導的法國是聯合國安理會的常任理事國，也是一個核武大國，其軍事影響力從歐洲延伸到太平洋地區，而且法國目前的經濟發展也相對平穩。就國內政治而言，馬克宏及其政黨擁有強大的行政權力，並在議會中占據多數席位。他的國內聲望也開始恢復，支持率仍然不高（三四%），但至少回到了「黃背心」抗議運動之前的水準。

馬克宏正積極推動「歐洲干預倡議」（European Intervention Initiative），這是多國（包括英國）組成的聯盟計畫，以便在危機中共同行動。他還提到了德國宣導的「永久合作架構」（PESCO），以及用於資助軍備研發的歐洲防禦基金（金額高達一百三十億歐元）。所有這一切都是「為輔助北約而設計的」。他對北約「腦死亡」的批評引起了軒然大波，但這表明在集體安全問題上他與梅克爾的觀點相近：歐洲人「可以依靠他人的時代已經結束」。

馬克宏的「歐洲主權」抱負可能實現嗎？《經濟學人》在導引文章中提出了諸多質疑。以防禦為例，二十七個歐盟成員國很難一致同意去建立一個功能完備的武裝力量。波蘭與波羅的海國家對於疏遠美國而尋求與俄羅斯緩和的想法心存警覺，而德國、義大利和西班牙等國家正陷入自身的內部困境，無暇顧及一個宏偉的全球願景。

的確，歷史上很多次要讓歐洲成為全球性勢力的呼喚最終都落空了。馬克宏的歐洲理想很容易受到批評，被視為哲學家不切實際的「幻想」。這位四十一歲的年輕總統堅信，這一次必定有所不同。他實際上在懇請歐洲的政治同僚們想像：「如果堅固的美國同盟不復存在，歐洲如何能在一個危險的世界中繁榮興盛？」馬克宏值得一個嚴肅的回應。46

英國在痛苦的思考後做出了選擇：面對紛亂複雜的局面，決定抽身而出。「脫歐」並不是脫離歐洲，而是擺脫歐盟體制的束縛，以某種「光榮孤立」的姿態與歐洲大陸保持有彈性的距離。三年多以來反覆推倒重來的方案，曲折多變的辯論、談判和拖延，已經讓英國人精疲力竭。不堪忍受的人們終於被強森（Boris Johnson）的競選口號擊中：「搞定脫歐（Get Brexit Done）！」

十二月十二日的議會選舉成為英國保守黨新的榮光時刻，以三百六十五個席位獲得下議院的絕對多數，這是一九八七年以來保守黨取得的最大勝利。工黨作為第二大黨在選舉中失去了六十個席位，遭受了一九八三年以來最慘重的失敗。脫歐淹沒了其他許多政策議題，是工黨失敗的主要原因之一。但工黨領袖柯賓本人「不可信任」的輿論形象也舉足輕重，這也不只是右翼媒體對他「污名化」的結果。柯賓在脫歐問題上猶疑不決，在黨內未能有效整合激進左翼和中左立場的成員，在黨外也難以凝聚已經多樣化的親和工黨的選民。工黨的競選方案包含從環境到健保的眾多議題，顯得龐雜混亂而焦點不清。在根本上，布萊爾和布朗的「新工黨」改革路線，在受到金融危機的重創之後一直未能真正復甦。近十年來，工黨試圖重新調整自身的意識形態定位，但在構想左翼的社會經濟政策方面缺乏真正具有創造性的突破，這是工黨面臨的更深層也更困難的挑戰。47

強森在勝選演講中宣告：脫歐是「英國人民做出的不可辯駁、不可抗拒、無可爭議的決定」。雖然這位首相並沒有兌現最初承諾（完成脫歐的期限從十月底被推遲到新年一月底），但無論如何他不再會陷入反覆辯論的泥沼。強森做出了新的承諾，在二〇二〇年底之前達成與歐盟新的自由貿易協定，而大部分專家和外交家都對此表示懷疑。

過去的難題並沒有消失，強森像梅伊一樣承諾了脫歐的三項目標：（一）英國所有地區離開歐盟單一市場和關稅同盟；（二）愛爾蘭島內，不設置愛爾蘭共和國與（屬於英國的）北愛爾蘭地區之間的邊境檢查；（三）英國內部，不在北愛爾蘭和其餘地區之間（愛爾蘭海兩岸）設置貿易邊界。但是，這三項目標在邏輯上無法同時達成，有學者稱之為「脫歐三重悖論」（The Brexit Trilemma），也是讓脫歐方案久拖不決的難點之一。48

真正解決這個難題需要至少放棄其中的一個目標。如果堅持兌現脫離單一市場和關稅同盟的承諾，就必須要麼阻隔南北愛爾蘭（在歐盟體系下）已經享受的自由通行，其代價是北愛爾蘭的民族主義反彈；要麼在愛爾蘭海設置邊界，這將損害英國主權的完整性。

強森並沒有打破三重悖論的魔咒，他目前的方案是對北愛爾蘭地區做出特殊的複雜安排：將關稅同盟與單一市場分開處理，讓北愛爾蘭與英國共用關稅區，但仍然與愛爾蘭共和國留在單一市場，因此在愛爾蘭海設置了海關檢查。彭博社的新聞評論說，這是讓北愛爾蘭在兩個體系中「各站一隻腳」。[49]

北愛爾蘭的內部分歧由來已久，在宗教信仰上有新教徒與天主教徒，在政治上有堅持歸屬英國的聯合派（Unionist），以及主張整個愛爾蘭統一的民族主義派（Nationalist）。彼此間長期的衝突在歐盟體系中得到了有效的緩解，但重新被脫歐議程啟動。

議會選舉之後，利物浦大學湯戈（Jonathan Tonge）教授在《外交政策》發表文章指出，強森的權宜之計沒有消除脫歐與愛爾蘭和平難以相容的憂慮。近年來北愛爾蘭的民族主義者要求愛爾蘭統一的呼聲逐漸強勁，在當地民眾中獲得的支持也越來越高。最近一次獨立民調顯示，愛爾蘭統一的支持與反對率幾乎相同（四六%對四五%）。相反，聯合派的民主聯盟黨（DUP）開始從權力中心走向邊緣。這次議會選舉後，在北愛爾蘭地區的當選議員中，聯合派的議員史無前例地成為了少數。雖然想要實現愛爾蘭統一還有很長的路要走，但總體趨勢有利於民族主義者。[50]

與此同時，民族主義也在蘇格蘭地區再度興起。反對脫歐、要求獨立的蘇格蘭民族黨（Scottish National Party）在這次選舉中贏得了蘇格蘭地區五十九個席位中的四十八席。《紐約客》報導透露，該黨領袖斯特金（Nicola Sturgeon）表示，她將致信強森首相，要求再次舉行脫離英格蘭的公投，

「給蘇格蘭一個選擇，去尋求另一種未來」。她此前曾多次呼籲，蘇格蘭最好的未來就是成為「一個平等獨立的歐洲民族」。[51]

早在選舉前一個多月，紀思道就在《紐約時報》的專欄文章中批評強森的政策會激發分離主義浪潮，並想像了一種黯淡的前景：「破裂的大不列顛將不再偉大，最終留下的只有英格蘭。」[52]這個圖景或許過於悲觀，而《經濟學人》的一篇評論更值得重視，文章將脫歐的衝擊概括為「三個D」：「分裂、損害與削弱」（divide, damage and diminish）。在二〇二〇年，隨著英國失去其作為歐美之間橋梁的角色以及中國在世界增強的影響力，強森首相談論的「全球性英國」的願景將會受到前所未有的考驗。[53]

遠離美國的歐洲可能比人們想像的更加危險，德國是一個容易被忽視的隱患。這如何可能呢？二戰後的歐洲和平已經持續了七十多年，野心勃勃而令人畏懼的德國早已脫胎換骨，被馴化為溫良無害的新德國。思想史家賈頓艾許甚至說過，如今在德國四處可見的是「平庸之善」。但羅伯特·卡根表達了懷疑：「果真如此嗎？這是唯一可想像的德國嗎？」他在《外交事務》（五／六月號）發表文章〈新德國問題〉指出，自由國際秩序的瓦解以及歐盟內部矛盾的加劇，將會改變德國及其在歐洲的作用，致使「德國問題」有可能舊病復發。作為著名的政治歷史學家和戰略顧問，卡根的博學與雄辯讓人很難低估這種危險。[54]

所謂「德國問題」是指它對歐洲和平帶來的威脅。德國領土遼闊、人口眾多，又位於歐洲的心臟地帶，在一八七一年統一之後就具有足以打破歐洲均勢格局的力量，並引發了兩次世界大戰。二戰結束後，美國主導的歐洲和平建設規劃特別重視解決德國問題。外交家肯楠曾提出，某種形式的歐洲一體化是「唯一可能的方案，來解決德國與其餘歐洲國家的關係問題」，而這只有在美國的安全承諾保障下才可能實現。

歐洲一體化的方案成功了，德國告別了其曲折而恥辱的過往，轉變為世界上最自由和平的民族。但卡根提醒人們切勿忘記，和平的新德國也需要有利的外部條件支援才能夠持續，正如舊德國的轉變。他贊同小說家湯瑪斯·曼的一個觀點，善惡主要不是所謂「國民性」問題，而取決於外部事件：「並不存在兩個德國，一善一惡。邪惡的德國只不過是善良的德國陷入了不幸與罪惡，因而是誤入歧途並走向覆滅的善良德國。」因此，維護棄惡從善的新德國，依賴於有利的國際環境，這包括四個要素：美國的安全保障、全球自由貿易體系、民主化浪潮，以及對民族主義的壓制。這些要素共同的作用，迫使和鼓勵德國，從軍國主義中解放出來，致力於經濟和技術發展，並深刻肯認了自由與民主的價值，抑制了民族主義的傾向，獲得了和平與繁榮，最終「埋葬了舊的德國問題」。

但是，形成這些良性要素的歷史環境既非尋常也未必永久持續。二〇〇九年歐元區危機爆發，在歐盟內部造成了裂痕，開始了新的惡性循環。德國主張的緊縮政策遭到希臘和義大利等國的反彈，還出現了反德「共同陣線」的話題，而德國人對要「資助他人的揮霍享樂」而心生怨恨，萌發了受害者意識。這種局面可以說是十九世紀末歐洲內部衝突的「地緣經濟版本」。

如果爭端僅止於經濟層面，並不值得特別擔憂。然而近幾年的變化則不再能讓人保持信心：整個歐洲出現了民族主義的興起，部分地區民主政治開始衰退。川普在國際主義與民族主義的對峙中選擇支持後者，他抨擊歐洲的中右派與中左派的國家領導人（包括梅克爾、馬克宏和梅伊），而讚賞民粹主義、非自由派的右翼領袖（匈牙利的奧班、法國的勒龐、義大利的薩爾維尼和波蘭的卡欽斯基）。美國還在反對全球自由貿易體系，而這是鞏固歐洲和德國政治穩定的體制。此外，英國脫歐也會對歐洲均勢造成負面影響。川普公開質疑以往美國承諾提供的安全保障，這將迫使德國和歐洲為防衛自主而發展軍事力量。這些趨勢意味著，遏制德國問題的戰後秩序已經開始鬆動，所有四個有利要素如今都不再可靠。

也許危機感是多餘的，也許德國戰後的變化是如此深刻，再也無法逆轉。但也有可能，「自由平和的德國人也難以抗拒那些塑造歷史的巨大力量」。右翼民族主義的德國另類選擇黨如今已經躍居聯邦議會的第三大黨，其領導者宣稱已經厭煩了德國人「對內疚的崇拜」，並將移民問題歸咎於被他們稱為「二戰獲勝方的傀儡」的德國政要。如果某個政黨能夠以更主流、更溫和的方式支援這種情緒，很有可能會找到自己的執政之路。在未來幾年，德國可能將身處一個再度民族主義化的歐洲，形形色色崇尚「鮮血與土地」的政黨可能掌權。在這種環境中，德國人能夠抵禦自身的民族主義回潮嗎？實力政治曾主導歐洲大陸長達千年，如果其他歐洲國家最終走上這條道路，那麼即便是最為自由的德國（哪怕僅僅出於自衛）也很難不加入其中。如果今天的德國是自由世界秩序的產物，那就必須思考在這個秩序瓦解的時候會發生什麼。

面對全球氣候緊急狀態

森林在燃燒：從美國加州、巴西亞馬遜，到澳洲甚至在北極圈，大面積的山火失控。觸目驚心的圖片和影像傳達著氣候危機的凶兆，而這只是最可見的部分。

一個真相，即便十分可怕，如果是老生常談也會讓人漸漸習以為常，變得無動於衷甚至心生厭煩，或者乾脆懷疑和否認——直到震驚的時刻來臨。個體健康狀況往往如此，地球的安危也是如此。

現在這個時刻來了，絕非危言聳聽：有極大的概率，我們無法達成控制氣候暖化的預期目標。不是遲了，而是已經太遲了，就像狼群早已混入羊群，我們終於同意一起來「亡羊補牢」。地球生態並不會毀滅，但將長期重病不癒（想像一下你將在醫院度過餘生）。這甚至不是什麼「代際正義」問題，而是當下年輕一代（或者足夠長壽的中年人）會遭遇的命運。可這麼悲觀的前景是不是最好祕而不宣？否則會讓人過於絕望。也許如此，除非你不相信長期住院的病人大多會自暴自棄。

這些感想是因為閱讀《紐約客》九月發表的長文，題為「如果我們不再假裝會怎樣？」。[55]作者法蘭岑（Jonathan Franzen）的核心論點令人沮喪，他相信「氣候大災難（apocalypse）即將來臨。要為此做出準備，我們需要承認我們無法防止這場災難」。這很難讓人接受。但在研讀了十多篇相關文獻之後，卻沒有發現有力的反駁論據。法蘭岑很可能是對的。

二〇一九年在（有紀錄以來）最熱年份排名中位居第二，僅相差〇．〇四度次於二〇一六年（更反映趨勢的資料是，這個排行榜上最熱的前八名全都屬於二〇一〇年代）。地球開始「發燙」，格陵蘭冰蓋融化了三千億噸冰（淨損失），明顯高於近幾年的年度平均值兩千四億噸。九月二十二日，數百人聚集於阿爾卑斯山，為山上的冰川舉辦葬禮，宣讀悼詞。炎熱的夏季，法國和德國的核電站因為冷卻水的溫度過高，曾被迫關閉核反應爐的運作。[56]

《牛津詞典》的二〇一九年度詞彙是「氣候緊急狀態」（climate emergency），其詞典定義是「要求採取緊急行動來減少或阻止氣候變遷，避免由此造成的可能無法逆轉的環境破壞」。此前，英國、愛爾蘭和歐洲議會都相繼宣布進入「氣候緊急狀態」。[57]

十一月《生命科學》（*BioScience*）學刊發表一份聲明，題為「世界科學家的氣候緊急狀態警告」，來自一百五十三個國家的一萬多名科學家連署支持，他們「清晰而明確地宣告，地球正面臨氣候緊急狀態。為確保一個可持續的未來，我們必須改變我們的生活方式……這要求一些重大轉變——轉變我們全球社會的運作方式，以及與自然生態系統的互動方式」。隨後這份聲明在「世界科學家聯盟」網站繼續徵集科學家連署。[58]

實際上，科學家的危機警報早已拉響。早在一九九二年，由美國物理學家、諾貝爾獎得主肯德爾（Henry Kendall）領銜，發表〈世界科學家致人類的警告〉，大約一千七百名知名科學家簽名。二〇一七年十一月，超過一萬五千名科學家連署發表了同題警告的「第二份通知」，發起人是美國生態學教授里波（William J. Ripple），他也是今年這份聲明的主要撰稿者之一。[59]

氣候危機意識也逐漸深入大眾文化。半個多世紀前的科普讀物《寂靜的春天》當時就引起轟動，後來出現了許多觀賞性更強的影視作品。二〇〇四年氣候災難電影《明天過後》（*The Day After Tomorrow*）吸引了全球大量的觀眾（雖然作為科幻片，其科學性屈從於虛構性受到幾位科學家質疑）。前美國副總統高爾在氣候公共教育的能力產生了相當大的影響，他在二〇〇六年主創的紀錄片《不願面對的真相》（*An Inconvenient Truth*）受到廣泛讚譽，獲得奧斯卡最佳紀錄片獎，編撰的同名書籍曾連續數月位居《紐約時報》暢銷書排行榜之首。由於高爾在促進公眾環保意識方面的卓越成就，被授予二〇〇七年諾貝爾和平獎。[60]

經年累月的教育以及不絕於耳的警告，的確更新了許多人（尤其是年輕一代）的生態環境意識，也帶來了可觀的行動實踐。那麼，為什麼人類向「環境友善」生活方式的轉變還是遠遠落後於環境惡化的速度？因為獲得正確認知的過程過於緩慢，錯過了有利的行動時機。在對危機嚴重性的認識逐漸達成廣泛共識之後，問題已經積重難返而變得日益緊迫，這對減緩氣候變遷的措施提出難度極高的要求。

在氣候危機的認知方面曾經存在三個主要問題：氣候是否在持續暖化？「溫室效應」會造成嚴重的負面影響嗎？以及在氣候變遷的成因中人為因素是否關鍵？對這些問題一直存在真真假假的辯論。所謂真辯論，是指科學家之間正常發生的觀點分歧。氣候和環境科學的發展受歷史條件的局限，在觀測工具、分析模型和判斷能力還不夠成熟的時期，還很難對相關問題做出理據充分的確定判斷，存在著一些合理分歧的空間。

這就讓「假辯論」有了可乘之機，利益集團（尤其大型石油公司）選擇性地慷慨資助對自身有利的研究，或者賄賂研究人員形成誤導性的觀點。更複雜的是，真假辯論有時相互交織，讓人真假難辨。一九九二年發表的《海德堡呼籲書》，旨在反對「政府間氣候變遷專門委員會」關於抑制溫室氣體排放的報告，有四千名科學家連署簽名（其中包括諾貝爾獎得主）。一九九五年又有七十九名氣候及相關領域的科學家簽名發表《萊比錫全球氣候變遷宣言》，否認「存在關於全球氣候暖化的共識」並反對《京都議定書》（後來發現，其中有幾位簽名者受到石油工業的資助）。這些事件與所謂氣候變遷「懷疑論」和「否認論」有若即若離的連繫。[61]

對氣候變遷的認知困惑從一九九〇年代中期開始逐步得到澄清，大部分科學家對上述三個問題都做出了肯定的回答。二〇一一年的研究發現，有九七%的氣候科學家在氣候變遷問題上意見一致，而到今天科學家共同體已經達成了完全而明確的共識。即便如此，懷疑論和否定論的影響並沒有銷聲匿跡，美國總統本人就持懷疑論的立場。[62]

在八月底聯合國的氣候變遷會議上，童貝里（Greta Thunberg）大聲疾呼「How dare you!」。這位十六歲的瑞典少女成為《時代》週刊的年度人物。無論是否喜歡她的憤怒言辭，她對事實的基本認知並不算偏激。[63]

在十一月的世界科學家聲明中有這樣一段話：「氣候危機已經到來而且正在加速，超出了大多數科學家的預期。它對自然生態系統和人類命運的威脅比預期的更為嚴重。」芝加哥大學出版社在三月出版了七位作者合作的研究專著《有見識的專家們》，受到《科學人》、《衛報》和《紐約時報》的關注評論。[64]作者透過長期的研究調查發現，與懷疑論和否認論的指控相反，科學家不僅沒有誇大反而會低估氣候變遷的速度和威脅性。他們過於謹慎的主要原因是，寧願克制「偏激」的研究發現來維持當時主流的保守共識，也不願引發爭議。因為這會讓官員和公眾無所適從，將有限的科學分歧混同於「完全沒有可靠的知識」，會為「不作為的立場」提供藉口。

氣候危機的惡化還有一個特點，它的前半段像是「溫水煮青蛙」的故事，溫度上升、森林燃燒和冰川融化等趨勢只是逐漸加劇，但漸變過程會到達一個臨界點，然後會爆發急遽而不可逆轉的突變，這就是所謂「轉折點」（tipping point）。比如溫鹽環流（Thermohaline Circulation）突然大幅度減緩，即便不太可能完全停滯。如果完全停滯，就會出現類似電影《明天過後》中的可怕景象（儘管許多觀眾不理解，明明是氣候暖化怎麼結果會讓人「凍死」）。十一月二十七日《自然》雜誌發表倫頓（Timothy Lenton）教授及其研究團隊的文章，題為「氣候轉折點：風險太高，不可對賭」。在文章列出的全球九大氣候轉折點中，有半數以上極為活躍，其中幾個已經非常迫近。[65]

在二〇一九年，對於氣候危機的真實性、嚴重性和人為成因，已經沒有什麼可懷疑的了，連「懷疑派」這個含混的術語已被美聯社、《衛報》等媒體廢棄，剩下的只有極少數「否認派」（實際上是「抵賴派」）。科學家的預警基本正確，缺陷只在於以往太過溫和了。

當認知的障礙完全清除之後，人類需要刻不容緩的行動，再也沒有拖延的理由。減緩氣候變遷的行動，有高低兩個目標。二〇一五年《巴黎協定》規定，將全球平均溫升在本世紀內控制在二℃以內，這對於簽署協定的國家具有法律約束力。但在一些島嶼國家的要求下，還追加了一個更理想些的目標，努力爭取控制溫升不超過一．五℃，但這個「努力爭取」並沒有約束力。[66]

無論是哪一種標準，其中的溫升幅度都不是與目前的水準相比，而是指「相對於工業化前的水準」。那麼現在是什麼水準？十二月三日聯合國的世界氣象組織（WMO）發布「臨時聲明」告知：二〇一九年（一至十月）的全球平均溫度比工業化前時期高出大約一．一℃！這就意味著，實際上我們還剩下一℃左右的餘額可用（即便平均溫度在來年有可能出現極微小的下降）。[67]要實現二℃以內溫升目標，全球人為的二氧化碳必須在二〇三〇年減排二〇%，在二〇七五年要達到「淨零排放」。

我們做得到嗎？人類再也沒有拖延的理由（reason），但有許多原因（causes）會嚴重阻礙所要求的行動。

回到《紐約客》的那篇文章，法蘭岑認為實現這個目標需要滿足三項條件。第一，主要污染國家都要採取嚴厲的措施，關閉大部分能源和交通基礎設施，並徹底重組經濟。而且必須齊心協力，「如果德州人還在開採石油並駕駛皮卡車，即便把紐約市變成綠色烏托邦也無濟於事」。第二，這些國家採取的行動必須正確，政府的巨額資金不會浪費，也不被侵吞。最後，絕大多數人（包括痛恨政府的許多美國人）都要無所抗拒地接受高稅收，並嚴格管束鋪張的家庭生活方式。他們要對必要的極端措施抱有信心，不能將討厭的新聞當作假新聞置之不理，還需要為其他遙遠而受到威脅的國家以及後代人做出犧牲。「每天，他們都要思考死亡，而不是早餐。」[68]

法蘭岑對達成這些條件的可能性非常悲觀，因為不相信「人性不久後能發生根本改變」。他提到今年出版的新書《不宜居住的地球》（中譯本為《氣候緊急時代來了》），這本書的暢銷表明許多人都有悲觀的同感。69但是，坦言悲觀的前景並不是主張放棄努力，就像宗教承諾的永恆救贖即便不再可信，人們也不會就此停止行善。他主張應當坦率承認我們達不到預期的目標，這樣才不會在希望落空後完全陷入絕望。力所能及的減排努力仍然有強有力的現實和道德的理由，在一定程度上能延緩地球走上不歸之路的時間。

的確，實現預期目標會要求十分艱難的改變。法蘭岑在文章中沒有明述卻暗含的一個論題是，應對氣候危機的努力會遇到合作困境，因為氣候是一項全球公共財（global public good），對此已經有大量的學術研究。杜克大學羅森堡（Alex Rosenberg）教授九月底在《紐約時報》上發表文章，對此做了通俗的闡述。70

公共財的消費（受益）有兩個特徵，非競爭性和不可排他性。路燈就是一個典型的例子。我使用路燈的照明絲毫不妨他人使用（非競爭性），但我同時也無法排除他人使用（不可排他性）。實現《巴黎協定》的目標也是如此，一國無法單獨從中受益，除非也讓別國同時受益。那麼誰來為修建路燈支付成本呢？限制氣候變遷的努力會面臨「囚徒悖論」：如果主要污染國聯合起來控制排放，美國就不必努力也可以坐享其成。但如果別的國都不願付諸行動，那麼美國甚至連嘗試都沒有意義。所以，無論別國怎麼做，從「理性」自利的角度計算，美國最優選擇都是不限制自己的排放。但每個國家都會做同樣的理性計算，結果就導致非理性的共同大災難。克服囚徒悖論的常用辦法，是依靠政府的法律強制。在沒有世界政府的前提下，需要世界各國自願合作，達成一致意見，形成嚴格而有效的監管和獎懲機制，確保共同遵守協定。但全世界有兩百多個國家，有效的合作太難了。

羅森堡對合作困境的描述並無新意，但他提出一個有趣的辦法。想像一下你是生活在十九世紀的富翁，發現周邊的馬路上沒有路燈，沒有任何人願意花錢修建。假設當時的路燈極為昂貴，貴得你無法獨自承擔，而窮人們也無力分擔。那應該怎麼辦？你應該去找愛迪生！花錢資助他的發明，讓他研發出既好用又便宜的路燈，便宜到你願意獨自支付而免於夜間行走的不便。羅森堡說，這就是科學技術的用武之地，現在應該想盡辦法去發明各種性價比極高的節能減排新技術和產品，其成本必須非常之低，以至於個別國家或公司願意獨自支付，因為這個成本仍然會低於它們擺脫惡劣環境所獲得的收益。於是，「減緩氣候變遷的這項公共財，對於至少一個消費者（國家或公司）會變得如此有價值，以至於這個消費者願意獨自為自己購買，而其餘的人可以免費搭便車」。

這有可能嗎？羅森堡並沒有把握，因為科學的發現和突破要借助偶然的運氣。但他主張「我們所能做的就是去增進科學使我們脫離困境的機會……去支援純粹的研究，以不朽之名而不只是金錢，去自由地傳播和回報科學研究」。

二〇一九年，大自然和科學家都傳達了「氣候緊急狀態」的訊號。我欽佩法蘭岑「知其不可為而為之」的精神，付諸力所能及的努力，去面對可能失敗的未來。同時懷著一絲希望，期盼我們時代的愛迪生，成千上萬個愛迪生。

功績主義的陷阱及其教訓

美國爆發了有史以來最嚴重的一起高校招生舞弊醜聞。聯邦檢察官在三月對五十人提出指控，名演員、商業領袖以及其他富裕的父母涉嫌行賄（金額從五萬到一百二十萬美元不等），為子女「購買」耶魯、史丹佛及其他名校的新生入學資格。輿論譁然，美國兩黨政要也紛紛予以譴責。[71]

公眾的憤怒無需解釋，因為這踐踏了美國人深信不疑的「功績主義」理想或「功績制」（meritocracy）原則：社會與經濟的獎賞應當依據才能、努力和成就這些「功績」（merits）來決定。人們在機會平等的條件下公平競爭，成績優異者獲勝。因此，最好的大學應當錄取成績最出色的學生，收入最高的職位應當留給最有能力的人才。對美國人來說，這是不容挑戰的理想原則。

挑戰者出現了，他自己就是功績制競賽中的贏家，耶魯大學法學院教授馬科維茨（Daniel Markovits）。他評論說，人們對招生醜聞的譴責完全正當，但並沒有觸及深層的問題，只看到有人破壞遊戲規則，卻沒有看透這個遊戲本身是一個陷阱。他的新書《功績制的陷阱》於九月出版，引起巨大回響。[72]美國幾乎所有主要報刊、廣播電視和網路媒體都發表了報導、採訪和書評。《紐約時報》刊登多篇評論，《新共和》和《高等教育紀事報》還組織了專題討論。[73]作者的核心論旨是，現在「美國生活中主要的痛楚，不是因為功績制沒有充分落實，而是功績制本身造成的」。功績制根本無法兌現它許諾的公平競爭與社會階層流動，在虛假承諾的偽裝下只是一個陷阱。這本書力圖闡明（如其副標題所言）「美國根本的神話如何滋養了不平等、瓦解了中產階級並吞噬了菁英階層」。

馬科維茨對功績制提出了三重批判。

首先，功績制固化了社會等級，折斷了人們向上攀登的階梯，實際上造就了新的世襲制。這是最致命的批判，因為功績主義的道德吸引力原本就在於打破凝固的世襲等級，讓每個人都有改變自己命運的機會，憑藉才能和努力向上攀登，保障《獨立宣言》中的「追求幸福的權利」，這是所謂

「美國夢」的感召力所在。馬科維茨論證，美國社會的現狀是，菁英階層能夠將優越的社會和經濟地位「代際傳遞」給自己的子女。這當然不能依靠被廢棄的世襲制度，而是透過教育。

教育本來是社會階層流動的關鍵通道，但優質教育是稀缺資源，需要競爭才能獲得。爭奪優質教育資源是一個全球現象，在亞洲是如此（想想電視劇《天空之城》、《你的孩子不是你的孩子》和《小歡喜》中的情景，還有「小學不讀民辦，大學就讀民辦」之類的廣告），美國也不例外。

無數家庭捲入焦灼的戰場，但菁英階層最終會以壓倒性的優勢獲勝。這特別體現在著名高校學生的家庭階層分布。馬科維茨援引資料表明，在哈佛、普林斯頓、史丹佛和耶魯大學等名校，來自收入水準前一%富裕家庭的學生人數，已經超過了後六〇%中低收入家庭的學生人數總和。目前在貧富學生之間的學業成績差距，已經超過了一九五〇年代黑人與白人學生之間的差距。早在一九六〇年代，耶魯大學校長布魯斯特（Kingman Brewster）曾明確主張，學校錄取要根據學生的成績而不是其家庭背景來，希望由此打破菁英的世襲。但他的期望落空了，因為菁英階層找到了保持優勢的祕訣：透過支付高額費用，讓孩子獲得最好的升學訓練，從幼稚園一直到高中，外加各種昂貴課外補習班和培訓專案，讓他們的子女在各級入學申請中獲得難以匹敵的競爭力。頂層富裕家庭對子女的教育投資是驚人的，每個孩子的累積花費可以高達幾百萬甚至上千萬美元，由此「維護了一個有效的世襲統治階層」。[74]

第二，推行功績制的結果是貧富差距的擴大，結果瓦解了中產階級。由於工作職位和收入等級與教育水準密切關聯。可想而知，功績制會導致菁英階層與中產階級之間收入差距的擴大。《紐約客》的一篇文章指出，美國曾經是全世界最平等主義（egalitarian）的社會，托克維爾對此留下了深刻的印象。最富有的一%人口的收入在國民總收入中的占比，當時在美國不到一〇%（而在英國超過了二〇％），但今天上升到二〇％。在一九五〇年代，CEO的工資是普通工作者平均工資的二十倍，而現在達到了三百六十倍。[75]貧富差別的加劇帶來了美國社會結構的變化。整個中產階級在過去半個世紀內不斷衰落，少部分進入上層和菁英階層，而大部分的收入和地位不斷下降（這也使中產與底層人口的貧富差距相對緩和），結果形成了頂層與中下層之間嚴重的兩極分化。一個由中產階級占據美國主導地位的「橄欖型社會」消失了。

第三，功績制的操作具有欺騙性。與傳統的貴族菁英不同，新菁英階層的興起具有道德的正當性，他們宣稱自己獲得的優越地位全靠努力奮鬥和聰明才智，因此這種地位完全是其「應得」（desert）。但馬科維茨指出，這是一個操縱性的作弊體制（rigged system）。菁英階層不只用財富優勢獲得教育優勢，而且他們故意提高了社會職業的技能門檻。金融投資、律師、醫生和高科技等高收入行業，都屬於「超級技能工作」（super-skilled jobs），對受僱者要求的資質極高，主要接受菁英大學的畢業生，而普通學校的畢業生很難達到准入門檻。因此教育背景的優勢也就轉換為就業和晉升的優勢。[76]

如果用體育競賽作比，馬科維茨似乎是說，菁英階層在雙重意義上作弊。首先是在入學競爭中，他們的子女接受了昂貴而優質的強化訓練（這是中下階層完全無力負擔的培訓），這相當於包攬了最優秀的教練和訓練設置，因此獲得了競爭優勢。不僅如此，他們還在就業競爭中改換了比賽項目，原來的比賽是（比如拔河之類）人人可以參加的項目，現在變成了（冰上芭蕾之類）未經特殊訓練完全無法入場的項目。這些新設置的項目對獲勝者的獎賞（收入）極高，但普通家庭的子女根本達不到准入門檻。馬科維茨相信，這些高收入行業的出現，表面上是新型經濟發展的需要，其實是菁英階層有意為之——為了將普通人隔離在遊戲之外，來確保他們的絕對優勢，最終造成了無可戰勝的堅固壁壘。因此功績制的實際操作證明，所謂的機會平等和公平競爭是虛假的承諾，實際上是一個陷阱。

在揭露了功績制的本質之後，馬科維茨還闡述其有害的後果。他強調功績制同時對窮人和富人以及整個社會都造成了危害。在這場遊戲中沒有真正的贏家。

中產階級的損失是顯而易見的。他們是功績競爭的失敗者，很難獲得菁英教育才能提供的「超級技能」，也就失去了向上流動的機會。那些成功「逆襲」的勵志故事因為罕見才成為「新聞」，正如彩票的中獎者。他們只能做簡單平庸的工作，收入可以維持基本生活，卻無法為孩子負擔私立學校和課外培訓，也就難以期待下一代能改變命運。

停滯的工資和上升的債務使他們被排除在社會經濟的繁榮之外。而這場競爭因為貌似「公平」，他們被淘汰出局的命運只能歸咎於自己，視為自己的「應得」。實現美國夢的希望越來越渺茫，中產階級也就失去了進取精神。他們工作得越來越少，是因為沒有多少工作可做，陷入一種「被迫懶散」（enforced idleness）狀態，感到自己是對社會無用的人。這種被排斥的感覺導致了普遍的精神沮喪。美國從二〇一五年開始，出現連續三年的人口預期壽命下降，這是史無前例的，在已開發國家中極為罕見。雖然很難斷定因果聯繫，但藥物濫用和抑鬱自殺的增加，以及預期壽命的下降，都集中在貧窮和中產階級的社區。[77]

馬科維茨還呈現了一種格外反諷的圖景：功績競爭的贏家陷入了另一種悲慘命運。老派菁英階層的特徵是閒散，因為可以不勞而獲。而現在的菁英主要是「超級技能」的勞工，過著超級繁忙的生活。他們拚命地工作，好像是要向昂貴的教育投資索要更高的回報。《哈佛商業評論》的調查顯示，高收入人群每週工作在五十到八十小時之間，而「極端高收入工作」的人群中有九%達到每週一百小時甚至更長。這是一個不斷自動強化的迴圈：更高的收入要求工作時間更長，而更長的工作時間又需要有更高的收入來證明其合理性。於是，衣食無憂的菁英們承受著嚴重的「時間饑荒」（time famine），損害了私人和家庭生活的品質。而他們的下一代，從幼兒時代開始就被培養成有強烈進取心和競爭力的孩子，懷著與父母相似的野心和期望，也帶著對失敗的擔憂和恐懼，精心籌畫自己的未來。菁英階層生活在無止境的競爭命運中，必須付出極端的代價才能守護自己的特權地位。[78]

於是，美國社會落入了功績制的陷阱：一面是中產階級「無勞可做」轉向「被迫懶散」，一面是菁英階層「過勞而獲」陷入「時間饑荒」。功績制本身成功了，但這場競爭中的成敗雙方都過著悲慘的生活。這很接近馬克思的一個論題，在資本主義體系中資本家和工人同樣處於「異化」狀態。

在馬科維茨看來，功績制是一場騙局，實際上成為財富和特權世襲相傳的機制，造就了新的「貴族階層」，滋長了階級之間的對抗和怨恨。目前的不平等狀況是前所未有的，甚至在一代人之前都難以識別。的確，美國人崇尚的是機會平等，而不是結果平等。但這部著作提出一個警告：嚴重的結果不平等必定將破壞機會平等。作者相信，這種社會分裂的狀況會侵蝕公民社會和民主政治，為川普的黑暗民粹主義提供推動力量。

那麼，我們如何擺脫功績主義的陷阱呢？馬科維茨並沒有給出強有力的對策。他承認轉變功績制的難度之高，相當於在大革命時代推翻貴族制度。他建議的改革方案十分有限，著眼於教育與就業兩大領域。首先，通過建立更包容和開放的教育體制來促進機會平等。比如，讓私立學校接受相當比例的中低收入家庭的學生（否則無法享受捐贈的免稅資格），以及政府透過公共補貼來鼓勵學校擴大招生。其次，促進中產階級的就業機會和品質。比如，在醫療、法律和金融等服務系統中，許多工作其實並不需要高等學歷就可以勝任。政府應當鼓勵增加這類中等技能的工作職位。在他看來，這兩個方面的改革是相互促進的，重建更平等的社會秩序會讓所有人受益。菁英階層能夠（在可接受的範圍內）以收入和地位的下降，換取更多的閒暇時間，而中產階級則通過收入和地位的增長，得以重返美國社會生活的中心。[79]他構想的改革並不是一場激進的革命，去推翻功績制的資本主義體系，只是採用了過去福利國家的政府干預路線。

《功績制的陷阱》獲得了廣泛的讚譽，但也出現一些批評。幾位評論者指出，馬科維茨將超級技能和高技能職位的增長，歸因於菁英階層的蓄意操縱，這完全沒有說服力，而且涉嫌陰謀論。就業結構的變化是全球化和數位革命的產物，當代社會和經濟的複雜性，需要高技能的人才來運作，因此教育投入的回報也在增加。[80]

馬科維茨揭示了嚴重的不平等對社會造成巨大危害，令人信服。但追究功績制導致不平等的責任是錯置了嫌疑對象。功績主義從未承諾結果的平等，促進機會平等和階層流動在邏輯上無法提升結果平等。杜克大學榮譽教授史丹頓（John Staddon）在*Quillette*網刊發表的評論指出，即便在一個極端理想的機會平等環境中，天賦才能（natural talents）的差異仍然會在競爭中產生等級差別，無論競爭的目標是什麼。[81]

當然，嚴格的機會平等必須矯正不平等的起點，可以通過補償措施「拉直」扭曲的起跑線。但在每一次比賽的起步線之前，還存在更早的起步線，而補償的要求總是可以正當地向更早的階段延伸——從大學錄取延伸到幼稚園入學，一直追溯到遺傳天賦這類「道德任意」（morally arbitrary）的運氣因素，這會走向類似「運氣均等主義」的道路，主張「敏於抱負、鈍於天賦」。但我們很可能會發現，「抱負」和「努力」等品性也仍然與遺傳有關，那麼徹底的補償措施只能走向（姑且稱為）「基因平等主義」的絕境，否則嚴格的機會平等仍然無法實現。

改變競爭的目標也只能更換獲勝的人群而不是等級結構本身，在狩獵時代可能是體力（身強力壯）的等級，而在今天的資訊技術時代可能是數學才能的等級。矽谷的程式師和公司的裝卸工在五百年前的等級地位可能正好相反。但用一種等級來取代另一種終究也無法達成平等的結果。

顯然，競爭是功績主義的界定性特徵，即便是公平的競爭，結果也只能造成等級差異。我們崇尚功績制並不是出於平等的理由，而是因為自由與效率。作為一種社會組織原則，功績制有其無可替代的長處：最有效地發掘、選拔和使用社會最需要的人力資源，以效益最大化的方式使整個社會受益。「功績」（merit）的確立當然取決於特定社會的功能需求，其內涵會隨文化和時代而變化。但無論是騎馬射箭、吟詩作畫，還是工程設計，一旦被確立為「功績」，就成為競賽的目標，最終會讓特定的擅長者勝出。

在我看來，馬科維茨對於功績制是否應當導致平等的問題缺乏融貫的立場，這使得他無從選擇究竟是放棄功績制還是改善它。他最初提出了新穎的挑戰性論點——美國目前嚴重的困境並不是因為功績制還不夠完善，而恰恰是它成功運轉造成的。但依據這個論點，只有徹底拋棄功績制才是擺脫困境的出路，但他建議的促進機會平等的對策，實際上選擇了對功績制的改善。

馬科維茨在一次訪談中坦言了自己的猶疑不決。他一方面深信功績制的陷阱危害廣泛，但同時又感到在許多領域（比如他自己從事的學術研究領域），我們很難想像如果完全拋棄功績主義是否還能維繫。[82]而這種猶豫蘊含著深刻的啟發，促使我們思考平等主義理想的獨立維度——平等無法依賴功績主義實現。

這部著作傑出的貢獻在於令人信服地論證了兩個重要觀點：讓功績制的競爭成為壓倒一切的最高原則，會導致社會的分裂，進而危及西方社會賴以生存的民主政治體系。此外，嚴重的結果不平等也將損害機會平等，反過來會侵蝕功績制本身的原則。但馬科維茨的核心主張帶有含混的暗示，聲稱功績制是資本主義困境的根源，好像若非如此，本來可以有一個更美好的資本主義社會。但功績制得以大行其道，可能正是由資本主義的邏輯所驅動。

功績主義的霸權源自資本主義經濟的競爭邏輯和效率最大化原則，這造成了當代西方社會新的危機。但西方社會不只崇尚單一的資本主義邏輯。馬科維茨將我們帶回政治理論家持久爭論的難題：如何應對在自由與平等之間、效率與公平之間、資本主義經濟與憲政民主政治之間存在的內在張力？尋求兩者調和的努力實際上貫穿於整個現代歷史。當今西方社會再次陷入平衡失調的困境，這個教訓告誡人們：功績主義無法單獨應對平等與自由之間的緊張，在這兩種核心的現代價值之間，我們無法二擇其一。

資本主義的未來

今天西方思想面對的一個重要命題，是如何在當代條件下重新構想自由與平等的關係。傳統左翼的大政府主導的福利國家政策有其明顯的弊端，否則很難有「新自由主義」（neo-liberalism）的興起，及其雷根—柴契爾的「黃金時代」。但在經過二〇〇七年金融危機的教訓之後，資本主義仍然在放任自由主義的延長線上滑行，貧富差距依然不斷加劇，階級裂痕仍在日益深化，正在危及西方國家根本的社會政治基礎。

對資本主義的不滿往往激發左翼思想的回潮。英國《衛報》六月刊登著名記者貝克特（Andy Beckett）的長篇文章〈新的左派經濟學〉，介紹了一個「跨大西洋的左翼經濟學家運動，正在構建一種替代新自由主義的實踐性方案」。[83] 對現實的不滿是普遍的，連英國保守黨的財政大臣哈蒙德（Philip Hammond）也承認，市場經濟如何運轉的理論與現實之間的裂痕已經打開了，「有太多的人感到這個體系對他們不利」。許多左翼經濟學家認為，當今資本主義出現了類似一九三〇年代危機的前兆，開始了各種新的構想和規劃，從主張社區財富自治的「社區所有制」，到追求更平等的經濟權力的「民主經濟」等等。其中一部分人屬於（工黨影子內閣財政大臣）麥唐納（John McDonnell）組織的網絡，為工黨的左翼經濟政策提案出謀劃策。還有許多人活躍在這個網絡之外。

左翼經濟思潮也在美國發生影響。皮尤研究中心六月發布的民調顯示，美國人當中仍然有五五%的比例對「社會主義」持有負面態度，但表達正面觀點的人群比例已經上升到四二%（當然，美國人心目中的「社會主義」更接近北歐的社會民主主義）。[84] 在民主黨候選人競爭下屆美國總統的初選辯論中，如何應對不平等成為一個重要議題，出現的提案包括財富稅（Wealth Tax）、加大所得稅區間的稅率差、提高遺產稅，以及更完善的社會保障體系等等。《紐約客》十月發表報導披露，參議員華倫（Elizabeth Warren）的財富稅方案受到了皮凱提名著《二十一世紀資本論》的啟發，而具體方案的設計者是三十四歲的法國經濟學家祖克曼（Gabriel Zucman），他是皮凱提指導的博士與密切的合作者。[85]

新一期《外交事務》（二〇二〇年一／二月號）發表專輯「資本主義的未來」，旨在清算它「正在面臨的自身缺陷」。其中，著名經濟學家史迪格里茲、塔克（Todd Tucker）和祖克曼合作發表文章，譴責富豪菁英們利用體制保護自己的利益，揭示種種危機的徵兆，但他們的解決方案仍然是大幅增稅，堅持「資本主義的拯救取決於稅收」。更為激進的英國左翼經濟學家法恩布拉（Miatta Fahnbulleh）認為，資本主義已經耗盡了其潛力，現在需要社會主義的方案才能適應當代世界的現實。[86]

美國歷史學家穆勒（Jerry Muller）則表達了對激進左翼方案的質疑。他批評「巴黎經濟學派」（皮凱提和祖克曼等）支持的華倫和桑德斯的財富稅方案，稱之為「新社會主義運動」（neosocialist movement），已經越過社會民主派的傳統邊界，斷定這場激進運動將嚴重損害投資與企業創新的能力。他指出，從亞當．斯密開始，資本主義最偉大的捍衛者都承認有必要克服其弊端，以此維護政治安定與社會和諧。而資本主義最偉大的批評者，也總是敬佩其驚人的增長和創新能力，成功的進步運動從來都致力於「馴化市場」，而不是廢除它們。然而，「新社會主義者們」的計畫與此不同。他們厭惡不平等現象，但解決方案就是簡單利索地「剔除頂端的離群值」。他們漠不關心企業是否能保持活力，以及能否將其收益用於公共投資。「他們不關心鵝的健康，因為他們的經濟學家假設，金蛋的供應是無止境的。」穆勒將這場運動稱為「妄想」。[87]

美國民主黨候選人提名的競爭還在進行之中，財富稅等平等主義提案的前景需要由選民來決定。在法國，馬克宏總統已經在二〇一七年的經濟改革方案中取消了財富稅，而在民眾抗議運動之後仍然堅持不能恢復，理由是「鼓勵投資和確保勞有所獲」。英國議會選舉中工黨遭受重創有多重原因，但左翼的經濟方案顯然還需要對選民形成足夠的感召力。

思想具有改變歷史進程的力量，但左翼思想的歷史實踐紀錄並不令人樂觀。貝克特在文章中回顧，在一九三〇年代經濟衰退到二戰之後的時期，許多商界領袖認識到需要一種更加平等的經濟，並與工黨建立密切合作。但隨著經濟與社會逐漸穩定，柴契爾主張的右翼方案便顯示出更強的吸引力，商界人士也隨即改變了立場。那麼，左派如何才能讓人們抵禦右翼政策的誘惑？追求的目標究竟是「終結」還是「轉變」人們所熟悉的資本主義？對此新的左翼經濟學家們仍然存在分歧。

在貝克特的報導中，有一個更值得關注的線索。幾位年輕的左翼經濟學家，提出了新的「以社會為中心」的視角：尋求一種「適應社會的經濟」而不是「屈從經濟的社會」。他們期待出現一種不同以往的「更為良性的資本主義」，這是一種以社會為中心的「新的世界觀」。[88]

讓經濟學回歸社會也是皮凱提的努力。他不久前出版了新著《資本與意識形態》。[89] 米蘭諾維奇在書評中談到，皮凱提學術研究的特徵體現為一種「方法論的回歸」，就是重返經濟學原初和關鍵的功能——「闡明利益並解釋個人和社會各階級在他們日常（物質）生活中的行為」。而半個世紀以來經濟學的主導範式，卻是把所有人都當作利益最大化的抽象行為者，「從經濟學中清空了幾乎所有社會內容，呈現了一種既抽象又錯誤的社會觀」。[90]

也許，缺乏社會內容的經濟學，恰恰呼應著四十年來漠視社會的資本主義模式，這才是資本主義根本的病症。

在二〇一九年的思想討論中，一個反常識的事實正在浮現。人們熟知的常識是，在資本主義體系中追求平等理想是極其困難的，因為平等主義與資本主義具有內在矛盾。但這種常識掩蓋了一個被忽視已久卻重要的事實：在現代條件下，資本主義必須依賴最低限度的社會平等才可能維繫，否則將無法存活，更遑論繁榮。原因並不複雜，資本主義需要社會的存在，而社會的整合依賴基本的平等。如果貧富差距過於懸殊，終將造成社會的分裂甚至崩解，那麼資本主義也將無處安身而瓦解。

嚴重的不平等會導致社會的崩解嗎？西方社會的分裂和政治極化與近年來民族主義和民粹主義

的興起有關。對這些現象的成因，學術界存在不同的解釋。而皮凱提更強調其經濟根源而不是文化（身分）原因。他在〈歐洲與階級分化〉一文中指出，英國的低收入人群中有七〇%支持脫歐，但他們並不比菁英階層更加排外。更簡單的解釋是，歐盟經濟以區域間競爭為主，這有利於流動性最強的富裕階層，如果不消除嚴重的不平等，民族主義的分裂社會的效應將會持續下去。民粹主義也是如此。[91]在《資本與意識形態》中，皮凱提研究發現，半個多世紀前西方左翼政黨推進的社會民主派議程相當成功，這使他們所代表的經濟中下層人口中，有相當一部分實現了向上流動，成為教育良好和較為富裕的中產或中上階層。但這改變了左翼政黨內部的社會結構，成功向上流動的左派領袖們成為新的菁英，皮凱提稱之為「婆羅門左派」，脫離了那些未能改變命運的下層群體，使後者淪為「不被代表的」（unrepresented）人，這是滋生民粹主義的重要力量。[92]

「不被代表的」人群，恰恰代表了人口中相當比例的「被淘汰出局的人」、「被迫懶惰的人」、「被遺忘的人」和「失去尊嚴的人」，他們被排除在任何有意義的「自由競爭」遊戲之外，身處同一國度，卻感到自己是「祖國的陌生人」。被排斥的群體會透過民主政治所有可能的方式表達他們的絕望、憤怒以及反抗，終將開啟一場「新的階級戰爭」——這是林德（Michael Lind）教授最新著作的書名。[93]

當前西方一些國家已經出現這種危險的徵兆，成為左派、中間派和保守派共同關切的問題。因此，即便資本主義的捍衛者可以對（左派訴求的）平等的內在價值無動於衷，也無法忽視平等對於維繫社會基本完整性的工具性意義。「資本主義依賴平等」這個反常識的事實正逐漸迫近人們的視野，而平等的「最低限度」也必定高於半個世紀前的水準。

當資本主義的不平等危及社會整合本身的時候，反思與約束資本主義的「無社會」甚至「反社會」傾向的努力正在興起。二〇一九年出現了多種在「資本主義」之前附加限定詞的構想，探索具有約束性的（包括「人民的」、「共善的」、「利益相關者的」以及「以人為中心的」）資本主義新模式呈現為一種趨勢。

在《外交事務》的專輯中，尤其值得關注的是米蘭諾維奇的文章〈資本主義的衝突〉（這也是他新著《只有資本主義的世界》的縮減版）。[94]對於現代西方的資本主義，他做了三個歷史階段的類型劃分：最初是十九世紀興起的古典資本主義，隨後是從二戰時期到一九八〇年代初盛行的「社會民主主義的資本主義」（social democratic capitalism），曾主導了西歐和北美的福利國家制度，最後的階段是晚近四十年的「自由功績制的資本主義」（liberal meritocratic capitalism）。他認為在功績制資本主義中，社會要比古典資本主義時期更加平等，女性和少數族裔被賦予更大權力進入勞動力市場，福利條款和社會轉移支付也被用來促進平等，減緩了財富與特權集中所造成的最嚴重破壞。這些措施繼承了其前任社會民主主義版本的作法。

但是，在全球化和新技術的影響下，經濟不平等開始增加。資本收入在總收入中的占比一直在上升，這意味著資本和資本家正變得比勞動力和工人更重要。在美國，最富有的一〇％人群擁有超過九〇％的金融資產，而美國的吉尼係數從一九七九年的〇．三五上升到今天的〇．四五左右。上層階級有優異的教育背景，收入也往往很高。他們相信自己贏得的地位是源自他們的「功績」，但這掩蓋了他們從體制和社會趨勢中獲得的優勢。菁英階層透過金融資本的代際轉移，以及對子女教育的巨大投資，導致了「統治階級的再生產」。

這些觀察與馬科維茨的看法相似，但米蘭諾維奇同時強調了全球化的影響，包括工會的削弱、製造業工作的流失以及工資的停滯。相當一部分大眾感到幾乎沒有從全球化中獲益，因此將全球貿易和移民湧入視為自己苦境的根源，這與少數菁英的感受有極大的差異，結果是嚴重的社會對立。菁英階層變得更加隔離戒備，而社會其他階層越發怨恨。

在米蘭諾維奇看來，對於自由功績制的資本主義，最嚴重的危機在於「一個自我永續的上層階級的出現，伴隨著日益加劇的不平等」。它未來的命運取決於是否能夠進一步演化，進入一個「更先進的階段」，米蘭諾維奇稱之為「人民的資本主義」（people's capitalism）。在這個階段中，資本收入和勞動收入之間應當有更平衡的分配。這將要求「拓寬資本所有制」，遠遠超出目前一〇%的頂層人口。同時，需要讓頂級學校和高薪工作變得更加開放，不受到家庭背景的影響。在應對不平等的問題上，人民的資本主義與早前的社會民主主義類型有相似之處，但主要著眼於尋求在金融資產和技能方面提升平等，而不是收入的再分配。與後者不同，前者只需要溫和的再分配政策，因為社會已經達成了更充分的基線平等（baseline of equality）。為實現更大的平等，仍然「應當發展稅收的激勵措施，來鼓勵中產階級持有更多的金融資產，對非常富有的人群徵收更高的遺產稅，改善免費公共教育，並建立公共資助的選舉競爭」。這些措施的累積效果將會使「資本和技能的所有權在社會中更加分散」。

左翼經濟學家在宣導「人民的資本主義」，而保守派的政治人物提出了「共善的資本主義」（common-good capitalism），出自美國共和黨參議員盧比歐（Marco Rubio）。[95]他十一月在一所大學的演講中，抨擊了自由放任主義那種「不加以引導的市場會解決我們的問題」的觀念，認為這種老辦法根本行不通，因為它無法建立勞資雙方在義務和權利之間的平衡關係。雖然「老辦法」可能會帶來GDP和利潤的增長，但它本身不會帶來「有尊嚴的工作」。他批評當前的政府政策只追求經濟增長，指出「這種增長常常只能讓股東受益」，卻犧牲了新的工作和更好的薪酬。盧比歐對當前政治的左右兩派都表達了不滿，因為右派只注重維護商界謀利和股東投資回報的權利，卻忽視他們對於工人和國家應有的義務，同時也忽視了工人分享收益的權利；左派熱烈呼籲每個人獲取收益的權利，也強調商人有義務分享他們的成功，卻很少談論工作的義務和商業界的權利。盧比歐所構想的「共善的資本主義」是「一個自由企業的體制」，其中勞資雙方都享有權利也履行義務：「工人履行他們工作的義務，也享受他們工作的收益。與此同時，企業享有創造利潤的權利，也要將足夠的利潤重新投資來為美國人創造有尊嚴的工作。」

盧比歐敏感於「缺乏有尊嚴的工作」不只是經濟問題，還有深遠的文化與政治影響。目前的資本主義將造成人群的對立、社會的衰敗和國家的破裂。因此，他聲稱自己的目標並不是在左右之間開闢「第三條道路」，而首先是防止這個國家的瓦解。如果需要治理的國家將不復存在，那擊敗政治對手的競爭也毫無意義。致力於「共善」和社會的融合，以及強調權利與義務的平衡等，都是社群主義思想的傳統口號。盧比歐試圖以社群主義的老辦法來約束放任資本主義的努力未必奏效，但他明確地意識到當下的危機及其緊迫性。

施瓦布（Klaus Schwab）是「世界經濟論壇」的創始人和執行主席，十二月在 *Project Syndicate* 發表文章〈我們想要什麼樣的資本主義？〉。[96] 他選擇的答案是「利益相關者資本主義」（stakeholder capitalism），這是他在一九七一年首次提出的概念。施瓦布認為，資本主義存在三種不同的模式，西方企業奉行的是「股東資本主義」（shareholder capitalism）模式，其根本目標是追求利潤，在新興市場興盛的模式是「國家資本主義」（state capitalism），其特點是由國家制定經濟發展的方向。而他所宣導的「利益相關者資本主義」與前兩種模式不同，是將「私營企業視為社會的受託人（trustees of society）」。文章批評了主流的「股東資本主義」追求短期和狹隘的利益，論證在當前新的社會與環境的挑戰下，他主張的這種「更具社會意識」的經濟模式是回應這些挑戰的最佳方法。

施瓦布正在準備一份新的《達沃斯宣言》，包括三項指標。首先是確立包括「環境、社會和治理」（ESG）要素在內的「共用價值的創造」，作為企業標準財務指標的補充。第二項指標是調整企業高階主管的薪資，依據的標準是決策能否促進長期的共用價值的創造，而不只是符合股東利益（這造成過去高階主管薪資的飛速增長）。最後要求大企業理解，它們自身就是「我們共同未來的主要利益相關者」，必須發揮其核心能力、創業精神和專業技術，與其他利益相關者攜手合作，共同改善世界狀況。

參加美國民主黨總統候選人提名的楊安澤（Andrew Yang），在初選競爭中提出了「以人為中心的資本主義」（Human-centered Capitalism）。他反對「重利輕人」的主流經濟模式，認為「勞動力參與率」（labor force participation rate）、「薪資中位數」以及「預期壽命」這些指標要比傳統的失業率和GDP更準確地衡量經濟的健康發展。在他的競選策略中，最受人矚目的是「自由紅利」（Freedom Dividend）提案，承諾給每位十八至六十四歲的美國人發放月一千美元的「全民基本收入」（UBI）。這個方案聽上去匪夷所思，但他以（被美國人迷信的）亞裔數學能力論證了其可行性。自由紅利的一個重要來源是向亞馬遜、谷歌等科技巨頭公司徵收增值稅。97

在美國人的常識中，加稅是傳統左派的方案，但楊安澤的思路與此不同。他以阿拉斯加州政府給本州居民發放的津貼作對比，這項津貼來源於石油公司的部分利潤。因為油礦本身是該州居民的共同財產，由此獲得的利潤理應分出一部分讓共同財產的每一個所有者（無論貧富）共同受益，它的正當性依據完全不同於所謂「劫富濟貧」的加稅。以此類比，高科技公司使用了我們每個人的

「資料」，由此獲得的利潤也理應由用戶共用。值得注意的是，楊安澤在競選中提出了「資料財產權」的概念，主張「數位資料應當被當作一種財產權（a property right）」。[98]雖然楊安澤沒有充分論述全民基本收入與數位財產權之間的關聯，但在他競選網站關於「資料作為財產權」的陳述中包括三項主張，其中之一就是主張「讓人們分享由於他們的資料產生的經濟價值」。[99]這蘊含了一個新穎的理念：企業在創造經濟價值的時候，使用了訊息提供者有形或無形的共同財產，由此獲得的利潤應當無差異地讓所有相關者分享。這是一種基於共同所有權的普遍受益觀念，不同於傳統左派的思路。所以，楊安澤有理由宣稱自己「不是左派也不是右派，而是前進派」（Not Left, Not Right, Forward）。無論他是否成為民主黨最終提名的總統候選人，「以人為中心的資本主義」的理念和全民基本收入的提案將被人銘記。

博蘭尼（Karl Polanyi）在一九四四年出版的名著《鉅變》（*The Great Transformation*）曾指出，經濟原本嵌入社會之中，現代市場經濟的發展將勞動力、土地和貨幣等要素從社會「脫嵌」出來，使市場成為脫離社會而自行運轉的機制，經濟也從其作為「社會生計策略」的實質性含意，轉變為「理性決策」的形式含意，形成了危及社會的資本主義經濟。[100]

博蘭尼的分析診斷有許多可疑之處，更不用說他構想的拯救方案了。然而，在此後七十五年資本主義的演化進程中，他提出的問題總會有再次引人注目的時刻。或許，當下的西方社會正在面臨一個「博蘭尼時刻」。而最低限度的平等——讓人們達到准入門檻，邁入有希望的公平競爭，並從中普遍受益的基本平等——成為維護社會融合的一項不容忽視的要求。

資本主義在歷史上曾不斷面對平等主義的挑戰，也在這種挑戰的壓力下演化更新。西方主流思想將激進平等主義視為烏托邦式的幻想，對其可能的災難性後果始終抱有警覺。然而，注重機會平等的自由競爭，若完全無視相對的結果平等，也很可能造成另一種災難。當今的資本主義再次面臨平等主義的巨大壓力，如何應對這場考驗關乎其命運。

2020

2003 2004 2005 2006 2007

2008 2009 2010 2011

2012 2013 2014 2015 2016

2017 2018 2019

序言：漫長的告別

兩個多月前，全世界無數人迫切期待的時刻來臨了：我們終於告別了二〇二〇，這活久未見之年。在一張日曆翻過的瞬間，如願以償。

然而，這是一場漫長的告別，帶著綿延不絕的尾聲，在新的一年持續迴響。一個時代蓄勢已久的力量在去年集中爆發，但不會在頃刻間煙消雲散，正如它並非突如其來。

於是，等到春天再來回望過去一年或許更加適宜。這份遲來的重訪躲過了驚魂未定的慌張，也會在眼前的景色中察覺客歲的餘暉。時間是一種距離，帶來些省思的從容，雖然「密涅瓦的貓頭鷹」不知還要多久才能等到它起飛的黃昏。

《時代》週刊在十二月五日的封面上將二〇二〇年判定為「最壞的一年」，這是許多人心情的寫照。在新冠肺炎疫情爆發的第一個月，全球確診病例數只有不到一萬，半年之內上升到一千萬，一年之後突破一億，累計死亡病例數超過兩百二十二萬（到今年三月已經達到兩百七十萬）。此外，澳洲發生了罕見的森林大火，法國經歷了「黑色十月」的創痛，英國釋然或惋惜地正式脫離歐盟，美國見證了風起雲湧的社會抗議運動，以及驚心動魄的總統大選。而一年多前簽訂的中美貿易談判第一階段協議，如今似乎已經時隔久遠而意義不明……

多麼動盪而漫長的一年。那些驚慌失措中的猜測與流言，那些堅韌與勇敢的事蹟，那些悼別逝者的時刻，都匯入了記憶的河流。但這一切經歷究竟帶給我們什麼啟示呢？

有悲觀論者說，這「最壞的一年」或許會是未來「最好的一年」。有更多人強調其重要的轉折意義。《紐約時報》的專欄作家佛里曼（Thomas Friedman）在去年三月的文章中提出新的歷史分期，他認為世界將被疫情劃分為BC與AC兩個階段——「前新冠」（Before Corona）世界與「後新冠」（After Corona）世界。❶政治哲學家約翰．格雷四月發表文章，判定「這場危機是歷史的轉捩點」，並預告「全球化的頂峰時期過去了」。當下的任務是讓頭腦清醒，「思考如何在一個改變了的世界中生活」。❷

這些斷言或許正確，卻過於籠統了。也許，記憶之河還需要更久的沉澱，才能凝結為更具啟發性的經驗和教訓。但是，我們的記憶並不是從二〇二〇年才開始的，過去幾年的歷史不是早已顯示危機的先兆嗎？

比爾．蓋茲在二〇一五年的一次TED演講中就曾預言，未來對人類最大的威脅，不是戰爭而是疫情大流行。至於美國的政治危機，從川普在二〇一六年總統大選中獲勝之後，就有難以計數的研究和評論發出過警告。而中美競爭的升級及其對世界秩序的衝擊，也是過去二十年國際政治領域持久關切的核心議題。同樣，全球氣候暖化與各種「自然災害」之間的相關性，一直有大量的研究與公共討論。

震驚之感往往與健忘或漠視相伴。令人驚訝的二〇二〇年並非無蹤可循，它只是加速了經年已久累積的危機，讓困境與挑戰以更加銳利的戲劇性方式呈現出來。如果探究其深層的邏輯，我們可以發現至少有兩種長時段的原因，塑造了當今全球化時代的高風險特徵。

在微觀層面上，存在一個長程的趨勢，可以稱之為「生活本地性的瓦解」。傳統的生活大多在一個有限而熟悉的空間中展開，具有鮮明的本地性。人們熟悉自己的環境和影響生活的主要因素，因為這些「變數」不太多、不太遠，也不太複雜。生活的本地性具有相對自足的特徵，人們也能夠大體把握自己的命運。

然而，隨著全球化的浪潮席捲了世界幾乎每一個角落，巨大的流動性（包括人口、物資、資訊、資本和技術的流動）對生活的本地性造成了嚴重的衝擊。底特律汽車工程師的職業前途，可能取決於「通用汽車」海外公司的規模與效益，還有新能源汽車的發展趨勢；德克薩斯州的石油工人要評估自己的就業前景，可能需要瞭解科學家對碳排放問題的研究進展，政治家們達成的共識，簽訂的國際氣候問題協議及其對國內政策的影響。

影響生活的變數越來越多，也越來越遙遠和複雜。投資、技術、設備、生產、經營和消費等要素，原本局限於本地、附近或本國內部，如今卻來自世界的四面八方。將這些要素整合起來的過程和機制，不僅複雜到超出普通人的認識能力，而且往往不會由本地甚至本國政府能夠單獨決定，因此也難以單獨問責。

當然，這不是今天才出現的新現象。早在現代化浪潮興起之時，生活的本地性就開始受到侵蝕。但在最新一輪的全球化過程中，各種流動性的深度、廣度和速度，達到了前所未有的極端狀態，也造成了更加嚴重的衝擊。這種趨勢對人類應對大規模流行疾病帶來了挑戰。由於人口流動的規模和速度，防止疫情的跨地域傳播變得格外困難。一個地區或一個國家防控疫情的有效性，不僅牽涉本地居民，也影響到更廣大的人群。

生活的本地性被瓦解了，這給許多人造成了難以估計的風險，讓生活失去了掌控感，處在莫名的威脅之中。因為影響你生活的變數是遙遠、陌生而難以理解的，它們是未經你同意和授權的強大力量，卻以不容分說的蠻橫方式操縱你的願望，支配你的命運，甚至剝奪你的權益，深刻地改變了你原有的生活方式。

同時，生活本地性的瓦解也威脅著基層政治的自治傳統。托克維爾讚賞美國民主中的「鄉鎮自治」模式，這種自治依賴於社區成員之間對公共事務的商談溝通。當一個社區難以理解也無法掌控過多的複雜變數，有意義和有效的商談就變得格外困難。世界的許多地區正在見證生活本地性的瓦解，這種狀況讓越來越多的人感到挫敗、委屈、沮喪，甚至怨恨和憤怒。

而在宏觀的層面，全球化造成了國家政治與治理的困境。早在十年之前，哈佛大學經濟學教授羅德里克（Dani Rodrik）提出著名的政治經濟學「三元悖論」（trilemma）：超級全球化、國家主權和大眾民主這三者不可同時兼得，只有「三者必擇其二」的可能。❸二〇二〇年六月，兩位美國學者在《開放經濟評論》（*Open Economies Review*）發表了一份實證研究論文，他們用一九七五年到二〇一六年一百三十九個國家的資料核對了羅德里克的假設，肯定了三元悖論的有效性。研究結果還顯示，民主化程度較高的工業化國家往往經歷更多的政治不穩定。❹

就結構性約束而言，歐盟治理的困境、英國脫歐以及美國外交政策面對不斷增長的國內壓力等現象，都在某種程度上是這種三元悖論的徵兆。這也意味著美國恢復原有國際秩序的企圖將會遭遇持久的阻力。

無論是生活本地性的瓦解對於個人生活的衝擊，還是三元悖論的結構對政治事務與公共政策的挑戰，都會激發出反彈的力量，體現為近十年多來的「逆全球化」趨勢。羅德里克本人並不全面反對全球化，他主張尋求一種更為平衡的選擇，保持適度（而非「超級」）的經濟全球化，同時維護國家主權和大眾民主政治。

然而，不斷超越地區性的全球化趨勢仍然十分強勁，因為資本與技術的邏輯具有突出的「超地方性」傾向，兩者都遵循一種「對事不對人」的普遍主義：資本總是傾向於流向收益更高的地方，技術也總在尋找生產性更高的地方。但是，這種基於工具理性的普遍主義邏輯往往與社會生活形成緊張。人的生活依賴於相對穩定的居住地、傳統、語言和風俗等，總是具有無法徹底抹去的地方性。如果不受約束的資本和技術無情地摧毀生活共同體的根基，很可能會引發劇烈的衝突，導致失序的危機。

二〇二〇年以令人難忘的方式突顯了長期以來的全球化困境，也揭示了人類分享著共同的命運，至少在重大危機的時刻。這是無法在揮手之間輕易告別的時代挑戰。它敦促人們重新思考共同體的價值和意義。人的生活總是共同的生活，每個人都從屬於多種直接或間接的共同體，有些切身可感，有些更具有虛擬或想像性，而各種共同體之間又彼此依賴、相互影響和塑造。我們需要探索和建設一種更有生機活力、也更具適應性的共同體，維護其邊界和自治，同時保持對外部的開放與合作。這是一場漫長的告別，只能在開啟新的思考與對話中才會結束。

如期而至的政治危機

二〇二〇年的美國總統大選是一場硝煙四起的「選戰」，直到次年一月二十日，當拜登宣誓就職的一刻，才塵埃落定。

在兩周之前，川普的一些支持者攻占國會大廈，中斷了國會兩院確認選舉結果的議程，最終導致五人死亡。這場騷亂震撼了全球各地的政要與觀察家。許多人驚呼，一月六日是「美國歷史上恥辱的一天」，是美國的「水晶之夜」，「自由世界的燈塔熄滅了」……的確，如果在實況轉播中觀看川普的煽動性演講，目睹國會山莊暴亂的場景，整個過程驚心動魄，當時感受的震撼會讓人不禁驚歎「狼來了，這一次狼真的要來了」。

然而，這一切難道不是意料之中的嗎？在根本上，這場危機並沒有超出各種「劇本」的意料，無數「狼要來了」的警告早就不絕於耳。

自從二〇一七年初開始，《華盛頓郵報》決定每天提醒讀者「民主死於黑暗」，將這句話作為銘文印在報頭之下。二〇一九年（筆者曾在當年述評中介紹）就有學者預言，美國社會的對立正在演變為「政體分裂」，選舉爭議會導致「暴動」並引發憲政危機。二〇二〇年十月一日*Politico*雜誌發表戴雅門等五名政治學家的連署文章，警告大選導致暴力衝突的危險正在急遽上升，並呼籲採取緊急措施，成立跨黨派的專門委員會應對可能的暴力事件。❺而在十一月二日發布的一份民調顯示，有四分之三的美國人對選舉引發暴力的問題表示關切。甚至有評論認為，當前的美國處於南北戰爭以來最嚴重的社會分裂，「第二次內戰」並非不可想像。❻

但是，內戰最終沒有爆發。川普在拖延了幾個小時之後，發出了「和平回家」的呼籲，而不是「決一死戰」的號召，也沒有動用軍隊介入「選舉結果的全面核查」。預想中更為驚恐的情節還沒有發生，政治對抗止於「選戰」，瀕臨崩潰的危機幸運地躲過了崩潰的劫數。

狼來過了，露出了猙獰的面目，但在嘶吼之後又迅速離去。國會山莊的暴亂更像一次象徵性的休克療法，讓人們從「政治失憶症」中驚醒，重溫歷史教科書寫就的常識：民主，尤其是美國民主，從來不是堅如磐石的大廈。

很快，重溫歷史的治療努力開始了。一月八日著名美國史學者方納（Eric Foner）在《國家》雜誌發表文章指出，「熟悉美國歷史的人都知道，這次國會山莊暴動並不是第一次以法外方式推翻民主選舉結果的企圖」。美國在「重建時期」以及隨後的幾年中，發生過許多類似的事件，有些遠比一月六日的暴亂更加暴力。他列舉了一八七三年和一八九八年武裝白人推翻民選的黑人或跨種族的地方政府或官員的事件。他提醒美國人，「讓我們不要假設，在國會山莊暴亂之前美國是一個運轉良好的民主國家」，這是一個幻覺。❼

一月二十九日麻塞諸塞大學政治學教授羅伯茲（Alasdair S. Roberts）在「對話」（The Conversation）網站發表文章，題為「那些哀悼美國民主脆弱性的人們弄錯了什麼？」。❽文章指出，從第一次世界大戰以來，在華盛頓特區部署軍隊來維持秩序的情況已經出現過四次，而針對總統和政要的暗殺事件也發生過多次。作者試圖在歷史的視野中，對美國的真實現狀做出準確的判斷。

在許多人看來，攻擊國會山莊事件顯示，美國民主已經變得脆弱，而這種脆弱性是新近的危險趨勢。但作者認為這種看法有誇大其詞之嫌，並不是因為它低估了危機的嚴重性，而是它忽視了一個歷史事實：「美國民主一直是脆弱的」。更準確地說，美國真正的困難在於它是一個「脆弱的聯盟」，在歷史上長期存在著各種矛盾和局部衝突，其中許多深層的裂痕並未真正彌合。「美國」（The United States）這個詞（在字面上）是複數名詞，直到南北戰爭之後，才在美國官方演講中被確立為單數名詞。

但美國政界常常將國家團結視為理所當然，許多新上任的總統都傾向於推行雄心勃勃的計畫。這些計畫激勵了支持者，同時也激怒了反對者。但這種贏家通吃的方式可能會加劇分裂，而不是重建團結。自一九九〇年代以來，舊的分裂開始重新出現，體現為所謂「紅色」美國與「藍色」美國之間的分野。這兩個陣營對於什麼是國家的優先任務，尤其是對於聯邦政府的作用持完全不同的看法，導致了對政府的敵意，因而使政治陷入僵局。

民主的脆弱性並不新鮮，政治暴力與應對政治暴力的努力在美國歷史上也屢見不鮮，人們對於民主的信心也是如此。在過去的一年中，人們對美國民主的信心遭到了打擊。但在一九三〇年代的大蕭條時期，在一九七〇年代的通貨膨脹和失業大潮的困境中，人們對「民主的終結」也有過類似的恐懼。但這些歷史經驗的證據也表明，脆弱的民主政體能夠在各種衝擊下延續，也確實具有自身的適應性。最近美國總統大選以來的諸多事件令人不安，但這並不表示美國的民主即將崩潰。

文章在最後寫道，僅僅在二十年之前，許多美國人堅信自己體制的優越性，「小布希總統甚至宣稱，美式民主是『國家興盛的唯一可持續模式』。相比之下，今天許多人擔心這種模式正處在崩潰的邊緣」。如果說當初的傲慢精神是誤導性的，那麼二〇二一年的絕望也是如此。「與許多其他國家一樣，美國正在為維護團結、遏制政治暴力，以及達至民主原則而進行永無止境的努力。」

在歷史學家呈現的視野中，美式民主的「燈塔」寓言是一個短暫而過時的迷夢。而在政治理論界，從古至今嚴肅的學者，無論持何種立場，從未將民主視為一個神話。這不必回溯到亞里斯多德或者托克維爾，當代支持自由民主制的政治理論家，對民主政治的現狀與前景大多保持審慎或憂慮的態度。

早在一九七五年，一份題為「民主的危機」的報告提交給了「三邊委員會」（The Trilateral Commission），作者是克羅齊耶（Michel Crozier）、杭亭頓與綿貫讓治（Joji Watanuki）。他們針對當時西歐、北美和日本等國家對於民主的悲觀論調，對民主政體面臨的外部與內部的挑戰做出分析，認為導致民主危機的主要原因在於民眾對政府要求的增長與政府執政能力的不足。❾在一九八〇年代，著名政治學家達爾（Robert A. Dahl）發表了《多元主義民主的困境》（一九八三年）和《民主及其批判》（一九八九年）等論著，對民主政體的局限與弊端展開多方面的檢討評估並提出改良的構想，產生了深遠的影響。這種對於民主的憂患意識貫穿於整個冷戰年代。❿直到蘇聯解體之後，「歷史終結論」等對民主的樂觀論述才成為顯學。

福山是西方民主政治最熱衷的辯護者之一，但他在二〇一四年發表了關於民主政治「衰敗」（decay）的研究，並且特別針對美國的體制發出警策：「思想的僵化與根深蒂固的政治勢力形成一種結合，阻礙了這些體制發生改革。如果沒有一次對政治秩序的重擊（shock），無法保證這種局面將會有什麼改變。」⓫在二〇一六年，福山在桑德斯和川普的崛起中看到這種衝擊出現的可能，兩派的選民得以借助「激進的局外人」淨化清理腐敗的建制派。但他同時擔心，「民粹主義者販賣的靈丹妙藥幾乎於事無補……將會使局面惡化而不是改善」。⓬

帶著對政治衰敗的關切，福山二〇二一年一月在《外交事務》網站上發表的文章，考察「川普執政時期政治衰敗加速惡化」的趨勢，甚至懷疑這種衰敗已經「敗壞至核心」。在他看來，民粹主義的策略將川普送進了白宮，「惡化的進程以驚人的速度一直持續，擴展到當初難以預料的範圍」，最終在國會山莊騷亂事件中發展到頂峰。危機過去了，但引發這場危機的深層狀況仍然沒有改變：「美國政府仍然被強大的菁英集團所俘獲，這些集團為了自己的利益而扭曲政策，誤解整個政體的正當性，而這個體制仍然過於僵化以至於無法改革自身。」福山進一步指出，兩種新現象的影響使局面更為惡化，一是新的通訊技術加劇了「民主商議之共同事實基礎的消失」，一是兩黨之間的政策差異已被凝固為文化身分認同的分裂。⓭

民主理論家戴雅門多年來深切關注民主的危機。他在九月的《大西洋月刊》網站上發表文章，分析美國選舉制度的缺陷可能導致出現「雙總統」的僵局，並引發憲政危機。⓮在十一月三日投票日當天，戴雅門又在《紐約時報》撰文指出，美國民主制度有三大支柱，自由、法治與選舉，前兩項雖然遭受重創，但經受住了考驗，但作為第三支柱的自由公平選舉卻面臨威脅。⓯

有評論說，這個「自由世界」的頭號大國上演了第三世界國家才會發生的政治亂局。這似乎忘記了，老人常常會和幼童一樣容易跌倒。在戴雅門看來，美國民主的部分問題在於「上了年紀」。這個最早實行民主制的國家，其制度最初成形於廣袤、分散和多樣化的殖民地，更為關注「多數暴政」的危險，因此，美國的「憲政體制缺乏針對選舉崩潰的預防措施，而這些措施在更晚近的民主國家中是常見的」。

實際上，對於美國民主制度的缺陷與弊端，學者與政治評論家展開過持續而豐富的分析批評，從總統制到選舉人制度（選舉院），從選區劃分方法到競選籌款規則。改革的呼籲與修憲動議也層出不窮，但在慣常的黨派政治僵局中，變革的希望非常渺茫。那些不斷發出警告的批評者，不僅難以觸動政治菁英的神經，反而被看作高喊「狼來了」的淘氣孩子，只是虛張聲勢，因此不必理會。

那麼，一月六日國會山莊騷亂的衝擊有可能激發變革的動力嗎？現在還難以判斷。但至少「狼真的來過了」，美國民主制的隱患與危機並不是理論家們杜撰的流言。

一個半世紀之前，詩人惠特曼在獻給林肯的名作中將他稱作「船長」，這同時包含著對這個新生民主國家的隱喻——美國是在風浪中航行的巨輪，總有遇到驚濤駭浪的危險。⓰而這位「船長」在南北戰爭之前就預見了危險。一八三八年林肯在青年學會發表演講〈我們政治制度的永世長存〉，⓱他相信美國政治制度的危險「必定發端於我們內部」，而他對於「應當如何防禦危險」的回答是「捍衛憲法和法律」。林肯甚至呼籲「讓法律成為這個民族的政治宗教（political religion）」。

至關重要的問題是：在林肯演講一百八十多年之後，今天的美國人仍然信奉這個「政治宗教」嗎？冷靜考察二〇二〇年的美國總統大選，可能會得出一個失望與希望並存的答案。

美國的社會分裂與政治極化在近幾年來不斷加劇，這無可避免地將這次選舉變成一場狹義的「選戰」。選戰在本質上是真實內戰（物理性戰爭）的類比物，因此具有「窮盡手段」與「法律約束」的雙重性，這意味著競爭雙方將窮盡一切法律允許的手段來謀求勝選。放棄「窮盡手段」就只是普通的選舉而不足以成為「選戰」，但突破「法律約束」則將使選戰喪失其類比功能而蛻變為物理戰爭。就此而言，川普及其支持者發起的抗議與幾十起訴訟，即便違背文明標準，仍然是窮盡合法手段的表現，直到公然抗拒依據司法程序審議的結果，才挑戰了法律約束的邊界。

然而，美國的法律制度絕非脆弱到不堪一擊的地步。《經濟學人》十一月二十八日刊登長文〈民主的韌性〉，指出「美國體制得到了其法官與官員的專業主義精神的保護。他們中間的許多人都受到前輩確立的標準束縛。因為有無數人堅守職責，川普推翻選舉結果的企圖失敗了」。[18]

的確，在對選票統計的爭議與審理中，公職人員展示出高度的專業主義和尊重憲法程序的立場，這包括川普本人任命的三位最高法院大法官和其他聯邦法院法官，他竭力支持的喬治亞州州長，他內閣中的司法部長以及國土安全部負責網路選舉的負責人，這些共和黨公職人員在總統和黨派利益的壓力下選擇忠誠於憲法和專業原則。另外，十位前任國防部長於一月四日在《華盛頓郵報》發表聯合聲明，呼籲軍隊保持中立，對選舉結果不予介入。[19] 即使在一月六日占領國會大廈的非法行動中，暴亂者試圖以極端方式改變選舉結果，但他們要求的仍然是全面徹底核查選票，而不是廢除民主選舉程序。

在這場選戰中，法律遭到嚴峻的挑戰，這是令美國人失望的現實。但這些挑戰遭到更強勁的反彈，這是希望所在。事實證明，選戰實現其模擬的功能，最終避免了內戰。美國絕大多數公職人員與民眾對於憲法和選舉程序存在基本共識，守住了最基礎的憲法底線——這雖然是「過低的」卻仍然堅固的及格線。在這個意義上，林肯宣導的「政治宗教」在美國人的內心深處依然保留著神聖性。

如何判斷美國政治危機的嚴重性？這需要一個評判框架。如果民主體制的健康運轉依賴於民意的匯聚，那麼共識程度的不同等級將會形成不同的政體穩定水準。

首先，在最理想的狀況下，社會大眾對政治原則與重要的公共政策存在廣泛共識，容易達成一致意見。在此情況下，投票選舉的主要功能是確認既有的一致意見，具有儀式性的象徵意義。

其次，在通常狀態中，民眾對部分公共政策或議程出現分歧，通過協商、辯論和鬥爭達成部分的共識或妥協方案，對於無法妥協的分歧通過選舉程序來決定。

再次，當社會對立與政治極化的程度嚴重，公眾對多數公共議程都持有難以妥協的相反立場，無法獲得實質性的意見共識，但仍然保持對民主原則與程序的共識，選舉投票就具有決定性作用，也常常會演變為「選戰」，政體處於危機狀態。

最後，如果社會與政治分裂如此嚴重，以至於瓦解了對憲法原則與程序本身的共識，社會將會出現頻繁與劇烈的大規模暴力衝突，甚至進入全面內戰，這將導致政體崩潰。

按照以上四種理念型類別的標準來衡量，當今的美國政治已經偏離「通常狀態」陷入政治危機，但仍然抱有對政體原則與程序本身的廣泛共識，因此避免了政體崩潰。然而，如果法律與選舉程序成為一個民主社會僅有的共識，那麼政體穩定就仍然處在危險之中。

拜登在國會山莊事件之後的演講中告誡：「我們歷史上這悲哀的一幕提醒我們，民主是脆弱的，必須始終捍衛它，我們必須永遠保持警惕。」民主從來不是一個神話，而是一項艱巨的事業。而事業（course）一詞本身包含著「過程」的含意，這意味著持續不斷的修復與永無止境的再造。

川普現象的根源

拜登在競選時曾說過，在未來歷史的回顧中，川普會被視為一個「脫離常軌的時刻」（aberrant moment）。勝選之後他在十一月二十六日的感恩節致辭中說：「生活將回歸常態」，這是對疫情之後生活的期待，但許多人相信，這也是拜登對「後川普」時代做出的承諾。

對於飽受「異常」之苦的人們而言，「回歸常態」的說法聽上去令人嚮往，但深究起來不只天真而且危險。

首先，回歸不是一個可欲的選項，那個往日的舊常態正是後來「異常」現象的孳生之地，回歸過去意味著重返危險的起源；其次，回歸也未必可行，美國社會與政治生態在過去四年中已經發生了深刻的變化，大約有三分之一的美國人是川普堅定的支持者，回歸常態將會遇到強大的阻力；最後，回歸的期望並不明智，輕率放棄「異常」激發的反思契機，錯失可以汲取的深刻教訓。

民主黨期待的「大藍潮」並沒有出現，在目睹國會山莊騷亂事件之後，更沒理由陶醉於一場選戰的險勝。作為敗選的一方，川普獲得七四二一萬張支持票（四六．九%的大眾選票），這一事實過於醒目，難以忽視。羅德里克教授寫道：雖然人們見證了「他公然的謊言、明顯的腐敗以及疫情控制的災難，川普如何能夠保持如此多美國人的支持，甚至獲得比四年前更多的選票？」[20]

川普不只是一名卸任的前總統，還代表著一個重要的「現象」，在政治舞臺中仍然醒目存在，甚至可能將長久存在。在這個意義上，大選的驚悚戲劇落幕了，但引發這場危機的根源並沒有隨之消逝。在談論回歸常態之前，首先需要探究「川普現象」的來龍去脈，並理解其中的挑戰。

那麼，什麼是「川普現象」？幾乎所有相關評論都指出一種徵兆：川普留下一個極端分裂的美國社會。歐巴馬在其自傳出版後的一次訪談中承認，美國社會的分裂並不是從川普開始的，但他加劇了這種分裂。

早在二〇一六年底，《時代》週刊選擇川普作為年度人物，當期封面上稱之為「美利堅『分眾國』總統」（President of the Divided States of America）。到了二〇二〇年，《經濟學人》引用調查資料認為，美國政治極化的嚴重性已經可以被稱為「非文明社會」（uncivil society）。[21]

在註冊選民關於對立黨派的態度中，有六到七成認為對方是對「美國及其人民」的威脅，有半數認為他們是「徹頭徹尾的邪惡」，有超過四分之一的人相信，如果對方行為不軌就「應當作為動物對待」，有近五分之一認為，「如果另一方贏得二〇二〇年大選，暴力可以被正當化」。

這種「非文明」的政治對立，並不是美國近幾十年的「驢象之爭」或「紅藍對立」的簡單延續，它在相當大的程度上歸因於川普的「創新」——以劃分敵我的鬥爭性方式動員和凝聚此前相對沉默的社會人群，將其轉變為獲取自身政治優勢的力量，從而加劇和深化了社會的分裂。

在川普難以計數的不實之詞之外，至少有一句話道出部分真相：如果歐巴馬和民主黨人做得好，「我就不可能進入白宮」。同樣重要的是，如果傳統的共和黨建制派有足夠的動員力，也無需求助這樣一個「政治素人」來注入新的政治活力。

川普現象的興起，得益於兩大政黨的失敗之處，緣起於政治建制派所忽視或無力感召的地域和人群——那些在經濟與文化的主流趨勢中被邊緣化的地帶，那些感到自己長期被漠視、被遺忘和被辜負的人群。

這並不是一個新鮮問題。在過去幾年間，有越來越多的學術研究、評論文章以及紀實作品相繼問世，探討川普支持者的身分、處境與成因。從二〇一三年《下沉年代》（*The Unwinding*），到二〇一六年《絕望者之歌》（*Hillbilly Elegy*）、《白垃圾》（*White Trash*）和《家鄉裡的異鄉人》（*Strangers in Their Own Land*），再到二〇二〇年PBS製作紀錄片《美國大分裂》（*America's Great Divide*），所謂「被忽視的人群」不再是一個被忽視的盲點，甚至已經成為一個公眾熟知的熱點議題。

但熟知並不等於理解。川普的支持者究竟是誰？他們的處境如何？支持的主要原因到底是什麼？對於這些問題，存在著不同的、常常相互競爭的闡釋。學者、政治人物、媒體評論家以及社會大眾，對此並沒有形成共識。最為顯著的分歧之一（以簡單化的類別劃分），是「經濟解釋」與「文化解釋」之間的爭論。

在經濟解釋中，川普的主要支持者來自經濟低迷的鐵鏽帶地區，他們是藍領工人。美國製造業工作崗位的流失（其中許多被轉移到海外）進一步侵蝕他們的穩定地位。川普聲稱要站在他們這一邊，稱讚他們是善良的普通美國人和真正的愛國者，誓言要為他們「找回工作」，因此獲得他們的擁戴。

相反，在文化解釋中，許多人支持川普的動機實際上是渴望「復辟」，重新獲得受到歷史進步威脅的特權——白人至上的特權，基督教的特權，WASP作為美國正統的特權。這些長期被抑制的反動觀念被川普「解放」出來，得以死灰復燃甚至有恃無恐。

由此可見，經濟解釋暗示了社會底層針對菁英階層的抗爭。這些被遺忘和辜負的底層人群選擇川普，是在表達對建制派的憤怒，也是在維護自身應有的權利。但在文化解釋中，反對或支持川普是「進步的未來」與「守舊的過去」之間的道德戰爭，對這種復辟勢力的反擊而不是放任才是正義的事業。兩種解釋的實踐意涵超出學術之爭，涉及道德正當性的分歧，也構成意識形態的對立。

當然，兩種解釋模式的劃分是過於簡單化的表述。實際上嚴肅的評論與研究都不會陷入單一模式，但往往有各自的主導傾向。在公共輿論中，經濟解釋相對流行，但近來受到越來越多的質疑。

二〇一六年與二〇二〇年兩次大選的證據都不支持單純的經濟解釋。「出口民調」資料顯示，川普在中低收入的選民中並不占據優勢。在家庭年收入低於五萬美元的中低收入選民（約占選民總數的三分之一）中，更大比例的選民投票給柯林頓（二〇一六年）或拜登（二〇二〇年），而不是川普，差距在一〇%左右。而在五至十萬美元的中等收入人口中（約占選民總數的三分之一），川普在二〇一六年的得票率高於柯林頓四%，但在二〇二〇年低於拜登一五%。[22]

就最新的發展來看，《大西洋月刊》二〇二一年一月十二日刊登題為「國會山莊的騷亂者們不是『下層』」的調查文章，作者指出，儘管抗議者中有一部分是「底層人群」，但參與暴動的主體是企業主、CEO、州議員、公務員，房產經紀人、員警、現役和退休軍人等，屬於中上階層。他們不是出於「經濟上的絕望」，而是來自他們的信念：「相信自己有不可侵犯的統治權利」。[23]

同樣，一月十九日《波士頓評論》發表長篇分析文章〈川普主義的生存之地〉也質疑了經濟解釋。在一月六日國會對選舉人票的確認審議程序中，有一百三十九名共和黨眾議員投票反對確認選舉結果。通過對他們所代表的選區進行人口和經濟分析，作者發現，這些選區大多是經濟增長和人口多樣化都較快的郊區，相對富裕的白人家庭與其非白人鄰居之間的不平等差距正顯著縮小。這些地區非白人選民的投票率較低，為共和黨候選人帶來邊際優勢，以此反駁了流行的觀點——川普運動的支持者是來自鐵鏽帶地區或窮鄉僻壤的經濟受困者。[24]

這些新近的調查分析並未覆蓋所有的川普支持者，也無法完全否認經濟解釋的有效性，但試圖揭示川普的一些極端支持者並不屬於經濟上被剝奪的人群，他們的政治動機更有可能出於原有的特權地位受到威脅，期望維護一種少數統治。

在文化解釋方面，近年有多部研究論述「基督教民族主義」（Christian Nationalism）的著作問世，其中二〇二〇年三月由牛津大學出版社推出的《為上帝奪回美國》獲得許多好評。㉕作者懷海德（Andrew L. Whitehead）和佩里（Samuel L. Perry）是兩位社會學家，在大量經驗研究的基礎上提出他們的見解：基督教民族主義主要不是一種宗教願景，而是一種政治意識形態，基於對美國建國原則的神聖化理解，主張「將美國的公民生活與特定類型的基督教身分和文化相融合」。這種意識形態體現出一種維護種族與民族「邊界」的強烈願望，將白人基督徒（尤其是新教徒）傳統視為美國民族精神的正統，傾向於將歸屬其他種族和宗教的移民視為「他者」，構成對美國文化傳統的威脅。在基督教民族主義者中，有更高比例的人反對跨種族婚姻和跨種族收養，質疑員警執法中存在種族不平等的事實。這部著作的研究論證，基督教民族主義者「將川普視為他們受到威脅的權力與價值的捍衛者」，他們支持川普是為了以上帝的名義「奪回美國」，並維護自身正在失去的特權。

《紐約時報》二〇二〇年十月十八日發表的文章指出，在回答「為什麼會有那麼多人支持川普」這一問題時，「經濟焦慮」還是「種族焦慮」是兩種不同的解釋，對此已經有相當多的研究問世，許多學者相信種族因素更為重要。但作者在訪談中發現，「這兩種因素是很難拆解開的」。㉖

實際上，經濟與文化因素難以相互隔離，因為經濟狀況對政治態度的影響，依賴於人們對自身處境所講述的「故事」。關於自我的故事並不是對事實的客觀描述，而是對於事實的認知、感受與判斷，這需要經過文化的「闡釋框架」才得以形成。

社會學家霍希爾德（Arlie Russell Hochschild）在多年前就表達了類似的洞見。她深入到路易斯安那州「茶黨」（Tea Party）的腹地，經過五年的考察訪談寫下《家鄉裡的異鄉人》，試圖理解「美國右派的憤怒與哀愁」。[27]她在茶黨基層成員那裡發現一個悖論：他們會支援有損於自身利益的議員和政策（比如深受環境污染之苦的人，卻支持撤銷聯邦政府環保署的動議），這讓人感到不可思議。她探索他們「看待世界的主觀稜鏡」，發掘了他們的「深層故事」（deep story）——這並不是他們處境的事實，而是他們對自身處境的「仿佛感覺」（feels-as-if）所構成的故事。

這個深層故事以「排隊」的隱喻呈現出來：一群排隊追尋「美國夢」的人，其中大部分是藍領工人，也是白人基督教徒，雖然努力工作但收入下降或停滯。隊伍沒有挪動，在付出極大努力和犧牲之後，他們開始感到沮喪。然後，他們看到了「插隊者」——少數族裔、女性、移民和難民。在他們的主觀稜鏡中，大多數自由派提倡的促進正義的公共政策都是不公平的「插隊」。同時，他們曾經感到自豪的價值與正派生活方式——基督教道德、異性婚姻、愛國的忠誠等等，在自由派主導的文化中成為「過時的」或「歧視性的」偏見，在政治上是不正確的。於是，他們感到自己是「家鄉裡的異鄉人」。

可以想像，他們的憤怒與哀傷是真切的，來自對真實困境的主觀感受，其中不乏固執的偏見，卻並非不可理喻。他們構成川普二〇一六年競選口號中所謂「沉默的大多數」。作者在書中有一封寫給「右派朋友」的信，向他們講述了「自由派的深層故事」，最後告訴他們「在左派一邊有許多人也感到自己像家鄉裡的異鄉人」。霍希爾德如此盡力地要越過「共情之牆」，因為她意識到彌合分裂的緊迫性。她回顧自己的研究後發現，「川普崛起的布景已經搭建完畢，就像點燃火柴前的蠟燭」。

霍希爾德的努力值得尊敬也令人深思。然而，文化解釋與經濟解釋之間分野仍然顯著，這既是社會分裂與政治極化的徵兆，也是其構成性部分。這不僅導致對川普現象的診斷分歧，也為應對方案的選擇帶來挑戰：什麼樣的政治論述和公共政策最有利於彌合美國社會的分裂？如何在刺激經濟增長與促進分配正義之間尋求恰當的平衡？同樣，面對「文化戰爭」的困境，在鬥爭與對話之間、在堅定與妥協之間應當作何選擇？比如，文化菁英把大選中支持川普的七千多萬美國人描述為「投票反對他們自身利益的愚民」，或者斷定「他們大部分是種族主義者」，即便可能是一個正確的判斷，但其政治實踐意涵究竟是什麼？這會使「種族主義」這個詞失去道德分量嗎？會進一步加劇社會分裂嗎？或者最終將推動社會進步？所有這些難題都具有挑戰性。

羅德里克在十一月九日的*Project Syndicate*發表文章，題為「民主黨人的四年緩刑」。[28]他注意到，選舉之後民主黨內部的爭論已經開始，但從這場險勝中很難獲得明確的經驗教訓。在文化與經濟這兩個關鍵議題上，都存在意見相反的批評者：「有人指責民主黨人走得太遠了，也有人指責他們走得不夠遠。」

在文化方面，美國社會的裂痕在「文化戰爭」加深，一方是保守的、主要是白人聚集的區域，一方是所謂「警醒」態度已成為優勢的大都會區域。前者注重「家庭價值」，反對墮胎，支持持槍權。後者強調LGBT的權利，支持社會正義，抵抗「系統性的種族主義」。許多給川普投票的選民認為，民主黨人支持去年反對員警暴力的街頭示威，是在「縱容暴力，並給整個國家抹上種族主義的色彩」。雖然拜登曾謹慎地發言反對示威中的暴力，但民主黨人仍然被指控為「道德嘩眾取寵、詆毀美國中心地區的價值」。但在另一些人看來，對川普的支持仍然持續存在，這本身清楚地表明種族主義與偏執習氣是多麼根深蒂固，針對這種傾向展開鬥爭是「民主黨緊迫的要求」。

在經濟方面上，許多觀察者（包括一些中間派的民主黨人）認為民主黨「走得過於左傾而背離了保守派選民」。然而，共和黨仍然在煽動恐懼——「對於高稅收、有損就業的環境政策以及社會化醫療保障的恐懼」。在美國兩大政黨內仍然盛行「典型的美國神話：政府管得最少、獨行的企業家做得最好」。但在進步派看來，拜登宣導的經濟方案，若以其他已開發國家的標準衡量，根本算不上激進，也許桑德斯和華倫更加強調就業、經濟保障和再分配的想法才符合大部分美國人的願望。

總而言之，這次大選顯然沒有解決長期的爭論：「民主黨和其他中左翼政黨是否應該為了實現競選號召力的最大化來決定他們在文化和經濟問題上立場？」大選也沒有從根本上改變這些政黨面臨的挑戰。在文章最後，羅德里克提醒左翼政黨需要制定務實的方案來解決深層的經濟問題，也需要建立溝通的橋樑來克服主要由文化菁英造成的裂痕，「否則，民主黨人可能會在四年之後再經歷一次驚醒」。

偶像的黃昏尚未來臨

在全球化與新技術的衝擊下，當文化變得更加複雜多樣，既有的本地生活模式被不斷侵蝕，許多人陷入了經濟與文化的困境之中。他們越來越難以理解自身的處境，更無從把握自身的命運，對於受教育程度較低的人群尤其如此。在無以名狀的恐慌與失落中，他們感到挫敗甚至生出怨恨。無論在道德意義上是否正當，他們的感受是真切的。當一個國家中相當大比例的人群感到自己遺忘，而政治建制派忽視或無力回應他們的訴求，民粹主義的煽動家就可能應運而生。

德州大學政治學教授林德（Michael Lind）在二〇二一年一月發表文章〈治癒煽動性民粹主義之道〉，[29]他認為「作為一種政治形式，煽動性的民粹主義往往興盛於這樣的時候——當大量的公民群體感到傳統的政客忽視了他們的利益和價值」。作者列舉許多歷史先例，包括南北戰爭前美國南部的白人農民和工人、十九世紀晚期中西部的農民、二十世紀美國東北地區的歐美「白種人」，以及二十一世紀英國中西部和北部工業地區的白人工人階級。對應於這些「被忽視的群體」，相繼出現一系列「自稱代表無權者對抗腐敗當權者的護民官政客」。這在美國歷史上層出不窮，但此前主要局限於地方和州一級的政壇。川普是第一個成為美國總統的真正的煽動家。

但林德認為，川普無法與希特勒和墨索里尼等法西斯獨裁者相提並論，他沒有獲得軍方、官僚界和學界菁英的真正支持。作者也反對將川普的民粹主義化約為「白人民族主義」。雖然他常常有偏執言論（bigoted remarks），但與二〇一六年相比，二〇二〇年川普獲得白人選票的比例有所下降，而在非白人選民中的支持率有所上升。林德側重於川普現象的經濟維度。在他看來，工業離岸外包與移民產生了輸家和贏家，而美國建制派菁英拒不承認自由貿易和移民帶來的負面問題，這給了川普可以大肆發揮的議題。

但是，歷史上的「民粹主義煽動家們，經常鼓吹一些不切實際的措施來解決真正的問題」，川普也是如此。比如，在美墨邊境修建隔離牆，以及草率地使用關稅，都是花招而不是可靠的政策。「美國歷史表明，根除民粹主義最好的方式是把被疏離的選民們納入主流政治，並以精到的方法回應他們正當的訴求。」作者認為，羅斯福新政是一個可資仿效的例子。新政的改革者們達成許多民粹主義運動要求的目標，但並非借助煽動性的外來者，而是通過制度化的方法來實現。「民粹主義者往往是惡棍，但是他們的追隨者值得被尊重和傾聽。煽動性的民粹主義是代議制民主的一種疾病。治療它需要真正具有代表性的民主。」

然而，林德強調的制度性原因只是煽動家們興起的必要條件，但如何理解他們能夠如此深入地俘獲人心呢？比如，即便在占領國會山莊事件發生後，大多數川普的支持者仍然堅定不移。皮尤研究中心在一月九日所做的調查顯示，在支援川普的選民中，有四〇％認為他無疑贏得選舉，有三六％認為他大概獲勝了，只有七％承認拜登贏得選舉。[30]要充分解釋這一問題，煽動家的個人風格及其追隨者的政治心理也是不可忽視的要素。

《經濟學人》發表題為「川普的遺產」的長篇文章，其中一節的小標題是「給大眾來一場歌舞」。[31]文章評論說，雖然川普推行的政策與雷根之後的所有共和黨領導人有相似之處，「但在許多問題上，他都以異端、極端或兩者兼有的方式脫穎而出，以一種其對手做不到的方式俘獲選民的想像」。

這種俘獲方式要求一種特殊的「歌舞」才藝。著名作家布魯瑪（Ian Buruma）二〇二一年一月八日在*Project Syndicate*發表文章，著重分析川普作為偶像的魔力。[32]作者指出，「川普是一位演藝界的人才」，他在房地產行業實際上是個不斷失敗的商人，真正給他名聲的是一檔電視節目，「他一直利用這個品牌，施展無與倫比的才華用於自我宣傳」。

在這方面，川普讓其他共和黨政客望塵莫及。他以自己特有的才能「精明地利用了在他進入政界以前就已長期存在的問題與怨恨：日益擴大的貧富鴻溝、對移民的恐懼、對伊斯蘭教的厭惡、對少數族裔的仇恨、大城市和金融業不斷增長的支配優勢，以及貧困的去工業化地區和鄉村地區的衰敗等等」。這些問題都曾被其他政客所利用，但他們從未企及川普的「魔力」。

就此而言，川普不是常規的政客，而「更像是一名邪教領袖（a cult leader），一位超凡魅力的煽動家，向其追隨者們承諾拯救，要把他們從一個邪惡的世界（充滿暴力和頹廢的城市、自由派菁英、黑人、同性戀者、移民以及其他有污染性的外來者）中拯救出來。許多人投票支持川普，因為相信他更像是一位救世主（messiah），而不是一名政客」。

布魯瑪的文章揭示了川普得以利用的社會問題，也發現他特殊的煽動能力。但要成為一個「救世主」，他還必須給予「信徒」引導與愛戴。

實際上，川普的魔力還在於，他能夠以最通俗和最簡單化的方式，對所有難題給出明確的解釋並提出有力的解決方案。就業有問題嗎？那是因為「外國搶走了你們的工作」！福利有問題嗎？那是因為「非法移民侵占了你們的權益」！相應的解決方案也就變得簡單明確：以貿易戰贏回「公平的交易」，以及徹底驅逐和阻擋「非法移民」。

川普用簡化過的世界圖景剔除一切複雜性，讓困惑者獲得確定感，用粗暴有力的措施回應錯綜複雜的難題，讓挫敗者看到希望。而且他能以安撫的名義激發哀傷與怨恨，以道德的名義強化認知與道德的偏見，讓所有的憤怒者榮獲「真正愛國者」的美名，並喚起鬥爭的意志，指向他揭出的「人民的公敵」，誓言要「抽乾華盛頓的沼澤」，摧毀「深層政府」，從而「讓美國再次偉大」。這一切才使川普贏得了狂熱的崇拜，使他得以超越尋常的總統，成為令人著魔的偶像，成為一個救世主！

於是，追隨他不僅意味著支持他主張的政策，而且要成為崇拜他的信徒。否則難以充分解釋一些匪夷所思的現象。因為（除非另有圖謀）只有對偶像的崇拜才能讓人相信，造成近三千萬人感染、三十五萬人死亡的疫情災難是虛假資料編造的「假新聞」，其中沒有總統可以問責的過錯。同樣，面對司法程序對幾十起「選票舞弊」起訴審議後的全部駁回，也只有出於崇拜才會斷然否認，這個司法審議的結果是凡人社會可能獲得的「最近似的真相」，因為信徒確信，川普憑藉「超凡之眼」能夠直接洞察全部真相。

對川普的崇拜現象已經受到許多評論家的關注，在CNN、PBS、NPR、Vox、《外交政策》和《華盛頓郵報》等多家知名媒體中也出現相關問題的討論。[33]《浮華世界》雜誌二〇二一年一月二十一日發表了對哈桑（Steven Hassan）的訪談，他在去年出版的著作《川普崇拜》（*The Cult of Trump*）近來引人注目。[34]哈桑認為，對崇拜（或邪教）的判定在許多時候是困難的，因為名人常常會讓人產生近似崇拜的獻身傾向，而川普是「一個極為出色的行銷者、品牌家和社會名流」，這與著名運動隊或流行明星有非常相似的一面。名人確實會吸引崇拜者，但問題在於這些人是否被欺騙和被控制？

在哈桑看來，對川普的崇拜體現為「破壞性的權威控制」，包括四種相互交疊的控制，他稱之為「BITE模式」（其中B代表行為控制，I是資訊控制，T是思想控制，E是情緒控制）。這四種控制有可能將一個人轉變為依賴與順從的崇拜者。雖然川普不是一個宗教人物，但在他的基本盤選民中確實「有一些人以救世主的眼光看待他」。哈桑認為，「川普具有邪教領袖的所有特徵，而他的追隨者也具有崇拜者的品質」。他們始於對一個自戀者全情投入，後來每天吸收「另類事實」來對抗自己的認知失調。

《今日心理學》在二〇二〇年十一月發表謝羅（Hogan M. Sherrow）博士的文章，試圖更為嚴謹地探討「崇拜」現象。[35]謝羅指出，美國歷史上出現過一些明星政治家，從華盛頓開始，有老羅斯福、甘迺迪和雷根，一直到歐巴馬，他們都被視為具有人格魅力的領導人。那麼，給追隨川普貼上「邪教」的標籤是否公平呢？謝羅認為，川普的許多追隨者「符合社會學、宗教和心理學界通常用來認定邪教的標準」：邪教是「一種極端主義或虛假的宗教或教派，受到一個專斷的、魅力型領袖的指引，其成員對他表現出不變的、甚至是宗教性的崇敬」。在美國選民中，川普最忠實的追隨者只占較小的比例。他們傾向於信奉一種非常特殊的愛國主義理念，其中包括孤立主義和仇外心理。他們渴望讓一個所謂「上帝之選」的人物來引領他們。

謝羅進而通過具體例證的分析，論證川普及其追隨者們為什麼符合邪教的典型特徵。追隨者們相信，川普是關於真相的唯一權威，只有他能決定所有政策與實踐。他們熱情而無條件地忠誠於川普，把他的信仰和實踐視為真理和法則，他本人也確認這種理念。追隨者使用公開羞辱或懲罰來壓制同伴中出現的個人主義和懷疑態度，任何對川普或其他追隨者的批評或嘲笑，都會受到懲罰。追隨者群體聲稱川普和他們比其他人優越，認為他們的道路是通往真理和救贖的唯一道路。

但是，「川普的拯救」失敗了。拜登完全可以借用他的句式說：「如果川普做得成功，那麼我就不會進入白宮。」但這並不是值得慶賀的時刻，因為無論是經濟與文化的爭論，還是對川普的崇拜，都沒有隨著大選結束而告終。

在拜登宣誓就職的當天，川普終於離開了白宮，前往佛羅里達州的海湖莊園。但他並沒有從美國的政治舞臺真正退場，而且還有可能捲土重來。二〇二一年二月在第二次彈劾案審理結束之後，川普發表聲明宣稱，「『讓美國再次偉大』的歷史性愛國運動才剛剛開始」。二月二十八日在「保守派政治行動會議」（CPAC）上，川普發表長達九十分鐘的演講，標榜自己過去四年的豐功偉績，攻擊拜登政府一個月以來的所有政策和措施。他再次聲稱自己「已經贏得二〇二〇年大選」，而且將會「第三次擊敗民主黨人」，並否認他將另外組建新政黨的傳言，這暗示在二〇二四年的總統大選中，他將再次作為共和黨候選人參加競選。[36]

據《紐約時報》當天的報導，在對CPAC與會者所做的匿名投票調查中，支持共和黨繼續推進川普政策和議程的人占九五%，希望川普再次參加總統競選的比例為六八%。有五五%的與會者選擇川普為他們偏愛的候選人，位居第二的佛羅里達州州長德桑提斯（Ron DeSantis）僅獲得二一％的支持，而前副總統彭斯沒有參加這次會議，僅獲得一％的支持。[37]資料表明，共和黨內還沒有出現足以與川普匹敵的政治領導人，至少目前如此。「偶像的黃昏」還需要多一些時辰才可能來臨。

《紐約客》的資深作者葛拉瑟曾撰寫每週更新的專欄「生活在川普的華盛頓」，在二〇二〇年底專欄即將結束的時候，她在結語中寫到：「直到並且除非我們對圍繞川普發生的事情做出完整的解釋，否則二〇二〇年就沒有過去，也永遠不會過去。我仍然不願去想起，但我知道忘卻不是一個選項。」[38]

拜登尤其需要這個「完整的解釋」。他承諾「治癒這個國家」，而達成這個目標任重道遠。

難以修復的舊秩序

在過去四年，川普政府的對外政策變化莫測，困擾著世界許多國家，包括美國的盟友。原有的國際秩序受到嚴重的衝擊，也處在一個異常狀態。美國大選的結局帶給許多人些許的安慰——至少驚魂不定的日子終於過去，似乎可以期待一個回歸常態的世界。

但片刻的慰藉很快被新生的憂患所吞噬：原先的常態秩序遠不是一個令人嚮往的世界。至少從十多年前開始，所謂「自由國際秩序」（liberal international order）就一直處於頹勢，遭受的懷疑與批評之聲也連綿不絕。著名學者艾利森稱之為「神話」，米爾斯海默視其為「大幻覺」，還有戲稱其「既不自由、也非國際，而且無序」的譏諷之辭也廣為流傳。

當然，持續討論一個持續衰敗的事物，這本身意味著它衰而未死。作為既有範式的自由國際秩序之所以尚未徹底消失，並不在於其殘存力量仍然強大，而是因為各種替代性的新選項更加令人懷疑或模糊不清。

二〇二〇年似乎到了範式轉換的時刻。在經歷新冠疫情的衝擊與美國政治的危機之後，自由國際秩序的大廈已經搖搖欲墜。世界格局面臨兩種可能的選項：修復既有的秩序，或者創造一種新的秩序。無論作何選擇，其前景都取決於主導國家的意願與能力。

由美國主導的自由國際秩序還有可能修復嗎？新任總統拜登表達了明確的意願。早在二〇一七年一月十八日（川普即將就任的前夕），拜登曾在「達沃斯論壇」上呼籲：「顯然，近年來支持這一體系的共識正面臨來自內部和外部的越來越大的壓力……我們必須採取緊急行動來捍衛自由國際秩序。」[39]

在二〇二〇年競選期間，拜登在《外交事務》三／四月號發表文章，題為「為什麼美國必須重新引領」。[40]文章批評川普「災難性的外交政策」對國際秩序造成的破壞，尤其是對盟友和夥伴關係的損害，以及對民主價值的背棄。拜登構想的國際戰略，在很大程度上回歸到歐巴馬時代的基本方針，但更強調外交決策必須有利於國內政治與經濟的復興，也更注重加固民主國家的國際同盟，並顯示出對美國主要競爭對手更為明確的強硬立場。

二〇二一年二月四日，拜登在國務院發表上任以來首次外交政策的演講，其基本精神與前文一致，主張加強與全球盟友和夥伴的關係，並堅持美國的價值理念。他宣告「美國回來了」，實際上表達了對未來世界的願景：美國將重返其主導地位，致力於修復已經衰敗的自由國際秩序。新政府國家安全與外交政策的團隊主要由民主黨的建制派構成，顯示對這一願景的肯認。

拜登是一位元擅長國際事務的老練政治家，曾擔任兩屆參議院外交關係委員會主席，在長達八年的副總統生涯中，他深度介入歐巴馬的外交構想與實踐。然而，老練穩健的另一面可能是陳腐守舊。他雖然意識到新形勢下的挑戰，但選擇的應對方案卻難以擺脫原有範式的局限。

真正具有挑戰性的問題是：美國還有可能重建自由國際秩序嗎？

閱讀過去一年發表的幾十篇相關評論後會發現，只有極少數論者對此抱有相對積極的態度，普林斯頓大學教授伊肯伯里（G. John Ikenberry）是其中之一。他在《外交事務》二〇二〇年七／八月號發表文章，主張重建「下一個自由秩序」。[41]他的論證主要訴諸「必要性」的理由：世界各國處在複雜而深度的相互依賴之中，「現代性問題」造成的全球危機需要有全球合作的解決方案，自由國際秩序雖有缺陷，但很難找到更好的替代性選項。他建議從一九三〇年代「羅斯福新政」的遺產中獲得啟示，重塑一個以美國為核心、以自由民主國家聯盟為基礎的多邊主義的自由秩序。

然而，對必要性理由的論述無法支持可行性論證。伊肯伯里的文章很少觸及當今背景下美國主導世界秩序的能力問題。正是在這個問題上，大多數專家學者和評論家對自由國際秩序的修復提出了悲觀或懷疑的判斷，其中包括沃塞姆（Stephen Wertheim）、麥克塔格（Tom Mctague）、法蘭科（Jeffrey Frankel）、寇什納（Jonathan Kirshner）、哈斯（Richard Haass）、萊恩（Christopher Layne）、古德吉爾（James Goldgeier）和詹特森（Bruce W. Jentleson），以及迪波曼（Jonathan Tepperman）和札卡瑞亞等人的文章與對話錄（分別刊於《紐約時報》、《大西洋月刊》、*Project Syndicate*、《外交事務》和《外交政策》）。[42]

綜合他們的分析論述可以發現，重建自由國際秩序的努力至少會遇到三方面的阻力。

首先，遠在川普執政之前，已經出現了札卡瑞亞所說的「其餘的崛起」（the rise of the rest）趨勢，表明美國實力的相對衰落。美國的經濟與軍事力量仍然位居世界之首，但在全球的相對權重已經顯著下降。這種衰落將減弱美國提供全球公共財和干預區域事務的能力。另外，雖然美國一直從其主導的國際秩序中獲益，但普通民眾對此缺乏直接的切身感受，他們反而對於為阿富汗與伊拉克這兩場持久戰爭付出的代價更加敏感。大多數美國民眾反對在國際事務上「浪費資源」，贊成「美國優先」的轉向。在民粹主義與民族主義高漲的背景下，拜登「讓美國重新引領世界」的雄心，將面對國內民眾及議會代表的反彈阻力。

其次，自由國際秩序的基礎是歐美之間的「跨大西洋聯盟」。但美國與歐洲的關係已經發生深刻的變化。在過去四年，川普惡化了與歐洲盟友的關係。許多歐洲國家已經體驗到、甚至適應了「失去美國保護」的局勢。同時，美國兩黨的政治極化不斷加深，弱化其外交政策的持續穩定。為了規避美國政局動盪的風險，歐洲也需要降低對美國的依賴。相應地，歐洲追求自主性的訴求日漸高漲，馬克宏宣揚「歐洲主權」的理念，試圖通過歐盟來復興法國的影響力。德國也有意願尋求歐洲的自主性，主要因為德國公眾態度的轉變，以及對進入中國市場的需求。因此，拜登期望與歐洲盟友「重修舊好」從而鞏固「跨大西洋聯盟」的計畫，將會是非常艱巨的任務。

最後，重建自由國際秩序也會面臨來自中國的挑戰。拜登的對中政策尚未完全成型。他聲稱中國是美國「最嚴峻的競爭對手」，但同時表示「只要符合美國利益，願意與中國展開合作」。在二〇二一年二月十九日「慕尼黑安全會議」的線上會議上，拜登呼籲盟友聯合一致，做好「與中國長期戰略競爭」的準備。三月三日國務卿布林肯（Antony John Blinken）在白宮發表長達二十八分鐘的演講，向美國人民介紹新政府的主要外交政策，其中將處理與中國的關係列入八項優先任務之一。布林肯強調，美國面臨著若干國家的挑戰，但來自中國的挑戰與眾不同，這是「二十一世紀最大的地緣政治考驗」，因為「中國是唯一——以經濟、外交、軍事和技術的力量——對穩定和開放的國際體系構成嚴峻挑戰的國家」。他指出，美國與中國關係將會是三種類型並存：「競爭如果應該，合作如果可能，對抗如果必要」，而這三者的共同基礎是「需要從強勢地位與中國打交道」。為此，布林肯重申與盟國和夥伴合作的重要性，「因為我們結合在一起的權重是中國更難以忽視的」。㊸

拜登任命的國家安全與亞洲事務的官員背景，以及他們的公開言論，都顯示新政府傾向於對中國採取強硬立場。但與此同時，絕大多數國際問題專家都強調必須防止中美衝突升級，避免走向「新冷戰」或熱戰。《大西洋月刊》的一篇評論指出，與冷戰時代美國的對手不同，中國已經達到相當水準的財富、活力和技術進步（儘管與美國還有差距）。更重要的是，中國具有蘇聯從未擁有的一種「武器」：能夠在經濟衝突中（借用形容核戰爭的術語MAD）「確保相互經濟毀滅」（mutually assured economic destruction）。在此局勢下，一部分國家希望能同時與中美兩國保持良好關係，它們很難全心投入一個由美國主導但卻排斥或對抗中國的國際秩序。

從哈斯對「後美國世界」的描述，到古德吉爾闡述的「美國並不具有領導世界的天然資格」，都試圖論證美國難以恢復在二十世紀後半葉主導國際事務的能力。拜登聲稱「美國回來了」，但世界已經改變。未來的發展甚至有可能走向兩次大戰之間的格局。

現實主義的戰略轉向

美國外交戰略具有理想主義與現實主義的雙重性，在實踐中也有此消彼長的歷史紀錄。二〇二〇年國際政治論述中出現一種明顯動向，就是預判美國會再次轉向現實主義，體現為全球的戰略收縮（retrenchment）。實際上，美國的戰略收縮在歐巴馬執政時期已經開始，川普只是進一步強化這種趨勢。

蘭德公司在二〇二一年一月發表其「國家安全研究部」（National Security Research Division）的一份報告，題為「實施克制」（Implementing Restraint），副標題為「美國區域安全政策轉向運用一種現實主義的克制大戰略」。這份長達一百八十二頁的報告全面介紹和評估「克制大戰略」的主張，這是與「主流外交政策界」不同的另類選項。[44] 需要注意的是，這份報告本身並不是推舉克制戰略的政策建議，而是試圖解釋，如果選擇這種戰略，美國在關鍵區域的安全政策會發生怎樣的變化，因此是「為了幫助美國政策制定者和大眾理解這一選項」。

報告的作者將克制大戰略的宣導者視為一個學派，他們以現實主義的國際政治理論為指南來構想美國外交的大戰略。與當前主流的大戰略相比，他們對美國利益的界定更為狹窄，對美國面臨威脅的評估也更低。報告援用一個理論模式顯示，在「總體支配」與「孤立主義」兩極之間的連續譜中，存在多種可能的大戰略選項。

美國在冷戰後的外交政策採用了靠近「總體支配」一級的「霸權大戰略」（Hegemonic grand strategies），這需要更高程度的軍事介入。但如果美國在國內外各種制約下無法延續這種戰略，就需要向「孤立主義」一端移動，轉變為「克制大戰略」（Restrained grand strategies），相應地將減少或保持最低限度的軍事介入。

報告總結克制戰略的一些主要觀點。克制派認為，主流外交政策界誇大一些國家對美國的威脅。他們主張，應當更多依靠外交手段來解決利益衝突，對使用武力的門檻要求更高，鼓勵其他國家發揮領導作用，並保留美國的軍事實力用於捍衛自身的重大利益等。克制戰略的一些宣導者尋求與俄羅斯和伊朗展開更多的合作，但對於美國的亞太戰略存在分歧。他們發現在東亞、歐洲或波斯灣地區，一個強大國家的崛起將危及美國的重大利益，但對於如何確認這種威脅正在出現尚未提出指南。由於中國顯著的軍事能力，他們呼籲美國在東亞要比在其他地區發揮更大的軍事作用。

總之，在現實主義的克制大戰略下，「美國將對其他大國採取更具合作性的方式，減少其軍事規模和前沿軍事存在，結束或重新談判美國一些安全承諾」。

報告指出，克制大戰略常常被誤解為孤立主義，但兩者存在明顯的區別。克制戰略認為，美國應該減少在許多地區的介入，但並不主張在任何情況下都停止介入關鍵地區的安全事務，這不同於孤立主義更極端的戰略收縮。報告的作者建議，需要進一步鑑定克制大戰略的核心主張，以驗證和完善其政策處方，並對其風險和代價做出評估。

蘭德公司的這份報告如此認真對待克制大戰略，表明美國的外交戰略界開始重視「範式轉換」的可能，如果拜登無法實現修復國際秩序的構想，可以轉向新的備選方案，實施更為現實主義的戰略收縮。

如果美國完全放棄在國際事務中的領導角色，自由國際秩序終將崩潰嗎？這對美國又意味什麼呢？《外交事務》雜誌將最近四年發表的相關文章彙編成專輯「川普的世界」，收錄專輯的最後一篇文章題為「無賴超級大國：為什麼這可能是一個非自由主義的美國世紀」。[45]作者是塔夫茲大學國際政治專業的副教授貝克利（Michael Beckley），他同時介入智庫的研究工作，還有長達五年學習中文的履歷（其中兩年在中國留學）。這篇的文章視角獨特，觀點新穎，相當值得關注。

貝克利認為，讓美國重新引領世界、修復自由國際秩序的規劃是一廂情願的幻想。但文章沒有沿襲「美國衰落論」的老調，而是指出美國保持強大的另一種前景。

作者否定了主流觀點的默認前提——國家強大必定領導世界，其實兩者之間並不存在必然關聯（正如班級中「學霸」未必要當班長）。他的核心主張是，美國完全可以放棄領導世界的責任，同時仍然保持頭號大國的地位。正如文章標題所示，這樣的美國不再是國際秩序的主導者，而是轉變為一個「無賴超級大國」（Rogue Superpower）；這個世紀也不再是一個自由秩序的世紀，卻仍然是「美國的世紀」，一個「非自由主義的美國世紀」（illiberal American Century）。

貝克利提出三個主要論證：首先，這種前景是對美國傳統的回歸；其次，美國有能力在未來實現；最後，在後冷戰時代，這是最具現實可行性的戰略。

首先，「美國優先」取向的外交政策具有深刻的歷史根源，不會由於川普離任而消失，因為「川普的方式並沒有脫離常軌，而是潛入一種貫穿於美國政治文化的潮流」——美國在其大部分歷史時期中是一個「超然的大國」。

作者分析指出，美國能夠超然獨立地追求自己的目標，因為它與其他強國不同，美國是一個自給自足的國家。到一八八〇年代之後，「美國是世界上最富有的國家、最大的消費市場以及領先的製造商和能源生產者，有浩瀚的自然資源，但沒有重大威脅」。由於其國內的天然優勢，美國幾乎沒有興趣在海外結盟。直到一九四五年之前，美國主要以金錢與物質安全來界定自身的利益，在積極追求這種狹隘利益的時候，幾乎不在乎對其餘世界的影響。那時的美國既不與任何國家結盟（只在獨立戰爭時期與法國有過結盟），也不介入國際組織與體制，而且是世界上關稅最高的國家之一。雖然美國擁護自由主義的價值，但只是選擇性地在國內外運用。

冷戰改變了美國的超然傳統。由於需要強大的夥伴支援來遏制來自蘇聯陣營的威脅，美國鑄造一個聯盟，為幾十個國家提供安全保障以及對美國市場的便捷准入。但隨著冷戰的結束，美國承擔全球領導者的必要性逐漸消失，而其弊端卻日益顯著。雖然有許多政治菁英仍然熱衷於美國的自由主義霸權，但遭到越來越多的美國民眾抵制。

其次，美國有能力重返傳統的超然大國的位置。貝克利的這一判斷依據兩個重要的長程變數：人口結構與技術能力。

世界人口老齡化的總體趨勢非常顯著，但對各國造成的衝擊並不相同。作者著眼於從二十到四十九歲年齡段的「年輕人口」變化，因為他們是最重要的勞動力和消費人群。文章引用資料指出，在未來五十年，世界前二十個最大的經濟體當中，只有澳洲、加拿大和美國三個國家的年輕人口會持續增長。相比之下，中國的年輕人口將會減少二．二五億，占目前總數的三六％之多（日本將縮減四二％，俄羅斯二三％，德國一七％）。印度的年輕人口會增長到二〇四〇年，然後會迅速下降。相比之下，美國年輕人口將會增長一〇％，具有明顯的優勢。

在未來五十年，美國的主要競爭對手需要為養老金和老年醫療投入更高比例的GDP（俄國將增加近五〇％，中國將增加近三倍），這會影響它們軍事開支的能力，從而進一步擴大它們與美國之間的軍力差距。美國因此也更少依賴同盟來確保安全。

與人口結構指標類似，美國的技術能力指標也處在領先地位。在人工智能領域，美國公司和專家的數量是中國（位居第二）的近五倍，其軟體與硬體的世界市場份額也是中國的數倍。美國可以利用先進的自動化優勢，在國內建立垂直一體化的工廠（vertically integrated factories），以此取代龐雜的全球供應鏈。人工智能也將促進許多外包的服務業回流美國。這或許不能增加多少國內的就業機會，但會大大降低美國對海外廉價勞動力和資源的依賴。

基於對人口與技術指標的分析，貝克利認為，美國將重新獲得傳統的自給自足的優勢。目前美國的市場規模已經等於其後五個國家的總和，對外貿和投資的依賴程度幾乎低於其他任何國家。到二〇四〇年，美國將成為全球「唯一擁有持續增長的龐大市場和財政能力的國家，得以支撐其全球性的軍事存在。同時，新技術將減少美國對外國勞動力與資源的依賴，並為美軍裝備新的工具，以遏制其大國對手的領土擴張」，這些優勢將使美國保持其「具有世界支配地位的經濟和軍事的權勢」。

最後，在大部分西方國家經濟衰落的趨勢中，在民族主義普遍蔓延的背景下，由美國主導來修復自由國際秩序的努力，將會在國內外遇到重重障礙，而且對增進美國利益而言收效甚微。因此，美國更可能的選擇，既不是孤立主義，也不是國際主義，而是像一個「無賴超級大國」：「可以保有盟友，但要讓它們為受到的保護付出更多；可以簽署貿易協議，但只與那些接受美國規制標準的國家簽署；也可以參與國際組織，但只要它們的行動有悖於美國利益就威脅退出；也可以促進民主和人權，但主要用來動搖地緣政治對手的穩定。」

貝克利認為，這樣一種更為民族主義取向的對外方針，與主導全球的自由秩序相比顯得「吝嗇而乏味」，但更為現實可行，而且最終也更有效地讓自由世界的聯合起來。

這篇文章實際上為川普的國際戰略提出了正當化的理論闡釋，其分析和判斷或許輕率和片面，但不可忽視作者勾勒的一種可能前景：如果自由國際秩序最終崩潰，美國反倒得以抽身而出成為最大的受益者，憑藉人口與技術的相對優勢，在自給自足的內迴圈中，做一個擺脫國際責任的「無賴超級大國」。

實際上，美國虛偽面具下的無賴行徑早已在無數國際正義之聲的批判下暴露無遺。但是，如果它終於決定丟棄所有虛偽的面具，成為一個赤裸裸的無賴，這個世界的未來會完全被霍布斯的「叢林法則」所支配嗎？這種可能的前景值得關注與警覺。

歐洲的關鍵時刻

新冠疫情對歐洲經濟造成重創。二〇二〇年歐盟接待國際旅客的人數下降七〇％，歐元區經濟縮減近八％，財政赤字從前一年的〇．六％飆升到八．五％。公共債務的比例也從八六％攀升到一〇三％。而疫情的影響至今還沒有結束，經濟復甦至少需要兩年，才可能恢復到疫情爆發前的水準。

歐洲領導人將疫情的衝擊視為「二戰以來對歐洲最嚴重的挑戰」，認為歐洲進入了關鍵時刻。但這不是第一次，也不會是最後一次。近十多年來歐盟多次陷入危機時刻：從歐元債務危機、難民危機到英國脫歐危機。而每當危機爆發，就會看到「歐盟解體」的疑雲遍布，成為生死存亡的時刻。

早在二〇二〇年四月初，哈斯就發出悲觀的預告。他在《外交事務》發表的文章中指出，在疫情的威脅下，每個歐洲國家都只關注本國邊境的管控，幾乎都是獨自應對疫情及其經濟影響。例如，德國一度禁止醫療援助物資和設備的出口，而當時鄰國義大利的死亡人數正令人恐怖地激增。他認為這種「各自為政」的現象顯示，「歐盟的規劃已經失去了動力」。其實，「遠在這場危機之前，人們就對歐洲一體化的進程喪失了熱情（英國脫歐就是明顯的例證）」。[46]

但哈斯的預言過於悲觀了。正如英國脫歐並沒有引發「多米諾骨牌式」的連鎖反應，歐盟沒有繼續放任各自為政的混亂局面，而是提出雖不夠及時卻相當有力的回應措施。五月二十七日，歐盟委員會發布一份經濟復甦提案，名為「歐洲的關鍵時刻：修復以及為下一代的準備」。七月二十一日，歐盟特別峰會達成「歷史性協議」，為大規模經濟復興制定總額為一萬八千兩百四十三億歐元的一系列財政計畫，其中包含一萬七百四十三億歐元的七年長期財政框架預算，以及七千五百億歐元的復甦基金（名為「歐盟下一代」計畫），用於疫情後的經濟紓困與重建。值得注意的是，這是歐盟首次以共同債務的方式借款，以聯盟赤字來應對經濟衝擊。有評論家認為，這項協議對歐洲一體化進程具有里程碑意義。47

實際上，這項復甦計畫來之不易，也經過曲折的談判協商。設立復甦基金的動議，最初由馬克宏在三月提出（Corona-Fonds），但當時沒有獲得其他國家的回應，輿論界也對此持懷疑的態度。出乎意料的是，在經過多次磋商後，德國表達了明確的支持。梅克爾表示，陷入危機的歐洲經濟需要救助，德國也需要一個強大的歐洲經濟來維護自己的持續繁榮。基於這種互惠的理由，她決定支持歐盟成員國共同舉債，避免疫情導致經濟崩潰。五月十八日德法兩國聯合提議建立五千億歐元的紓困復甦基金，歐盟委員會最終追加五〇%的額度，扭轉了歐洲普遍的低落情緒，媒體也予以熱烈的回響。許多評論都援用德國財政部官員的比喻——稱之為歐洲的「漢米爾頓時刻」，意味著歐盟在走向「財政聯盟」的道路上邁出重要的一步。

梅克爾的立場轉變也備受關注。這位沉穩老練的政治家，在面對國內政治派系與民意的壓力下，對歐盟事務時而表現出謹慎猶豫的態度，這與馬克宏熱烈而堅定的歐洲主義立場形成明顯的反差。但梅克爾面對這次危機時刻的選擇，顯示出她是值得信任與尊敬的歐洲領導人。有評論說，她雖然不像馬克宏那樣喜歡談論宏大的歐洲願景，但從未放棄對歐盟事業的支援，她只是需要找到一個最佳的契機，來實現德國與歐盟共同一致的利益。梅克爾將在二〇二一年九月卸任，這可能是她留給歐洲事業最後的政治遺產。

哲學家哈伯瑪斯也被梅克爾的轉變所觸動。二〇二〇年十月，在兩德統一三十週年前夕，九十一歲的哈伯瑪斯發表長達五十頁的文章，題為「三十年之後，德國的第二次機會」，副標題是「梅克爾的歐洲政策變化與德國統一進程」。㊽哈伯瑪斯一直是歐盟事業堅定的捍衛者和理論家，他對馬克宏的歐洲主義理想大加讚賞，也抱有很高的期望。相比之下，對於梅克爾相對保守的立場，他心存疑慮，還曾批評過梅克爾在歐元債務危機時期主導的「緊縮政策」。這次梅克爾在歐洲政策上的變化讓他看到了新的希望。

在哈伯瑪斯的視野中，三十年前東西兩德的統一與歐洲一體化的事業是高度一致的，都要求德國人為歐洲的共同事業放棄狹隘的利己主義。他相信，歐盟需要實質性的深度一體化，才能確立歐洲的主權自治，才能應對全球化的挑戰，同時也才能解決歷史遺留的所謂「德國問題」：歐洲鄰國擔憂，德國可能將歐洲變成一個「德國的歐洲」。哈伯瑪斯認為，只有在歐盟深度一體化的框架中，才能抵制德國國內的極端民族主義勢力，讓「德國的歐洲」的野心，轉變為「歐洲的德國」的理想。而梅克爾的變化正是推動這種轉變的努力，在哈伯瑪斯看來，這是兩德統一三十年之後「德國的第二次機會」。

這項復甦基金方案需獲得二十七個歐盟成員國一致同意，最後提交歐洲議會批准後才正式生效，其中涉及的爭論與談判過程一波三折。起初，方案遭到「節儉四國」（奧地利、荷蘭、瑞典和丹麥）的反對，對基金的規模、來源和使用方式等問題提出質疑。隨後又遭到匈牙利和波蘭領導人的抵制，他們拒絕方案中附加的「法治條款」（要求成員國政府以「遵守法治」為前提條件才能使用這項基金）。由於這兩個國家曾有涉嫌違背歐盟法治標準的行為，引起過不少爭議和司法糾紛，但在它們的領導人看來，這項法治條款限制具有特定的針對性，威脅成員國的主權原則。

在幾個月的談判過程中，梅克爾發揮了重要作用（她當時擔任歐洲理事會的輪值主席），最終在成員國之間達成折中方案。二〇二一年二月十日，歐洲議會批准了六千七百二十五億歐元的基金方案RRF（Recovery and Resilience Facility），這是七千五百億歐元復甦計畫的主體部分。

無論是復甦計畫的啟動，還是其艱難的談判過程，都反映出歐盟長期存在的結構性難題，包括南北歐洲國家之間的差異，歐盟新老成員國之間的矛盾，在缺乏真正財政聯盟的條件下，歐洲共同市場與貨幣同盟難以協調治理的困境，歐盟治理與各成員國主權之間的緊張，以及在文化上歐洲主義者與「疑歐派」之間的衝突。這次歐盟的復甦計畫突破歐元債務危機時期的政策限制，首次實現成員國之間的債務共擔與轉移支付，但這未必是邁向財政同盟的制度化進展，也可能只是應對經濟瀕臨崩潰的一項臨時性舉措。

在六月初《金融時報》首席評論家沃夫發表評論指出，這項復甦方案展示了德法兩國領導人「決心用盡一切努力來維護歐盟」，對歐盟更長遠的未來具有變革性的意義。但這項措施並不是致力於讓成員國「信奉財政義務的議程」，而且因為「歐盟缺乏一個聯邦政府的程序，預算方案必須經由全體同意才能致通過」，因此這並不是嚴格意義上的「漢米爾頓時刻」。但沃夫認為，這項方案展現了歐盟的團結，也創造了一種由歐盟稅收來資助的獨特經濟手段，「在象徵意義上邁出進展的一大步」。㊾

被譽為「歐洲一體化之父」的讓·莫內有一句名言：「危機是最偉大的聯合者。」每當歐盟的事業出現危機，都是對所謂「莫內方法」的一次考驗。在這次危機中莫內方法仍然有效：團結與共識最終壓倒疏離與分歧，歐洲一體化似乎又迎來雲開霧散的景象，直到下一次危機的來臨。

英國在二〇二〇年一月三十一日啟動脫歐程序，經過十一月的「過渡期」之後，在十二月三十一日正式脫離歐盟。距離英國「脫歐公投」（二〇一六年六月二十三日）已有四年半之久，對於脫歐的是非與得失仍然存在著爭論。

《德國之聲》十二月二十五日發表評論說，強森首相執迷於陳舊過時的國家主權觀念。在當今世界，每一個參與國際組織與協議的國家都會受到約束，從而讓渡一小部分主權，但同時也在合作中受益，這並不意味著國家就失去獨立和主權。因此，對於英國終於能「拋開歐盟的枷鎖」再次獲得獨立的期待是誤導性的謬論。英國並沒有在全球貿易談判獲得任何優勢，對於中國和美國（這兩個歐盟之外的最大交易夥伴）甚至還沒有協議的蹤影，英國確實與日本和新加坡簽署了協議，但幾乎照抄歐盟與這兩個國家已經商定的協議。文章的結論是，脫歐是一場騙局，英國如果留在歐盟其實會更好。[50]

那麼，英國脫歐只是偶然的事件還是有其必然性？政治經濟學家、英國上議院議員斯基德爾斯基（Robert Skidelsky）認為，英國脫歐反映出歐盟本身的結構性矛盾，並非偶然事件。[51] 二〇二一年一月十八日，他在*Project Syndicate*發表文章指出，人們很容易將脫歐看作前首相卡麥隆「戰術性誤判」造成的結果，但事後回顧來看，英國離開歐盟有其「不可避免」的因素。

破裂肇始於一九九二年，英國堅持保留英鎊，拒絕加入「馬斯垂克條約」所建立的「經濟與貨幣聯盟」（EMU）。而在歐元區危機之後，歐盟嘗試性開展聯邦主義式的國家建構（包括邁向財政聯盟、銀行聯盟以及擴展歐洲央行的功能），以增強歐盟委員會、歐洲理事會和歐洲央行的監督權和監控權。就此而言，脫歐派正確地預見「歐盟經濟結構中的聯邦主義邏輯」，他們對此持有異議。

但問題在於，聯邦主義真的是歐洲的宿命嗎？許多聯邦主義者相信，「如果歐盟的二十七個成員不能徹底推進達到政治聯盟，歐洲就將完全退化為民族國家的簡單疊加」。但斯基德爾斯基認為，這種非此即彼的二元論選擇是錯誤的。實際上，歐洲有多種可能的前景。比如，德國前財長朔伊布勒（Wolfgang Schäuble）曾提出一種「可變幾何」（variable geometry）的歐洲：歐盟的核心成員國走向充分聯邦化，而地中海國家可選擇更具彈性的安排。另外，政治學家帕布斯特（Adrian Pabst）提出過一種「現代化版本的封建制」：一種基於社會關係的現實而非法律契約的歐洲，由「混合體制、重疊司法轄區、多重成員身分、多中心權威以及多層級治理」組成的歐洲。這是一種公民社會的前景，它能夠承擔所有必要的經濟管理任務，而無需那種聯邦主義者相信必不可少的中央控制。

作者相信，「假如歐洲沿著這些路線演化，英國可能不會那麼疏遠歐盟，因為歐盟本身就會不同」。但這些具有吸引力的模式沒有成為現實，可能有多種原因，其中重要的顧慮是「封建制」不利於技術進步與經濟增長。在歷史上，首先實現經濟起飛的是西北歐出現的統一民族國家。而今天的民主國家需要成功地結合地方主義和集中化的控制，後者是經濟增長與平等的基礎。「也許歐洲能夠實現這種結合，但英國脫歐表明，我們還沒有找到這條路」。

關於「歐洲的未來」，德國《時代》週報二〇二〇年三月發表作家拉杜納（Ulrich Ladurner）的訪談。[52]他強調「歐盟是一個在建工程的經典範例，一個結局開放的過程」，可能正走在通向聯邦國家的路途中，但這條道路漫長而艱辛，並且無法確定是否能抵達這個最終目標。

德國人願意超越民族國家，致力於歐洲的事業，因為他們從歷史中汲取了教訓，不過也可以說，這是由於歐盟「給了德國人一次擺脫自己歷史的機會」。但其他國家並不熱衷於「超越民族國家的方案」，許多歐洲人曾以自己民族的名義來抵抗納粹，他們對歐洲的願景常常與德國人不同。在另一方面，歐盟正逐漸獲得能力在世界舞臺上代表歐洲的利益。「如果歐洲想要保持自由，就必須擁有主權」。但獲得這一主權的方式是日復一日、緩慢積累的進步過程。「那些沒有耐心的人應當明白，歐洲是這樣一種理念，民族國家之間能夠為了相互受益而合作，有時更為密切，有時則不然。這聽起來平淡無奇，但到目前為止這是現有的最好理念。」

馬克宏的反擊

英國脫歐之後，法國成為歐盟唯一的聯合國安理會常任理事國，而且隨著梅克爾的任期即將結束，馬克宏已被視為歐洲最有影響力的政治領導人。他本人對此有明確的自覺意識。二〇二〇年十一月十六日《歐洲大陸》（*Le Grand Continent*）雜誌刊登對馬克宏的長篇訪談，同時以六種語言發表，題為「馬克宏綱領」（The Macron Doctrine）。[53]

透過新冠疫情的蔓延以及恐怖主義攻擊事件，馬克宏看到當代世界的結構性危機。他批評幾十年來「金融化的資本主義」的弊端，造成對氣候與自然環境的破壞，加劇社會的不平等問題。他因此提倡以新的「巴黎共識」取代陳舊的「華盛頓共識」。從反思新數位技術對公共文化的影響，到探討地緣政治變化對國際秩序的挑戰，馬克宏再次強調歐洲主權與戰略自主的重要性，主張需要「一個強大和政治化的歐洲」來防止美中兩國形成雙壟斷的格局，避免回到區域大國的敵對狀態。他試圖建立一個國際事務的新框架，一方面「重新回到實用的國際合作道路」，以防止戰爭並應對當前的挑戰，一方面在世界舞臺上增強「歐洲自己的聲音、力量和原則」。

同時，馬克宏關切歐洲價值的普遍性所面臨的威脅。俄羅斯等威權國家助長了價值相對主義，而宗教激進勢力形成了特殊主義的意識形態，對共和國的政治原則造成衝擊。他堅持法國尊重宗教自由，「所有公民都能夠如其所願實踐他們的信仰」，但強調共和國賦予公民的權利必須得到完全的尊重，「因為我們首先是公民」。馬克宏期望在整個歐洲展開辯論、對話和反思，來澄清這些複雜的重大問題，確立其中的共同利益與力量。最後，他相信「存在一個有待創造的世界，我們已經在創造，但我們需要更清晰地展現它」。

在這篇長達二十九頁的訪談中，這位四十三歲的法國總統顯露他的視野與抱負，表達對重大議題的思考與立場。馬克宏的年輕氣盛以及哲學氣質容易給人留下「魅力型政治家」的印象，但也會讓人懷疑他在高談闊論之外的務實能力。然而，在過去幾個月的一項立法動議中，馬克宏顯示出一種堅定（或專斷）的執政能力，有人欽佩也有人質疑。

法國國民議會於二〇二一年二月十六日表決通過「支持尊重共和國原則」法案，隨後將提交由保守派主導的參議院審查，幾乎會沒有懸念地通過。這項法案不僅是對四個多月前「黑色十月」恐怖攻擊的回應，而且是一個標誌性的政治抉擇：重申共和主義作為法國公共生活的至上原則，更為嚴格地限制宗教信仰與實踐對政治領域的影響。

這項法案包括五十一個條款，其核心是維護政教分離的共和傳統，強化「宗教中立性」的原則。據《外交政策》發表的文章介紹，法案不僅禁止公務人員，而且還禁止公共服務的所有私營合同者「分享他們的政治見解或者佩戴其宗教的表徵物」，允許法國政府部門為阻止傳教者散布仇恨而暫時關閉禮拜場所，要求接受外國資金的宗教性社團必須提供嚴格的審計，獲得公共資助的社團必須顯示它們遵循「自由、平等、博愛以及尊重人的尊嚴的原則」，對學齡兒童「在家上學」的申請予以更嚴格的限制。同時，法案明確將以罰款與入獄來處罰某些特定行為，包括懷有傷害意圖在網上傳播公共部門雇員的個人資訊，以及對未婚者提供所謂「貞操檢查」的醫學認證。54

這項法案的文本沒有提及任何特定的宗教，但其緣起的背景暗示著指向「伊斯蘭主義」（Islamism）的針對性。伊斯蘭主義是一種政治意識形態，在概念上嚴格區別於伊斯蘭教（Islam），但在實踐中總有人試圖將兩者關聯起來。法國是穆斯林人口最多的西歐國家（大約有五百多萬），伊斯蘭教是法國的第二大宗教。法國數十年來致力於與穆斯林的文化融合與政治同化，但日常可見的文化衝突與時而發生的暴力事件顯示，法國仍然面臨著極具挑戰性的問題：如何在尊重文化差異和保障宗教自由的同時，堅守遵循作為立國之本的普遍共和原則？

這個難題在二〇二〇年再次凸顯。十月中旬，中學教師帕蒂（Samuel Paty）為了講解法國言論自由的特點，在課堂上展示《查理週刊》諷刺伊斯蘭教先知穆罕默德的漫畫，他後來在巴黎郊外被極端分子斬首殺害。十月二十九日，南部城市尼斯的一座天主教堂又遭到恐怖攻擊，導致三人死於兇手的刀下。這兩起事件震撼法國，再度激起關於如何控制宗教極端化等議題的爭論。

早在襲擊事件發生之前的十月二日，馬克宏總統就發表了演講〈與分裂主義鬥爭〉。55在後來的多次演講中，他以更為強硬的態度直接抨擊「伊斯蘭分裂主義」（Islamist separatism），認為這是一場事關共和國價值的「生死存亡的戰鬥」。在他的闡釋中，「伊斯蘭分裂主義」是指法國穆斯林社群存在的一種現象：以源自其宗教實踐的律法與習俗來取代國家的民事法，這實質上在法國形成「兩個平行的社會」，因此稱之為「分裂主義」。

馬克宏的這一觀點主要受到凱佩爾（Gilles Kepel）的影響，他是阿拉伯裔的法國政治學家，以研究伊斯蘭問題而著稱。據《經濟學人》的文章介紹，凱佩爾認為，部分穆斯林社區形成一種「飛地」，分裂著西方社會，強化了「伊斯蘭恐懼症」，也成為全球性「聖戰」組織招募戰員的場所。在二〇一二至二〇一八年之間，有兩千多名法國公民前往敘利亞參加「聖戰」，有兩百五十多人在法國的恐怖攻擊中喪生。[56]

馬克宏總統在二〇二〇年十月提出動議，為「反分裂主義」立法。十二月九日法國政府正式提出法案的初稿，經過多方討論修改，最終形成「支持尊重共和國原則」法案。在這項法案的動議與討論過程中，馬克宏政府遭到許多穆斯林國家的民眾抗議與領導人的譴責。土耳其總統艾爾段說「馬克宏需要接受精神治療」，並呼籲抵制法國產品。巴基斯坦總理伊姆蘭汗認為馬克宏的言論煽動了「伊斯蘭恐懼症」，而馬來西亞前總理馬哈迪宣稱，穆斯林有權「殺死數以百萬計的法國人」來回應他們所遭受的「不尊重」。[57]

在法國國內，這項法案也受到一些穆斯林群體和左翼議會代表的批評抗議。《經濟學人》十二月發表一篇文章，綜合介紹各種批評意見。[58]許多人擔心，這項法案實際上是在針對伊斯蘭教。有些人懷疑，該法案將太多的權力移交給國家，並且侵犯了「世俗原則」（laïcité）本應保障的宗教實踐權利。也有人批評政府誤將保守的宗教性當作險惡的意圖，而無視法國貧民窟背後的結構性種族主義，認為馬克宏過於重視針對伊斯蘭主義的鬥爭，但至今為止忽視他反擊種族歧視的承諾。還有人指責他不僅反對伊斯蘭主義，而且反對宗教本身。但極右翼政治家勒龐卻認為，馬克宏動議的這項法案在這場「意識形態戰爭」中過於軟弱無力，無濟於事。

面對國內外各種質疑與抗議的聲浪，馬克宏以明確而強硬的言辭予以回應和反駁，他改變以往相對模糊也更有彈性的立場，義無反顧地推動這項立法。

二〇二〇年十一月十二日，馬克宏打電話給《紐約時報》專欄作家史密斯（Ben Smith），指責美國媒體對於恐怖攻擊以及法國的回應發表了帶有偏見和誤解的報導。三天之後，史密斯發表專欄文章，對這次電話交流做出介紹和評論。[59]馬克宏認為，英美媒體「指責法國而不是那些殘忍實施恐怖攻擊的兇犯」。當看到一些文章將「暴力正當化」，並認為問題的核心在於「法國是種族主義的、伊斯蘭恐懼症的國家」，馬克宏深感震驚；發表這些文章的記者和報刊來自與法國共用價值觀的國家，來自作為啟蒙運動和法國大革命的繼承者的國家，這讓他感到這些媒體「已經喪失了基本原則」。在與史密斯的對話中，馬克宏試圖澄清美國人對「法國模式」的誤解：「美國曾是種族隔離的社會，後來才轉向多元文化主義模式，其實質是不同族裔和宗教的共存。」而法國模式是「普遍主義而非多元文化主義的模式」，始終強調公民不能依據其文化身分作類別區分，膚色與宗教信仰無關緊要，「一個人首先是公民」。

在這種「理論對話」之外，馬克宏還以他的雄辯和政治影響力迫使一些媒體撤下已發表的不當或不合時宜的言論：包括英國《金融時報》的文章，批評「馬克宏向伊斯蘭分裂主義宣戰只會進一步分裂法國」；美國*Politico*雜誌歐洲版的文章，題為「危險的法國世俗主義宗教」；以及美聯社的一條推文，試圖解釋「為什麼法國在穆斯林世界『煽動』（incites）憤怒」。在與馬克宏通話的最後，史密斯反問：「這種對美國媒體的抱怨本身是否有點川普的風格——通過高調攻擊媒體來推進自己的議程？」馬克宏似乎退縮了，解釋說只是為了澄清誤解。

在國內，馬克宏於十一月十八日向「法國穆斯林信仰委員會」（CFCM）提出「最後通牒」：要求後者在十五天內制定一份「共和國價值憲章」，敦促其各組成團體致力於「根除極端主義」，明確承諾伊斯蘭教在法國是非政治性的，且不受外國干涉，否則會「引發後果」。根據BBC的報導，馬克宏甚至點名CFCM下屬的九個聯合會中，有三個對於「共和國價值」持「模稜兩可」的立場，因此有必要結束這一局面。[60]

CFCM的職能是代表法國穆斯林團體與政府溝通對話。經過艱難的辯論和協商，委員會主席穆薩維（Mohammed Moussaoui）與兩名副主席共同完成了一份「共和國價值憲章」。穆薩維於二〇二一年一月十七日發表聲明宣布，委員會下屬的九個組織已正式接受該憲章，並成立「全國伊瑪目委員會」（CNI），負責登記並管理法國全國的伊瑪目。[61]

《經濟學人》的文章指出，馬克宏「對伊斯蘭主義的強硬立場可能在海外遭到批評，但很可能受到國內的歡迎」。這項法案在法國享有廣泛的支持，來自主流左翼和溫和的右翼，也有穆斯林領導人表達支持。穆薩維認為，這些措施的總體目標是「讓法國的穆斯林安心」，因為極端分子是「非常邊緣的少數人」。也有些支持者是出於現實主義的考量。法國伊斯蘭基金會（一個尋求「進步伊斯蘭」的世俗組織）負責人班謝赫（Ghaleb Bencheikh）博士在電話採訪中表示，這項方案對於反對宗教極端主義是「不公卻必要的」（unjust but necessary）。[62]

在過去四個多月中，法國學者與知識分子的相關討論也非常活躍。在帕蒂被害後的十月二十四日，有一篇四十九人連署的文章發布於《星期日報》（*Le Journal du Dimanche*）的論壇，要求政府翻過「與激進伊斯蘭妥協」的歲月，恢復「完全徹底的世俗主義」。[63]文章的連署人包括著名哲學家巴丹德（Elisabeth Badinter）和高切（Marcel Gauchet），作家佛雷斯特（Caroline Fourest）和《查理週刊》的律師馬爾卡（Richard Malka），以及「共和之春」運動的活動家。

文章譴責殺害帕蒂的兇手是「在激進伊斯蘭宗教處決的律法儀式中，以最野蠻和最具表現力的方式」實施暴行，旨在「破壞法蘭西共和國的民主基礎」。連署作者表示，「今天要在一九〇五年法律的基礎上重建整個政教分離的大廈」。文章還抨擊一些「遠離這場深刻的大眾民主運動」的人，他們「三十年來試圖說服法國人相信，他們對一切都有罪，如果他們死於子彈和刀刃，那是他們的錯，而不是刺客的錯」，指責「這些人已經放棄對世俗主義的捍衛，甚至不斷與其對手站在一邊」。文章最後表示，帕蒂的「死亡是一次電擊，賦予法國人力量，不再接受那些不可接受之事」。

一週之後，《世界報》發表了一百多位著名學者連署的公開信，宣稱「關於伊斯蘭主義，對我們最大的威脅是頑固的否認」。公開信堅決支持教育部長布蘭克（Jean-Michel Blanquer）不久前引發爭議的言論，他聲稱「高等教育中存在非常強大的伊斯蘭—左派（Islamo-leftist）思潮，帶著有害的思想影響」，是一種導致最壞結果的意識形態，並表示「這些理念常常來自別處，來自身分政治」。公開信的作者將宗教極端主義的思想部分地歸咎於從美國引進的學術理論，特別是本土主義、種族主義和後殖民主義的理論。批判這類意識形態激發「反白人的種族主義以及對法國的仇恨」，這些「反西方教條」與「政治正確」對大學構成嚴重威脅，言論自由的尺度急遽縮小。連署人要求教育部「採取措施檢測伊斯蘭主義的趨勢，以明確的立場反對他們背後的意識形態，並鼓勵我們的大學投入捍衛世俗主義和我們共和國的鬥爭」。64

如此看來，法國似乎正在興起一場肅清美國「思想污染」的運動。《紐約時報》記者大西哲光（Norimitsu Onishi）追問：「美國的思想正在撕裂法國嗎？」他以此為題在二〇二一年二月九日發表文章指出，法國的「政治家和著名的知識分子認為，來自美國的關於種族、性別和後殖民主義的社會理論，對法國身分和法蘭西共和國構成了威脅」。這種威脅是生死攸關的，它助長分裂主義，侵蝕民族團結，縱容伊斯蘭主義，攻擊法國的思想與文化傳統。然而作者的調查分析顯示，這並不是一場兩國之間的理念衝突，法國與美國各自的學術思想界內部都長期存在著類似的分歧與爭論（特別是對於身分政治、種族主義、「政治正確」、警醒文化與取消文化等議題）。只是在當前的輿論形勢下，法國更為左翼的進步主義思潮處於相對弱勢。(65)

美國保守派評論家考德威爾（Christopher Caldwell）表達了不同的看法。他在二〇二一年三月五日的《紐約時報》發表文章，題為「這是法國智識生活的終結嗎？」。作者追憶法國「最具聲譽」的知識分子評論刊物《論辯》（*Le Débat*），去年夏季它在創刊四十週年的紀念日宣告停刊。這份刊物的主要作者與編輯包括政治哲學家高切（刊物主編）、哲學家芬克爾克勞特（Alain Finkielkraut）、馬農和小說家韋勒貝克（Michel Houellebecq）等人。這些中間派或偏左翼的著名學者與作家，在最近十多年已被年輕一代貼上「保守派」甚至「反動派」的標籤。考德威爾由此感歎，法國的「論辯文化受到從美國引進的更意識形態化、更注重身分認同的模式影響」。在他看來，法國最近的「右轉」只是對長期左傾化的一次反彈。(66)

反諷的是，人們通常感知中「更為左傾」的法國現在似乎站到了美國的「右邊」。曾幾何時，在傅柯和德希達的時代，是美國從法國引進「先進思想」。但今非昔比，美國思想已經足夠進步，再也無需關注法國的思潮。作者注意到，美國沒有任何主要報刊提及《論辯》停刊的消息。他最後寫道：「美國人仍然可能從法國學到一些經驗教訓，只要我們帶著正確的問題來對待它。一個起步的好問題可能是：近幾十年來的美國學術界，連同它所承載的文化與培育的政治行為，在更開闊的世界裡，究竟是一種智識自由的力量還是相反？」

考德威爾的言下之意是，美國也應該學習法國抵制激進左翼的思潮。然而，簡單的「左右分野」從來無法完全把握思想論辯的內涵。比如，對馬克宏頗有影響的凱佩爾屬於右翼保守派嗎？

但他在研究中關注的一個焦點是，一些脫離「國家管轄」的穆斯林社區，形成了一個「反社會」，剝奪了女性與LGBT等弱勢和邊緣人群的基本權利與尊嚴。這種關切本身帶有鮮明的進步主義標誌。在此呈現的立場混雜與錯位並不容易解決，也對激進政治理論的發展提出新的要求，有必要探究具有「交叉性」（intersectionality）的弱勢群體在文化實踐中面對的複雜困境及其多種應對的可能。

哈達德（Benjamin Haddad）是智庫「大西洋理事會」未來歐洲計畫的負責人，他在《外交政策》二〇二〇年十一月刊發表文章，認為美國自由派的批評家誤解了法國面臨的危機。[67]文章指出，將馬克宏的鬥爭與極右翼政治相提並論完全錯失要點。馬克宏十分謹慎地區分法國的穆斯林：一面是熱愛和平的絕大多數穆斯林，另一面是威脅共和國的極少數激進派，而極右翼政治勢力恰恰拒絕這種區分。因此法國的司法部長駁回來自勒龐的「國民聯盟」（National Rally）實施緊急措施的呼籲，堅持法治是唯一可能的解決辦法。「對許多法國自由主義者來說，這場鬥爭與反對極右翼的鬥爭密切相關，兩者都是在捍衛自由民主的價值，反對不自由的意識形態」。馬克宏自己承認，法國在融合穆斯林族裔以及處理種族主義和歧視問題方面，仍然存在缺陷。但是，「將襲擊和極端主義的興起歸咎於法國政府或世俗主義，顯示出一種危險的道德混亂」。

文章最後指出，「二〇一七年，在英國脫歐和川普當選之後，在經歷兩年的恐怖攻擊和結構性經濟困難之後，法國選民選徹底擊敗了極右翼，並選擇一個中間派、親歐洲的政府。今天，法國是另一場針對反自由主義鬥爭的前線，以同樣的價值觀指引這場鬥爭。它應該得到比來自朋友的否定和指責更好的對待。」

如果說近來的「文化戰爭」在美國加劇思想的兩極對立，那麼在法國則形成相當多數的中間派。二〇二〇年十月「法國公共輿論研究所」（Ifop）的調查顯示，在受訪者中有八九%認為「恐怖威脅嚴峻」，有八七%認為「世俗主義處於危險之中」，有七九%認為「伊斯蘭主義已經向共和國宣戰」。[68]

在這個意義上，「專斷的」馬克宏並不是「帶著人性面具的川普」。他針對伊斯蘭分裂主義的鬥爭並沒有撕裂社會，恰恰相反，他凝聚了民意。不少評論者批評馬克宏的立法動議旨在「拉攏右翼選民」，只是為了能在二〇二二年的總統大選中贏得連任。這種指控貌似有理，卻沒有反問自身：「否則如何」？任由這些選民被勒龐的「國民聯盟」俘獲嗎？那麼勒龐不會成為一個「法國的川普」嗎？在美國失敗的地方法國成功了。雖然國情有所不同，但美國的自由派在急於教訓法國之前最好更深刻地吸取自己的教訓。

在這個複雜與易於分裂的時代，塑造並實施一個價值立場鮮明且具有凝聚力的中間派政綱，這是馬克宏政府難以低估的成就。

第二部分——

對話中國

現代民主與公民政治

——桑德爾教授訪談錄

邁克・桑德爾（Michael Sandel）是美國著名的政治哲學家和公共知識分子，被公認為「社群主義」的主要代表人物之一（他本人對此有所保留）。桑德爾在牛津大學獲得哲學博士學位，從一九八〇年開始就一直在哈佛大學任教，目前是哈佛大學政府系Anne T. and Robert M.Bass教授。二〇〇七年五月底，桑德爾到上海訪問並進行演講，我們曾有過愉快的交談。十二月我到哈佛大學拜訪他，現場觀摩了他講授的本科生課程「正義」（這是哈佛有史以來註冊學生最多的課程），還得到他惠贈的兩本著作《民主的不滿》（*Democracy's Discontent*）和《為什麼我們需要公共哲學》（*Public Philosophy*）。二〇〇八年江蘇人民出版社出版了《民主的不滿》一書的中譯本，在我的提議下桑德爾教授接受了這次訪談。

劉擎：中國學術界和讀者對你是有所瞭解的。你的著作《自由主義與正義的局限》（*Liberalism and the Limits of Justice*）二〇〇一年在中國翻譯出版，二〇〇七年你又到中國進行了學術訪問，最近《民主的不滿》又出版了中譯本。我們仍然想更多地瞭解你的思想歷程。作為政治哲學家，你的學術生涯開始於第一部著作的巨大成功，這本書是在你博士論文的基礎上修改完成的。在這個學科領域中，很少有博士論文產生過如此顯著的影響，不僅羅爾斯本人予以高度重視，甚至還引起了歐克秀（Michael Oakeshott）的關注（他幾乎不讀當代學者的作品），而當時你還不到三十歲。在你看來，是什麼因素造就了這樣不同尋常的成就？有什麼特別值得一提的故事嗎？在哪些方面，你受到了你當時的導師查爾斯・泰勒的影響？

桑德爾：我對政治哲學的興趣是由對政治的興趣萌發的。在我還很年輕的時候，我就格外關注媒體對總統競選活動的報導。讀大學的時候，我學的是政治、歷史和經濟，當時我以為我會成為一名報導政治問題的記者，或者可能會去參選公職。在大學最後一學年之前的那個暑假，我在華盛頓特區打工，做一名政治記者。那是一九七四年的夏天，當時「水門案」醜聞敗露，美國國會正在展開辯論，是否因為尼克森總統的濫用權力而彈劾他。我報導了彈劾案的聽證過程，也報導了最高法院的決議案，要求尼克森總統交出他與幕僚之間關於水門案的對話錄音帶，作為證據。這是一段引人入勝的經歷，讓我能近距離地觀察一個令人興奮的政治時刻。大學畢業之後，我得到一筆獎學金，使我有機會到英國牛津大學就讀研究生。我當時以為，我只是用一個學期的時間來學習政治哲學，然後就會重新回到對政治和經濟更為經驗性的研究方向上去。但是，政治哲學把我給迷住了。在第一個假期，記得那是一九七五年十二月，我和幾個朋友去西班牙南部旅行，隨身帶了四本我要讀的書：約翰．羅爾斯的《正義論》、羅伯特．諾齊克的《無政府、國家與烏托邦》（這本書對放任自由主義和自由市場做了一個哲學上的辯護）、漢娜．鄂蘭的《人的條件》以及康德的《純粹理性批判》。回到牛津的第二學期，我選了有關康德的指導課（tutorial）。後來我繼續學習其他的政治哲學家，包括霍布斯、洛克、盧梭、黑格爾、早期馬克思、亞里斯多德以及史賓諾莎。特別幸運的是，我能在查爾斯．泰勒的指導下學習，那時候他對我有很大影響，而我對他始終是極為欽佩的。我最終在牛津度過了四年時間，完成了博士論文，討論羅爾斯和康德所發展的那種自由主義政治哲學，並對這種版本的自由主義展開了批判，這後來成為我的第一部著作《自由主義與正義的局限》。

劉擎：在《民主的不滿》一書中，我感到你有兩個重要的變化進展。首先，你仍然繼續對康德派的自由主義展開批判，在哲學上針對其關於自我的不恰當觀念，在政治上反對其國家道德中立的政治原則，但與此同時，你試圖提出更為正面的或者說更有建設性的另類方案，在此你汲取了公民共和主義的傳統。其次，當代大多數與古典共和主義復興有關的論述（比如史金納和佩迪特的作品）主要是純粹學院派的寫作，而你的這本書似乎有意識地要超出「純粹學術」的限制，面對更廣泛的讀者（包括一般公民）。在我看來，這兩個方面的進展實際上使你處於一個非常獨特的位置：你成為一個倡導新的（基於共和主義的）公共哲學的重要公共知識分子。那麼，兩個進展背後的主要意圖是什麼？這與你對「何為民主」以及「政治哲學在公共生活中有何作用」等問題的理解是否有所關聯？

桑德爾：是的，你的觀察是準確的。《民主的不滿》試圖針對兩種讀者——學者和公民。對於學者而言，這本書繼續展開關於自由主義政治哲學的爭論，提出一種借鑑了公民共和主義的另類方案。但這本書也面向學術界之外的公民。因為我感到，人們雖然獲得了更大的物質繁榮，但卻體驗到一種共同體的失落，體驗到一種越來越嚴重的無力感，這時候就會產生不滿，而這本書試圖對這種不滿予以診斷。在我看來，政治哲學不只是去研究過去的思想家和各種思想傳統，它也與當下相關。政治哲學的目的是對那些影響我們公共生活的各種前提作出批判性的反思，並且去促進這種反思。在民主社會中，要做一個合格的公民就要介入這種反思。民主社會的公民必須（至少在一定程度上）涉獵政治哲學。

劉擎：這部著作最初發表在一九九六年，至今已經十多年了。但隨著全球性資本主義的持續擴張，它所關切的主要問題在今天甚至更為突出，與公共生活（不只是在美國）具有更為緊密的相關意義。在許多方面，不同國家的人們都有某種無力感，都體驗到共同體的潰散以及道德的衰落，或者說都有相似的不滿。對於尋求新的公共哲學的人們來說，公民共和主義的確具有某種吸引力。但是，論及復興共和主義的傳統，我們也面對許多問題和困難。首先，有一種看法認為，復興公民共和主義的努力可能是一種「時代錯誤」（anachronism）。人們可能會問，為什麼公民共和主義當初會被拋棄？《民主的不滿》用了相當大的篇幅給出了一種具有說服力的歷史解釋，闡述「公民的政治經濟」何以逐漸被「消費的政治經濟」所壓倒。但是，這一歷史變遷不僅是政治話語的轉換，而且伴隨著更廣泛的社會結構和背景的轉變（大公司時代的來臨、國民經濟的興起，以及國際市場的擴張等等）。因此，有人會爭辯說，除非我們願意並且能夠改變整體性的社會結構和背景（這似乎要求某種革命），否則，共和主義政治的復興是不可能的。畢竟，共和主義政治根植於一種相對較小的、同質性的共同體，也只能在這種共同體中得以存活。你會如何回應這種懷疑論？你也曾提到共和主義傳統不能在現代條件下直接運用，那麼需要改良的是什麼？

桑德爾：我同意古典共和主義傳統不能直接運用於當代社會。在亞里斯多德的想法中，城市的所有公民聚集在一起來審議公共問題，但這種思想假定了「城邦」（polis）是政治聯合體的主要形式，還假定了「城邦」在經濟上或多或少是自給自足的。而今天，從政治上說，「民族國家」取代了「城邦」成為政治聯合體的主要形式；從經濟上說，在全球化的時代，哪怕最強大的國家也會受到超出自身控制的經濟力量的制約。

儘管存在這些差異，公民共和傳統還是提供了兩方面值得我們借鑑的重要洞見，對全球化時代的政治仍然具有相關意義。首先，如果要讓公民參與來塑造那種支配他們集體生活的力量，那麼經濟權力就必須受到政治權力的問責和約束。而全球性的市場就要求全球性的治理形式。其次，如果要讓公民來商議「共善」（common good，或譯作「公益」）的問題，他們必須分享某種共同的生活，分享某種對自己公民同胞的責任感。民主公民的這兩個要求，突出了全球化對於民主所造成的困境或者（至少是）挑戰。全球性市場的興起以及全球性的環境問題，都要求我們發展一種全球性的公民品質——某種共享的政治倫理和相互責任，超越國家疆界的限制。然而，在如此廣大的範圍內，要培養一種強有力的社群感與公民義務感是困難的。因為大家最容易認同的是那些與自己分享共同經驗和傳統的人們。而全球政治倫理需要我們培養一種多元交疊的公民身分認同——某些要比對民族國家的認同更寬泛，有些則更特殊。

劉擎：現代社會的一個特徵是，我們生活在一個較大而且異質性的共同體之中，在道德觀念和「良善生活」（good life）的觀念方面，存在深刻的多元性和差異性。有這樣一種論點：對於道德、價值、善以及生活的意義等諸如此類的問題，我們談論得越多，我們就越可能發生分歧，哪怕我們都是理性的人。用拉摩爾（Charles Larmore）的術語來說，就是所謂「合理的分歧」（reasonable disagreement）。在現代社會中，似乎存在著多種不同的，但同樣正當、同樣合理的善的觀念，這構成了現代性的特徵性條件，也常常被用來證成（justify）政治自由主義。如果「合理的分歧」是一個事實，那麼共和主義復興所面對的挑戰可能會比我們預想的更為深刻，或者說在哲學上更為困難。問題不在於我們存在分歧（分歧本身是任何民主社會的特徵），而在於它可能威脅到「自治」（self-government）這一理念（這是共和主義對自由的理解）。如果我們不能形成那個基於「共善」的「集體自我」，而只有形形色色不同的自我，那麼我們究竟在談論誰的「自」治？如果我們的公民德性（諸如道德推論和商議）以及積極參與無法建構那個集體的「大我」，如果我們能有的就只是許許多多彼此競爭的「小我」，那麼，任何一個基於實質性價值立場的政治決定，是否就必定意味著，要在各種競爭性的善的觀念中有所抉擇、有所褒貶或者說「區別對待」？

桑德爾：的確，現代社會的公民對於良善生活的意見常常會發生分歧。我們生活在多元的社會中，人們有不同的道德與宗教信念。而民主的公共話語必須尊重這些差異與分歧。但問題在於，如果對各種良善生活的觀念完全沒有臧否，是否還有可能制定公正的法律、界定人的權利，或者貫徹實施公共政策？在許多情況下，這是不可能的。而且，試圖將公共政策和法律與道德理想相隔離，可能會導致用一種技術官僚式的、經營管理式的方式來對待對公共生活，這種方式剝奪了公民對那些體現在政策和法律中的價值予以批判性反省的機會。對於道德和公民理想展開公共商議並不要求意見相同，也不能保證會達成一致。強勁的公共討論與爭辯——甚至是關於深信不疑的道德理想的辯論——並不一定是虛弱與不和諧的徵兆，實際上反而可能是民主社會的力量源泉。

劉擎：你或許知道，許多中國人曾有過那樣一種經歷——生活在某種單一價值與道德的政治壟斷之中，這套價值與道德是由「大立法家」強加的。有過這種經歷自然會對「強制的危險」格外敏感。你對於共和主義政治潛在的強制性也相當敏感，似乎試圖「馴服」這種強制性，這特別體現在你對盧梭與托克維爾（還有鄂蘭）在公民教育問題上的看法所做的區別。為了防止所謂「靈魂工藝」（soul craft）變得過分強制，我們應該首先注意什麼？就此而言，在共和主義政治與自由主義政治之間是否存在什麼共同之處？

桑德爾：在任何時候，只要政府自己關注「公民德性」或者「政治教育」，就會有演變為強制的風險。這裡的危險在於，國家權力被用來將某種單一的美德觀念強加給整個社會。自由主義就是在回應這種危險之中興起的。但是，自由社會也需要公民擁有某種公民品格，例如寬容以及尊重他人權利的意願等。任何一個關切「共善」的社會，必須找到某種方式，來提升和促進公民的一種精神意願——為了整個共同體的益處超越自身利益的意願。

沒有任何社會可以無視公民教育的事業，但公民教育不是灌輸教化（indoctrination），不是自上而下地強加某些價值觀或信念。最好的公民教育來自參與自治，來自自己的公民同胞商議要做什麼樣的集體選擇。通過參與某種實踐活動來開展公民教育，這是一種在行動中學習的方式。托克維爾在其名著《民主在美國》中曾討論過民主所要求的「心靈的習慣」，他認為這些習慣（至少在最初）是「習得」的，是在新英格蘭地區透過鎮的公民參與活動而習得的（那是在十九世紀三〇年代，當時托克維爾訪問和周遊了美國）。

劉擎：你的立場與所謂「程序自由主義」之間辯論的一個主要問題是：國家在道德上保持中立是否可能，以及是否可欲。湯瑪斯．內格爾曾在《紐約書評》上發表文章，對你的《為什麼我們需要公共哲學》一書作了嚴厲批評。雖然那篇文章在有些地方相當情緒化，但他也試圖澄清「並不是說國家要在所有爭議性的道德問題上保持中立，而只是在那些不必在政治上做出決定的問題上才應該中立」。他堅持認為，可以在所謂的第一級原則與第二級原則之間——或者說在私人道德與公共（政治）道德之間——做出正當的區分。在他看來，這種區分恰恰是基於一個重大的道德考慮：必須平等對待每個個體。而平等主義的自由主義就是要堅持「一種團結的形式，一種尊重這些差異的共善觀念」。如果我的理解是正確的話，他似乎完全可以承認：中立性原則本身既不是在道德上中立的，也不是要在政治中取消道德問題。不如說，中立性原則是要以某種特定的方式來界定「共善」，這種方式不想在一開始就將某些可爭議的道德立場排除在外。你對內格爾的回應與你一貫堅持的立場是一致的：就是要表明自由主義的中立性是自相矛盾的，如果不是事先（已經）接受了某種道德立場，它就不可能做出政治決定。在此，你是否能向我們進一步澄清：在你所設想的共和主義政治那裡，是否不再需要在私人道德與公共道德之間做出區分？或者，是否維持這種區分仍然是必要的，但兩者之間的界限不是自明的或中立的，而一定是在道德上有爭議的？

桑德爾：我喜歡你闡明這個問題的方式。我不會廢棄公共道德與私人道德之間的區別，但我的要點在於什麼算作公共的、什麼算作私人的，這並不是自明的或無可爭議的，而是必須要被爭論的問題。並且，對於「公共道德與私人道德之間的界限在哪裡」的爭論，常常會涉及關於善的各種競爭性觀念。讓我們來考慮一下關於人工流產權利的辯論。有些人爭辯說，流產是一個應當由婦女自己做決定的私人問題；另一些人則認為，人工流產涉及殺害一個生命，因此就是公共問題。如果沒有認可或支持某種關於胎兒道德身分的觀點，那就不可能解決這個爭議。再來考慮另一個爭論的例子：公司是否可以要求工人在不安全的條件下，為勉強餬口的收入工作？有些人認為，勞工合同是工人與雇主之間的私人事務；另一些人則認為，就業雇用條款是一個公共問題，而勞動標準和保健規章應當制約公司與個人同意簽署的合約。對這類爭議的回答不是道德中立的，而是取決於有關正義和權利的各種競爭性理論。

劉擎：你曾在書中指出，公民政治的傳統雖然衰落了，但從未徹底消逝，而且在二十世紀八〇年代到九〇年代似乎有復甦的趨勢。這個趨勢的最近發展態勢如何？在二〇〇八年的大選中是否有持續復甦的跡象？

桑德爾：公民性的理想確實在二〇〇八年美國的總統大選中有所體現，這在共和黨和民主黨兩邊都是如此，雖然是以不同方式顯現的。約翰．麥肯比此前的幾位共和黨總統候選人更強調榮譽、責任、愛國主義和為國家服務等觀念，這反映了他自己成長時期的經驗，包括在軍隊服役以及在越南作為戰俘的經歷。而就巴拉克．歐巴馬而言，他呈現出一種公民理想主義的狀態，大大激發了相當多的美國人，尤其是年輕人，在許多方面令人回想起約翰．甘迺迪總統。歐巴馬也比此前的民主黨總統候選人更擅於談論宗教信念對公共話語的啟發影響，但卻沒有導致不寬容的傾向。他也更直接地討論了公民責任與「共善」。例如，他倡議制定一種大學教育的資助方案，並將其提供給所有需要資助的學生，條件是在他們畢業後，作為回報，用兩年的時間投身於某種形式的公共服務，諸如為貧困人口做教育服務、在醫療診所工作、在軍隊服役，或者參加和平工作團（Peace Corps）等等。我認為，公眾對這個倡議的強烈回響，反映出在美國人當中存在一種普遍的渴望——要為超越他們自身個人利益的「公益」做出貢獻。

我沒有資格來推測公民理想對於中國的相關意義。但我確實知道，在歷史上，即便是最為繁榮的社會也都明白，那種主要從事生產和消費的生活並不能回應自治的渴望，不能回應與公民同胞一起來商議「共善」的渴望。最後我想說，我希望《民主的不滿》在中國的出版能推動進一步的討論，思考諸如你向我提出的這類問題。我非常期待聽到中國讀者的回應，並相信我將會從中受益匪淺。

劉擎：我希望這個訪談能有助於中國讀者對你的進一步瞭解，認識你在當代政治哲學中的獨特立場，並有助於他們理解這部著作在政治與哲學意義上的重要性，及其對中國的相關意義。非常感謝。

對自由主義的歷史反思

——貝拉米教授訪談錄

理查·貝拉米（Richard Bellamy）是英國著名的政治理論家。早年求學於劍橋大學，在史金納（Quentin Skinner）教授的指導下完成博士論文，於一九八三年獲得博士學位（時年二十六歲）。此後，先後在牛津、劍橋、愛丁堡、雷丁和艾塞克斯等多所大學任教。曾在二〇〇二至二〇〇六年擔任「歐洲政治學會」（ECPR）的首席學術顧問。二〇〇五年開始在倫敦大學學院（University College London）任政治學教授，並擔任公共政策學院院長。二〇〇五年十二月，我在台灣中研院舉辦的一次學術會議上結識貝拉米教授。二〇〇八年江蘇人民出版社出版了他的著作《自由主義與現代社會》（*Liberalism and Modern Society*）的中譯本，在我的提議下貝拉米教授接受了這次訪談。

劉擎：對現代性條件下政治秩序的探索在你的學術生涯中占據了格外重要的位置。二〇〇四年，你的著作《重新思考自由主義》（*Rethinking Liberalism*）在中國翻譯出版，受到不少中國學者的關注。最近，你更早的作品《自由主義與現代社會》又有中譯本問世。在這部著作中，我們看到了你對自由主義思想更為歷史化的系統研究。你的著作雖然是針對歐洲的研究，但對中國學者的理論探索也具有相關的啟發意義。所有現代社會都有其獨特的歷史經驗與文化傳統，但彼此又共同分享著某些重要的特徵與條件。特別在當今，自由主義已經成為一種「全球性話語」，對自由主義的批判思考也就會成為普遍關切的主題。在當今的公共領域中，自由主義常常被（包括其支持者與反對者）視作一套抽象的學說，其原則依據於普遍的、超越歷史的理性和人性。而你的著作

正是要對這種誤解展開批評，邀請我們重訪自由主義思想發展的複雜歷史。為什麼在當代語境中對自由主義提出一種「歷史論述」如此重要？換句話說，如果沒有對自由主義進行歷史化的理解，我們可能在理論與實踐方面錯失什麼？

貝拉米：我這本書寫於一九九二年，當時許多人都有一種傾向，就是將自由主義置於歷史「之外」：要麼將其作為「開端」而先於歷史，要麼將其作為（所有歷史發展的）「終結」來標誌歷史的頂峰。第一種是「先於歷史」的進路，典型地體現在契約論的傳統之中。根據這種思路的解釋，如果自由而平等的個人要開始建立國家，那麼自由主義就會是他們所選擇的據此生活的原則。在當代政治哲學中，羅爾斯和哈伯瑪斯都在這個思考方向上提出了獨到而精緻的闡述。第二種是「後歷史」的進路，將自由主義視為某種社會與政治演進的終點。這種看法在福山〈歷史的終結？〉這一著名文章中得到了明確的表述，但早在十八世紀和十九世紀，各種關於「進步」的理論就已經暗含了這種觀點。正是在與此類似的一套未被言明的假設基礎之上，許多當代的自由主義理論家將自由主義預設為一種「理想」。而我所採用的「歷史進路」就是意在挑戰上述兩種觀點並試圖指出，自由主義是一種偶然的歷史成就。這在一方面是要表明，自由主義僅對那些具有特定歷史的（而不是生活在歷史「之外」或「之前」的）行動者才會成為一種「理想的」選擇。在另一方面，我的論證也表明，自由主義的種種價值對於歷史進程而言是易受攻擊的（vulnerable）——這些價值不是永恆的，不是整個歷史的趨向所在，而是非常脆弱的。我是想以這種論述方式促使自由主義的哲學家們思考他們理念的「真實」而非「理想」的根本依據，是想要指明他們的「理想」見解實際上是基於一些未被闡明的、常常有較大爭議的「現實」基礎與預設之上的。

劉擎：透過這種歷史考察，你得出的最為重要的結論之一是：倫理自由主義表面上的融貫一致實際上是一種歷史的偶然性。倫理自由主義並沒有、也不可能在其「哲學論題」中獲得根本的依據，而是被其「社會論題」所支撐維繫的。這種支持一度在英國和（某種程度上的）法國維繫得還不錯。但到了十九世紀晚期，社會和經濟條件發生了變化，自由主義的「哲學論題」與「社會論題」之間的內在緊張就變得尖銳而難以調和，倫理自由主義也就隨著資本主義經濟的發展（伴隨著社會的日益分化以及不斷加劇的多元主義）而瓦解。這種情況在義大利和德國表現得尤為顯著。我感到你的這種歷史論證是非常有力的，也具有說服力。接下來的問題似乎就是，什麼形態的自由主義對回應現代條件最為合適。但在轉向這個問題之前，我們似乎有必要追問一些更為根本的問題：為什麼我們仍然要去將自由主義從其謬誤的（倫理的）形式中拯救出來？為什麼我們還要去「重塑」或改造自由主義，而不是干脆拋棄它？如果自由主義終究不過是一種歷史的（也是地域性的）特殊主義，而不具有普遍價值，那麼人們有什麼理由要去堅持自由主義的價值？如果不訴諸任何普遍價值或普遍道德，你為這種必要性辯護的理據是什麼？

貝拉米：指出自由主義只有在特定的歷史經驗中才有意義，但這並不必然要詆毀這種經驗。畢竟，我們能夠將這種經驗與其他經驗作出比較（比如，與晚近記憶中的左翼和右翼威權主義政體的經驗相比較），以此提出融貫一致的理由來支持這樣一種看法：自由政體中的生活比非自由政體的生活更為可取。所以我認為，對於我們這些深受歷史（而自由主義是其組成部分）影響的人來說，價值上的自由主義完全是有意義的。但與此同時，對自由主義者而言，非常重要的一點是承認非自由主義者的存在，他們的世界觀受到不同於自由主義的經驗和傳統的塑造。更進一步說，非自由主義者不必是「反自由的」（anti-liberal）或「狹隘偏執的」（illiberal），他們並不注定要去否認，自由主義——對於那些被其歷史經驗所引導而重視個人自主和平等的人們——可能提供了一種合理的生活方式。因此，我的論證得出這樣一個結果：自由主義者與非自由主義者應當能夠去探尋彼此共存的形式，而且這種追求也的確是自由主義理念所要求的。在我看來，這基本上就是羅爾斯在他的《萬民法》中所持的觀點。然而，正如我在批評中所表明的那樣，羅爾斯的這篇論著接受了大多數自由主義政治哲學家的觀點，但更好地把握這種觀點的方式是一種歷史化的論述，而不是那種「理想的」、外在於歷史的進路。

劉擎：在過去二十多年中，馬克斯・韋伯引起了中國學者和知識分子的高度關注。你在對韋伯政治思想的闡釋中，將精到的理論分析與對歷史的敏感相結合，提供了極有洞見的論述。根據你的闡釋，韋伯對於議會民主的態度雖然有所保留，但總的來說是積極肯定的。這尤其明顯地體現在他一九一八年發表的〈論新秩序德國的議會與政府〉（Parlament und Regierung im neugeordneten Deutschland）一文中（這個文本至今尚未被譯作中文）。但在他一九一九年發表的〈論帝國總統〉（Der Praesidialgewalt）一文中，我們似乎又看到了更為複雜的態度。韋伯對於民主的理解和把握是複雜和具有內在緊張性的，這也使得他與卡爾・施密特在政治主張上的關係變得複雜曖昧。在你看來，韋伯與施密特各自對民主的批判性理解有何不同？

貝拉米：我在《重新思考自由主義》一書中專門用一章來討論施密特，他既是反自由主義的，也是反民主的。他對自由主義與民主這兩種論述背後的「政治平等」觀念毫無同情之感。雖然如此，我認為他對自由主義和民主做出了兩個觀察，其中一個是錯誤的但卻是有力的，另一個是有效的而且重要的。他那個錯誤的見解關涉自由主義與民主之間的緊張。實際上，許多自由主義者在對民主可能會促發「多數人暴政」的憂慮中關注到這一緊張，但施密特則將這種關切推向極端，認為民主在其固有的本質上就包含著「集體意志」的觀念。我認為，這是對於民主的一種根本性的執迷不悟的錯誤觀點，但他的錯誤有助於我們看清其中的道理。這是因為，「集體意志」的觀點需要一個先決條件：只有當人們懷著施密特所信奉的那種關於民眾的強烈「民族／人民」（volkish）觀的時候，集體意志的觀點才會發生作用。但如果沒有這樣一種民族觀（人民觀），那麼民主與大眾意志之主權的同一化就無法變得連貫一致。如是，我們就需要從別的方面尋求對民主的辯護（證成）。在我看來，這種證成存在於「政治平等」的觀念之中，與自由主義更為順應。施密特的一個有效的觀察是，自由主義者缺乏政治權威的理論，或者不如說，是忽視了這種理論的必要性。但施密特（在我看來又錯誤地）認為自由主義與權威理論無法兼容。他轉而將此與他完全偏執的民主觀相聯繫，再聯繫到他對領袖的看法，即領袖就是那個能夠表達和指引一個民族集體意志的人。而韋伯的考慮則非常不同。首先，韋伯以自由主義為依據將民主設想為一種機制（mechanism），這種機制有點類似於市場，透過這種機制，諸多的個人在平等的基礎上表達他們對於集體政策的偏好。其次，韋伯承認有必要在不同個體的互為衝突的偏好與利益之間做出決定。最後，韋伯將權威視為必要，這是因為在現代世界中不可能讓所有公民都捲入統治，同時也是因為政府總會面對一些無法預料的複雜狀況，而不得不做出困難的決定。然而，要使權威與自由主義相兼容，領導人就必須對其行動負責——可以被人民問責，要將權威與自由民主的平等相結合。就此而言，現代的選舉民主符合了這一要求。

劉擎：你這部著作的副標題是「一項歷史論證」，但你也展開了理論性的論證，特別是在這本書的最後一部分。現在讓我們轉到理論方面的討論。在現代條件下，任何可信的政治理論都必須面對「多元主義的事實」所提出的挑戰，也就是要面對這樣一個事實：人們在善的觀念、在對人生意義的理解，以及在他們所信奉的道德原則方面具有根本的差異。羅爾斯以及當代其他自由主義思想家都認真對待了這一挑戰，但他們仍然試圖尋找一種共同基礎，由此來證成政治中立性的原則。在社群主義對自由主義的批判中，羅爾斯派的政治理論常常被鑑定為「程序自由主義」，並被認為缺乏倫理實質。而有趣的是，在你的分析中，這種自由主義似乎還不夠「程序化」，仍然是倫理自由主義的某種版本。它並不是如其聲稱的那樣，對各種不同的整全性學說保持「中立」，實際上它仍然建基於「自主的自我」和「個人自由」這類非常自由主義的（但卻是虛假的）形而上學假設之上。因此，你指出，羅爾斯派的自由主義「遠不是普遍適用的」，而是在「倡導一種特殊歷史共同體的理想化形式，本質上是倫理自由主義傳統的中產階級烏托邦」。那麼，羅爾斯派政治自由主義的缺陷究竟是什麼？是過度地傾向於道德中立性（如社群主義所指控的那樣）以至於不具備政治的可行性？還是中立性不足以至於不具備普遍的可欲性？

貝拉米：實際上，我對羅爾斯派的政治自由主義是頗為同情的，遠比在這本著作中顯示出的同情可能還要多。羅爾斯在其晚期的作品中，承認了他對自由主義的解釋具有歷史性特徵。然而，雖然他接受了人們對於「善」（the good）的問題存在著合理的分歧，但他卻不認為同樣的情況也發生在「正當」（the right）的問題上。而我不相信可以對這兩者做如此的分割。我們對於何為「正當」也完全可能存在合理的分歧，因為我們對於「正當」的理解部分地依據我們關於「善」的觀念。這使得「中立性」概念成為一個「奇美拉」（chimera）或虛構的怪物，也就需要我們對自由主義做出一種甚至更為堅定的程序主義的解釋。

劉擎：的確，某些版本的政治自由主義實際上不是充分「程序性的」或足夠中立的，其中加載了過多的（雖然是暗藏的）哲學或道德的預設，而這種預設只有那些已經信奉自由主義價值的人才會接受。但是，對政治中立性某種更為精到的處理會承認，中立性原則的確是一種道德觀念，但卻不必依賴於特定的自由主義理念（諸如「個人自主性」之類）。比如，在《現代性的教訓》（*The Morals of Modernity*）一書中，拉摩爾論證指出，「平等的尊重」——作為中立性原則的核心規範——是一種共同的理想，它並不是對個人主義人生觀的一種肯認，而是在西方文化中廣泛共享的一種信念，因為它「已經成為我們作為道德存在之所是的根本感受的一部分」。在此，我想請你進一步澄清你對政治中立性的批評。你傾向於拒絕政治中立性理念的理由究竟是什麼？是「政治中立性」這個觀念本身——由於完全無法把握「政治」（the political）這個概念（「政治」的內在本質就是無盡的衝突，所以不可能在任何意義上是中立的）——在根本上就是錯誤的？還是某種特定的（羅爾斯派的）政治中立性理念——因為它依賴於某種特殊的自由主義整全性學說——是虛假的？

貝拉米：我認為所有形式的政治中立性論述都失敗了，雖然在各種不同的版本中，羅爾斯版本或許是最具說服力的，至少對我而言是如此。在一九九九年出版的《自由主義與多元主義》（*Liberalism and Pluralism*）一書中，我專門闡述了我的這個論點。這本書在某種意義上是《自由主義與現代社會》的續篇。多元主義意味著不可能存在超額的政治一致（同意），而政治在我看來的確需要在互為衝突的利益與觀點之間展開談判協商，從頭到腳都是如此，包括對政治的基礎本身。

劉擎：你的一個重要論題是「再造」自由主義，將它從倫理自由主義的虛假預設中拯救出來，賦予其「一種現實主義的自由主義觀念」的基礎。針對流行的「自由主義民主」，你提出了一種另類選擇模式，稱之為「民主的自由主義」。這是在韋伯之洞見的啟發下，對於現代政治的更為現實主義的進路，其中「占據核心位置的不是自由主義的價值，而是能夠體現各種觀點多元性並達成一致的制度或程序」。如果我沒有誤讀的話，你的「民主的自由主義」是一種純粹的程序安排，是一種「臨時協議」（**modus vivendi**），它允許各種各樣不可公度的理念在公共領域中彼此論爭，以此尋求「妥協的政治」而非「共識的政治」。但你的這個另類模式也可能會引發許多問題。首先，你是在提議一種沒有任何倫理基礎的政治理論嗎？或者說，一種沒有倫理根據的純粹程序的民主嗎？那麼你根據什麼（如果不是倫理性的）基礎來為這種「民主的自由主義」辯護？

貝拉米：在《自由主義與多元主義》一書以及（甚至更多地）在我最近的著作《政治憲政主義》（*Political Constitutionalism*）之中，我試圖將「民主的自由主義」與共和主義的自由觀念——作為「非支配」的自由——相聯繫。我認為這是比羅爾斯的觀點更為本質的政治道德，為「妥協的政治」而非「共識的政治」提供了基本原理。我對羅爾斯觀點的不滿，主要不是在於其對於規範性基礎的依賴——我同意，這種依賴是不可避免的。但羅爾斯所訴諸的那些規範性基礎一方面「太厚」了，一方面又「太薄」了。說這些基礎「太厚」了，是因為它們已經預設了關於個體行動者和判斷的自由主義觀點，而排斥了其他不符合這種模式的政治論辯形式。說這些規範又「太薄」了，是因為它們沒有抓住和應對（在我看來是）政治的關鍵問題，即由權力的不平等（而不是特殊的論辯策略）所導致的壓迫性的決策方式。的確，在羅爾斯對「什麼是可以說的」作出約束的企圖中——尤其是他關於最高法院以及憲法論述之作用的觀點中——他實際上是在倡導那些可能會因政治權力不平等加劇從而會加劇「支配」的措施。

劉擎：你的論證似乎具有很強的現實主義的考慮，旨在尋求一種最好的方式來應對現代社會中不可調和的衝突。但是，為什麼我們應當在政治議程中賦予「解決衝突」以優先性的考慮？在設置這種優先性的時候，你是否已經含蓄地採取了一種道德立場（比如，對「和平的價值」以及「平等的尊重」的承諾或信奉）？

貝拉米：是的，我的確已經採取了一種道德立場。但正像我前面提到的那樣，我的論點並不是一種與「道德無關的」（nonmoral）論點。許多自由主義哲學家也採取了類似的起點，由此出發才能論證民主政治是依據對公民的平等關切和尊重，從而建議，成就民主政治的最好方式，不是去假定我們可以一致同意什麼樣的政策結果最為符合這種關切和尊重，而是在某種程序上達成一致，這種程序應當公平地建立一種結構，我們在這種結構中展開關於政策結果的辯論。而且確實要努力使這些過程本身對正在進行的論爭保持開放。如果政治論爭的結構是「非支配性」的，那就是我們盡力而為所能獲得的最好結果。我將衝突視為持續進行的事情，但在現實主義的意義上說，我們仍然需要有共同的決定，這就要求有一些方式，能讓我們來做出及時的決定，儘管我們存在著衝突，而且明白這些衝突還會不斷地重現。

劉擎：《自由主義與現代社會》最初出版於一九九二年。在此後的十多年中，面對現實世界中的政治變遷，你對於自由主義和政治的思考是否發生過什麼重要的變化？

貝拉米：我想，主要的一個變化是，我現在的論述是在支持共和主義，將此看作是對自由主義的一個替代性選擇。當然，我主張的共和主義與自由主義也會有重疊之處，我也認為「平等的關切與尊重」是核心的政治價值。因此，我一直努力去更充分地闡發我對於權力和衝突的論述。我希望我的《自由主義與多元主義》以及《政治憲政主義》最終也能被譯作中文，呈現給中國的讀者。在更一般的意義上，我認為大多數政治理論家正在抓住的一個主要問題是超越國家的正義和民主。在論述歐盟的寫作中，我已經展開了對這個問題的研究。而對於歐盟作出一個民主的自由／共和主義的全面闡釋，將是我下一部著作的計畫。

現代性的內部張力

——馬克・里拉教授訪談錄

馬克・里拉（Mark Lilla）是美國具有影響力的學者與公共知識分子，他曾先後在紐約大學政治學系、芝加哥大學社會思想委員會任教，目前是哥倫比亞大學宗教與人文學教授。里拉多種著作和編著被翻譯成中文出版，包括他的成名作《維柯：反現代的創生》（*G. B. Vico: The Making of an Anti-Modern*）、《當知識分子遇到政治》（*The Reckless Mind: Intellectuals in Politics*），以及他參與主編的一部文集《以撒・柏林的遺產》（*The Legacy of Isaiah Bertin*）。❶這使我們有機會瞭解這位思想活躍且獨具一格的學者。筆者在與里拉教授的通信中（二〇〇八年）問及他個人的學術經歷和思想發展脈絡，也談到有關他著作的一些批評與爭議，他在回應中的某些觀察與見解對我們探討當代西方的思想狀況不乏啟示和借鑑意義，本文對此作出介紹與評論。

劉擎：感謝你接受我的訪談。你的名字對於中國讀者來說並不完全陌生，前兩年你的著作《當知識分子遇到政治》以及編著的《以撒・柏林的遺產》已經在中國翻譯出版，這部《維柯：反現代的創生》最近又有了中譯本。我們想更多地瞭解你的思想生涯。你是如何走上學術道路的？

里拉：我的思想生涯開始得較晚。我一九五六年出生在底特律一個具有新教背景的家庭，在少年時代曾捲入各種宗教團體，通讀《聖經》，但並沒有涉獵過其他思想性讀物，而我父母的教育程度都不高。一九七八年在密西根大學畢業之後，我進入哈佛大學攻讀經濟學的碩士學位，打算將來在華盛頓找一個公共政策方面的工作，完全沒有期望成為一名從事思想研究的學者。但就在那時，我結識了著名社會學家丹尼爾・貝爾（Daniel Bell），是貝爾教授將我引領到一個我此前一無所知的思想世界。一九八〇年從哈佛大學碩士畢業後，我來到紐約，擔任新保守主義領袖歐文・克里斯托（Irving Kristol）主持的雜誌《公共利益》（*The Public Interest*）的編輯。當時正是新保守主義崛起的年代，但我不久便發現，自己對那種爭論不如對哲學、文學和藝術更感興趣。於是，我開始在工作之餘到紐約的社會研究新學院進修學習。我當時實際上是自學，聽憑興趣閱讀所有吸引我的著作，並沒有任何成為專業學者的計畫。就這樣過了五年之後，我想要獲得一個博士學位，於是重返哈佛大學，在著名教授茱蒂斯・史珂拉（Judith Shklar）和哈維・曼斯菲爾德的指導下研讀政治哲學。一九九〇年我以對維柯的研究論文獲得博士學位。此後，在紐約大學政治學系執教九年。一九九九年，受聘於芝加哥大學，擔任社會思想委員會的教授。

劉擎：這些學術與思想經歷如何塑造了你的政治立場？你早年曾很深地捲入新保守主義的圈子，但對目前的保守主義陣營卻持有批評的態度。你自己的政治立場變得令人玩味：在美國的「意識形態譜系」中你究竟處在什麼位置？你的立場發生過哪些變化？

里拉：我很難確定「保守派」、「自由派」以及「左派」等這些慣常的政治標籤在今天還有什麼意義。在二十世紀七〇年代初，我認為自己站在「左派」一邊，因為我反對越南戰爭和種族主義。在二十世紀八〇年代初，我曾是新保守主義者，因為我認為左派已經拋棄了美國勞動人民的真正關切與利益，並對蘇聯社會主義的現實以及對此予以批判的必要性都視而不見。然而，經歷了所有這一切，我認為自己沒有什麼改變，而美國發生了變化。現在我不能將自己混同於新保守主義者們，因為他們——正像福山所正確指出的那樣——已經背叛了所有他們曾經代表的品質：清醒節制、懷疑主義以及對政治行動限度的深刻感知。我從伊拉克戰爭開始的第一天就是這場戰爭的反對者。那麼，什麼標籤適用於我呢？也許，可以稱作是一個「後墮落論的自由派」（post-lapsarian liberal）吧。

劉擎：對維柯的研究是您博士論文的主題。這篇論文曾獲得美國政治學學會頒發的「列奧・施特勞斯獎」（授予政治哲學領域中年度最佳博士論文），而《維柯：反現代的創生》這本書就是在您博士論文的基礎上修改完成的。❷這部著作在一九九三年出版後，立即引起學界的關注。著名哲學家史都華・罕布夏（Stuart Hampshire）和歷史學家海登・懷特（Hayden White）都為此撰寫書評，予以高度評價。實際上這本書完全改變了（至少是英美）學術界對於維柯的主流看法。那麼，為什麼是維柯？是什麼使你對維柯產生了研究興趣？

里拉：早在紐約辦刊物的那段時期，幾乎是偶然地我讀到了以撒・柏林的文章。他的文章對我來說是一種清晰論述的典範，也向我展示了現代啟蒙運動與其批判者之間的戲劇性鬥爭。在那時候，我對浪漫派和保守派的評論者懷有同情，在柏林文章的引領下，我所讀到的維柯是一個被不公正地忽視的先驅——浪漫主義最傑出的先驅。柏林之所以要抓住維柯，是因為柏林非常警惕他在法國和德國的啟蒙運動那裡所看到的一種狂暴的烏托邦主義。但是，他同樣也警惕此後十九世紀興起的（對啟蒙的）反動派，特別是在德國。對柏林來說，維柯所堅持的溫和人文主義是一條未被採取的路徑。我感到柏林的這種描述非常有說服力，也引起了我強烈的研究興趣。

劉擎：這本書的主要論點，用你書裡的一句話來概括，就是要揭示「維柯是第一位以現代社會科學的面目來表達一種深刻的反現代政治理論的歐洲思想家」。如果我們以你的研究來對比柏林對維柯的解讀——這也是許多中國讀者所熟知的闡釋——將維柯視為一位多元主義者，那麼我們是否可以說柏林誤讀了維柯？或者，柏林也還有一半是對的——他將維柯看作是一位反啟蒙思想家？

里拉：在我為這本論著展開研究的過程中，我逐漸發現一個與我以前心目中的維柯相當不同的思想家。柏林正確地將他看作一個現代烏托邦的批判者，但卻完全錯誤地將他刻畫為一個多元論者。赫爾德是多元論者，但維柯不是。維柯發展了一種非常嚴格而又是宿命論式的歷史模式，以此解釋各種文明如何必然地崛起、但隨後又（因為同樣的理由）必然地衰落。在維柯那裡，我發現了那種後來二十世紀的德國人稱之為「文化悲觀主義」（Kulturpessimismus）的東西，這是一種心緒——透過思想與社會的精緻文雅，看到衰敗的威脅無處不在，並渴望追求更早的、更樸素的時代。這種文化悲觀主義成為延續至今的反啟蒙歷史中一種非常重要的言說。在維柯那裡，你可以說是悖論性的，這種反啟蒙思想甚至出現在啟蒙本身真正成形之前。

劉擎：您的研究所依據的不只是維柯受到普遍重視的《新科學》，而是基於對維柯全部作品的細讀，從而發現，維柯的基督教一神論在其思想中占據了一種核心地位。但是，為什麼那麼多學者在那麼長的時期內都沒有認真關注維柯的神學？這裡我想問的是，由克羅齊（Benedetto Croce）與柯林伍德（R. G. Colhngwood）所引領的思想傳統在多大程度上導致我們忽視了維柯宗教信仰的重要性？

里拉：這個問題很到位。實際上，在義大利有一個天主教維柯學派的悠久傳統，但他們的影響遠不如你所提到的闡釋者。我認為其中的一個原因是，太多的歐洲人是通過米謝勒（Jules Michelet）

帶有浪漫色彩的法文譯本來發現維柯的，這種翻譯使得維柯看上去像是一名黑格爾和馬克思的先驅，或像是人類早期發展階段的一位浪漫詩人。直到相當晚近的時期，我們所閱讀的維柯一直是世俗的、常常是無神論的、十九世紀的維柯。

劉擎：對於讀過施特勞斯的人來說，你的著作中似乎潛伏著某種施特勞斯式的論題：啟示與哲學之間的對峙，羅馬與雅典之間的緊張，哲學與詩歌之間的紛爭，諸如此類。是否可以公平地說，在當時你對維柯的研究受到了施特勞斯教導的啟發（雖然並非以施特勞斯之眼來解讀維柯）？

里拉：是的，在我寫這本書的時候，施特勞斯的確常常縈繞於心。甚至可以說，直到今天他也從未遠離我的思考。但是，雖然施特勞斯強調「啟示與哲學之間的對峙」以及「羅馬與希臘之間的緊張」，但他並不是第一個著重於此的學者。正如他自己一直堅持主張的那樣，直到相當晚近的時期，這些問題實際上在思想史研究中是平常的主題。但在一個重要的方面，我試圖在施特勞斯所描述的對峙與緊張中增加一種複雜性，因為施特勞斯很少對基督教予以高度關注。對我而言，維柯作品的兩極不是施特勞斯的雅典與耶路撒冷，而是羅馬與伯利恆！

劉擎：在什麼意義上，維柯的反現代思考對於今天、對於我們的時代仍然具有相關性？他的一些想法，比如在政治中「馴服哲學」以及對「反思的野蠻」所做的批判，對我們批判性地理解現代性（特別是現代政治）有何益處？維柯政治思想中有什麼我們應當予以警覺的危險？

里拉：對我來說，維柯仍然是一個有待於不斷研究的「個案」，我們得以從中探查：當一個思想家為當下的衰敗而憂慮、並將他的憂慮投射於一種對歷史的宏大敘事的時候，那將會發生什麼？施特勞斯（既然我們已經提到了他）在他的《自然權利與歷史》中表現出同樣的傾向。研究這樣的思想人物有助於我們懷疑形形色色的歷史哲學，並深入到作者自身的時代與關懷之中去探尋這種歷史哲學的淵源。我希望我的這本書能有助於讀者獲得一種「抗體」，以防疫宏大歷史敘事的誘惑，因為這種誘惑仍然在持續地激發當今的知識分子，並經由他們鼓舞各種政治運動。

劉擎：這部著作的英文版最初發表在一九九三年，至今已經有十五年了。但我似乎感到，這本書中的一些主題在你後來的寫作中不斷地深化展開，從《當知識分子遇到政治》直到最近的《夭折的上帝：宗教、政治與現代西方》（*The Stillborn God: Religion, Politics, and the Modern West*）。那麼，你對維柯的研究在多大程度上影響了你此後的問題意識和研究旨趣？

里拉：你看得很準，我的確是在不斷地回到一些相同的論題——有時我感到自己像一隻反覆咀嚼同一塊骨頭的狗！這塊「骨頭」到底是什麼？從最基本的層面上來說，這是（一般意義上被構想的）啟蒙的問題。西方哲學傳統的一個主要預設是，知識總是好（善）的，我們可以辯論什麼構成了真正的知識，也可以辯論什麼構成了善，但是這種等同（將知識等同於善）卻是被普遍認定的。但在這種傳統中也存在著對立相反的聲音——質疑這種等同的存在，重視前理性與潛理性，憂慮人類的好奇心，而迷醉於人的純真無知。所以，西方傳統中存在著一種潛伏的卻生生不息的反啟蒙聲音，這是需要我們認真對待的。反啟蒙的聲音之所以值得重視，既是因為其主張，也是因為其魅力向我們揭示出關於我們自身的某些東西。我最近出版的著作《夭折的上帝》處理了宗教與政治領域中始於十九世紀的反啟蒙的誘惑。在下一部著作中，我打算在更一般的意義上處理這個問題，著手考察一種強有力的理念——我們越是無知，我們就越幸福。

劉擎：論述維柯的這本書可以說是一部嚴格意義上的學術著作，而我感到你後來的作品在文體上變得更為通俗，似乎有意識地要面向更寬的讀者群。如果我的感覺沒有錯的話，這種變化的動機是什麼？

里拉：實際上，當年我在紐約做編輯工作時，就學著如何針對一般讀者來寫作。我認為這種寫作是更為困難的，它施加了一種學術寫作所不要求的智識規約。當你要用清晰通俗的語言向非專業讀者表述你的論證時，論證中可能存在的缺陷反而會更明顯地暴露出來。我盡力採用德國作家布萊希特的一種方式：他在自己的寫字臺上擺放著一隻小木驢，它的頭頸上刻著這樣一句話：「我也必須能理解」（Ich auch muss es verstehen）。是的，我是為我們大家都有的那隻「小木驢」而寫作。

劉擎：有不少評論者將你稱作「施特勞斯派」的學者。師從哈維．曼斯菲爾德當然會受到施特勞斯的影響。我讀到你二〇〇四年在《紐約書評》上連續發表的兩篇長文，❸在文章中，你試圖分辨什麼是施特勞斯思想中偉大而不朽的遺產；對施特勞斯的濫用，什麼是需要質疑和批評的。透過對比兩種——「歐洲的」與「美國的」——對施特勞斯的不同理解來闡釋這種區別。那麼，你會如何描述施特勞斯的思想遺產以及其對你個人的影響？

里拉：當然，我受到他很大的影響。在我的思考中，施特勞斯總是在背景之中的。但我對所謂「施特勞斯派」卻很不以為然。是的，我在新保守主義圈子中遇到的許多年輕人都是「施特勞斯派」，但他們並沒有什麼過人之處。相反，他們顯得諂媚奉承，缺乏對知識的好奇心，而且懷有意識形態的偏見。但施特勞斯本人卻完全不同——他的嚴謹認真與他真誠秉持的哲人生活的概念都是非凡的，這對我影響至深。所以我在文章中指出，「歐洲的施特勞斯」是一位深刻而富有獨創性的思想家，將現代性問題置於「超越自由主義視野」的思路中予以批判性的審查，一直追溯到西方文明的源頭。但我也提到，施特勞斯的思想在歐洲學術界是受到爭議的。他提出的「隱諱」與「俗白」的闡釋方法在古典學界受到嚴厲的質疑，也有學者批評他對現代性的理解完全忽視了基督教傳統內部與古典時期的斷裂，沒有考慮現代自由思想的基督教根源。但無論如何，歐洲對於施特勞斯的研究是學術性的，他對現代性的批判雖然受到爭議，但其獨特的問題意識與視野獲得了高度重視，被看作與海德格具有同樣深遠的意義。而在美國，施特勞斯的深邃思想逐漸被簡化為一種「教義」。我分析過這種原因，這是因為美國大學生普遍缺乏古典思想與哲學的扎實訓練和開闊視野，施特勞斯非凡的魅力使許多學生陷入盲目崇拜，而他在智識上的探索與好奇精神卻被遺忘和喪失。另外，那些古典思想的愛好者在二十世紀六〇年代美國校園的激進反叛運動中陷入極度孤立，由此生發了對大眾民主的敵視與憤怒情緒。他們後來在學術界的失意更容易使他們轉向尋求政治仕途生涯，成為保守主義勢力招募的最佳人選，最終形成了盤踞在華盛頓的「心智封閉的施特勞斯派」。但他們並不是施特勞斯思想精髓的繼承者。從哲學家施特勞斯到美國的「施特勞斯派」是一個智性退化的歷史。對此，我在文章中有一個尖刻的比喻，這個過程是「肇始於華格納的〈諸神的黃昏〉而終結於〈星條旗永不落〉」。

劉擎：可以看出你的作品中時而會出現施特勞斯的影子。比如，在《當知識分子遇到政治》的尾聲（「敘拉古的誘惑」）中尤為顯著。我認為這篇「尾聲」可能比此書中的其他章節都更為重要。

你在此重新提出對於如何理解現代暴政的理論與實踐的問題，首先質疑了以「啟蒙理性主義」或「非理性主義」這兩種思想史範式的解釋力，同時也質疑了知識分子社會史中的「介入」與「超脫」這兩種敘事的闡釋有效性。由此，文章將「親暴政的（philotyrannical）知識分子」現象轉換為古典學的一個論題——愛欲（eros）的力量，並追隨蘇格拉底，將暴政理解為「愛欲的癲狂」的展現。這是非常施特勞斯式的探究方式。但現在，還有哪些思想家對你有影響？

里拉：我想，現在對我影響最深的當代思想家並不是施特勞斯。如果要列舉一個名單，那麼居於前列的是以撒．柏林、雷蒙．阿隆和格舒姆．舒勒姆（Gershom Scholem）——他們都排在施特勞斯之前。

劉擎：據我所知，中國有不少學人起初對柏林的著作興致盎然，但後來又聽說柏林「在哲學上的淺薄與混亂」便束之高閣、不再深究。你為什麼如此推崇柏林？

里拉：我對柏林的偏愛與敬重並不是因為完全認同他的論點。實際上，我對柏林的思想史研究及其對「反啟蒙」思想家的闡釋也有保留和相當尖銳的批評。❹但我認為，柏林敏銳地洞察到啟蒙理性主義與自由多元主義之間的緊張，這仍然是我們時代最為深刻的問題。同樣重要的是，柏林與阿隆和舒勒姆一樣，對人類的政治激情力量，特別是這種激情如何在宗教中獲得表達，以及將這種激情導向健康目標的必要性有著深刻理解。柏林與阿隆實踐了馬克斯．韋伯所謂的「責任政治」（politics of responsibility），也就是說，他們總是追問自己，如果處在權威的位置上他們將會做什麼？這使他們免疫於歇斯底里、烏托邦主義、狂熱主義和彌賽亞主義。他們敏感於政治的限度，懂得最終需要運用公共權力來防止人類更可怕的災難，而不是致力於重新塑造人類或整個社會。在這個意義上，你可以說我是一個自由主義者。我相信我已故的導師史珂拉所說的「恐懼的自由主義」（the liberalism of fear）——就是在政治中要努力防止滅絕人性與殘忍，這比達成某種人類理想更為重要。這就是為什麼我會以「親暴政的知識分子」作為核心論題，來處理二十世紀幾位最為重要的思想家，雖然我對其中的幾位懷有深刻的敬意，但我更傾心於蘇格拉底的教誨：哲學生活之所以是一種「高貴的生活」，因為它對自身的暴虐傾向懷有最高度的自覺。正是在這個意義上，對我而言，柏林是比施特勞斯重要得多的人物，而且柏林有助於我們理解施特勞斯思想（如果被當作一種政治方案）中的某種危險。施特勞斯認為，我們需要把握的根本區別在於古代與現代（所謂「古今之爭」），他將現代性視為一個整體。而柏林將我們的注意力引向現代性內部的緊張——啟蒙傳統與反啟蒙傳統之間的衝突，這在我看來是我們時代真正的衝突所在。我也認為，許多自詡為「施特勞斯派」的那些人實際上正是屈從於反啟蒙的悲觀主義，再藉「思古之幽」來投射他們自己的這種悲觀主義。而我感到，比之施特勞斯的思想，柏林的思想對「當下的激情」是更為可靠的指引。

劉擎：然而，反對「親暴政的知識分子」，這不會是自由主義的陳腔濫調嗎？不是反映了某種自由派的意識形態偏見嗎？我的一位同事（華東師範大學中文系）羅崗教授對《當知識分子遇到政治》一書寫過評論，❺文章批評你「把自由主義所界定的以資本主義『自由－民主』共識為前提的『現代性』視為唯一真理」，因此「將所有批判、質疑和反抗這一『現代性』的行動與實踐稱為『暴政』，牢牢地釘在了歷史和道德的恥辱柱上」。這使得你在對所謂「親暴政的知識分子」的論述中忽視了「思想與社會語境的對應關係」，其思想史角度的闡釋也「被自己的『定見』和

『偏見』所束縛，非常化約地把複雜多變的思想路線引向既定的目標和結論」。你對此有何回應？

里拉：我不能確定這和所謂「定見」與「偏見」有什麼相干。我從來沒有假設過自由主義民主與資本主義是政治與經濟生活唯一正當的形式。一個真正的自由主義者不可能相信這種信條，而必須認識到，自由主義在某種特定的社會條件下並不總是可能的，甚至並不總是明智的。也必須認識到，自由主義是不完善的，而改進總是可能的。我當然承認資本主義所有嚴重的問題，特別是資本主義目前的形態。但是，我的確懷疑那樣一種人，他們從自己的口袋裡掏出一個計畫，宣告一種關於人類社會與人性的全新圖景。是的，我懷疑並敵視那些放棄實踐「責任政治」的知識分子。激勵他們的是種種彌賽亞救世的夢想，或意識形態的狂熱，或一個據稱是失落了的世界，或一種純粹的道德義憤。我對他們持有批判態度，這並不是因為他們不是自由民主派，而是因為他們從未嚴肅與清醒地考慮過自由主義民主必須提供什麼，也從未考慮過他們所宣揚的替代方案的所有危險。在這個意義上，專橫暴虐的是他們的思想，而不只是他們的政治。

劉擎：在西方學界，《當知識分子遇到政治》一書贏得了許多讚賞，也遭到一些質疑。你將思想家的「思想」與他們個人的「政治選擇」關聯起來，而這種關聯處理是否得當就成為爭議的一個焦點。二〇〇三年耶魯大學著名政治理論家塞拉．班哈比（Seyla Benhabib）教授在《波士頓評論》上撰文，批評你「沒有認真對待」你所論述的人物的「思想」。❻班哈比認為，你對班雅明和柯傑夫的處理是精緻細微的，但對傅柯和德希達的刻畫是膚淺粗糙的。我對此也有點同感，覺得你對傅柯和德希達的論述並沒有深入思想的內在肌理，相比其他章節也較為薄弱。你對這種批評有何回應？

里拉：的確，我對傅柯的早期作品以及德希達的所有作品都不如對著作中其他人物（海德格、施密特、班雅明和柯傑夫）的作品更為敬重。我認為，這可能也與代際差異有關：對於班哈比他們經歷了二十世紀六〇年代的那一輩人來說，傅柯與德希達的意義不只在於他們的作品本身，而是代表了一種新的（如果也是含混的話）批判「權力」的思想可能。我覺得傅柯的晚期作品更有價值，但這畢竟出現在他的政治徘徊之後。至於德希達，很遺憾，他不是一個嚴肅的人，至少就其政治論述而言。我是作為他的讀者，也是作為一九八八、一九八九年間他在巴黎講授的研討班的學員，得出這一看法的。

劉擎：但班哈比對你最為關鍵的批評在於「哲學品質與政治品質之間的關係是複雜的，有時是矛盾的。但里拉對這種複雜性不感興趣……哲學上的激進姿態可能蘊含了對暴政的希望，但也可能打開通往改革與革命的道路」。❼

里拉：班哈比的這類論述背後潛在的假設是，政治哲學應當服從於任何類型的「激進姿態」，而這恰恰是班哈比和我的區別所在。我的哲學觀是，哲學應當致力於解釋世界，而不是去干預世界。改變世界需要另一種思考，需要一種實踐——政治的責任介入。我對班哈比這樣的思想家的感覺是，他們在兩方面都失敗了：他們既沒有全身而退地進入哲學論證——無論這會導向何處；他們也沒有投身於那種理解當下並明智地介入其中的艱巨工作。

劉擎：類似的批評與反駁透露出當代西方學者之間在知識傳承與政治立場等方面的分野，這使他們對哲學與政治之間的關係問題有各自不同的把握與應對方式。對學術界而言，這類爭論的意義並不在於尋求某種確定的解決，而在於開啟不同的思路來面對時代的重要問題。你的論述在汲取了古典學研究論題的同時介入了現代性的內部緊張。在這個意義上，你大概是施特勞斯與柏林這兩種不同思想遺產的繼承者，為我們提供了別具一格的視野。

全球秩序的困境與未來

過去幾十年，世界局勢的發展常常超出人們的預估，這要求我們重新思考國際秩序的來龍去脈與內涵。

事實上，一個完整意義上的全球秩序尚未建立。迄今為止，人們談論的全球秩序或國際秩序，實際上是二戰結束後在美國主導下建立的「大西洋秩序」，也常常被稱為「國際自由秩序」，最初只是北美和西歐的區域秩序。「大西洋秩序」以自由主義民主和自由市場經濟為特徵。但西方一些政治家和思想家有一種構想，就是「大西洋秩序」會不斷向外擴展，最終成為覆蓋整個世界的全球性秩序。二十世紀後半葉的一些歷史進程激勵了這種構想，比如，二十世紀七〇年代末「新興工業化國家」包括「亞洲四小龍」的崛起，以及所謂「第三波民主化」的成就。而持續幾十年的「冷戰」最後以蘇聯解體而告終，更是對這個構想的極大鼓舞。這些歷史現象造成了一種自由秩序「普遍化」的錯覺，許多西方思想家過高估計了自由秩序在理論上的普遍有效性，從而認為這是全球適用的國際秩序，卻忽視了這種秩序的建立和維持實際上依賴於許多特定的歷史文化條件。

然而，近三十年來，世界格局的發展並沒有印證這個普遍化構想。在冷戰結束後，西方「自由秩序」在新一輪全球化過程中迅速向外擴張，在帶動新興經濟體實現巨大發展的同時，也引發了廣泛的不滿與衝突，在許多方面侵蝕和瓦解了這種秩序賴以生存的重要條件，也動搖了這種秩序的穩定性。這至少包括以下幾個方面。

第一，經濟全球化是「大西洋秩序」擴展的一個重要動力，但這個擴展進程越來越難以應對大規模異質人口的「排異反應」。最初形成「大西洋秩序」的地區主要是西歐和北美，加起來只有近十億人口，「大西洋秩序」在向外擴展的過程中更為直接和深入地介入了新興經濟體國家的內部秩序，引發了非西方國家在文化、政治和經濟上「抵制西方化」的各種反彈。新興經濟體包括中國、印度和一些南美國家，大約有三十多億人口，而且這是在文化和制度方面具有高度差異性的大規模人口。「大西洋秩序」在體量和規範性上都無法適應這種迅速的擴展，尤其是經濟秩序的擴展不可能隔絕文化與政治的要求，而新興經濟體在加入全球化的同時，都在不同程度上抵制西方秩序的文化與政治影響，形成緊張、對抗與衝突的局面。

第二，冷戰年代曾被限制在其地理區域的「伊斯蘭世界」，也在新一輪全球化進程中（再次）與西方世界直接相遇。伊斯蘭文明本身也是一種普遍世界秩序，與西方文明秩序如何能夠和平相處是一個悠久的難題。目前全球有十六億穆斯林，高生育率將推動其人口迅速增長。與此同時，「大西洋秩序」也面臨著文化衝突與宗教極端主義的挑戰。中東與北非地區的戰亂，恐怖主義的威脅，歐洲的難民危機，都顯示出非西方地區（尤其伊斯蘭世界）不願或難以順應西方主導的現代化進程，西方自由秩序的過度擴張可能正在導致不可承受的後果。近幾年來，西方有越來越多的學者（包括自由派的學者）對西方秩序的普遍性表達了質疑和反思，比如英國政治理論家約翰·格雷將向外輸出西方體制的企圖稱作「愚蠢的進軍」。

第三，「大西洋秩序」向外擴展的進程不只遭遇到一些非西方國家的反彈，引發了不滿與衝突，同時也反過來加劇了西方社會的內部矛盾，包括經濟與文化方面的問題。全球勞動力市場的形成與資本的自由流動加劇了西方國家內部的經濟不平等，中產階級普遍感受到挫折與失望，這都構成了對自由秩序正當性的質疑。新一波全球化在大部分國家內部同時造成了受益者與受挫者，我稱之為全球化的「（國內）斷層線」。經濟學家米蘭諾維奇在其名著《全球不平等》中提供的證據表明，一九八八年以來，新一輪的全球化縮小了國與國之間的貧富差距，但加劇了國內基於階層的不平等。西方已開發國家內部的經濟不平等進一步加劇，以美國最為嚴重（吉尼係數超過了〇·

四）。一九八五年以來，中產階級的實際收入增長基本停滯，社會階層的流動性下降，在經濟地位「一代更比一代強」的期望落空之後，中產階級遭受的挫折與失望感越來越廣泛地波及開來。在文化層面上，全球化對各國的傳統價值、生活方式以及民族認同都會造成衝擊。在移民和難民大量湧入、恐怖主義攻擊時有發生的新局勢下，這種文化衝擊在某些政客的誇大和煽動下變得更加敏感和尖銳。西方思想界的主流信奉多元文化主義與全球主義，但卻未能找到有效的方式來回應這一衝擊，這在民眾之間產生了文化認同的對立格局。經濟利益的衝突與文化訴求的矛盾相互交織、彼此纏繞，造成了西方社會嚴重的政治極化現象。所以，當川普聲稱要代表美國利益的時候，他要代表的是加州矽谷的美國還是「鐵鏽帶」地區的美國，就成為一個麻煩的問題。這種分裂和極化對於自由民主體制吸納和安置現代社會多樣性和差異性的能力構成了威脅。

另外，新技術革命，尤其是人工智能的迅疾發展，對現有的生產、勞動和消費結構產生的衝擊，以及對文化變遷的深遠影響，都可能超越既有「現代秩序」的有效框架，蘊含著巨大的未知風險。

所有這些變化，都促使我們重新思考二戰之後的「大西洋秩序」。在我看來，並沒有充分的證據斷定西方體制已經瀕臨崩潰，但可能有相當強的理由說明，二戰之後的「大西洋秩序」正面臨著嚴峻的挑戰，它不只是陷入向外擴展的困境，而且在某種程度上處於內外交困的局面。西方世界很可能進入了一個「巨變」的時期。這個巨變未必導致其崩潰，但會使其陷入長期的動盪不安，因此，奉行「大西洋秩序」的國家需要重新確立目標，進行全方位的改革和調整內外政策。目前「大西洋秩序」的趨勢是從對外擴張轉變為向內收縮或退守，這在本土主義的興起、貿易保護主義的反彈以及其他一些「逆全球化」的跡象中可窺見一些端倪。

這是一個高度不確定的時期，可能會持續很長時間，哪怕十年或二十年也不會令人感到意外。

與此同時，目前既有國際秩序的困境或者危機對中國未必就是「利多消息」。有人認為，現在西方衰敗了，正好是中國「反守為攻」的好時機，這種想法很可能是一種錯覺和誤判。中國已經是世界結構中重要的一部分，世界秩序的變化也會對中國產生影響，包括許多不確定性。中國領導人多次表示，中國並不是要取代現有的國際秩序，而是要做國際秩序的參與者和改造者。當今世界是一個「聯通的世界」，已經不可能相互隔絕。在這個世界中，沒有任何一個國家可以完全獨立解決自己的所有問題，完全獨立決定自己的命運。每個國家都是「人類命運共同體」的一員，這需要建立真正的全球秩序。而全球秩序的未來，不可能把一個區域秩序的價值和原則強加給整個世界，而應當在尊重各個民族國家及其文化傳統的基礎上，展開真正的對話。這種互動不只是為了達成相互理解，也要求各自的改變，要求各個國家為了人類的共同利益，為了和平與公正的全球秩序做出變革的努力，其中不可避免地會包含相互批評、競爭甚至一些衝突。無論如何，我們需要在更深入的層面上展開全球對話，以此構建新的世界秩序的原則框架。

*本文為作者在上海全球治理與區域國別研究院「聯通世界與未來」國際學術研討會上的發言（二〇一八年十一月十三日）。

西方社會現狀與廣義政治學理論

問：從二〇〇三年開始，您每年寫一篇「西方知識界重要事件綜述」，自二〇一六年起，您把綜述的標題改為「西方思想年度述評」，似乎比較明確地把重心放在了公共議題。為什麼會有這樣的變化？您認為這項工作是一種帶有立場的（interested）寫作嗎？

答：這個系列最初的定位是「資訊服務」，設想的讀者群體主要是人文與社會科學領域的學界同行，透過介紹西方知識界最近發生的具有跨學科意義的事件和議題，為專業學者提供更開闊的（超越自己特定專業的）資訊和視野。簡單地說，就是幫助讀者「being informed」：一是便於大家瞭解其他相關專業領域的發展動向，一是對公共思想與專業研究之間的關聯保持敏感。這個服務性的工作看上去挺簡單，主要是「力氣活」（每年年底讀上百篇文獻，直接使用的有五六十篇），但困難是在大量的文獻中進行取捨，這要求對「重要性」有盡可能客觀的判斷，但議題的選擇和呈現方式永遠無法徹底擺脫自己的主觀視角，這是讓我反覆糾結的問題。

另一個困難是處理重要性與新穎性之間的平衡。文章最理想的效果是讓讀者獲得原本不熟悉但卻十分重要的資訊、動向和觀點，但這個目標越來越難以達成。在二〇〇三年開始寫作的時候，網路訊息資源還沒有這麼發達，相對容易做到。後來，讀者對西方學術思想資源的獲取越來越便利，青年學者外語能力普遍都比較強，西方思想界發生的重要事情很快就得到傳播。如果重要的都是大家熟知的，那麼堅持選題的重要性就很可能會失去新穎性。但如果為了保持文章的「新鮮感」去寫一些冷門偏僻的議題，就會成為「獵奇」，從而偏離初衷。所以，最近幾年我有意識地調整了文章的定位，更加明確地著眼於公共思想議題，並加強和加深評論的部分，從「綜述」變成「述評」，希望在觀點和論辯（而不是資訊本身）的層面上讓文章具有一定的新意。這樣做的風險在於篇幅難以控制，這個系列從最初的一萬字左右，到現在超過了兩萬五千字。另一個風險是，無論如何節制都很難完全避免某種主觀性。比如，最近這篇文章中討論川普執政的部分，就有朋友批評相關的評論「過於負面」。我不知道這算不算失去了客觀性，其實我還是相當節制的，因為西方思想界在總體上對川普的評價是非常負面的。無論如何，這個寫作受制於我個人的視角和知識，無法達到一種「年鑑」式的客觀性標準，這也不是我的目標。

問：二〇一六年川普贏得美國大選。去年《外交事務》有文章說，這是傑克森式民粹—民族主義對二戰後主導美國宏觀戰略的漢彌爾頓主義和威爾遜主義的復仇。如果回顧起來，一度流行的對美國政治的認識是否存在盲點？

答：可能有些方面需要反思，其中我關注的問題點是對美國精神的認識偏差。川普獲得近半數選民的支持當選總統，許多評論家認為他勝選的重要原因之一是有效地煽動了「白人民族主義」（White Nationalism），這似乎有悖於人們對美國精神的慣常理解。在美國政治教科書以及主流的政治話語中，美國不具備典型意義的民族主義傳統，因為美國缺乏單一民族國家那種以共同血緣、人種和語言為基礎的民族認同。即便論及「美國的民族主義」，也無法以老歐洲（尤其是德國式的）「血與土地」的方式來理解，而是以對「自由信條」的共同忠誠來界定，這就是所謂的「理念型民族主義」。杭亭頓在《誰是美國人？》一書中將WASP（白人盎格魯—撒克遜新教徒）傳統當作美國文化的核心，但早年他也是一位「信條論者」。他在一九八一年的著作中曾說：「將民族性等同於政治信條或價值觀，這使得美國幾乎是獨一無二的」。他還說，一個英國人變得「非英國化」是不可思議的，而在美國「拒絕那個信條的核心理念就是非美國的（un-American）」。由此看來，美國的理念型民族主義以美國價值觀為自豪，甚至會鄙視「舊世界」那種（基於種族和土地的）「原生論民族主義」（primordialist nationalism）。如果否定這種特色，那麼美國不過是老歐洲的民族國家的「美洲翻版」，喪失了「新大陸」的精神特質。因此，訴諸一種基於白人種族的「原生論民族主義」是對「美國正統」的背離，是「非美國的」。然而，二〇一六年美國政壇的戲劇性變化，即便沒有徹底顛覆也強烈質疑了「美國例外論」的神話。川普的「文化政治」成就表明，對「何為美國？何為美國的文化傳統？何為真正的美國人？」等問題的競爭性闡釋從未終結。一些歷史學家和思想家近年來的研究揭示，白人民族主義實際上從未被徹底埋葬，只是在二十世紀六〇年代以來的「歷史進步」洪流的衝擊下，暫時收斂或沉寂，藏匿於輿論邊緣蓄勢待發。

問：儘管某種倡導「普遍自由」、「平等價值」的自由主義議程，長期掌握美國的文化領導權，「白人民族主義」卻依舊死灰復燃。馬克．里拉在川普勝選幾天後發表於《紐約時報》的文章以及二〇一七年出版的新書，把帳算在了身分政治，尤其是所謂二十世紀六〇年代以後英文系培養的自戀主義文化上，但《波士頓評論》最近的文章批評里拉主張的公民民族主義是另一版本的國家層面的象徵主義政治，其本身未必不是空洞的。在您看來，什麼是民主黨和自由派需要在失敗中總結的教訓？

答：對川普的勝選原因有偏重經濟和偏重文化的不同解釋，我認為單一解釋都是片面的。川普的支持者實際上並不是經濟上最貧困的階層。這個情況與歐洲相似，英國支持脫歐或者法國支持勒龐的核心選民都不是經濟上最為窮苦的底層，而是來自中下階層。福山認為，這些人經歷了「社會相對地位的巨大損失」，並擔心自己會每況愈下，落入最底層。川普成功的一個祕訣就是有效地將白人工作階層的受挫感歸咎於「他者」（全球化中的「掠奪者」、享受福利的「懶惰者」，以及「竊取」經濟成果的外來移民等），從而將其選民基本盤的經濟要求與他們的種族認同結合起來，重新建構了（「偽裝成」）美國正統的文化政治論述，許諾他們一個「讓美國再次偉大」（再次「變白」）的夢想。即便這個許諾落空，川普也一定會將其歸咎於民主黨的破壞或者各種「反美勢力」的陰謀，而他將永遠是最正確和最智慧的總統。

對自由派和左派來說，如何對待川普的選民基本盤是個艱巨的難題。將他們全部判定為邪惡的種族主義者，然後決一死戰，是不是可取的方式？或者是否應當分化和瓦解支持川普的民眾？如何建立支持民主黨政治議程的政治聯盟？在這個問題上，馬克·里拉對身分政治的批評引起了廣泛的關注。他認為二〇一六年民主黨政治失敗的教訓之一是「身分政治」陷入了歧途。在他看來，以特殊群體的身分來塑造政治，在道德上或許很有意義，但在政治實踐中（尤其就選舉政治的競爭策略而言）是極不明智的。他呼籲重返公民政治，訴諸共同的公民身分和團結，而不是強調各個特殊群體的獨特差異。他的新書《曾經與未來的自由派》（*The Once and Future Liberal*）發表之後引起很大爭議。有一半以上的書評都是批評性的，而在不到一半的讚賞者中又有一半是來自保守派的聲音，這使他像是自由派陣營中的「變節者」。

我對里拉的問題意識有些同感，但對他的觀點持保留態度。在我看來，重建公民政治的目標是正確的，但路徑不是放棄，而是經由身分政治來實現（正如尋求世界主義的目標，也無法拋開而是要透過民族主義來實現）。身分政治理論實際上並不排斥公民政治，並且非常重視在多樣的族群身分之間建立「交叉性」（intersectionality）。但自由派建立「交叉性」的政治努力在實踐中並不成功。比如，在策劃女性群體支持希拉蕊競選的一次集會中，一個基督教背景的女性團體要求參加卻被拒絕在外，因為她們大多傾向於反對墮胎（所謂「pro-life」）的立場。里拉曾對美國兩大政黨的網站主頁做過對比，共和黨的主頁上推出的「美國復興的原則」十分醒目，包括對廣泛關注的政治問題的立場聲明。然而，民主黨的網站主頁上卻找不到類似的原則性聲明，只有多達十七個不同身分群體的網站連結，其內容是分別提出各自不同的主張和訴求。這樣的多樣性照顧到每一個身分群體的特殊性，卻很難形成有效的政治聯盟。在這個意義上，里拉提出的問題是值得被認真對待的。

另外，在堅持道德原則的同時如何保持良好的政治現實感，也是自由派需要反思的問題。比如，去年拆除羅伯特·李的塑像等南方邦聯紀念碑的動議出現了很大的分歧，在夏洛茲維爾爆發了嚴重的衝突。我注意到楊恩（Andrew Young）的意見，他算是元老級的民權運動領袖，是馬丁·路德·金的親密戰友，曾擔任國會議員和美國常駐聯合國大使。他當然反對極右翼的「白人至上論」，但他卻主張保留那些紀念物。他的理由是，一個正當的動議如果會造成民眾的嚴重分裂，如果會喪失多數支持，那麼在政治上就應當盡可能避免。當時有六成的美國民眾認為應該保留這些紀念碑（即便在非洲裔美國人當中，也有四四％主張保留，高於主張移除的四〇％）。楊恩本人注重經濟而輕視象徵物的看法或許過於老派，但他的意見發人深思：什麼問題可以妥協？什麼樣的妥協就變成了背叛？回答這些問題需要道德原則的指南，也同樣需要具有現實敏感性的政治智慧，需要情景化和策略性的思考。

問：您在述評文章裡說，去年歐洲經歷了「馬克宏時刻」，像哈伯瑪斯就認為，馬克宏給歐洲帶來了新機遇。不過，法國《世界報》也刊登了兩種左翼的批評聲音。梅蘭雄（Jean-Luc Melenchon）

背後的政治哲學家慕孚（Chantal Mouffe）認為，「新工黨」、「第三條道路」呼喚出的「中左」共識，廢棄了左右之分，導致了代表性危機，而馬克宏的政策則是這種後政治邏輯的最高階段；傳說是馬克宏老師的巴里巴爾（Étienne Balibar）雖然支持「重建」歐盟，但認為馬克宏的方案無助於政治對經濟治理的統御，公民代表只有諮詢功能，一些民族相對其他民族的霸權地位被進一步強化。您會怎樣回應這樣的批評？

答：在我看來，激進左翼和批評常常會帶來很獨到的思想啟迪，巴迪烏、齊澤克和慕孚等理論家總是帶來令人興奮的刺激，但在政治實踐上會帶來什麼可行的策略往往不得而知。「代表性」是左翼人士老生常談的議題，只有神一般的政治家才能徹底解決這個問題。在現代民主政治中，代表性從來不是全有和全無的問題，泛泛而論「代表性斷裂」而不做差異化的分殊辨析，就連文字遊戲都談不上。在國民議會選舉的五百七十七個席位中，梅蘭雄的政黨與法共聯盟才拿下二十七席，如果推他做法國總統可能是更嚴重的代表性危機。當然，左翼理論家會說，在政治上以「數量」把握「本質」是極為膚淺的，那麼深刻理解的本質與數量無關嗎？他們很可能也不會斷然否認，然後就會在曖昧玄妙的語詞中進入更精彩的概念遊戲。我從年輕時就偏愛激進理論的智識挑戰，那種「我有哲學，你是意識形態」的說辭對我沒有什麼威懾力。這類理論拿來做博士論文的題目可能非常有趣，但在討論公共政治議題的時候我會謹慎甄別，依據其相關性和現實感來選擇使用。

哈伯瑪斯比慕孚的現實感好一些。他自稱左派，說自己不可能是一個「馬克宏主義者」（但在激進左翼看來，哈伯瑪斯至多算自由左派）。他對馬克宏的支持和讚賞是基於務實的態度，他認為，馬克宏代表了歐盟擺脫解體危機最現實可行的希望。

馬克宏在社會議題上偏左，但在經濟政策上有偏右的取向，與當年的布萊爾或者柯林頓有相似之處，他們在經濟政策上距離雷根－柴契爾的新自由主義可能就一步之遙。放眼全球，左翼政黨在經濟上成功的例子太少了。這造成了那些在政治社會議題上偏左的政治家，在執政之後往往會倒向偏右的經濟政策。這不是說左翼在經濟上完全沒有成功的可能，但這首先需要全球經濟結構發生革命性的變遷，而獲得這個前提的希望仍然非常渺茫。從左翼的立場看，更好的替代方案總是可能的，無論如何也不應當放棄革命的希望。因此不少激進理論家實際上期待一個危機總爆發的時刻，想像這會帶來真正意義上的政治機遇。但如果危機真的爆發了，最後勝出的政黨未必是激進左翼，也有可能是極右翼，是新法西斯主義。因此，馬克宏代表的中左調和主義可能是最可行的歐盟改革路線，目前看來有相當大的潛力。在當前歐洲的形勢下，堅定推進歐洲一體化的進程、贊成開放的多元文化主義、支持女權主義，並且具有廣泛的民眾支持，已經相當難能可貴。在德國，梅克爾的聯盟最近終於與社民黨成功組建了聯合政府。作為歐洲一體化領導者的「法德軸心」倖存下來，在二〇一六年英國脫歐公投之後，歐盟似乎看到一點光明的前景。

然而，歐盟的前景仍然是非常不明朗的，最近義大利議會選舉的結果又給歐盟的事業帶來了陰雲。法國國內對歐盟的態度仍然存在嚴重分歧，很難說未來勒龐或其同黨就不會當選總統。「德國另類選擇黨」在短短幾年內就位居第三大黨，也有可能在未來主導政府。根本的結構性問題在於歐洲幾乎所有國家都處在文化內戰的分裂狀態，每個國家都有部分民眾支持全球化和歐洲一體化，而另一部分是傾向於本土主義的疑歐派或脫歐派。雙方會長期處在拉鋸戰之中，歐盟的事業也注定將經受相當長的反覆搖擺的考驗，常常會陷入不進則退又進退兩難的困境。

但是，我一直認為，歐盟的危機無論多麼嚴重，只要不徹底解體，就是一個非凡的成就。歐洲的民族國家建設，從西伐利亞和約開始，經過整整四百年，到二十世紀下半葉才發展成熟。相比之下，歐盟過於年輕了，它的建構應當是百年尺度的事業。歐洲人透過自覺反思自己的歷史遺產，包括戰爭的災難和痛苦，有意識地來構建一個新的政治共同體，超越已經習慣固化的民族國家結構，這顯示了人類的政治努力能夠企及近乎烏托邦的理想。這是值得付出最大耐心的事業。

問：去年，「#MeToo」運動席捲歐美。在齊澤克看來，「#MeToo」運動解決問題的方式——簽訂性契約——低估了性互動的複雜性。伴隨這一運動的展開，您覺得我們應當如何對待有性侵問題的作者的作品？

答：「#MeToo」運動事關個體和女性群體的基本權利，同時也有很強的道德主義傾向。這種道德主義與人的尊嚴、平等這些重要的價值關聯在一起，應當予以關切和支持。這場運動出現的反對和異議也並不令人意外，同時有些來自（常常是偽裝過的）男權主義意識的反彈。正當的批判往往並不反對運動的價值目標和原則，而是針對這些原則在具體情景中的運用，這一點往往涉及分寸的適度性。展開這些討論是有意義的，雖然未必能達成共識。像齊澤克提出的問題涉及人類交往的複雜性。平等的道德原則在大部分人際關係中具有優先地位，但兩性或同性的親密關係可能是最為複雜和豐富的人類活動，其中道德因素並不是唯一要考慮的要素，有時（在達到基本底線之上時）甚至不是優先考慮的因素。這當然不能為性侵和明確的性騷擾提供藉口，因為這些行徑已經落在基本的道德底線（甚至法律底線）之下，使得道德問題凸顯為最為優先的問題。

雙方合意是親密關係的基本原則，這要求雙方充分尊重彼此的意願。複雜的情況在於，親密關係中「意願」有時是複雜的、變化的。比如婚內的性關係，婚姻的合法性本身並不意味著某一方隨時都保持性活動的意願，違背對方意願的強制行為也構成性侵。而在親密關係建立的最初階段，性意願是一個相互探索和逐漸明確的形成過程，常常有曖昧不清的時刻。這裡可以明確的原則是，任何一方在任何時刻說出的「No」都足具分量，另一方應當即刻停止。但是沒有明確說出「No」是否就意味著「Yes」呢？比如，肢體語言含混流露出的「勉強」應當被視為拒絕還是微妙的探索？其中有一個模糊不清的「灰色地帶」。二〇一八年年初，美國喜劇演員安薩里（Aziz Ansari）受到性騷擾指控，引起了激烈的爭議，部分原因就與這種「灰色地帶」有關。當然，更安全的做法是事先簽訂契約，並且在親密活動的每一步都明確詢問對方（「Are you OK with this?」之類），在獲得明確的肯定答覆後再繼續進展，但這很可能會將親密關係變成一種道德純潔卻乏味無趣的關係。

另一個複雜的問題涉及意願與權力結構。許多女權主義者主張，即便明確表達「自願」，如果是處在不對等權力關係的弱勢一方，也不能算作「本真的意願」。通常我們認為，職場中直接的上下級、校園中的師生處在明顯的不對等權力關係之中，所謂「自願」實際上往往是權力效應的結果，因此明令禁止他們之間發生親密關系，可以成為正當的通則。但是，權力對意願的影響幾乎是無所不在的，如男性對女性、明星對粉絲、富人對窮人、年長對年輕（或者相反）、高顏值對低顏值、高智商對低智商、專業熟手對專業新手、健康對體弱、母語對非母語、開放對保守……所有的前者都可能在親密關係中處於強勢的一方。因此，完全免於任何權力效應的「本真的意願」幾乎是不存在的。如果一個成年人自我明確表達的「自願」不足為信，那麼應當由誰、根據什麼來判斷一個意願足夠真實（從而免於性侵的嫌疑）？權力對意願的影響是一個真命題，但具體情境下的個案判斷卻是複雜的，有時是極為困難的。

有道德嫌疑的作者與其作品的關係也是值得討論的問題。我個人以為，二者應當作必要的切割。實際上，以我們今天的標準來看，歷史上的大部分作者都可能有某種「政治不正確」的弊病，他們很可能是男權主義者、種族主義者、宗教迫害者、沙文主義者、西方中心主義者或階級壓迫者……如果他們的作品都被禁止，那麼人類文明史可能必須從當代開始。另外，對當代人可能需要更嚴格的標準，對性侵者，透過限制或禁止他們的作品對其不當行為予以懲罰可能是一個選項，但也需要考慮比例原則，而且這不是懲罰的唯一方式，也未必是最好的方式。

問：您這些年在構想一種「廣義政治學理論」。為什麼我們今天還需要這樣一種聽起來頗為宏大的政治理論？它與您在〈重建全球想像：從「天下」理想走向新世界主義〉一文中關於未來國際秩序的展望有什麼關聯？

答：這個理論雖然醞釀了許多年，但現在仍然停留在構想層面。最初的構想只是為研究民族主義與世界主義的關係尋找一個恰當的理論框架，並沒有這麼龐大的計畫。後來，對許多當代政治問題的思考都激發我去擴展這個框架。比如，一個民族的文化是獨特的，那麼這意味著存在一種區別內外的疆界，但文化又是變化的，其變化的動力是什麼？疆界是什麼意思，它可以改變嗎？國家的疆界不是無中生有的，它是此前更小單位的政治共同體在相互碰撞和融合之後的產物，那麼這種融合會進一步擴展到整個世界嗎？另外，為什麼同一個民族國家的成員彼此之間會出現那麼大的分歧，因為他們處在不同的疆界之中嗎？在微觀的層面上，個體的身分認同是如何形成的？個體與他人以及群體的關係對身分的建構有什麼作用？個體的多重身分之間的關係是什麼？實際上，所有這些問題都可以用各種現成的理論獲得解釋，但這些理論不在一個統一融貫的系統之中。由此，我就逐漸產生了發展一個系統理論的想法。書名都想好了，比較刻板的書生氣，《疆界與遭遇：廣義政治學理論綱要》。

簡單地說，就是以「疆界」（boundary）與「遭遇」（encounter）為核心範疇，在政治本體論的基礎層面上，重新闡述政治本身與政治原理的系統性論述。政治在根本上關涉人類所有形態的關係，而所有關係都需要根據彼此間的疆界來界定。人類基於各個層級的疆界——從個體自我，到家庭、宗族、部落和領地，到城邦與地域，再到民族國家和「星球」之間的物理意義與精神意義的疆界——來構成內部與外部、自我與他者、主體與客體、自由與秩序、主權與服從、合法與非法、友愛與敵對等一系列基本的政治範疇。而遭遇是政治變遷的動力學，跨越疆界的物質與精神的遭遇，成為引發疆界改寫、瓦解和重建的動力機制。這項基礎性的研究是從哲學、文化人類學、思想史與社會科學的多學科角度，建構新的政治學理論範式的嘗試。之所以稱其為「廣義政治學理論」（general political theory），在於它以兩個範疇及其辯證關係為核心，容納了最為廣泛的政治現象——從經典的國家政治、國際政治與世界政治到後現代的「生命政治」、「身體政治」和「性別政治」等，並且試圖貫通規範性政治理論與經驗政治科學之間的傳統壁壘。

這種宏大的理論構造是否有意義？我覺得至少需要通過三個標準的檢測：第一，它自身是簡潔、清晰和融貫的理論，這是一個形式標準；第二，它能夠解釋以往理論已經解釋的現象和問題；第三，最重要的是它能夠更有效地解釋既有理論難以解釋或未能充分解釋的現象和問題。如果不能滿足這三個標準，那麼這個理論只是對既有理論的轉譯，就是換一種說法而已，至多只有形式簡約的意義。比如說，所有關係都可以界定為「遭遇」的亞類型，施密特講的「敵我關係」為一端，列維納斯「對他者的責任」是另一端，中間存在多種亞類型。不過即便成功地完成了「遭遇」的類型學處理，這仍然只獲得了形式意義。

但這種理論構想也可能具有創新的潛力。比如，如果把疆界劃分為居住地域、人際互動、物質交換和訊息交往這四重疆界，那麼在原始的部落社會，對同一部落的人而言，這四重疆界是基本重疊且共享的，而隨著歷史的發展，個體的四重疆界不再重疊，而且同一社群的成員也不再共享相同的疆界。這是多種跨疆界的遭遇的結果，也形成了同一共同體內部的差異性。如今，在國際大都市中，受到良好教育的人群的訊息交往是全球性的，物質交換是跨國的，人際互動是跨地域的，雖然他們可能長久居住在一個固定的地方。他們的四重疆界不再是重疊的。而身處同一個國家中待開發地區的人群，他們的各種疆界可能要狹隘得多。這個視野或許能更為精微地闡述從古代到現代的轉變。在這種視野中，同一國家中傾向於全球主義與忠實於本土主義的人口之間的差異，很可能被解釋為雙方處在不同的疆界之中。疆界的政治含義可能是權利義務的邊界，在文化上可能是倫理判斷的適用性邊界。在這個意義上，對「他者」的暴力就是疆界之外的人群不被當作具有倫理意義的存在。這可能為理解各種歧視打開新的研究視野。

從最原始的兩性關係，到小共同體的形成，遭遇是能動者的基本存在形式。如果說疆界確定了結構和秩序的邊界，那麼遭遇使疆界的擴展成為可能，從洞穴、家族、部落，擴展為小公國、王國、帝國等。遭遇有多種類型，包括疆界的瓦解、改寫、重建，帶來文化的征服、同化、分化和融合等。遭遇提供了一個從生成（becoming）視野來理解政治共同體的變化和發展的視角。這當然有建構主義的取向，但建構本身受到疆界自滯性的限制，防止了激進建構主義的任意性。這個理論也為發展新的世界主義理論奠定了基礎。

另外，我仍然在思考「疆界—遭遇」的理論模式是否有可能對社會科學中經典的「結構—能動者」問題（agency-structure problem）賦予新的、更精確的類型化處理。這裡需要認真考慮，在什麼意義上它能夠彌補比如紀登斯的「結構化理論」以及布赫迪厄的「實踐理論」存在的局限。

這當然都是很費力的工作。

問：這一構想的學術淵源是什麼？《疆界與遭遇：廣義政治學理論綱要》大約會在何時完成？

答：關鍵的兩個範疇都是從其他學者那裡獲得的啟發。在對文化多元主義的研究中，有幾位結構主義取向的學者發展出了「邊界理論」（Border Theory），他們有時候也用「boundary」的概念，在處理文化差異和身分認同的問題上對我有很大啟發。後來，當我連繫到「遭遇」這個概念，就感到有可能在更寬泛和更系統的層面上使用「疆界」這個範疇。「遭遇」的概念最初來自受到韋伯影響的社會理論家奈爾森（Benjamin Nelson）的意識結構（structures of consciousness）理論，近年來透過英國的世界主義理論家德朗提（Gerard Delanty）等人的努力獲得復興。我是在和德朗提的交往中開始瞭解並研讀這些文獻的。

至於什麼時候能夠完成，我完全沒有把握。三年前我制定的計畫是今年完成，現在看來這是多麼不切實際的幻想。專業的學術工作，需要與前人對話，一個龐大的理論構想需要處理的文獻太多。如果我現在就退休了，用五年時間有希望完成。實際上，學術界極少有人會公開談論一個自己尚未充分發展的理論構想。

恰恰是因為沒有把握，不知道自己能否完成以及何時完成，所以才會有這樣奇怪的「事先張揚」，將其用作對自己的激勵。聽說有人公開宣布自己戒菸，就有更大的概率成功。困難的事情可能有相同之處，或許理論創造也是如此。

＊本文為澎湃新聞對作者的訪談（二〇一八年三月十八日），收錄時稍有刪減。

西方主流正在
從「單聲部」重回「多聲部」

北京曾舉辦過「讀懂中國」論壇，現在上海舉辦「讀懂世界」論壇，二者可相映成輝。我們需要內外兼具的視角，因為中國是處在世界之中的中國，無法理解世界實際上就無法真正理解中國。我們談起世界，關注的往往是西方世界，但必須意識到西方並不是世界的全部。雖然我今天要談的是西方問題，但必須指出這個可能的盲點。另外，今天在討論西方的時候我們也需要注重「內在視角」，就是要進入他們的自我理解與世界圖景。中國講究所謂「知己知彼」，無論是將對方當作朋友、競爭者還是敵人，如其所是地「知道」對方非常重要。日本學者在對待中國問題時，特別強調「知華」。中國對於西方問題也應該如此，比如對待美國，無論採取所謂「反美」還是「親美」的立場，你首先要成為「知美派」。我自己的主要研究領域是西方現代思想史，西方思想內部有顯著的多樣性，所謂「主流」不是只有一個聲音，而是匯集而成的潮流。這是西方主流思想長期的特點。受時間限制，我只能冒著簡單化的風險，討論兩個方面，一是文化的，一是意識形態的，這是西方內政外交的思想基礎。

我每年在年底都要寫一份西方思想文化的綜述，已經持續了十多年。大家比較關注政治發展趨勢和意識形態問題，而比較容易忽略文化領域。近年來，在新的技術文明下，網路帶來了虛擬空間與虛擬的現實性，文化變遷在很深的層面上改變了人的自我認知、存在體驗、社會感、社會意識和對國家的感知。有一個IT行業的年輕人，給我看過一張「世界地圖」，這個地圖不是按照國別來劃分世界，而是根據網路的人口來分割：這是「Facebook國」、「Twitter國」、「QQ國」、「微信國」……這裡有一個「great firewall」。這樣一張「世界地圖」給出了不同於傳統的認知框架，以及一種相當不同的「世界圖景」。

新技術文明帶來的文化衝擊引發了許多問題，包括大學在將來是否還會存在？古典人文教育在今天到底意味著什麼？網路時代是否造成文化的扁平化甚至弱智化？對這些問題的看法一直存在激烈的爭論，有人特別警覺新技術的破壞作用，有人則為網路時代叫好。負面的例子有很多，比如網路遊戲上癮、網路色情的氾濫等，但我今天要舉幾個相當正面的例子。

大家所熟悉的維基百科（Wikipedia）是非常驚人的了不起的事業，將世界上這麼多人的智慧聚沙成塔，形成了公民自發性、非營利支持的一個文化標竿。維基百科現在已經整整運營十五年了。在創辦之初，有一群物理學家曾評估維基百科的物理學詞條的正確率，結果令人驚訝，它的錯誤率非常低，與各大著名的百科全書不相上下。維基百科依然在不斷更新和改進，這是新技術文明帶來的新的文化生產的樣態。

對網路文化一個常見的批判是其「文化快餐」性質，即迅即而淺薄的消費。但也有反潮流的例子。比如，*Aeon*網路雜誌創設以來，覆蓋的主題有哲學、科學、心理學、健康科學、社會與文化，而且著眼於大視野和深度討論，大多數文章都是幾千單詞的長文，許多作者都是著名學者和專欄作家，網站上還有質量很高的紀錄片。我寫年度綜述時，關於ISIS的問題就讀了近七十篇文章，而在*Aeon*上發表的兩篇相關文章完全是一流水準。這個網路雜誌提倡「長閱讀、慢閱讀和深閱讀」的模式，呈現出反潮流的樣態，短短三年就已經在英語知識界獲得了非常好的聲譽。

二〇一六年，美國拉開了又一輪總統競選的帷幕。西方競爭性民主為人詬病的主要有兩個方面：一是大財團用金錢干預政治，一是政治家越來越像明星操縱選民。這兩個問題很難從根本上解決，但在網路條件下，出現了一些新的應對方式。比如，歐巴馬第一次當選時，他的大部分競選經費來源於網路小額捐款（二十美元以下），如果沒有網路，這一點完全不可想像。二〇一六年，美國有哲學家出面組織，帶一群年輕人一起搞了一個活動，就是借用在年輕人中流行的「彈幕」形式

（一邊看電視劇一邊評論，評論隨之在螢幕顯示），來為候選人的電視辯論節目做即時線上評論，專門指正其中的事實錯誤和邏輯論證錯誤。這當然需要很專業的知識儲備和高強度的工作節奏。一個競選人給出一個數據或者提出一個觀點不到一分鐘，他們就在字幕上評論說，這個數據是不確切的，或者這個觀點的前提有問題，或者這裡的邏輯推論是錯誤的，等等。在民主政治時代，哲學家可能做不了哲學王，但可以發揮自己的強項來提高民主政治的辯論質量，來抵制政客利用煽情和錯誤事實來誤導和操縱選民，讓政治辯論在一定程度上接受事實和理性的檢驗。

總之，新技術文明下的文化是一個仍然在展開的過程，對未來有什麼樣的政治、經濟和社會影響，很難有確切的答案。人們談論負面的問題比較多，但我們不應當忽視其積極的方面，這裡有一種公民的首創性，　種主動的、自發的自治精神，一種具有動員力量的民主文化。而像*Aeon*這樣的新文化形態，又是對傳統的創造性再發展。我感到，在新技術條件下形成的許多新的亞文化，有可能具有在未來改造工流文化的潛力。

在意識形態方面，如果回顧冷戰年代，有社會主義和資本主義兩大陣營，實際上是兩種世界秩序的對峙，但還潛伏著另一種伊斯蘭的世界秩序，只是在冷戰時期被肢解和掩蓋了，兩大陣營衝突非常顯著。這種現象直到一九九一年蘇聯解體，才逐漸改變。

大家都很熟悉，在冷戰終結後的最初幾年，福山的「歷史終結論」曾經非常流行（我對福山的評價比一般中國學者要更高一些）。這個理論在二十五年前特別吸引人，歷史終結當然不是說歷史事件不再發生了，而是說無論發生什麼驚心動魄的鬥爭，都是過眼雲煙，用黑格爾的話說是「理性的詭計」而已，無法改變終點，就是在意識形態上除了自由主義民主，沒有其他真正的選項。這是因為西方陣營在冷戰中獲得了壓倒性的勝利，產生了極度自信，但這種過度自信付出的代價就是思想的封閉，對政治圖景的想像變得狹隘。當時的西方主流思想慢慢變得有點單一，從「多聲部」變成了「單聲部」。但近幾年來，這種自信遭到了嚴峻的挑戰。這裡有三個主要因素，第一是中國的崛起，有人說「世界中心從大西洋轉向了太平洋」；第二是二〇〇七年左右開始的金融危機；第三是伊斯蘭激進主義的興起。這三個因素都跟全球化有關。所以，近年來，西方思想的主流慢慢轉向反思和憂慮，用中國人的話說就是「憂患意識」。二〇一六年的恐怖主義攻擊問題也在思想上造成了衝擊。去年是冷戰終結的二十五週年，法國社會高等研究院的馬農、英國倫敦政治經濟學院的約翰．格雷和美國哥倫比亞大學的馬克．里拉分別發表文章，追溯自由主義與民主政治的歷史起源，闡明其演變歷程，檢討當今流行的自由主義論述與實踐何以偏離了其本源和精髓，陷入了盲目與教條的危機。三位作者都體現出自由主義者的反思與正本清源的努力。

馬農可以說是雷蒙．阿隆的傳人，他在發表的〈自由主義的危機〉一文中指出，自由主義的興起源自特定歷史條件下展現的政治治理優越性。「我們作為公民的願望是被善治；我需要的是一個好的政府，而不是一個自由主義的、或社會主義的、或基督教的政府。」他認為，自由主義首先是一種政治學說，其次才是關於「自由競爭」的經濟學說，這兩者之間曾長期兼容，但在當今全球化的處境中卻彼此衝突。「如果遵循純粹自由競爭的經濟原則，我們已經滅亡了」：那些高勞動力成本和社會保障開支巨大的國家，如何可能對那些低勞動力成本和微弱社會保障的國家保持競爭力？最終，在美國主導的全球化進程中，經濟活動與人們歸屬的政治共同體相互分離，自由主義失去了曾經的治理優越性。西方支配世界的時代已經達至其能力的極限，從而陷入了難以自拔的政治和精神危機。至於如何應對這種危機，他坦言自己沒有答案。

格雷是著名教授，也是很有影響的公共知識分子，他在〈自由主義的錯覺〉中指出，西方自由主義者最大的錯覺就是以為「自己站在歷史的正確一邊」，而自由主義的敵人總是站在歷史的對立面。但用「站在歷史的對立面」來解釋蘇聯陣營在冷戰中的失敗，是過於簡單化的解釋，其中過濾了許多複雜的政治社會因素（包括民族主義、宗教、戰略以及許多偶然的因素），這種闡釋不只是抽象簡單的，而且歪曲了真相。這妨礙了西方政治家和決策者真正理解俄羅斯、中國、歐洲的轉型國家以及阿拉伯地區的真實狀況與關鍵問題。格雷認為，「歷史沒有明確的方向」。在可以想見的未來，「將會存在許多文化，以及各種各樣的生活方式，它們持續不斷地變化和互動，卻不會融為一體，成為類似於某種普世文明的東西」。因此，地緣政治衝突會加劇，戰爭會以新形態和混合形態出現，宗教將會在國家的形成與毀滅中成為一種決定性因素。自由主義的價值需要一種現實主義的思想才能存活。西方正在應對日益混亂的世界，而最大的危險恰恰是來自那種無根據的信念——「歷史站在自己這邊」。

里拉是一位思想史家，曾到華師大做過講座。他在〈關於我們自由放任主義時代的真相〉中，把意識形態和教條區別開來。冷戰中的共產主義和自由主義是兩種宏大的意識形態，而我們時代的「自由放任主義」（libertarianism）則是一種極致的教條。它始於基本的自由主義原則（個人尊嚴、自由優先、懷疑公共權威、提出寬容），但就此停步不前，完全無視這些原則與現實世界之間變化多端的複雜關係。就此而言，它不是那種孟德斯鳩、美國制憲者、托克維爾或彌爾會承認的自由主義。實際上，民主是一種罕見的政府形式，在長達兩千年的歷史中被視為低劣、不穩定、具有潛在暴虐性的制度。在西方世界，民主遲至十九世紀才被認為是一種好的政體，直到「二戰」之後才被當作最佳政府形式，且只是到最近二十五年才被看作是唯一正當的政體。而在教條主義的影響下，今天美國的政治思考中只存在兩種類別，即民主或者「洪水滔天」，這種簡單化的思維模式完全無法對當今世界形形色色的非民主政體做出差異化的考察。許多自由民主的價值可能被非民主國家的人們所分享，但這並不意味著他們願意接受民主化終將帶來的種種後果，比如社會與文化的個人主義後果，他們珍視的那些（可能被個人主義摧毀的）傳統，對地方的忠誠，對長者的尊重，對家庭和部落的責任，對虔敬與美德的投身，等等。他認為，面對世界上非民主制度長期存在的現實，自由主義者需要回答一個明智的問題，即除了民主化的方案之外，還有什麼備選計畫（Plan B）？但現在沒有人有意願去提出這種明智的問題，這標誌著今日西方政治思考的破產。

如果要說西方主流思想的發展走向，那麼有一點是清楚的，就是從冷戰之初的「單聲部」重新呈現出「多聲部」的匯流趨勢。雖然西方思想界對當下的思想狀況自覺進行批判和反思，但他們並沒有放棄自己的立場和自我期望，大多數人也不認為中國的崛起能夠提供一個真正的另類世界秩序，來取代西方主導的「自由秩序」。也就是說，批判與反省的主流趨勢是呼喚一種審慎的態度，這也是西方政治思想一個悠久的傳統，在內政外交方面都是如此。就國際問題來看，美國主導的「自由秩序」有明顯的收縮，特別是在中東地區。有人認為，這是歐巴馬時代的美國進入了全球性的衰落時期，選擇退入孤立主義，但這可能是一種誤解。最近《外交事務》雜誌發表一組文章，指出歐巴馬政府「並沒有拋棄傳統的美國大戰略，而是試圖從其前任的失當處置中拯救這一戰略。歐巴馬已準備好拯救自由秩序的核心，但為了做到這一點，他甘於犧牲功能和區域上的邊緣地帶」。

我們應當注意，美國對自身的特殊理解，以及它對世界圖景的特殊想像，其中包含著與老歐洲那種「根植於土地」的觀念相當不同的思想傳統。在根本上，美國戰略並不依附於領土要求。而德國公法學家卡爾·施密特曾經說美國外交是「無跡可求但又無處不在」，「缺席」和「在場」奇妙地融合在一起。小布希的外交把美國戰略與海外領土的占據過於緊密地交織在一起，這不是美國外交傳統的典型體現，而是一種偏離。美國主導的「自由國際秩序」是誕生在二戰中並發展至今的全球體系，其核心部分根植於多重交疊的制度性架構，其基礎不是地理、種族、血緣、宗派或帶有其他被給定的土地性自然身分，而是契約性的自由共同體聯盟。歐巴馬的外交戰略是從海外土地撤離，回歸到更具彈性的擴張的「自由秩序」。

最後，我們可以看到，西方思想界如何對世界講述自己的故事，他們堅持自己的價值和立場，宣揚自己的優勢，同時也嚴肅地甚至激烈地批評自己的問題，思考自身面對的挑戰，並重新回到多聲部的辯論之中。這種警覺的態度對我們或許不無啟發。今天我們也要對世界講好中國的故事，但這不意味著只是去講「好中國」的故事，我們也要直面自己的困難與問題，並由此展開深入的思考，這樣或許能更好地講述中國的故事。

＊本文為作者在上海「讀懂世界」論壇上發表的演講（二〇一六年一月），收錄時有所刪減。

世界主義與身分政治

問：對於如何解決民族身分給世界帶來的衝突，您提出了「新世界主義」。對於這個問題，趙汀陽老師提出過「天卜體系」，許紀霖老師也有他的「新天下主義」。您如何看待他們的觀點？

答：我所構想的「新世界主義」當然是一種普遍主義的論述，但是，所謂「新世界主義」，它要強調的是，任何普遍主義的論述並不是現成的，而是構成的，或者說是建構的、是做成的，因為普遍主義的文明都不是無中生有的，要發源於特定的地方和人群，發源於特定的民族文化。這也是我們要守護特定的文化的一個理由。其實每一種高級的文明都有一些具有普遍主義潛力的要素。但這種普遍主義的要素一旦創生以後，它要在文化遭遇的過程中超越原產地的範圍，對更廣泛的人類事件發生影響，而且要在新的適應與調整過程中獲得持續的發展。那麼它就不能僅僅是屬原產地的，而是要轉化為人類共享的文明要素，這就是「新世界主義」所理解的一種叫「跨文化的普遍主義」的特徵。

至於和其他學者提出的觀點的差別呢？我覺得無論是趙汀陽老師還是許紀霖老師，他們都有非常豐富的論述。非常簡短地來討論可能是有失公允的。趙汀陽老師的工作是非常了不起的。他提出了一種想法，就是說我們雖然在談論世界，但是我們仍然是在地方性地思考。他看到的「天下體系」的理想，是啟發我們不僅去思考世界，而是需要世界性地思考。在這個意義上，趙汀陽老師的洞見是非常值得重視的。如果說我跟他有一些不同的話，那就是我認為以世界性的視野來思考世界，並不意味著必須否定國家視野和國際視野。在趙汀陽老師看來，國際視野也是有局限的，所謂international還是以national、nation為本體的。他對nation和national的視野有相當多的批評，認為要世界性地思考，但是我認為不能夠否定國家視野或者民族視野、國際視野的局部正當性。因為民族國家和國家利益的存在是當今世界政治的一個現實，你要超越民族國家和國家利益的恰當方式並不是取消他們或者無視他們的存在。所以我的看法是要經由民族國家來建構世界主義。所以從這個觀點來看，趙汀陽老師對天下主義的闡釋可能一方面過於激進，一方面又過於保守。他的激進性在於把天下理解為一種完全否定任何特定的、地方性的立場，他叫作無立場的眼界，英文是view from everywhere。從這種所謂無立場的眼界，他構想了一種世界政治的理想，但另一方面他好像又過於保守了。他認為只有中國文化，才產生了這樣一種超越任何地方的無立場眼界，這是一種比西方優越的哲學思想。這種觀點實際上承認了無立場的眼界並非無中生有，而恰恰來自一種特定角度的眼界，只不過趙汀陽老師確信，唯有一種來自中國思想的特定角度才能產生這種無立場的眼界。所以，我認為趙汀陽老師自己的論述裡邊有一種緊張。一方面，他強調一種脫離了任何具體地方的那種無立場的眼界；另一方面，他又說只有中國這種特定的地方才能產生這種無立場的眼界，我認為這裡邊有一個矛盾要解決。

許紀霖老師跟我有更多的相同之處，但是我們用的術語不同。一方面，他說的「新天下主義」是要繼承傳統的天下理想；另一方面，他又主張對傳統的天下主義進行一些改造，包括要去除華夏中心主義、去除等級化等。他是要在人類共享的普遍文明基礎上來尋求這種世界政治。我跟許紀霖老師的差別可能是術語和技術性上的。我認為，如果還用天下，哪怕是「新天下主義」，傳統的氣息和風格也太濃，也就是說你很難擺脫華夏中心主義和所謂的等級結構。

所以我想，「新世界主義」能在更多地在保留天下理想的同時，將其轉化為更加普遍的、更加現代的論述，從而也更容易跟世界的其他學者來溝通。既然我們要建立一個「世界主義」的話，與中國以外的思想界進行溝通是相當重要的，所以我用了「新世界主義」這樣一個術語。

問：「新世界主義」是經由民族走向世界的，最終的目標是擁有重疊的共識的多元世界，這種共識是透過對話並做出改變才形成的。那麼這種共識是否會成為不能質疑的普世價值觀？我們在倡導多元的世界時，是否不可避免地要把「多元」作為普世價值觀？我們該如何面對無法容忍異教徒的宗教極端主義者？

答：這種理解大部分是正確的，但是有一點差別。擁有重疊的共識不會成為不能質疑的普世價值觀，因為這樣一種理解暗含了這樣一種想法，即好像我們透過對話和改變，就能夠一勞永逸地達成普世價值觀。

普世價值觀的建構不可能一勞永逸，永遠是一個動態的過程。這也就意味著任何建構的共識都可以被質疑，但並不是可以隨意質疑，需要提供相當的證據和理由。建立一種經由民族文化、地方性的文明達成一種共享的跨文明的普遍性，這是生生不息的思想努力的過程。這裡邊當然不是說沒有任何穩定性，不是說任何東西都可隨意更改，但是這個過程並不是凝固的，而是不斷發展演變的，所以它永遠會面對正當的質疑，但並不是所有的質疑都需要回應。比如我們現在視為普遍規範的男女平等、性別平等，在很多傳統文明中卻並不是一個內在於文明傳統的價值，而是隨世界的發展，經過各種文明間的對話慢慢生成的一個比較具有普遍主義的規範性價值。你當然可以質疑男女平等，但是質疑男女平等需要理由和證據，對於你的質疑，還可以有反駁。這個過程是生生不息的，當你的理由不夠充分、不夠正當的時候，男女平等還是能夠作為普遍主義被人辯護，並且能夠得到正當的維持。

多元世界對於普世價值觀是一個無法消除的背景，所謂普遍主義的價值是建立在多元主義的背景和前提之上的，但是我們要克服這種多元造成的、可能衝突的差異來獲得共同性。這就是中國人講的「和而不同，求同存異」。我們要盡可能地允許豐富的多樣性，但是這種多樣性本身不能夠極端到我們的共同生活不再可能維繫。所以「求同存異」這個詞說起來簡單，它實際上是很難的。我認為求同存異的要點在於求。它不是自然產生的，是人們經過努力、甚至透過改變自己的一些習慣達成的。

對於異教徒的容忍問題，我覺得有兩個方面。第一，我們需要以更加開闊的眼光來看待宗教寬容。在這個意義上，我堅持包容的必要性和謹慎對待異類文化、對待他者的必要性。第二，一個多元、包容的世界，不可能把任何差異都包容進來，我們必須有取捨，必須有批判，有的時候需要有排斥。

＊本文為上海外國語大學思索講壇對作者的訪談（二〇一八年六月），收錄時稍有刪改。

新世界主義或許正是

「天下」理想在當代復興的希望

「天下觀」的衰落

中國的崛起正在塑造著世界的格局，同時帶來了新的機遇和挑戰，引發出許多值得探索的重大問題。人們越來越關注崛起的中國，尤其是中國對世界秩序的想像會給東亞和世界政治帶來什麼影響。近年來，中國的「天下」觀念受到許多國際政治與中國研究學者的關注。趙汀陽教授的學術努力尤為突出，他將「天下」視為中國獨特的世界觀念，認為它要比（西方的）以民族國家和國家間關係為核心的世界觀念更具有開放性和包容性，因此也是最為優越的世界觀念的範式。

然而，中國傳統的天下理想為什麼在現代衰落了？中國的世界想像中那些「兼容並蓄」、「和而不同」與「求同存異」等卓越的理念為什麼會被近代以來的排外主義、敵視他者的立場侵蝕，甚至被復仇主義和進攻性的民族主義情緒所挾持？這是令人深思的問題。

對此，一個教科書式的標準答案是，近代以來西方（以及日本）的野蠻入侵摧毀了中國的傳統社會結構，也瓦解了「天下」這一中國的世界想像。

這個解釋包含著部分真相，但仍然有一個未解之謎：在中國漫長的歷史上，西方既不是第一個，也不是最強大（就占領的廣度而言）的入侵者，為什麼在元朝和清朝的「異族」統治下，中國文明仍然能保持自身的完整性，天下想像與華夷之辨仍然能支持中國人的自我理解和世界想像，而到了晚清，西方的衝擊卻如此深刻與久遠，以至於被視為「三千年未有之變局」？

晚清的一些洋務派人士當時就提出了一種見解：現代西方的力量是一個全新的「外來者」，它不是以往華夏熟知的「蠻夷」，而是另一種不同的文明，而且是「天下」難以同化的文明。郭嵩燾是持這種觀點的代表人物之一，他在出訪歐洲的見聞中體會到「西洋立國二千年，政教修明」，歐洲民族「具有本末」。正如弗羅沙姆（J. D. Frodsham）所評論的那樣，郭嵩燾的觀點「具有一種革命性的含義，因為它斷言，存在著一種與中國在道德上相當的文明，由此完全顛覆了中國文明優越的主張……讚賞西方文明的根基，就敲響了儒家世界秩序的喪鐘」。

的確，中華文明最為悠久和卓越的傳統之一是兼容並包，格外擅長安置、吸納、收編和同化「外部」——將外部納入華夏文明結構之內，或吸收融合，或置於華夷之辨的差異而一體化的秩序格局中。但是，天下體系不能想像一個真正的「外部」。因為「天下」是「All Under Heaven」，應當無所不包。如果出現了可以在文明意義上與華夏中心相對峙的外部，「天就塌了」。

近代西方恰恰是一個真正的外部。於是，導致了天下觀的崩潰，這是「三千年未有之變局」的標誌。此後，中國進入了由西方列強主導的「民族國家的全球秩序」，被迫接受這個秩序的界定和改造。由此，華夏文明被迫穿上了民族國家的「緊身衣」，並開始學習現代化的舞蹈，試圖成為一個強大的民族國家。

白魯恂（Lucien Pye）有一句名言：「中國不只是民族家園中的又一個民族國家。中國是一個偽裝成國家的文明。」但歷經了一個半世紀的「偽裝」之後，或許就弄假成真了。中國似乎已經轉變為一個現代民族國家，已經忘記了自己曾是一個無所不包的「天下」文明。或者，雖然仍然記得，但我們必須拋棄那個「前現代的」天下烏托邦，並接受這樣一個悖謬性的現實——中國越是崛起，就越遠離「天下主義」，就越是「非中國化」。

中國的問題是，被近代以來的西方霸道塑造得如此之深，以夷制夷的歷史使中國人變得更像對手而不是自己的祖先。當今許多中國人的全球想像在相當大的程度上受到民族國家框架的塑造，甚至比西方人更強調「國家利益」和「實力政治」（realpolitik）。倘若如此，那麼中國崛起的前景至多是在舊有的世界霸權秩序中成為（更換為）新的霸權者，而難以改變這個霸權秩序本身。

超越文明中心論：新世界主義的視野

當中國的明代皇帝看到了利瑪竇帶來的世界地圖，中國就已經開始意識到一個比原先想像的更廣大的世界。而直到晚清，中國才真正遭遇了來自現代性的挑戰，這是來自難以征服也不可能歸順的另一種文明的挑戰。整個二十世紀的歷史表明，任何一種由單一文明的「自我中心論」（egocentric）或「自我優越論」所主導的世界霸權，都隱含著自我毀滅的傾向。無論基於中國文明優越論，還是歐洲文明優越論，由此確立的霸權秩序都是不可持續的。

因為這種霸權在實踐中必將不斷遭到新勢力的挑戰，在規範意義上會牴觸和瓦解自身文明中可辯護的道德理想。從天下觀衰敗的歷史中，我們可以獲得的重要教訓可能與日本以及西方帝國的衰敗的歷史相似：文明的「自我優越論」往往導致自我覆滅，這是歷史留給人類的共同思想遺產。

然而，拒絕「文化優越論」並不意味著否認各種文化自身的優勢，以及可能對確立一個更好的未來世界做出的貢獻。而這個有待確立的世界秩序，是世界各個民族共同建立的，其背後的普遍主義價值基礎不是先驗的，也不是由某種優越的文化所界定的，而是各種文化在彼此學習和共同對話中創造的和再造的。

這吸引我們再次思考世界主義的理論潛力。世界主義「cosmopolitanism」這個詞，由「cosmos」和「polis」兩個詞根組成。cosmos意指「宇宙」整體的和諧秩序（不僅存於自然世界，也存於人的內心），這是一種普遍的秩序，但polis所指的城邦是區域性的。所以，cosmopolitan的含義既是普遍的又是地域性的。世界主義是由「普遍宇宙」（cosmos）和「地方性政體」（polis）共同構成的概念。

我們可以想像一種後啟蒙的「新世界主義」，它拋棄了傳統的目的論和形而上學的假設，將普遍性看作是一種文化建構，由各種地方的普遍想像在彼此的學習與對話過程中匯聚而成，同時又受到地方相對性的約束。

中國文化的思想，如果匯入這種學習和對話的過程，也會對新的全球想像和世界秩序做出貢獻。在這個意義上，在當代「復興」天下理想，不是要重歸過去的中華帝國秩序，而是要從華夏中心主義的困境中拯救天下理想中最值得繼承和保留的成分。舊有的天下觀念需要面對它沒落的命運及其教訓，改造自身來適應新的世界格局。而轉向「新世界主義」或許正是天下理想在當代復興的一種可能的希望。

中國傳統思想強調關係性的自我理解，對此童世駿教授曾有過相當有意味的闡釋：「仁」是儒家的核心概念，它是由「人」和「二」構成的。這也就是說，一個個體要想成為充分意義上的人，只有透過與其他人的互動……（這）意味著一個學習的過程，一個學習成為充分意義上的人的過程。

這種關係性的自我理解可以延伸為一種關係性的文化觀（the relational conception of culture）。將「關係性」視為文化本體論意義上的基本事實，是彼此影響的「諸文化」（而不是單一固化的文化）存在於世界。單獨的文化共同體無法構成有意義的自身，也無法真正認識自身。文化只有在與外部的遭遇中，才能發現相似與差異，並反思這些發現，展開認識自己的過程，獲得自我理解，不斷澄清和調整內部從而達成自我同一性（認同）。中國儒家傳統以「和而不同」的方式對待差異，在最理想的解釋中，這是一種平等對待他者的方式。但舊有的天下觀念中也有歧視他者的傾向，以基於「自我優越論」的「教化」或「歸順」來對待差異。就此而言，舊有的天下觀念需要接受民主文化的改造。

「新世界主義」的全球想像一方面堅持尊重各個民族的文化，另一方面也要求用商談產生的普遍倫理原則來限制極端的文化相對主義。那麼，堅持文化平等的世界主義又如何主張以文明反對野蠻？在此，「華夷之辨」是一個核心的問題。實際上，華夷觀念本身可以有多種不同的理解，它既可以依據地理和族裔來理解，也可以依據文化意義上的文明與野蠻來理解。後者可以走向一種具有超越性的辯證思想，即一種不依賴地理與種族的普遍主義的文明與野蠻的概念，可以被用來克服中國中心主義的「非我族類，其心必異」。一種革命性闡釋體現在九世紀初葉韓愈對《春秋》的解釋之中：「孔子作《春秋》曰，夷狄入中國，則中國之，中國入夷狄，則夷狄之。」朱維錚先生說韓愈「將夷夏的區分標準，由族類改作文化，說是華夏意味著先進於文明，反之則是夷狄」，同時指出，北宋懷有改革理想的文士「愈來愈用較為平等的眼光看待屬夷狄的契丹，甚至承認夷狄從政治到道德都可勝過『中國』」。

此後，歷史學家大都傾向於接受韓愈的說法，以為「夷夏之辨」在文明而不在族類，乃至滿清統治者也利用此說替自己辯護，宣揚「夷狄而華夏則華夏之，華夏而夷狄則夷狄之」。在這個意義上，文明是超越種族的，中國人曾經的文明甚至可以由其他民族發揚光大。文化意義上的「華夷之辨」思想不僅具有克服華夏中心主義的內涵，也打開了中國文化自我轉變的空間，提供了一種對普遍性與地方性的辯證理解方式，使得「新世界主義」成為可能。

任何一種文明（普遍主義的文化意識）都不是無中生有的，總是發源於某種特定的地方和人群，這也是我們需要守護特定文化的理由之一。但文明一旦創生，如果在文化遭遇的過程中影響到更廣泛的人類實踐，並得到發展，它就不再依附於它的原產地，而成為人類共有的文明。這正是「新世界主義」所要求的跨文化的普遍主義。

在文化遭遇中尋求一個共建的世界

我們主張的「新世界主義」，批判地繼承了天下觀念中的開放與包容的要素，同時吸收西方學術界的相關研究。我們提出的全球想像，可以稱之為「一個共建的世界」。它的根本主張在於，我們不只是共存於一個世界，而且是在共建一個世界，也只有在一個共建的世界中我們才能和平與繁榮地共存。這個共建的世界的規範秩序是基於建構主義和跨文化的普遍主義規範性。

新世界主義的全球想像拒斥以本質主義的方式來理解特殊性和普遍性。英國社會學家德朗提（Gerard Delanty）的研究指出，文化總是處在相互遭遇的過程之中。以「遭遇」（encounter）的視野來看，文化既是關係性的，又是動態變化的，這突出了文化的建構特徵。這種關係性和建構性的文化想像，將文化「內部」與「外部」互動視為一個互相塑造的生成過程。文化共同體與「他者」的每一次新的遭遇都可能形成新的衝擊或啟發，發現新的參照和視域，並引導再次澄清和認識自我的過程。而新的自我理解有可能鬆動甚至瓦解原有的「融貫一致的自我」，對自我同一性（認同）構成威脅。這要求自我在面對外部挑戰的情境中重新尋求新的同一性，而新的認同一旦形成，也就實現了一次「外部的內部化」，這將激發出文化自我轉變和創新的潛力。

文化自我轉變的可能蘊含著跨文化普遍主義的可能，共建世界的規範性來自對話的普遍性。每個民族文化中都有普遍主義的世界想像，這是對一個世界的不同表述。但表述不是獨白的宣言，而是一種對話，蘊含著相互影響和改變的可能，而不只是在現存的自我理解和自我主張之間達成重疊共識。對話的普遍性最終將超越所謂「重疊共識」。狹隘理解的重疊共識，既是美好的又是虛弱的原則，因為人們在價值和信念方面能夠獲得交集（重疊）的部分，很可能在政治規範意義上是無關緊要的。而在最需要達成共識的領域——在政治秩序的原則與程序方面，重疊可能恰恰無法出現。

目前許多應對差異性與同一性問題的流行論述（文化多元主義、跨民族主義、全球正義）都陷入了類似的困境。「新世界主義」的「意識結構」具有內在的反思性特徵，強調「自我問題化」、「向他者學習」以及「自我轉變」的維度。而「文化多元主義」只要求承認多元文化的存在，以及各自存在的正當性，但彼此並不一定相互影響。「新世界主義」要求發生「某種程度的自我轉變或社會轉變」，作為與外部遭遇的結果，其中包括了對規範性觀念（諸如社會正義、民主、團結、繁榮與生存）的重新理解。

在這個意義上，我們應當以新的方式來闡釋中國傳統思想中的「求同存異」以及「和而不同」的觀念。重疊共識的真實含義不是保持各自既有的特殊性不被影響，只是在差異之間發現既有的共同性。「求同存異」中的「求」不應當被理解為「發現」共享的共同性，而是追求和創造可能的普遍性。「和而不同」的含義，意味著證成普遍主義規範的基礎哲學（思想）來自不同的文化傳統可以各不相同。這同時也意味著，對於無法形成共識的差異性保持開放，既不急於消除這些差異，也不把這些差異看作是永久固定的。

自「現代世界」興起，特別是全球化時代來臨，各大文明已經發生了實質性的接觸和滲透。因此，對任何政治共同體而言，外部乃至結構性的外部，已經無處不在、無時不在。這也意味著，

「遭遇」不僅是一個文化存在論的制約，而且已經成為日常的微觀性的文化邏輯。但在當今的世界上，沒有一個國家能夠獨自決定自己的全部特徵，這是相互依賴、彼此影響的世界。現代性的後果之一，就是「外部」無處不在，成為滲透性的。外部的內在化意味著隔絕與抵禦不再是克服多樣性挑戰的有效方式。文化的主體性，無論是個人還是群體，面臨著巨大的同一性的困難：我們作為主體總是處於內部與外部之間，與此同時也在「我們既成之所是」與「我們將要之所成」之間形成了張力。

我們理解的「新世界主義」是一個有待發展的、為一個更好的世界奠定基礎的理論，它吸收但不局限於中國傳統智慧，也借鑑西方的古典和現代思想，因為一個未來的更好的世界，它的理論和實踐不只是共存的，也是共建的。中國與西方都有自身的特殊主義和超越地方性的普遍主義想像。但「新世界主義」尋求一種跨文化的普遍主義，這不可能在既有的某個文明內部，找出一個現成的思想或傳統，將它延伸和擴張到全球範圍達成。與此同時，各種民族文化也是這個共建世界共同的資源。中國傳統文化不只是中國的思想資源，正如歐洲的理性主義和民主已經不只是西方的思想資源。在這個時代，我們處在同一文化地平線上。這並不意味著我們進入了「同質化」的文化，而是意味著我們看得見別樣的、同樣豐富的風景，我們彼此看見。

在今天的時代，任何一個國家都很難從民族性的意義上來回答「認同問題」——「在政治意義上我們是誰？我們想要成為誰？」這個問題的答案需要在世界性的「遭遇」情境中去尋求，或者（更確切地說）生成。遭遇的視野凸顯了社會與民族發展的政治性。

漠視與迴避遭遇，是一種政治意義上的蒙昧，而積極面對遭遇則是一種政治自覺，這對於中國、日本和美國同樣適用。在這種視野下，所謂「世界歷史」並不是一種神祕精神實質（無論稱之為理念、上帝、天道之類）的自我實現，而是個人意識、社會意識、民族意識對「自身存在論」的世界性處境的覺醒與自覺，並走向共同的覺醒。

＊本文原題〈尋求共建的普遍性：從天下理想到新世界主義〉，收入於《新天下主義》（上海人民出版社，二〇一五年）。

❹ 參見里拉，〈狼與羊〉，《以賽亞・伯林的遺產》，第28-38頁，以及討論部分，第53-63頁。

❺ 羅崗，〈無法擺脫「黑洞」的思想「宇宙」──《當知識分子遇到政治》讀後〉，「世紀中國網」。

❻ Seyla Benhabib, "Taking Ideas Seriously: Can We Distinguish Political Choices from Philosophical Truths?" *Boston Review*, vol. 27, no. 6, December 2002/January 2003.

❼ Seyla Benhabib, "Taking Ideas Seriously: Can We Distinguish Political Choices from Philosophical Truths?"

57 Alex Ward, "Muslims worldwide are protesting French President Macron's crackdown on Islam," *Vox*, October 27, 2020.

58 "The Republic Strikes Back," *The Economist*, December 10, 2020 Europe edition.

59 Ben Smith, "The President vs. the American Media," *New York Times*, November 15, 2020.

60 Lucy Williamson, "France Islam: Muslims under pressure to sign French values charter," *BBC*, December 1, 2020.

61 Pierre-Paul Bermingham, "France issues charter for imams meant to fight 'political Islam'," *Politico*, January 18, 2021.

62 "The Republic Strikes Back," *The Economist*, December 10, 2020 Europe edition.

63 "Badinter, Fourest, Malka, Gauchet : l'appel de 49 personnalités 'pour une laïcité pleine et entière'," *Le Journal du Dimanche*, October 25, 2020.

64 "Une centaine d'universitaires alertent : « Sur l'islamisme, ce qui nous menace, c'est la persistance du déni »," *Le Monde*, October 31, 2020.

65 Norimitsu Onishi, "Will American Ideas Tear France Apart? Some of Its Leaders Think So," *New York Times*, February 10, 2021.

66 Christopher Caldwell, "Is This the End of French Intellectual Life?" *New York Times* March 7, 2021.

67 Benjamin Haddad, "France's War on Islamism Isn't Populism. It's Reality.," *Foreign Policy* , November 3, 2020.

68 Ifop-Fiducial pour CNews et Sud Radio, "Le regard des Français sur la menace terroriste et l'islamisme," October 2020 (https://www.ifop.com/wp-content/uploads/2020/10/117000-Rapport-CN-SR-N113-2.pdf).

馬克・里拉教授訪談錄

1 里拉，鄧曉菁、王笑紅譯，《當知識分子遇到政治》（新星出版社，2005年）；里拉等編，劉擎、殷瑩譯，《以賽亞・伯林的遺產》（新星出版社，2006年）。

2 Mark Lilla, *G. B. Vico: The Making of an Anti-Modern* (Cambridge: Harvard University Press, 1993). 出版之後獲得學術界很高的評價，奠定了他在思想史研究領域的聲譽。2008年北京新星出版社出版了張小勇翻譯的中譯本。

3 Mark Lilla, "Leo Strauss: The European," *New York Review of Books*, vol. 51, no. 16, October 21, 2004; "The Closing of the Straussian Mind," *New York Review of Books*, vol. 51, no. 17, November 4, 2004.

43 Antony J. Blinken, "A Foreign Policy for the American People," March 3, 2021 (https://www.state.gov/a-foreign-policy-for-the-american-people/).

44 Priebe, Miranda, Bryan Rooney, Nathan Beauchamp-Mustafaga, Jeffrey Martini, and Stephanie Pezard, *Implementing Restraint: Changes in U.S. Regional Security Policies to Operationalize a Realist Grand Strategy of Restraint* (RAND Corporation, 2021).

45 Michael Beckley, "Rogue Superpower Why This Could Be an Illiberal American Century," *Foreign Affairs*, November/December 2020 Issue.

46 Richard Haass, "The Pandemic Will Accelerate History Rather than Reshape It," *Foreign Affairs*, April 7, 2020.

47 "Negotiation process of the 2021-2027 long-term EU budget & NextGenerationEU" (https://ec.europa.eu/info/strategy/eu-budget/long-term-eu-budget/2021-2027/negotiations_en).

48 Jürgen Habermas, *Year 30: Germany's Second Chance--Merkel's European Policy Change of Course and The German Unification Process*, English translation by David Gow (Social Europe Publishing and the Foundation for European Progressive Studies, 2020).

49 Martin Wolf, "The EU rises to meet the Covid-19 crisis," *Financial Times*, June 3, 2020.

50 Bernd Riegert, "Even with a deal, Brexit remains a sham," *Deutsche Welle*, December 25, 2020.

51 Robert Skidelsky, "Was Brexit Inevitable?" *Project Syndicate*, January 18, 2021.

52 Ulrich Ladurner, "A view of Europe from Germany," *Die Zeit*, Mach 5, 2020 (https://www.deutschland.de/en/topic/politics/germany-and-europe-ulrich-ladurner-on-the-future-of-the-eu).

53 Groupe d'études géopolitiques, "The Macron Doctrine: A Conversation with the French President," *Le Grand Continent*, November 16, 2020 (https://geopolitique.eu/en/macron-grand-continent/).

54 Cailey Griffin, "Why Has France's Islamist Separatism Bill Caused Such Controversy?" *Foreign Policy*, February 23, 2021.

55 Emmanuel Macron, "Fight Against Separatism: The Republic In Action," October 2, 2020 (https://www.elysee.fr/emmanuel-macron/2020/10/02/fight-against-separatism-the-republic-in-action-speech-by-emmanuel-macron-president-of-the-republic-on-the-fight-against-separatism.en).

56 "The Republic Strikes Back," *The Economist*, December 10, 2020 Europe edition.

Martin and Jason Stanley, "Author On Trump's Acquittal As A Product Of 'The Cult Of The Leader'," *NPR*, February 14, 2021; Zack Wasserman, "American democracy began by rejecting one potential strongman. Protecting it requires rejecting another," *Foreign Policy*, September 30, 2020; Jennifer Rubin, "Republicans must go cold turkey to escape the Trump cult," *The Washington Post*, February 4, 2021.

34 Joe Hagan, "The Cult of Trump," *Vanity Fair*, January 21, 2021.

35 Hogan M Sherrow, "The case for cult status of Mr. Trump and his followers," *Psychology Today*, November 13, 2020.

36 "CPAC: Trump rules out new political party in speech to conservatives," *BBC*, March 1, 2021.

37 Elaina Plott and Shane Goldmacher, "Trump Wins CPAC Straw Poll, but Only 68 Percent Want Him to Run Again," *The New York Times*, February 28, 2021.

38 Susan B. Glasser, "The Trümperdämmerung Is a Fitting End to 2020," *New Yorker*, December 29, 2020.

39 World Economic Forum, "Joe Biden's last major speech as Vice President," January 18, 2017 (https://www.weforum.org/agenda/2017/01/joe-bidens-last-major-speech-in-full/).

40 Joseph R. Biden, Jr., "Why America Must Lead Again: Rescuing U.S. Foreign Policy After Trump," *Foreign Affairs*, March/April 2020 Issue.

41 G. John Ikenberry, "The Next Liberal Order: The Age of Contagion Demands More Internationalism, Not Less," *Foreign Affairs*, July/August 2020 Issue.

42 Stephen Wertheim, "America Has No Reason to Be So Powerful," *New York Times*, October 16, 2020; Tom McTague, "The Decline of the American World," *The Atlantic*, June 24, 2020; Tom McTague and Peter Nicholas, "How 'America First' Became America Alone," *The Atlantic*, October 29, 2020; Jeffrey Frankel, "Biden's Modest Multilateralism," *Project Syndicate*, November 27, 2020; Jonathan Krishner, "Gone But Not Forgotten: Trump's Long Shadow and the End of American Credibility," *Foreign Affairs*, March/April 2021 Issue; Christopher Layne, "Coming Storms: The Return of Great-Power War," *Foreign Affairs*, November/December 2020 Issue; James Goldgeier and Bruce W. Jentleson, "The United States Is Not Entitled to Lead the World," *Foreign Affairs*, September 25, 2020; Richard Haass, "Repairing the World: The Imperative and Limits of a Post-Trump Foreign Policy," *Foreign Affairs*, November/December 2020 Issue; Jonathan Tepperman and Fareed Zakaria, "America and the World: How To Build Back Better," *Foreign Policy*, January 15, 2021.

⓮ Larry Diamond and Edward B. Foley, "The Terrifying Inadequacy of American Election Law," *The Atlantic*, September 8, 2020.

⓯ Larry Diamond, "I'm a Democracy Expert. I Never Thought We'd Be So Close to a Breakdown," *The New York Times*, November 1, 2020.

⓰ Walt Whitman, *Leaves of Grass* (SDE Classics, 2019).

⓱ Abraham Lincoln, "The Perpetuation of Our Political Institutions: Address Before the Young Men's Lyceum of Springfield, Illinois," in *Collected Works of Abraham Lincoln*, edited by Roy P. Basler et al. (http://www.abrahamlincolnonline.org/lincoln/speeches/lyceum.htm).

⓲ "The Resilience of Democracy," *The Economist*, November 28, 2020 edition.

⓳ Ashton Carter, Dick Cheney, William Cohen, Mark Esper, Robert Gates, Chuck Hagel, James Mattis, Leon Panetta, William Perry and Donald Rumsfeld, "Involving the military in election disputes would cross into dangerous territory," *The Washington Post*, January 4, 2021.

⓴ Dani Rodrik, "The Democrats' Four-Year Reprieve," *Project Syndicate*, November 9, 2020.

㉑ "The Trump audit part I: domestic," *The Economist*, October 29, 2020 edition.

㉒ "National Exit Polls: How Different Groups Voted," *The New York Times*, November 6, 2020.

㉓ Adam Serwer, "The Capitol Rioters Weren't 'Low Class'," *The Atlantic*, January 12, 2021.

㉔ Jacob Whiton, "Where Trumpism Lives," *Boston Review*, January 19, 2021.

㉕ Andrew L. Whitehead and Samuel L. Perry, *Taking America Back for God* (Oxford University Press, 2020).

㉖ By Farah Stockman, "Why They Loved Him," *The New York Times*, October 18, 2020.

㉗ Arlie Russell Hochschild, *Strangers in Their Own Land: Anger and Mourning on the American Right* (The New Press, 2016).

㉘ Dani Rodrik, "The Democrats' Four-Year Reprieve," *Project Syndicate*, November 9, 2020.

㉙ Michael Lind, "The Cure for Demagogic Populism," *Project Syndicate*, January 18, 2021.

㉚ Pew Research Center, "Biden Begins Presidency With Positive Ratings; Trump Departs With Lowest-Ever Job Mark," January, 2021, p. 30.

㉛ "The Trump audit part I: domestic," *The Economist*, October 29, 2020 edition.

㉜ Ian Buruma, "Trump's Götterdämmerung," *Project Syndicate*, January 8, 2021.

㉝ Steven Hassan, "I was a member of a cult. Here's how to bring QAnon believers back to reality," *CNN*, February 4, 2021; "The Cult of QAnon," *PBS*, April 20, 2020; Michel

$1,000 Each Month," *Fortune*, June 28, 2019.

98 Marty Swant, "Andrew Yang Proposes Digital Data Should Be Treated Like A Property Right," *Forbes*, October 1, 2019.

99 "Data as a Property Right" (https://www.yang2020.com/policies/data-property-right/).

100 Karl Polanyi, *The Great Transformation: The Political and Economic Origins of Our Time* (Beacon Press, 2001).

二〇二〇年

1 Thomas L. Friedman, "A New Divide In History: B.C. and A.C.," *The New York Times*, March 18, 2020.

2 John Gray, "Why This Crisis Is a Turning Point in History," *New Statesman*, April 1, 2020.

3 Dani Rodrik, *The Globalization Paradox* (Oxford University Press, 2012).

4 Joshua Aizenman and Hiro Ito, "The Political-Economy Trilemma," *Open Economies Review*, Vol. 31, 2020, pp. 945-975.

5 Larry Diamond, Lee Drutman, Tod Lindberg, Nathan P. Kalmoe and Lilliana Mason, "Americans Increasingly Believe Violence is Justified if the Other Side Wins," *Politico*, October 1, 2020.

6 Alex Ward, "Why the risk of post-election violence in the US is higher than at any time in recent memory," *Vox*, November 2, 2020.

7 Eric Foner, "The Capitol Riot Reveals the Dangers From the Enemy Within," *The Nation*, January 8, 2021.

8 Alasdair S. Roberts, "What those mourning the fragility of American democracy get wrong," *The Conversation*, January 29, 2021.

9 Michel Crozier, Samuel P. Huntington, and Joji Watanuki, *The Crisis of Democracy: Report on the Governability of Democracies to the Trilateral Commission* (New York University Press, 1975).

10 Robert A. Dahl, *Dilemmas of Pluralist Democracy: Autonomy vs. Control* (Yale University Press, 1983); *Democracy and Its Critics* (Yale University Press, 1989).

11 Francis Fukuyama, "The Sources of Political Dysfunction," *Foreign Affairs*, September/October 2014 Issue.

12 Francis Fukuyama, "American Political Decay or Renewal? The Meaning of the 2016 Election," *Foreign Affairs*, July/August 2016 Issue.

13 Francis Fukuyama, "Rotten to the Core? How America's Political Decay Accelerated During the Trump Era," *Foreign Affairs*, January 18, 2021.

Thomas Frank, "Is Meritocracy to Blame for Our Yawning Class Divide?" *The New York Times*, September 10, 2019.

81 John Staddon, "The Meritocracy Trap: A Review."

82 "When meritocracy wins, everybody loses," *The Ezra Klein Show* (https://podcasts.apple.com/us/podcast/when-meritocracy-wins-everybody-loses).

83 Andy Beckett, "The new left economics: how a network of thinkers is transforming capitalism," *The Guardian*, June 25, 2019.

84 Pew Research Center, "Stark partisan divisions in Americans' views of 'socialism,' 'capitalism'," June 25, 2019.

85 Benjamin Wallace-Wells, "The French Economist Who Helped Invent Elizabeth Warren's Wealth Tax," *The New Yorker*, October 19, 2019.

86 Editor, "What's Inside: The Future of Capitalism," *Foreign Affairs*, January/February 2020 Issue.

87 Jerry Z. Muller, "The Neosocialist Delusion," *Foreign Affairs*, January/February 2020 Issue.

88 Andy Beckett, "The new left economics: how a network of thinkers is transforming capitalism," *The Guardian*, June 25, 2019.

89 Thomas Piketty, *Capital and Ideology*, trans. by Arthur Goldhammer (Harvard University Press, 2020).

90 Branko Milanovic, "Thomas Piketty's New Book Brings Political Economy Back to Its Sources," *The ProMarket Blog*, September 6, 2019.

91 Thomas Piketty, "Europe and the class divide", December 19, 2019 (https://www.versobooks.com/blogs/4536-europe-and-the-class-divide).

92 Thomas Piketty, "Brahmin Left: New Euro-American Cleavages," in *Capital and Ideology*, chapter 15.

93 Michael Lind, *The New Class War: Saving Democracy from The Managerial Elite* (Portfolio, 2020).

94 Branko Milanovic, "The Clash of Capitalisms," *Foreign Affairs*, January/February 2020 Issue.

95 Marco Rubio, "Catholic Social Doctrine and the Dignity of Work," Catholic University of America, November 5, 2019 (https://www.thepublicdiscourse.com/2019/11/58194/).

96 Klaus Schwab, "What Kind of Capitalism Do We Want?" *Project Syndicate*, December 2, 2019.

97 Sy Mukherjee, "Meet Andrew Yang, the Democratic Candidate Who Wants to Give You

65 Timothy M. Lenton *et al.*, "Climate tipping points—too risky to bet against," *Nature*, November 27, 2019.

66 Henry Fountain, "Global Temperatures Are on Course for Another Record This Year," *The New York Times*, July 19, 2016.

67 World Meteorological Organization (WMO), "2019 concludes a decade of exceptional global heat and high-impact weather," December 3, 2019 (Press Release Number: 03122019).

68 Jonathan Franzen, "What If We Stopped Pretending?" *The New Yorker*, September 8, 2019.

69 David Wallace-Wells, *The Uninhabitable Earth: Life After Warming* (Tim Duggan Books, 2019).

70 Alex Rosenberg, "What Kind of Problem Is Climate Change?" *The New York Times*, September 30, 2019.

71 Jennifer Medina, Katie Benner, and Kate Taylor, "College Admissions Scandal: Actresses, Business Leaders and Other Wealthy Parents Charged," *The New York Times*, March 13, 2019.

72 Daniel Markovits, *The Meritocracy Trap: How America's Foundational Myth Feeds Inequality, Dismantles the Middle Class, and Devours the Elite* (Penguin Press, 2019).

73 《高等教育紀事報》專題討論："Is Meritocracy Hurting Higher Education?" (forum) *The Chronicle of Higher Education*, September 19, 2019; 《新共和》論壇：Reading Politics with the New Republic, "The Rigged Game. Meritocracy: America's most dangerous myth?" September 9, 2019 (https://www.symphonyspace.org/events/reading-politics-with-the-new-republic-the-rigged-game).

74 Thomas Frank, "Is Meritocracy to Blame for Our Yawning Class Divide?" *The New York Times*, September 10, 2019.

75 Liaquat Ahamed, "The Rich Can't Get Richer Forever, Can They?" *The New Yorker*, August 26, 2019.

76 Roge Karma, "'The Meritocracy Trap', explained," *Vox*, October 24, 2019.

77 Louis Menand, "Is Meritocracy Making Everyone Miserable?", *The New Yorker*, September 23, 2019.

78 Daniel Markovits, "How Life Became an Endless, Terrible Competition," *The Atlantic*, September 2019 Issue.

79 Daniel Markovits, "Conclusion: What Should We do?" in *The Meritocracy Trap*.

80 參見：William Voegeli, "Meritocracy and Its Discontents," *National Review*, October 28, 2019 Issue; John Staddon, "The Meritocracy Trap: A Review," *Quillette*, October 9, 2019;

process/#).

49 Peter Flanagan, "Why Ireland's Border Remains Brexit's Sticking Point," *Bloomberg*, October 17, 2019.

50 Jon Tonge, "After Brexit, What's Left for Northern Ireland's Unionists?" *Foreign Policy*, December 21, 2019.

51 Knight, "Boris Johnson Wins, and Britain Chooses the Devil It Knows."

52 Nicholas D. Kristof, "Will Great Britain become Little England?" *The New York Times*, November 4, 2019.

53 "Divided, damaged and diminished," *The Economist*, December 12, 2019.

54 Robert Kagan, "The New German Question: What Happens When Europe Comes Apart?" *Foreign Affairs*, May/June 2019 Issue.

55 Jonathan Franzen, "What If We Stopped Pretending?" *The New Yorker*, September 8, 2019.

56 Henry Fountain, "2019 Was Second Hottest Year on Record," *The New York Times*, January 8, 2020.

57 Henry Fountain, "Climate Change Is Accelerating, Bringing World 'Dangerously Close' to Irreversible Change," *The New York Times*, December 4, 2019.

58 William J. Ripple, Christopher Wolf, Thomas M. Newsome, Phoebe Barnard, William R. Moomaw, "World Scientists' Warning of a Climate Emergency," *BioScience*, Volume 70, Issue 1, January 2020, pp. 8-12.

59 William J. Ripple, Christopher Wolf, Thomas M. Newsome, Mauro Galetti, Mohammed Alamgir, Eileen Crist, Mahmoud I. Mahmoud, William F. Laurance, 15,364 scientist signatories from 184 countries, "World Scientists' Warning to Humanity: A Second Notice," *BioScience*, Volume 67, Issue 12, December 2017, pp. 1026-1028.

60 "An Inconvenient Truth," *Wikipedia* (https://en.wikipedia.org/wiki/An_Inconvenient_Truth).

61 "Climate change denial," *Wikipedia* (https://en.wikipedia.org/wiki/Climate_change_denial).

62 "Scientific consensus on climate change," *Wikipedia* (https://en.wikipedia.org/wiki/Scientific_consensus_on_climate_change).

63 Daron Acemoglu, "Are the Climate Kids Right?" *Project Syndicate*, November 5, 2019.

64 Michael Oppenheimer, Naomi Oreskes, Dale Jamieson, Keynyn Brysse, Jessica O'Reilly, Matthew Shindell, and Milena Wazeck, *Discerning Experts: The Practices of Scientific Assessment for Environmental Policy* (University of Chicago Press, 2019).

33 Pew Research Center, "In a Politically Polarized Era, Sharp Divides in Both Partisan Coalitions," December 2019; "Partisan Antipathy: More Intense, More Personal," October 2019.

34 Frank Bruni, "Why a Trump Impeachment Should Terrify You," *The New York Times*, September 25, 2019.

35 Thomas Pepinsky, "Why the Impeachment Fight Is Even Scarier Than You Think," *POLITICO Magazine*, October 31, 2019.

36 Daniel W. Drezner, "Why 'lock him up' is almost as bad as 'lock her up'," *The Washington Post*, November 5, 2019.

37 Alexander Hurst, "The Vigilante President," *The New Republic*, November 6, 2019.

38 Susan B. Glasser, "Our Year of Trumpschmerz," *The New Yorker*, December 30, 2019.

39 Mark Galli, "Trump Should Be Removed from Office," *Christianity Today*, December 19, 2019.

40 Andrew Sullivan, "What We Know about Trump Going Into 2020," *The New York Magazine*, December 20, 2019.

41 Jennifer Rubin, "Sorry, Trump. Most Americans don't like you," *The Washington Post*, January 2, 2020.

42 George T. Conway III, Steve Schmidt, John Weaver, Rick Wilson, "We Are Republicans, and We Want Trump Defeated," *The New York Times*, December 18, 2019.

43 Ruth Marcus, *Supreme Ambition: Brett Kavanaugh and the Conservative Takeover* (Simon & Schuster, 2019).

44 Bernard-Henri Lévy, "Ode to Our Lady of Europe," *Project Syndicate*, April 17, 2019.

45 "Macron's view of the world," *The Economist*, November 9, 2019; "Transcript: Emmanuel Macron in his own words" (https://www.economist.com/europe/2019/11/07/emmanuel-macron-in-his-own-words-english).

46 "A continent in peril: Europe is 'on the edge of a precipice', says France's president. Is he right?" *The Economist*, November 9, 2019.

47 Sam Knight, "Boris Johnson Wins, and Britain Chooses the Devil It Knows," *The New Yorker*, December 13, 2019.

48 Emily Jones and Calum Miller, "The Brexit Impossibility Triangle," *Project Syndicate*, April 12, 2019; Steven Toft, "The Brexit Trilemma – why has Ireland derailed the process?" July 5, 2018 (https://www.crforum.co.uk/blog/the-brexit-trilemma-why-has-ireland-derailed-the-

17. Charles W. Boustany Jr. and Aaron L. Friedberg, "Partial Disengagement: A New U.S. Strategy for Economic Competition with China," *NBR Special Report* #82, November 2019.
18. 轉引自Swanson, "A New Red Scare Is Reshaping Washington."
19. Pew Research Center, "U.S. Views of China Turn Sharply Negative Amid Trade Tensions," August 2019.
20. M. Taylor Fravel, J. Stapleton Roy, Michael D. Swaine, Susan A. Thornton and Ezra Vogel, "China Is Not an Enemy," *The Washington Post*, July 3, 2019.
21. Alastair Iain Johnston, "China in a World of Orders: Rethinking Compliance and Challenge in Beijing's International Relations," *International Security*, Vol. 44, No. 2 (Fall 2019), pp. 9-60.
22. Yoshikazu Kato, "Ten Questions on US-China-Japan Trilateral Relations: A Conversation with Professor Ezra F Vogel," *Asian Perspectives*, Global Issues, November 2019.
23. Orville Schell and Susan L. Shirk, "Course Correction: Toward an Effective and Sustainable China Policy," *Task Force Report*, February 2019.
24. Fareed Zakaria, "The New China Scare: Why America Shouldn't Panic About Its Latest Challenger," *Foreign Affairs*, January/February 2020 Issue.
25. Martin Jacques, "This decade belonged to China. So will the next one," *The Guardian*, December 31, 2019.
26. Mark Leonard, "The End of 'Chimerica'," *Project Syndicate*, June 25, 2019.
27. Julianne Smith and Torrey Taussig, "The Old World and the Middle Kingdom: Europe Wakes Up to China's Rise," *Foreign Affairs*, September/October 2019 Issue.
28. Evan Osnos, "Fight Fight, Talk Talk: The Future of America's Contest with China," *New Yorker*, January 13, 2020 Issue.
29. 〈這次非同尋常的中美談判，這三個細節很耐人尋味〉，「人民網」，2019年01月10日（http://world.people.com.cn/n1/2019/0110/c1002-30513472.html）。
30. Eric Lipton, Maggie Haberman and Mark Mazzetti, "Behind the Ukraine Aid Freeze: 84 Days of Conflict and Confusion," *The New York Times*, December 29, 2019.
31. Greg Sargent, "Explosive new revelations just weakened Trump's impeachment defenses," *The Washington Post*, December 30, 2019.
32. Aaron Bycoffe, Ella Koeze and Nathaniel Rakich, "Do Americans Support Removing Trump From Office?" January 3, 2020 (https://projects.fivethirtyeight.com/impeachment-polls).

and the Corruption of Scholarship," *Areo*, October 2, 2018.

82 Tom Bartlett, "Here Comes' The Journal of Controversial Ideas.' Cue the Outcry," *The Chronicle of Higher Education*, November 30, 2018 Issue.

二〇一九年

1 "Francis Fukuyama: 'Spirit of 1989 is still around'", *Deutsche Welle*, November 8, 2019.

2 "Francis Fukuyama: End of History Revisited", Stanford CDDRL (https://soundcloud.com/user-5799528/francis-fukuyama-end-of-history-revisited).

3 Alan Wolfe, "Francis Fukuyama's Shrinking Idea," *The New Republic*, January 16, 2019.

4 Branko Milanovic, *Capitalism, Alone: The Future of the System That Rules the World* (Harvard University Press, 2019).

5 John Mearsheimer, *The Great Delusion: Liberal Dreams and International Realities* (Yale University Press, 2019).

6 尤瓦爾・赫拉利，《人類簡史：從動物到上帝》（中信出版集團，2017），頁160。

7 Niall Ferguson, "In this Cold War between Trump and China, beware the enemy within," *The Sunday Times*, March 10, 2019.

8 Niall Ferguson, "The New Cold War? It's With China, and It Has Already Begun," *The New York Times*, December 2, 2019.

9 John Mearsheimer, "Bound to Fail: The Rise and Fall of the Liberal International Order," *International Security*, Vol. 43, No. 4 (Spring 2019), pp. 7-50.

10 "The Superpower Split," *The Economist*, January 2, 2020.

11 The Wilson Center, "Afghanistan: Is There a Regional Endgame?" November 1, 2011 (https://www.wilsoncenter.org/event/afghanistan-there-regional-endgame).

12 Juan Zhang, "Interview with Professor David M. Lampton," *US-China Perception Monitor*, August 28, 2019.

13 Ana Swanson, "A New Red Scare Is Reshaping Washington," *The New York Times*, July 22, 2019.

14 Swanson, "A New Red Scare Is Reshaping Washington."

15 David Shambaugh, "U.S.-China Decoupling: How Feasible, How Desirable?" *China-Us Focus*, December 10, 2019.

16 "2019 Herman Kahn Award Remarks: US Secretary of State Mike Pompeo on the China Challenge," October 30, 2019 (https://www.hudson.org/events/1708-herman-kahn-award-gala102019).

66 Jeannie Suk Gersen, "Anti-Asian Bias, Not Affirmative Action, Is on Trial in the Harvard Case," *The New Yorker*, October 11, 2018.

67 Edward Humes, *School of Dreams: Making the Grade at a Top American High School* (Harvest, 2004).

68 Ryan Park, "The Last of the Tiger Parents," *The New York Times*, June 24, 2018, p. SR1.

69 休斯發表在*Quillette*的文章目錄：https://quillette.com/author/coleman-cruz-hughes/

70 http://intellectualdark.website/

71 "What is The Intellectual Dark Web?" *The Rubin Report*, January 30, 2018 (https://www.youtube.com/watch?v=n5HN-KT9rj0).

72 Bari Weiss, "Meet the Renegades of the Intellectual Dark Web," *The New York Times*, May 8, 2018.

73 Jacob Hamburger, "The' Intellectual Dark Web' Is Nothing New," *Los Angeles Review of Books*, July 18, 2018.

74 參見："Leaders of The Intellectual Dark Web" (https://intellectualdarkweb.site/vanguardsof-the-intellectual-dark-web/)

75 "Jordan Peterson, Ben Shapiro, Eric Weinstein, and Dave Rubin LIVE!" *The Rubin Report*, June 29, 2018 (https://www.youtube.com/watch?v=PagNM_oxssE&t=328s).

76 Daniel W. Drezner, "The Ideas Industry meets the intellectual dark web," *The Washington Post*, May 11, 2018; Douglas Murray, "Inside the intellectual dark web," *The Spectator*, February 21, 2018; Henry Farrell, "The' Intellectual Dark Web,' explained: what Jordan Peterson has in common with the alt-right," *Vox*, May 10, 2018; Amelia Lester, "The Voice of the 'Intellectual Dark Web," *Politico Magazine*, November/December 2018.

77 Jacob Hamburger, "The' Intellectual Dark Web' Is Nothing New," *Los Angeles Review of Books*, July 18, 2018.

78 Kevin Shau, "The Intellectual Dark Web and Enlightened Discourse," *Medium*, September 9, 2018.

79 Jillian Kay Melchior, "Fake News Comes to Academia: How three scholars gulled academic journals to publish hoax papers on 'grievance studies'," *The Wall Street Journal*, October 5, 2018.

80 筆者曾撰文分析「索卡事件」：劉擎，〈後現代主義的困境〉，《二十一世紀》1998年6月號。

81 Peter Boghossian, James A. Lindsay, and Helen Pluckrose, "Academic Grievance Studies

52 "A Manifesto for Renewing Liberalism"; "Reinventing Liberalism for the 21st Century," *The Economist*, September 15, 2018, pp. 13-14; pp. 45-54.

53 *American Masters: Decoding Watson*, Premiere date: January 2, 2019 (http://www.pbs.org/wnet/americanmasters/american-masters-decoding-watson-about/10863/).

54 "Statement by Cold Spring Harbor Laboratory addressing remarks by Dr. James D. Watson in '*American Masters: Decoding Watson*'," January 11, 2019 (https://www.cshl.edu/statement-by-cold-spring-harbor-laboratory-addressing-remarks-by-dr-james-dwatson-in-american-masters-decoding-watson/).

55 冷泉港聲明的推特：https://twitter.com/cshl/status/1083765175017267201

56 Elizabeth Kolbert, "There's No Scientific Basis for Race—It's a Made-Up Label," in *The Race Issue*, a special issue of *National Geographic*, April 2018 (https://www.nationalgeographic.com/magazine/2018/04/race-genetics-science-africa).

57 David Reich, *Who We Are and How We Got Here: Ancient DNA and the New Science of the Human Past* (Oxford University Press, 2018).

58 David Reich, "'Race' in The Age of Modern Genetics (How Genetics is Changing Our Understanding of 'Race')," *The New York Times*, March 23, 2018, p. SR1.

59 Jenny Reardo and other 66 scientists and researchers, "How Not to Talk about Race and Genomics," *Buzzfeed*, March 30, 2018.

60 John Edward Terrell, "'Plug and Play' Genetics, Racial Migrations and Human History," *Scientific American*, May 29, 2018; Andrew Sullivan, "Denying Genetics is Not Shutting Down Racism, It is Fueling it," *New York Magazine*, March 30, 2018; Edward Burmila, "Scientific Racism Isn't 'Back': It Never Went Away," *The Nation*, April 6, 2018; Ian Holmes, "What Happens When Geneticists Talk Sloppily About Race," *The Atlantic*, April 25, 2018.

61 David Reich, "How to Talk about Race and Genomics," *The New York Times*, March 30, 2018.

62 Anemona Hartocollis, "Harvard Rates Asian-Americans As Less Likable, Plaintiffs Claim," *The New York Times*, June 16, 2018, p. A1.

63 Special Report, "Harvard on Trial," *The Chronicle of Higher Education*, November 1, 2018.

64 Nell Gluckman, "What's New in Harvard's Admissions Procedures: Explicit Instructions on Race," *The Chronicle of Higher Education*, October 26, 2018.

65 Anemona Hartocollis, "A Peek Behind the Ivy: How to Get Into Harvard," *The New York Times*, October 20, 2018, p. A1.

34 Richard N. Haass, "Europe in Disarray," *Project Syndicate*, December 13, 2018.

35 Marc Champion, "Disarray in Europe and U.S. Leaves a Hole Where 'the West' Was," *Bloomberg*, December 16, 2018.

36 Gideon Rachman, "Macron protests show that leading France is an impossible job," *Financial Times*, December 10, 2018.

37 "Letter from M. Emmanuel Macron to the French people," January 13, 2019 (https://www.elysee.fr/emmanuel-macron/2019/01/13/letter-to-the-french-people-from-emmanuel-macron.en).

38 Susan B. Glasser, "How Trump Made War on Angela Merkel and Europe," *The New Yorker*, December 24 & 31, 2018 Issue.

39 Timothy Garton Ash, "The Crisis of Europe: How the Union Came Together and Why It's Falling Apart," *Foreign Affairs*, September/October 2012 Issue.

40 Carl Bildt, "The Battle for Germany's Soul," *Project Syndicate*, June 28, 2018.

41 Yasmeen Serhan, "Angela Merkel, Escape Artist," *The Atlantic*, July 3, 2018.

42 Kate Connolly, "Merkel bows out to applause as CDU votes on successor," *The Guardian*, December 7, 2018.

43 Timothy Garton Ash, "Europe's door is still open – but Britain will have to move fast," *The Guardian*, November 17, 2018.

44 Timothy Garton Ash, "My message to Europe: tell us you want Britain to stay," *The Guardian*, December 13, 2018.

45 "Times Letters: 'German friends' urge Britain to stay in EU," *The Times*, January 18, 2019.

46 «Il y a le feu à la Maison Europe», le manifeste des patriotes européens, *Libération*, 25 janvier 2019.

47 Bernard-Henri Lévy, Milan Kundera, Salman Rushdie, Elfriede Jelinek, Orhan Pamuk and 25 others, "Fight for Europe – or the wreckers will destroy it," *The Guardian*, January 25, 2019.

48 Daniel H. Cole and Aurelian Craiutu, "The many deaths of liberalism," *Aeon*, June 28, 2018.

49 Steven Pinker, *Enlightenment Now: The Case for Science, Reason, Humanism, and Progress* (Viking, 2018).

50 John Gray, "Unenlightened thinking: Steven Pinker's embarrassing new book is a feeble sermon for rattled liberals," *New Statesman*, February 22, 2018.

51 Steven Pinker, "Enlightenment Wars: Some Reflections on' Enlightenment Now,' One Year Later," *Quillette*, January 14, 2019.

Interest, Number 155, May/June 2018.

⓲ Michael Pompeo, "Restoring the Role of the Nation-State in the Liberal International Order," December 4, 2018 (https://www.state.gov/secretary/remarks/2018/12/287770.htm).

⓳ "A liberal world order to fight for" (the Part V of "Reinventing Liberalism for the 21st Century"), *The Economist*, September 15, 2018, pp. 52-54.

⓴ Peter Baker and Maggie Haberman, "Isolated Leader Sees 'a War Every Day'," *The New York Times*, December 23, 2018, p. A1.

㉑ Sarah Ellison, "Meet Melania Trump's enforcer. It's not her husband," *The Washington Post*, December 10, 2018.

㉒ Michael Wolff, *Fire and Fury: Inside the Trump White House* (Henry Holt and Company,2018); Omarosa Manigault Newman, *Unhinged: An Insider's Account of the Trump White House* (Gallery Books, 2018); Bob Woodward, *Fear: Trump in the White House* (Simon & Schuster, 2018).

㉓ (Anonymous Senior Administration Official), "The Quiet Resistance Inside the Trump Administration," *The New York Times*, September 6, 2018, p. A23.

㉔ Peter Baker, Maggie Haberman and Eileen Sullivan, "Fingers Point, Denials Spread And Fury Rises," *The New York Times*, September 7, 2018, p. A1.

㉕ Bob Woodward, *Fear: Trump in the White House*, chapter 30.

㉖ Edward Luce, "The devil's workshop: Bob Woodward on Trump's chaotic White House," *Financial Times*, September 11, 2018.

㉗ Michael Mandelbaum, "The Trump Presidency, Year Two," *The American Interest*, December 26, 2018.

㉘ David Frum, *Trumpocracy: The Corruption of the American Republic* (Harper, 2018).

㉙ Ross Douthat and David Frum, "Has the U.S. Become a 'Trumpocracy'," *The New York Times*, January 23, 2018.

㉚ Angel Jaramillo Torres and Marc Benjamin Sable, eds., *Trump and Political Philosophy: Leadership, Statesmanship, and Tyranny* (Palgrave Macmillan, 2018); Marc Benjamin Sable and Angel Jaramillo Torres, eds., *Trump and Political Philosophy: Patriotism, Cosmopolitanism, and Civic Virtue* (Palgrave Macmillan, 2018).

㉛ Susan B. Glasser, "Is Optimism Dead in the Trump Era?" *The New Yorker*, January 4, 2019.

㉜ Peter Baker and Maggie Haberman, "Isolated Leader Sees 'a War Every Day'," *The New York Times*, December 23, 2018, p. A1.

㉝ Susan B. Glasser, "Is Optimism Dead in the Trump Era ?".

❸ "The meaning of the words of the year," *The Economist*, December 6, 2018.

❹ Amit Chowdhry, "Google Assistant: Say 'Tell Me Something Good' To Brighten Your Day," *Forbes*, August 22, 2018.

❺ "The world is fixated on the past," *The Economist*, December 22, 2018.

❻ "Is the Liberal Order in Peril?" *Foreign Affairs* Online (https://www.foreignaffairs.com/ask-the-experts/liberal-order-peril).

❼ Richard N. Haass, "Liberal World Order, R.I.P.," *Project Syndicate*, March 21, 2018.

❽ David E. Sanger, "Superpower and Upstart: Sometimes It Ends Well," *The New York Times*, January 23, 2011, p. WK1.

❾ Graham Allison, *Destined for War: Can America and China Escape Thucydides's Trap?* (Houghton Mifflin Harcourt, 2017)；格雷厄姆．艾利森，包淳亮譯，《注定一戰？中美能否避免修昔底德陷阱》（八旗文化，2018）；格雷厄姆．艾利森，陳定定、傅強譯，《注定一戰：中美能避免修昔底德陷阱嗎？》（上海人民出版社，2019）。

❿ 格雷厄姆．艾利森，陳定定、傅強譯，《注定一戰：中美能避免修昔底德陷阱嗎？》，頁200。

⓫ Graham Allison, "How JFK Would Have Confronted a Rapidly Rising China," *The National Interest*, June 27, 2018; Graham Allison, "The US is hunkering down for a new cold war with China," *Financial Times*, October 13, 2018.

⓬ Joseph Nye, "The Two Sides of American Exceptionalism," *Project Syndicate*, September 4, 2018; Jeffrey D. Sachs, "From Exceptionalism to Internationalism" in *A New Foreign Policy: Beyond American Exceptionalism Hardcover* (Columbia University Press, 2018), Chapter 1.

⓭ "Vice President Mike Pence's Remarks on the Administration's Policy Towards China," October 4, 2018 (https://www.hudson.org/events/1610-vice-president-mike-pence-sremarks-on-the-administration-s-policy-towards-china102018).

⓮ Kurt M. Campbell and Ely Ratner, "The China Reckoning: How Beijing Defied American Expectations," *Foreign Affairs*, March/April 2018 Issue.

⓯ Wang Jisi; J. Stapleton Roy; Aaron Friedberg; Thomas Christensen and Patricia Kim; Joseph S. Nye, Jr.; Eric Li; Kurt M. Campbell and Ely Ratner, "Did America Get China Wrong? The Engagement Debate," *Foreign Affairs*, July/August 2018 Issue.

⓰ James Curran, "How America's Foreign Policy Establishment Got China Wrong," *The National Interest*, December 17, 2018.

⓱ Michael Lind, "America vs. Russia and China: Welcome to Cold War II," *The National*

33 "The Prague Appeal for Democratic Renewal," May 31, 2017 (https://freedomhouse.org/blog/prague-appeal-democratic-renewal).

34 "The Paris Statement: A Europe We Can Believe In," October 7, 2017 (https://thetrueeurope.eu/).

35 "The Boston Declaration: A Prophetic Appeal to Christians of the United States," November 20, 2017 (https://thebostondeclaration.com).

36 Susan Thistlethwaite, "Repent and Believe in the Gospel! Over 300 Christian Theologians Challenge the Corruption of U.S. Christianity," *Huffington Post*, November 20, 2017.

37 Carrie Dann, "NBC/WSJ Poll: Nearly Half of Working Women Say They've Experienced Harassment," NBC NEWS, October 30, 2017.

38 Dana Goodyear, "Can Hollywood Change Its Ways?" *New Yorker*, January 8, 2018 Issue.

39 Becca Rothfeld, "Can Sexual Predators Be Good Scholars?" *The Chronicle of Higher Education*, December 07, 2017.

40 Peter Beinart, "The Growing Partisan Divide Over Feminism," *The Atlantic*, December 15, 2017.

41 本文四點概括，選擇了兩個刊物上十七位作者的部分意見，予以分類綜合。"Are Women Really Victims? Four Women Weigh In," *Quillette*, November 22, 2017; "Meet The Women Worried About #Metoo: Thirteen bold women on why we must reject victimhood." *Spiked*, December 18, 2017.

42 Daniel W. Drezner, *The Ideas Industry: How Pessimists, Partisans, and Plutocrats are Transforming the Marketplace of Ideas* (Oxford University Press, 2017). 本文觀點源自此書的導言部分。

43 Susan Dominus, "When the Revolution Came for Amy Cuddy," *The New York Times Magazine*, October 18, 2017.

44 Stuart Jeffries, "German Philosophy Has Finally Gone Viral. Will That Be Its Undoing?" *Foreign Policy*, July/August 2017 Issue.

45 Beth Singler, "fAIth," *Aeon*, June 13, 2017.

46 Sheelah Kolhatkar, "Welcoming Our New Robot Overlords," *The New Yorker*, October 23, 2017 Issue.

二〇一八年

1 Daniel Franklin, "The World in 2018," *The Economist*, November 22, 2017.

2 Farhad Manjoo, "In 2018, Expect Chaos To Be the New Normal," *The New York Times*, January 4, 2018, p. B1.

13 Kelefa Sanneh, "A New Trumpist Magazine Débuts at the Harvard Club," *New Yorker*, February 25, 2017 Issue; Jeet Heer, "The Pro-Trump Intellectuals Who Want to Overthrow America," *The New Republic*, October 5, 2016; Jacob Heilbrunn, "Donald Trump's Brains," *The New York Review of Books*, December 21, 2017 Issue.

14 Julius Krein, "I Voted for Trump. And I Sorely Regret It." *The New York Times*, August 20, 2017, p. SR1.

15 Ailsa Chang (Host), "Julius Krein:' I Voted For Trump. And I Sorely Regret It.' " NPR (Morning Edition), August 21, 2017.

16 Gabriel Sherman, "Bannon 2020: Is Steve Bannon Going To Run For President?" *Vanity Fair*, December 21, 2017.

17 Herman van Rompuy et al, "Europe's Reform Opportunity," *Project Syndicate*, April 6, 2017.

18 Mehreen Khan, "Eurozone economic confidence at almost 17-year high," *Financial Times*, October 31, 2017.

19 Nicholas Vinocur and Maïa De La Baume, "Emmanuel Macron's plan to conquer Europe," *Politico*, September 26, 2017.

20 Jürgen Habermas, "Une rupture dans l'histoire de la République," *Le Monde*, April 20, 2017.

21 Jürgen Habermas, "What Macron Means for Europe," *Spiegel*, October 26, 2017.

22 Philip Stephens, "Europe's choice: French ambition or German bean-counting," *Financial Times*, November 2, 2017.

23 Carl Bildt, "Can Europe Sustain the Macron Moment?" *Project Syndicate*, December 13, 2017.

24 Mark Leonard, "Europe's Crisis Starts at Home," *Project Syndicate*, December 4, 2017.

25 Ian Bremmer, "How China's Economy Is Poised to Win the Future," *Time*, November 13, 2017 Issue.

26 Evan Osnos, "Making China Great Again," *New Yorker*, January 8, 2018 Issue.

27 Christopher Walker and Jessica Ludwig, "The Meaning of Sharp Power: How Authoritarian States Project Influence," *Foreign Affairs*, November 16, 2017.

28 NED New Forum Report, "Sharp Power: Rising Authoritarian Influence," December 5, 2017 (https://www.ned.org/sharp-power-rising-authoritarian-influence-forum-report/).

29 "What to do about China's' sharp power'," *The Economist*, December 14, 2017.

30 Joseph S. Nye, " China's Soft and Sharp Power," *Project Syndicate*, Januanry 4, 2018.

31 https://www.youtube.com/watch?v=SJldi2BlXR4&t=3636s

32 http://fsi.stanford.edu/docs/global-populisms-conference-memos

Muller, *What is Populism* (University of Pennsylvania Press, 2016).

31 "What is Populism?" *The Economist*, December 19, 2016.

32 以下對於繆勒觀點的綜述主要依據作者的三篇文章：Jan-Werner Müller, "Trump, Erdo an, Farage: The attractions of populism for politicians, the dangers for democracy," *The Guardian*, September 2, 2016; "Real Citizens," *Boston Review*, October 26, 2016; "Capitalism in One Family," *London Review of Books*, Vol. 38, No. 23, December 1, 2016, pp. 10-14.

33 Lionel Barber, "The Year of the Demagogue: How 2016 Changed Democracy," *Financial Times*, December 15, 2016.

34 Sheri Berman, "Populism Is Not Fascism," *Foreign Affairs*, Vol. 95, No. 6, November/December 2016 Issue.

二〇一七年

1 Maggie Haberman, Glenn Thrush and Peter Baker, "Inside Trump's Hour-by-Hour Battle for Self-Preservation," *The New York Times*, December 10, 2017, p. A1.

2 Bella DePaulo, "I study liars. I've never seen one like President Trump." *The Washington Post*, December 8, 2017.

3 Jane C. Timm, "Tracking President Trump's Flip-Flops," NBC NEWS, May 12, 2017.

4 Eli Stokols, "Trump White House Saw Record Number of First-Year Staff Departures," *The Wall Street Journal*, December 28, 2017.

5 Dr. Lance Dodes et al, "'The Most Dangerous Man in the World': Trump Is Violent, Immature and Insecure, Psych Experts Say," *Newsweek*, October, 6, 2017.

6 James Mann, "The Adults in the Room," *The New York Review of Books*, October 26, 2017 Issue.

7 Joseph S. Nye, "How Much Does Trump Matter?" *Project Syndicate*, September 5, 2017.

8 Jen Kirby, "Trump has the lowest approval of any modern president at the end of his first year," *Vox*, December 21, 2017.

9 "Can the Trump boom last? America's long-running economic expansion," *The Economist*, December 14, 2017.

10 Ezra Klein, "Out of 42 top economists, only 1 believes the GOP tax bills would help the economy." *Vox*, November 22, 2017.

11 Annie Lowrey, "The Trickle-Down Mythmaking Begins," *The Atlantic*, December 22, 2017.

12 Editorial, "The Surrender," *The Weekly Standard*, November 2017 Issue.

watch?v=gF8CJSQf238).

⑬ Francis Fukuyama, "US against the world? Trump's America and the new global order," *Financial Times*, November 11, 2016.

⑭ Wolfgang Münchau, "The Revenge of Globalisation's Losers," *Financial Times*, April 25, 2016.

⑮ "What the world thinks about globalisation," *The Economist*, November 18th, 2016.

⑯ Martin Wolf, " The tide of globalisation is turning," *Financial Times*, September 7, 2016.

⑰ 文章的英文版在《衛報》網站上刊登：https://www.theguardian.com/commentisfree/2016/nov/16/globalization-trump-inequality-thomas-piketty

⑱ Lawrence H. Summers, "It's Time for a Reset," *The New York Times*, December 5, 2016.

⑲ "League of nationalists," *The Economist*, November 19, 2016.

⑳ Jonathan Haidt, "When and Why Nationalism Beats Globalism," *The American Interest*, 12.1, September/October 2016, p. 1-8.

㉑ Jonathan Haidt, "When and Why Nationalism Beats Globalism," *The American Interest*, 12.1, September/October 2016, p. 3.

㉒ Ross Douthat, "The Crisis for Liberalism," *The New York Times*, November 20, 2016, p. SR11.

㉓ Stephen Walt, "The Collapse of the Liberal World Order," *Foreign Policy*, June 26, 2016.

㉔ Jonathan Haidt, " When and Why Nationalism Beats Globalism," p. 8.

㉕ Mark Lilla, "The End of Identity Liberalism," *The New York Times*, November 20, 2016, p. SR1.

㉖ Charles M. Blow, "Trump: Making America White Again," *The New York Times*, November 21, 2016, P. A23; Lola Adesioye, " 'Make America White Again': how US racial politics led to the election of Donald Trump," *The New Statesman*, November 21, 2016; Toni Morrison, "Making America White Again," *New Yorker*, November 21, 2016 Issue.

㉗ "League of nationalists," *The Economist*, November 19, 2016.

㉘ "We the People: the charms and contradictions of populism," *The Conversation*, November 2, 2016.

㉙ 專輯包括七篇論文，參見編者導言：Gideon Rose, "The Power of Populism," *Foreign Affairs*, November/December 2016 Issue.

㉚ Benjamin Moffitt, *The Global Rise of Populism: Performance, Political Style, and Representation* (Stanford University Press, 2016); John Judis, *The Populist Explosion: How the Great Recession Transformed American and European Politics* (Columbia Global Reports, 2016); Jan-Werner

2015, pp. 14-31.

42 The Edge Question 2015: "What Do You Think About Machines That Think?" (http://edge.org/annual-question/what-do-you-think-about-machines-that-think)

43 http://www.sciencespo.fr/ecole-doctorale/en/content/hannah-arendt-forty-years-later

44 http://filmforum.org/film/vita-activa-the-spirit-of-hannah-arendt-film

45 Corey Robin, "The Trials of Hannah Arendt," *The Nation*, Vol. 300 Issue 22 Issue, June 1, 2015, pp. 12-25.

46 James McAuley, "Shadow and Substance," *Aeon*, July 6, 2015.

47 Barry Gewen, "Hans Morgenthau and Hannah Arendt: An Intellectual Passion," *The National Interest*, Issue 139, September/October 2015, pp. 66-71.

二〇一六年

1 Francis Fukuyama, "US against the world? Trump's America and the new global order," *Financial Times*, November 11, 2016.

2 Roger Cohen, " The Rage of 2016," *The New York Times*, December 6, 2016, p. S1.

3 參見牛津大學歷史學家梵科潘的文章：Peter Frankopan, "Literary Life: The return of history," *Financial Times*, March 25, 2016.

4 數據來源：https://en.wikipedia.org/wiki/United_States_presidential_election,_2016.

5 Edward Helmore, "'Something will crack': supposed prophecy of Donald Trump goes viral," *The Guardian*, November 20, 2016.

6 http://michaelmoore.com/trumpwillwin/

7 Peter Schjeldahl, " Year of' The Forgotten Man'," *The New Yorker*, December 24, 2016.

8 Robin Niblett, "Liberalism in Retreat: The Demise of a Dream," *Foreign Affairs*, January/February 2017 Issue.

9 Lionel Barber, "The Year of the Demagogue: how 2016 changed democracy," *Financial Times*, December 15, 2016.

10 Branko Milanovic, *Global Inequality: A New Approach for the Age of Globalization* (Harvard University Press, 2016)。這部著作獲得的榮譽包括：2016 Bruno Kreisky Prize for Best Political Book, Karl-Renner-Institut; An *Economist* Best Book of 2016; A *Financial Times* Best Economics Book of 2016; A *Livemint* Best Book of 2016.

11 "Globalisation and inequality: The new wave," *The Economist*, April 2, 2016. 米蘭諾維奇在新著中將這張圖表的數據更新到二〇一一年。

12 Francis Fukuyama, "Democracy's Failure to Perform" (https://www.youtube.com/

94 (5), September/October 2015, pp. 13-16.

㉕ Gideon Rose, "What Obama Gets Right: Keep Calm and Carry the Liberal Order On," *Foreign Affairs*, Vol. 94 (5), September/October 2015, pp. 2-12.

㉖ "The Sticky Superpower," *The Economist*, Vol. 417 (8958), October 3, 2015, SS3-SS6.

㉗ "A Longer March; China," *The Economist*, Vol. 417 (8958), October 3, 2015, SS12-SS14.

㉘ "The world's fastest developing countries: A quarter century of progress," *The Economist*, December 14th, 2015 (Online extra).

㉙ Daniel A. Bell, *The China Model: Political Meritocracy and the Limits of Democracy* (Princeton, NJ: Princeton University Press, 2015).

㉚ Daniel A. Bell, Timothy Garton Ash, Andrew J. Nathan, Taisu Zhang, "Is the China Model Better Than Democracy?" *Foreign Policy*, October 19, 2015.

㉛ Andrew Nathan, "Beijing Bull: The Bogus China Model," *National Interest*, Issue 140, November/December 2015, pp. 73-81.

㉜ SPECIAL REPORT: "After 'The Last Intellectuals' ", *The Chronicle of Higher Education*, November 29, 2015.

㉝ Russell Jacoby, " The Latest Intellectuals," *The Chronicle of Higher Education*, November 29, 2015.

㉞ Claire Bond Potter, "Is the Internet the Final Bohemia?" *The Chronicle of Higher Education*, November 29, 2015.

㉟ Mark Greif, "What's Wrong With Public Intellectuals?" *The Chronicle of Higher Education*, February 13, 2015.

㊱ Sudhir Hazareesingh, *How the French Think: An Affectionate Portrait of an Intellectual People* (Basic Books, 2015).

㊲ 參見作者的兩篇文章：Sudhir Hazareesingh, "Does France still think?" *The Guardian*, 13 June 2015; Sudhir Hazareesingh, "The Dimming of the Light," *Aeon*, September 22, 2015.

㊳ Peter Singer, *The Most Good You Can Do: How Effective Altruism Is Changing Ideas About Living Ethically* (Yale University Press, 2015).

㊴ Peter Singer, "The Logic of Effective Altruism," *Boston Review*, Vol. 40 Issue 4, July/August 2015, pp. 14-31.

㊵ Mathew Snow, "Against Charity," August 25, 2015 (https://www.jacobinmag.com/2015/08/peter-singer-charity-effective-altruism/).

㊶ Peter Singer, "The Logic of Effective Altruism," *Boston Review*,Vol. 40 Issue 4, July/August

⑩ Scott Atran, "ISIS Is a Revolution," *Aeon*, December 15, 2015.

⑪ Ross Douthat, "Cracks in the Liberal Order," *New York Times*, December 27, 2015, p. SR19.

⑫ " 'Germany! Germany!' ", *The Economist*, Vol. 416 (8955), September 12, 2015, pp. 23-24.

⑬ Michael Lind, "The Age of Identity Wars," December 16, 2015 (http://thesmartset.com/the-age-of-identity-wars/).

⑭ Mark Steyn, "The Barbarians Are Inside, And There Are No Gates," November 13, 2015 (http://www.steynonline.com/7293/the-barbarians-are-inside-and-there-are-nogates).

⑮ William Kristol, "Steyn on Paris: 'The Barbarians Are Inside, And There Are No Gates', " *The Weekly Standard*, November 14, 2015.

⑯ "Mark Steyn on the West's struggle with radical Islam," November 14, 2015 (http://video.foxnews.com/v/4612635373001/mark-steyn-on-the-wests-struggle-with-radicalislam/?playlist_id=930909787001#sp=show-clips).

⑰ Mark Steyn, *America Alone: The End of the World As We Know It* (Regnery Publishing, 2006).

⑱ Michael Walzer, "Islamism and the Left," *Dissent*, Vol. 62 (1), Winter 2015, pp. 107-117.

⑲ 這包括《異議》網路版上發表的耶魯大學青年政治理論家馬赫對沃爾澤的批評，以及沃爾澤的回應：Andrew F. March and Michael Walzer, "Islamism and the Left: An Exchange," *Dissent*, Winter 2015；史丹佛大學胡佛研究所著名政治理論家波克維茲對沃爾澤的讚譽評論：Peter Berkowitz, "Why the Left Casts a Blind Eye on Radical Islam," February 7, 2015 (http://www.realclearpolitics.com/articles/2015/02/07/why_the_left_casts_a_blind_eye_on_radical_islam_125522.html)；以及耶魯大學著名政治哲學家班哈比的批評：Seyla Benhabib, "Piety or Rage? On the Charlie Hebdo Massacres," January 11, 2015 (http://www.resetdoc.org/story/00000022481).

⑳ "Debating Michael Walzer's' Islamism and the Left' " summer 2015 (http://fathomjournal.org/debating-michael-walzers-islamism-and-the-left/).

㉑ Slavoj Žižek, "In the Wake of Paris Attacks the Left Must Embrace Its Radical Western Roots," November 16, 2015 (http://inthesetimes.com/article/18605/breaking-the-taboos-in-the-wake-of-paris-attacks-theleft-must-embrace-its).

㉒ "Barack Obama: The (Trifle Early) Historical Verdict: What will historians of the future make of the 44th president? Fifty-three historians of the present weigh in. With overviews by Jonathan Chait (bullish) and Christopher Caldwell (bearish)," *New York*, January 12, 2015.

㉓ "Obama's World," *Foreign Affairs*, Vol. 94 (5), September/October 2015, pp. 2-78.

㉔ Bret Stephens, "What Obama Gets Wrong: No Retreat, No Surrender," *Foreign Affairs*, Vol.

33 Geoffroy de Lagasnerie, *La dernière leçon de Michel Foucault. Sur le néolibéralisme, la théorie et la politique* (Fayard, 2012).

34 Daniel W. Drezner, "Why Michel Foucault is the Libertarian's Best Friend," *The Washington Post,* December 11, 2014.

35 William Deresiewicz, "Don't Send Your Kid to the Ivy League: The Nation's Top Colleges Are Turning Our Kids into Zombies," *The New Republic*, July 21, 2014.

36 William Deresiewicz, *Excellent Sheep: The Miseducation of the American Elite and the Way to a Meaningful Life* (Free Press, 2014).

37 Steven Pinker, "The Trouble with Harvard," *The New Republic*, September 4, 2014.

38 Alexander Nazaryan, "American Horror, Ivy League Edition," *Newsweek*, August 8, 2014.

39 David Brooks, "Becoming a Real Person," *The New York Times*, September 9, 2014, p. A29.

40 *Insurrections of the Mind: 100 Years of Politics and Culture in America* (Harper Perennial, 2014).

41 Ryan Lizza, "Inside the Collapse of *The New Republic*," *New Yorker*, December 12, 2014.

42 Peter Beinart, " How *The New Republic* Lost Its Place," *The Atlantic*, December 8 2014.

二〇一五年

1 Adam Shatz, "Magical Thinking about ISIS," *London Review of Books*, Vol. 37, No. 23, December 3, 2015, pp. 11-14.

2 Graeme Wood, "What ISIS Really Wants?" *The Atlantic*, Vol. 315, Issue 2, March 2015, pp.78-94.

3 Graeme Wood, " 'What ISIS Really Wants?': The Response," *The Atlantic*, February 24, 2015.

4 Jack Jenkins, "What The Atlantic Left Out about ISIS According to Their Own Expert," *The Atlantic*, February 20, 2015.

5 Caner K. Dagli, "The Phony Islam of ISIS," *The Atlantic*, February 27, 2015.

6 Mehdi Hasan, "How Islamic is Islamic State?" *New Statesman*, Vol. 144 (5252), March 6-12, 2015, pp. 26-31, 33.

7 Sohaira Siddiqui, "Beyond Authenticity: ISIS and the Islamic Legal Tradition," *Jadaliyya*, February 24, 2015.

8 "Séminaire supplémentaire Alain Badiou 23 Novembre 2015," (https://www.youtube.com/watch?v=Ror2fK1UCbI).

9 "Our Wound Is Not So Recent: Badiou on the Paris Atrocities," December 11, 2015 (http://www.urbanomic.com/Badiou-Wound.pdf).

⑫ Thomas Piketty, *Capital in the Twenty-First Century*, trans., Arthur Goldhammer (Harvard University Press, 2014).

⑬ Owen Jones, " 'We Need Permanent Revolution': How Thomas Piketty Became 2014's Most Influential Thinker," *The Guardian*, December 22, 2014.

⑭ Wolfgang Streeck, " How Will Capitalism End?" *New Left Review* 87, May-June 2014.

⑮ George Packer, "The Birth of a New Century."

⑯ Joseph E. Stiglitz, " The Chinese Century," *Vanity Fair*, January 2015.

⑰ Lant Pritchett and Lawrence H. Summers, "Asiaphoria Meets Regression to the Mean," *NBER Working Paper*, No. 20573, October 2014.

⑱ Neil Irwin, "Recalculating the Chinese Century," *New York Times*, October 26, 2014.

⑲ F. Warren McFarlan, William C. Kirby and Regina Abrami, *Can China Lead?: Reaching the Limits of Power and Growth* (Harvard Business Press, 2014).

⑳ Didi Kirsten Tatlow, "Q. and A.: William C. Kirby on 'Can China Lead?'," (http://sinosphere.blogs.nytimes.com/2014/06/25).

㉑ Colby Elbridge and Paul Lettow, "Have We Hit Peak America?" *Foreign Policy* 207, July/August 2014.

㉒ Bret Stephens, *America in Retreat: The New Isolationism and the Coming Global Disorder* (Sentinel HC, 2014).

㉓ Robert Kagan, "Superpowers Don't Get to Retire: What Our Tired Country Still Owes the World," *The New Republic*, May 26, 2014.

㉔ Tom Switzer, "Superpowers Don't Retire, But Robert Kagan Should," *The National Interest*, June 4, 2014.

㉕ "100 Years after 1914: Still in the Grip of the Great War," *The Economist*, March 29, 2014.

㉖ Richard J. Evans, "What Can 1914 Tell Us about 2014?" *The New Republic*, January 25, 2014.

㉗ Roger Cohen, " Yes, It Could Happen Again," *The Atlantic*, WWI Issue, August 2014.

㉘ Niall Ferguson, " War: In History's Shadow," *The Financial Times*, August 2, 2014.

㉙ http://www.critical-theory.com/watch-the-foucault-interview-that-was-lost-for-nearly-30-years/

㉚ Daniel W. Drezner, ed., *Critiquer Foucault: Les années 1980 et la tentation néolibérale* (Aden, 2014).

㉛ http://www.revue-ballast.fr/peut-on-critiquer-foucault/

㉜ https://www.jacobinmag.com/2014/12/foucault-interview/

㉙ Slavoj Žižek, "Some Bewildered Clarifications," *International Journal of Žižek Studies*, Vol 7, No 2, 2013.

㉚ Peter Thompson, "The Slavoj Žižek vs Noam Chomsky spat is worth a ringside seat," *The Guardian*, July 19, 2013.

㉛ Joshua Clover, " Atlantic Rim: Chomsky v. Žižek," *The Nation*, September 2-9, 2013.

㉜ David Rieff, "A Battle for the Soul of India," *The National Interest*, September 4, 2013.

㉝ Jagdish Bhagwati and Arvind Panagariya, *Why Growth Matters: How Economic Growth in India Reduced Poverty and the Lessons for Other Developing Countries* (PublicAffairs, April 2013).

㉞ Jean Dreze and Amartya Sen, *An Uncertain Glory: India and its Contradictions* (Princeton University Press, July 2013).

㉟ "Indian development: Beyond bootstrap," *The Economist*, June 27, 2013.

㊱ Jagdish Bhagwati and Arvind Panagariya, "Go for growth in India," (letter) *The Economist*, July 13, 2013.

㊲ "Amartya Sen responds," (letter) *The Economist*, July 20, 2013.

二〇一四年

❶ George Packer, "The Birth of a New Century," *Foreign Policy*, No. 209, Nov/Dec 2014.

❷ Adam Garfinkle, "What's Going On," *The American Interest*, Vol. 10, No. 1, August 2014.

❸ Mark Lilla, "The Truth About Our Libertarian Age: Why the Dogma of Democracy Doesn't Always Make the World Better," *The New Republic*, June 17, 2014.

❹ Pierre Manent, " The Crisis of Liberalism," *Journal of Democracy*, Vol. 25, No. 1, January 2014.

❺ John Gray, "Berlin Wall Anniversary: 25 Years of Liberal Delusion," *Prospect Magazine*, October 2014.

❻ Mark Lilla, "The Truth about Our Libertarian Age."

❼ Francis Fukuyama, *Political Order and Political Decay: From the Industrial Revolution to the Globalization of Democracy* (Farrar, Straus and Giroux, 2014).

❽ Francis Fukuyama, "At the 'End of History' Still Stands Democracy," *The Wall Street Journal*, June 6, 2014.

❾ Francis Fukuyama, *Political Order and Political Decay*, p. 526, p. 421.

❿ Linda B. Glaser, "Panelists Debate: Is Democracy the End of History?" *Cornell Chronicle*, November 20, 2014.

⓫ https://einaudi.cornell.edu/node/15339

⑫ Stephen Sedley, "Beware Kite-Flyers," *London Review of Books*, Vol. 35, No. 17, September 12, 2013.

⑬ Julian Sanchez, "Decoding the Summer of Snowden," *Cato Policy Report*, November/December 2013.

⑭ Alan Rusbridger, "The Snowden Leaks and the Public," *New Yorker*, November 21, 2013 Issue.

⑮ David Runciman, *The Confidence Trap: A History of Democracy in Crisis From World War I to the Present* (Princeton University Press, 2013).

⑯ David Runciman, "The trouble with democracy," *The Guardian*, November 8, 2013.

⑰ David Runciman, "Democracy's Dual Dangers," *The Chronicle Review*, November 18, 2013.

⑱ Francis Fukuyama, "The Decay of American Political Institutions," *The American Interest*, December 8, 2013.

⑲ Mark Lilla, "Arendt and Eichmann: The New Truth," *The New York Review of Books*, November 21, 2013 Issue; "The Defense of a Jewish Collaborator," *The New York Review of Books*, December 5, 2013 Issue.

⑳ Mark Lilla, "Arendt and Eichmann: The New Truth."

㉑ Roger Berkowitz, "Arendt and Eichmann," reply by Mark Lilla, *The New York Review of Books*, December 19, 2013 Issue.

㉒ Steven Pinker, "Science Is Not Your Enemy," *The New Republic*, August 6, 2013.

㉓ Leon Wieseltier, "Crimes Against Humanities," *The New Republic*, September 3, 2013.

㉔ Steven Pinker and Leon Wieseltier, "Science vs. the Humanities, Round III," *The New Republic*, September 26, 2013.

㉕ Daniel C. Dennett, "Let's Start With A Respect For Truth," September 10, 2013 (http://www.edge.org/conversation/dennett-on-wieseltier-v-pinker-in-the-new-republic).

㉖ "Noam Chomsky Slams Žižek and Lacan: Empty' Posturing'," June 28th, 2013 (http://www.openculture.com/2013/06/noam_chomsky_slams_Žižek_and_lacan_empty_posturing.html).

㉗ "Slavoj Žižek Responds to Noam Chomsky:' I Don't Know a Guy Who Was So Often Empirically Wrong'," July 17th, 2013 (http://www.openculture.com/2013/07/slavojzizek-responds-to-noam-chomsky.html).

㉘ "The Feud Continues: Noam Chomsky Responds to Žižek, Describes Remarks as 'Sheer Fantasy'," July 22, 2013 (http://www.openculture.com/2013/07/noam-chomskyresponds-to-zizek-describes-remarks-as-sheer-fantasy.html).

27. Stuart Jeffries, "Why Marxism is On the Rise Again," *The Guardian*, July 4, 2012.
28. Daron Acemoglu and James Robinson, *Why Nations Fail: The Origins of Power, Prosperity and Poverty* (Crown Business, 2012).
29. Francis Fukuyama, "Acemoglu and Robinson on Why Nations Fail," March 26, 2012 (http://blogs.the-american-interest.com/fukuyama/2012/03/26/acemoglu-androbinson-on-why-nations-fail).
30. Daron Acemoglu and James Robinson, "Response to Fukuyama's Review," April 30, 2012 (http://whynationsfail.com/blog/2012/4/30/response-to-fukuyamas-review.html).
31. Jeffrey D. Sachs, "Government, Geography, and Growth: The True Drivers of Economic Development," *Foreign Affairs*, September/October 2012.
32. Daron Acemoglu and James Robinson, "Response to Jeffrey Sachs," November 21, 2012 (http://whynationsfail.com/blog/2012/11/21/response-to-jeffrey-sachs.html).

二〇一三年

1. Slavoj Žižek, "Mandela's Socialist Failure," December 6, 2013 (http://opinionator.blogs.nytimes.com/2013/12/06/mandelas-socialist-failure). 三天之後這篇文章以不同的標題發表在《衛報》：Slavoj Žižek, "If Nelson Mandela really had won, he wouldn't be seen as a universal hero," *The Guardian*, December 9, 2013.
2. "Sad South Africa: Cry, the Beloved Country," *The Economist*, October 20, 2012.
3. John Cassidy, "Mandela's Mixed Economic Legacy," *New Yorker*, December 12, 2013.
4. Eve Fairbanks, "The Dark Spot of Nelson Mandela's Legacy," *The New Republic*, December 9, 2013.
5. Desmond Tutu, " Why I won't vote for the ANC," *Prospect Magazine*, May 10, 2013.
6. Michelle Jones, "Loyalty was Mandela's weakness: Tutu," *Cape Times*, December 6, 2013.
7. David Beresford, "Nelson Mandela obituary," *The Guardian*, December 5, 2013.
8. Bill Keller, "Nelson Mandela, South Africa's Liberator as Prisoner and President, Dies at 95," *New York Times*, December 5, 2013.
9. "Petitions: A Stand for Democracy in the Digital Age," December 10, 2013 (http://www.change.org/petitions/a-stand-for-democracy-in-the-digital-age-3).
10. "Security v freedom in the United States: Liberty's Lost Decade," *The Economist*, August 3, 2013.
11. Alan Rusbridger, "The Snowden Leaks and the Public," *New Yorker*, November 21, 2013 Issue.

Myth of American Decline," *The New Republic*, February 2, 2012.

9 Joseph S. Nye, "Declinist Pundits," *Foreign Policy*, November 2012.

10 Rolf-Dieter Heuer, "Progress Isn't a Linear Development," *The European*, June 8, 2012.

11 C. P. Snow, *The Two Cultures*, London (Cambridge University Press, 2001 [1959]).

12 Lawrence M. Krauss, *A Universe from Nothing: Why There Is Something Rather than Nothing* (Free Press, 2012).

13 David Albert, "On the Origin of Everything," *New York Times*, March 25, 2012, BR20 of the Sunday Book Review.

14 Ross Andersen, "Has Physics Made Philosophy and Religion Obsolete?" *The Atlantic*, April 23, 2012.

15 Thomas Nagel, *Mind and Cosmos: Why the Materialist Neo-Darwinian Conception of Nature Is Almost Certainly False* (Oxford University Press, 2012).

16 Brian Leiter and Michael Weisberg, "Do You Only Have a Brain? On Thomas Nagel," *The Nation*, October 22, 2012.

17 Elliot Sober, "Remarkable Facts: Ending Science as We Know It," *The Boston Review*, November/December 2012.

18 Amartya Sen, "What Happened to Europe? Democracy and the decisions of bankers," *The New Republic*, August 23, 2012.

19 Timothy Garton Ash, "The Crisis of Europe: How the Union Came Together and Why It's Falling Apart," *Foreign Affairs*, September/October 2012.

20 Jürgen Habermas and Francis Fukuyama, "The European Citizen: Just a Myth?" *The Global Journal*, May 18, 2012.

21 Perry Anderson, "Turmoil in Europe," *New Left Review* 73, January-February 2012.

22 Niall Ferguson, "Populism Takes an Ominous Turn," *The Daily Beast*, October 8, 2012.

23 Noam Chomsky and others, "An Open Message to All Who Seek A New and Better World," International Organization for a Participatory Society (http://www.iopsociety.org/blog/open-letter-about-iops).

24 Stuart Jeffries, "Why Marxism is on the Rise Again," *The Guardian*, July 4, 2012.

25 Alexander Barker and Alex Niven, "An Interview with Terry Eagleton," *Oxonian Review*, Issue 19.4, June 4, 2012.

26 Alan Johnson, "The New Communism: Resurrecting the Utopian Delusion," *World Affairs*, May/June 2012.

bestschoolsblog/2011/12/09/a-quiet-coup-detat-jurgen-habermas-eu-crisis/).

㉖ Leon Aron, "Everything You Think You Know About the Collapse of the Soviet Union Is Wrong," *Foreign Policy*, July/August 2011.

㉗ Derek Parfit, *On What Matters* (Oxford University Press, 2011).

㉘ Peter Singer, "Does Anything Matter?" *Project Syndicate*, June 13, 2011.

㉙ Brad Hooker, "Ideas of the Century: On What Matters," *TPM: The Philosophers' Magazine*, Issue 50, September 2010.

㉚ Niall Ferguson, *Civilisation: The West and the Rest* (Allen Lane, 2011).

㉛ Pankaj Mishra, "Watch This Man," *London Review of Books*, Vol. 33, No. 21, November 3, 2011.

㉜ Catherine Bennett, "Why on Earth is the History Man Being Quite so Hysterical?" *The Guardian*, December 4, 2011.

二〇一二年

❶ *The Economist*, Vol. 402, No. 8768, Jan 21, 2012. 這篇特別報告，除社論文章"The Rise of State Capitalism" (p. 11) 之外，還包括七篇文章："The Visible Hand" (p. 3), "Something Old, Something New" (p. 5), "New Masters of the Universe; State Capitalism's Global Reach" (p. 6), "Theme and Variations; A Choice of Models" (p. 9), "Mixed Bag; Pros and Cons" (p. 13), "The World in Their Hands; Going Abroad" (p. 15), and "And the Winner Is...; The Long View" (p. 17)。本文這一節沒有另外注明的引文和資料均取自這篇報告。

❷ Economist Debates, "State Capitalism," January 24, 2012 (http://www.economist.com/debate/days/view/802).

❸ Niall Ferguson, "We're All State Capitalists Now," *Foreign Policy*, February 9, 2012.

❹ 這六部著作包括：Patrick J. Buchanan, *Suicide of a Superpower* (2011); Thomas L. Friedman and Michael Mandelbaum, *That Used to Be Us* (2011); Mark R. Levin, *Ameritopia* (2012); Edward Luce, *Time to Start Thinking* (2012); Timothy Noah, *The Great Divergence* (2012); Charles Murray, *Coming Apart* (2012).

❺ Susan Glasser, "America's Biggest Growth Industry: Declinism," October 17, 2011 (http://blogs.reuters.com/susanglasser/2011/10/17/americas-biggest-growth-industry-declinism).

❻ Josef Joffe, "Declinism's Fifth Wave," *The American Interest*, January/February 2012.

❼ 參見《新共和》雜誌網站的編者按：http://www.tnr.com/article/politics/magazine/99521/america-world-power-declinism

❽ Robert Kagan, *The World America Made* (Knopf, 2012); Robert Kagan, "Not Fade Away: The signify-to-us-by-jean-luc-nancy

7 An Open Letter from Alain Badiou to Jean-Luc Nancy, April 4, 2011.

8 Samir Amin, "An Arab Springtime?" *Monthly Review*, June 2, 2011.

9 Perry Anderson, "On the Concatenation in the Arab World," *New Left Review* 68, March-April 2011.

10 Michael Kimmelman, "In Protest, the Power of Place," *New York Times*, October 15, 2011.

11 "Cornel West on Occupy Wall Street: It's the Makings of a U.S. Autumn Responding to the Arab Spring," *Democracy Now!*, September 29, 2011.

12 Joseph E. Stiglitz, "Of the 1%, by the 1%, for the 1%," *Vanity Fair*, May 2011.

13 Stiglitz Speaks at Occupy Wall Street (http://bwog.com/2011/10/03/stiglitz-speaks-atoccupy-wall-street/).

14 Paul Krugman, "Confronting the Malefactors," *New York Times*, October 6, 2011; Paul Krugman, "Panic of the Plutocrats," *New York Times*, October 9, 2011.

15 Michael Hardt and Antonio Negri, "The Fight for 'Real Democracy' at the Heart of Occupy Wall Street," *Foreign Affairs*, October 11, 2011.

16 Slavoj Žižek speaks at Occupy Wall Street: Don't Fall in Love with Yourselves (http://www.imposemagazine.com/bytes/slavoj-zizek-at-occupy-wall-street-transcript).

17 Gideon Rachman, "2011, the Year of Global Indignation," *Financial Times*, August 29, 2011.

18 Andrew Whitehead, "Eric Hobsbawm on 2011:' It Reminds Me of 1848…'," *BBC World Service News*, December 23, 2011 (http://www.bbc.co.uk/news/magazine-16217726).

19 Lawrence Lessig, *Republic, Lost: How Money Corrupts Congress — and a Plan to Stop It* (Grand Central Publishing, 2011).

20 "Conference on the Constitutional Convention," Harvard Law School, September 24-25, 2011 (http://conconcon.org/).

21 Francis Fukuyama, "The Future of History: Can Liberal Democracy Survive the Decline of the Middle Class?" *Foreign Affairs*, January/February 2012.

22 Jürgen Habermas and 18 Others, "Letter," *The Guardian*, June 22, 2011.

23 Jürgen Habermas, *On Europe's Constitution — An Essay* (http://www.suhrkamp.de/fr_buecher/on_europe_s_constitution-juergen_habermas_6214.pdf).

24 Georg Diez, Habermas, "The Last European: A Philosopher's Mission to Save the EU," *Spiegel*, November 25, 2011, translated from the German by Paul Cohen.

25 "A Quiet Coup d'Etat," *Jürgen Habermas on the EU Crisis* (http://www.thebestschools.org/

⑩ "Is WikiLeaks' Julian Assange a Hero? Glenn Greenwald Debates Steven Aftergood of Secrecy News," *Democracy Now!*, December 03, 2010.

⑪ Edward Carr, "The Dangers of a Rising China," *The Economist*, December 4, 2010, p. 13.

⑫ Edward Carr, "Special Report: China's Place in the World,", *Economist*, December 4, 2010, p. 52.

⑬ *Does Moral Action Depend on Reasoning? Thirteen Views on the Question*, (John Templeton Foundation, 2010).

⑭ "Symposium on Socialism," *Dissent*, Summer 2010.

⑮ Michael Kazin, "Introduction"; Sheri Berman, "What Happened to the European Left?"; Robin Blackburn, "Socialism and the Current Crisis"; Jack Clark, "What Would a Real Socialist President Do?"; Michael Walzer, "Which Socialism?", *Dissent*, Summer 2010, pp. 23-43.

⑯ Ayaan Hirsi Ali, *NOMAD: From Islam to America: A Personal Journey Through the Clash of Civilizations* (Free Press, 2010).

⑰ Nicholas D. Kristof, "The Gadfly," *New York Times*, May 30, 2010, p. BR22.

⑱ Susan Jacoby, "Multiculturalism and Its Discontents," *Big Questions Online*, August 19, 2010.

⑲ 會議議程參見：http://www.luiss.edu/dptssp/node/143/

⑳ Kwame Anthony Appiah, " Religious Faith and John Rawls," *The New York Review of Books*, December 9, 2010, Volume 57, Number 19, pp. 51-52.

㉑ John Rawls, Thomas Nagel (ed.), *A Brief Inquiry into the Meaning of Sin and Faith (with "On My Religion")* (Harvard University Press, 2009).

二〇一一年

❶ Rebecca Costa, "Acclaimed Political Scientist, Francis Fukuyama, Forecasted Arab Uprising During Clinton Years," (http://rebeccacosta.com/press/francis-fukuyama).

❷ Francis Fukuyama, " Is China Next?" *The Wall Street Journal*, March 12, 2011.

❸ James Robertson, "Francis Fukuyama Interview," *The Listener*, Issue 3710, June 18, 2011.

❹ Larry Diamond, "A Fourth Wave or False Start? Democracy After the Arab Spring," *Foreign Affair*, May 22, 2011.

❺ Noam Chomsky, "The Arab World Is on Fire," February 3, 2011(http://www.inthesetimes.com/article/6911/the_arab_world_is_on_fire/).

❻ Jean-Luc Nancy, "What the Arab Peoples Signify to Us," *Libération*, March 28, 2011. English translation by Gilbert Leung: http://www.versobooks.com/blogs/455-what-thearab-peoples-

November 27, 2009; Ron Rosenbaum, "The Evil of Banality," October 30, 2009 (http://www.slate.com).

29 Carlin Romano, "Heil Heidegger!" *The Chronicle of Higher Education*, Vol. 56, Issue 9, October 23, 2009.

30 Herman Philipse, "Emmanuel Faye's Exposure of Heidegger," *Dialogue*, XLVII, 2008, pp. 145-153.

31 Patricia Cohen, "New Political Study Center? Turn Right at Berkeley," *The New York Times*, March 25, 2009.

32 Mark Lilla, "Taking the Right Seriously," *The Chronicle Review* (online edition), September 11, 2009.

33 "Intellectual Diversity and Conservatism on Campus," *The Chronicle of Higher Education*, Vol. 56, Issue 9, October 23, 2009, B21-B22.

34 相關報導參見：Christopher Shea, "Michael Sandel Wants to Talk to You about Justice," *The Chronicle Review*, September 28, 2009.

35 除了目前公布的教學影片，本文對課程的介紹還來自筆者與桑德爾教授的多次交談和通信，以及在現場的教學觀摩（2007年12月）。

二〇一〇年

1 Raffi Khatchadourian, "No Secrets: Julian Assange's Mission for Total Transparency," *New Yorker*, June 7, 2010.

2 http://en.wikipedia.org/wiki/WikiLeaks

3 Noam Chomsky: WikiLeaks Cables Reveal "Profound Hatred for Democracy on the Part of Our Political Leadership," *Democracy Now!*, November 30, 2010.

4 "Noam Chomsky Backs Wikileaks Protests in Australia," *Green Left Weekly*, December 10, 2010.

5 Michael Moore, "Why I'm Posting Bail Money for Julian Assange," December 14, 2010.

6 Umberto Eco, "Not such Wicked Leaks," Libération, December 2, 2010. 英文翻譯參照：http://www.presseurop.eu/en/content/article/414871-not-such-wicked-leaks

7 Frank Furedi, "WikiLeaks: This Isn't Journalism. It's Voyeurism," *Spiked*, November 30, 2010.

8 http://www.tnr.com/topics/wikileaks

9 Todd Gitlin, "Everything Is Data, but Data Isn't Everything," *The New Republic*, December 7, 2010.

Western World (Allen Lane, 2009); *When China Rules the World: The End of the Western World and the Birth of a New Global Order* (Penguin Press, 2009). 英國版的副標題為「中央王國的興起與西方世界的終結」；美國版的副標題改為「西方世界的終結與一種新全球秩序的誕生」。

14 "Enter the Dragon," *The Economist*, Vol. 392, Issue 8639, July 11, 2009, pp. 83-84.

15 賀頓在兩年前曾發表頗有影響的著作《惡兆：中國經濟降溫之後》；Will Hutton, *The Writing on the Wall: China and the West in the 21st Century* (Little, Brown Book Group Limited, 2007).

16 Will Hutton, "China is in Crisis, not in the Ascendant," *The Guardian*, June 21, 2009.

17 Andrew J. Nathan, "The Truth about China," *The National Interest*, January/February Issue, 2010.

18 Andrew J. Nathan, "When China Is No. 1," in *What Matters: Ten Questions That Will Shape Our Future* (McKinsey & Company, 2009), pp. 152-154.

19 Chris Irvine, "The Vatican Claims Darwin's Theory of Evolution is Compatible with Christianity," *Telegraph Daily*, February 11, 2009.

20 Michael Shermer, "Darwin Misunderstood," *Scientific American Magazine*, February 2009.

21 Robert H. Frank, "The Invisible Hand, Trumped by Darwin?" *The New York Times*, July 11, 2009.

22 Brian Boyd, " Purpose-Driven Life," *The American Scholar*, Spring 2009.

23 "The Tip of the Climategate Iceberg: The Global-warming Scandal Is Bigger than One Email Leak," *The Wall Street Journal*, December 8, 2009.

24 Christopher Booker, "Climate Change: This Is the Worst Scientific Scandal of Our Generation," November 28, 2009 (http://www.telegraph.co.uk/comment/columnists/christopherbooker).

25 Editorial, "Climatologists Under Pressure," *Nature*, December 3, 2009, p462, p545.

26 相關的重要文章參見專輯討論："Special Feature on Heidegger and Nazism," *Critical Inquiry*, Vol. 15, No. 2, Winter 1989.

27 Emmanuel Faye, *Heidegger: The Introduction of Nazism into Philosophy in Light of the Unpublished Seminars of 1933-1935* (Yale University Press, 2009).

28 Patricia Cohen, "An Ethical Question: Does a Nazi Deserve a Place Among Philosophers?" *The New York Times*, November 8, 2009; Damon Linker, "Why Read Heidegger?" *The New Republic*, November 1, 2009; Tim Black, "Why They're Really Scared of Heidegger?" *Spiked*,

2008).

17 Nicholas Carr, " From Is Google Making Us Stupid?" *The Atlantic*, July-August 2008.

18 Mark Bauerlein, *The Dumbest Generation: How the Digital Age Stupefies Young Americans and Jeopardizes Our Future, or Don't Trust Anyone Under 30* (Tarcher/ Penguin, 2008).

19 Susan Jacoby, *The Age of American Unreason* (Pantheon, 2008).

20 Thomas H. Benton, "On Stupidity," *The Chronicle of Higher Education*, August 1, September 5, 2008.

21 Thomas Bartlett, "The Betrayal of Judas," *The Chronicle of Higher Education*, May 30, 2008.

二〇〇九年

1 Timothy Garton Ash, "Velvet Revolution: The Prospects," *The New York Review of Books*, Volume 56, Number 19, December 3, 2009.

2 Timothy Garton Ash, "1989!" *The New York Review of Books*, Volume 56, Number 17, November 5, 2009.

3 Timothy Garton Ash, "Velvet Revolution: The Prospects," *The New York Review of Books*, Volume 56, Number 19, December 3, 2009.

4 Susan Glasser, "The FP Interview: Vaclav Havel," *Foreign Policy*, December 9, 2009.

5 Slavoj Žižek, "20 Years of Collapse," *The New York Times*, November 9, 2009.

6 Richard Posner, *A Failure of Capitalism: The Crisis of '08 and the Descent into Depression* (Harvard University, 2009).

7 Alan Woods, "The Fall of the Berlin Wall: 20 Years Later," October 19, 2009 (http://www.marxist.com).

8 Amartya Sen, "Capitalism Beyond the Crisis," *The New York Review of Books*, Volume 56, Number 5, March 26, 2009.

9 此次討論會製作了影片紀錄：http://www.glasshouseforum.org/news_film_chinamodel_complete.html

10 Aaron L. Friedberg and Robert S. Ross, "Here Be Dragons: Is China a Military Threat?" *The National Interest*, September/October Issue, 2009.

11 Minxin Pei and Jonathan Anderson, "The Color of China," *The National Interest*, March/April Issue, 2009.

12 〈日本よ中國の世紀に向き合え〉，《中央公論》，2009年9月號。此文由東京大學王前先生翻譯為中文，供筆者參考援引，特此感謝。

13 Martin Jacques, *When China Rules the World: The Rise of the Middle Kingdom and the End of the*

注釋

二〇〇八年

❶ Joseph E. Stiglitz, "The End of Neo-liberalism?" *Project Syndicate*, July 7, 2008.

❷ Jacob Weisberg, "The End of Libertarianism," *Newsweek*, October 28, 2008.

❸ Richard A. Epstein, "The Libertarian: Strident and Wrong," *Forbes*, October 28, 2008.

❹ Edmund S. Phelps, "Does Capitalism Have a Future?" *The Guatemala Times*, December 21, 2008.

❺ "Life after bankruptcy," interview conducted by Thomas Assheuer, the English translation by Ciaran Cronin (http://www.signandsight.com/features/1798.html). Originally published as "Nach dem Bankrott" in *Die Zeit*, November 6, 2008.

❻ Roger Cohen, "Perfecting the Union," *The New York Times*, November 5, 2008.

❼ Alan Wolfe, "Dixie Shtick," *The New Republic*, November 19, 2008.

❽ Marie Arana, "He's Not Black," *The Washington Post*, November 30, 2008, B01.

❾ Laurence H. Tribe, " Morning-After Pride," *Forbes*, November 5, 2008.

❿ "The Day After," *Dissent Up Front Online Argument and Commentary* (http://dissentmagazine.org).

⓫ *Does the Free Market Corrode Moral Character? Thirteen Views on the Question* (John Templeton Foundation, Autumn 2008).

⓬ 這個系列包括：*1968: It's Not Just about the Music; 1968: Day by Day; 1968: Day by Day Omnibus; 1968: Notes from the Underground; 1968: Philosophy in the Streets; 1968: Rivers of Blood; 1968: Sex, Telly and Britain; 1968: The Sixty-Eighters at Sixty; 1968: The Year of Revolutions* 等。

⓭ "Socialism 2008: A Weekend of Revolutionary Politics, Debate and Discussion" (http://www.socialismconference.org/)

⓮ "Symposium 1968: Lessons Learned," *Dissent*, Spring 2008.

⓯ Naomi S. Baron, *Always On: Language in an Online and Mobile World* (Oxford University Press, 2008).

⓰ Nicholas Carr, *The Big Switch: Rewiring the World, From Edison to Google* (W. W. Norton,

全球視野

當世界席捲而來：在自由與民主的困局中，中國如何想像世界？當代西方思想編年考

2021年5月初版　　定價：新臺幣550元

著者	劉擎
叢書編輯	林月先
校對	潘貞仁
內文排版	林婕瀅
封面設計	兒日

出版者	聯經出版事業股份有限公司
地址	新北市汐止區大同路一段369號1樓
叢書編輯電話	(02)86925588轉5388
台北聯經書房	台北市新生南路三段94號
電話	(02)23620308
台中分公司	台中市北區崇德路一段198號
暨門市電話	(04)22312023
台中電子信箱	e-mail：linking2@ms42.hinet.net
郵政劃撥帳戶第	0100559-3號
郵撥電話	(02)23620308
印刷者	文聯彩色製版印刷有限公司
總經銷	聯合發行股份有限公司
發行所	新北市新店區寶橋路235巷6弄6號2樓
電話	(02)29178022

副總編輯	陳逸華
總編輯	涂豐恩
總經理	陳芝宇
社長	羅國俊
發行人	林載爵

行政院新聞局出版事業登記證局版臺業字第0130號

本書如有缺頁，破損，倒裝請寄回台北聯經書房更換。　ISBN 978-957-08-5742-9 (平裝)
聯經網址：www.linkingbooks.com.tw
電子信箱：linking@udngroup.com

本書經由一頁folio授權出版

國家圖書館出版品預行編目資料

當世界席捲而來：在自由與民主的困局中，中國如何想像世界？當代西方思想編年考/劉擎著．初版．新北市．聯經．2021年5月．576面．17×23公分（全球視野）
ISBN 978-957-08-5742-9（平裝）

1.政治思想史　2.西洋政治思想

570.94　　110003381